국가란 무엇인가
-자유주의 국가철학

초판 1쇄 발행 2018년 11월 30일
2쇄 발행 2018년 12월 20일

지은이 | 민경국

펴낸곳 | 북앤피플
대 표 | 김진술
펴낸이 | 김혜숙
디자인 | 박원섭

등 록 | 제2016-000006호(2012. 4. 13)
주 소 | 서울시 송파구 성내천로37길 37, 112-302
전 화 | 02-2277-0220
팩 스 | 02-2277-0280
이메일 | jujucc@naver.com

ISBN 978-89-97871-36-0 03340

국가란 무엇인가

-자유주의 국가철학-

국가란 무엇인가

-자유주의 국가철학-

민경국 지음

위대한 자유주의 사상가 12인의 국가철학

존 로크 | 프레데릭 바스티아 | 로버트 노직 | 이마누엘 칸트 | 빌헬름 훔볼트 | 루트비히 폰 미제스
데이비드 흄 | 애덤 스미스 | 프리드리히 폰 하이에크 | 샤를르 몽테스키외 | 토크빌 | 제임스 뷰캐넌

북앤피플

일러두기

정년퇴임 후 '자유, 자생적 질서 그리고 국가'에 관하여 세 권의 분리된 책 초고를 집필했다. 이 초고를 준비하는 동안 발견한 것은 '나라다운 나라의 모습'과 관련된 고전적 자유주의 철학자들의 생각에 관한 연구가 우리 학계에 미흡하다는 것, 게다가 고전적 자유주의 내에서도 사상적 흐름이 상이함에도 그 다름을 고려하지 못하거나 유감스럽게도 오해하고 있다는 점이다.

이런 두 가지 점을 고려하기 위해서는 별도의 책을 먼저 저술하는 것이 합당하다고 여겨졌다. 그래서 애초의 집필계획을 중단하고 '국가란 무엇인가'에 관한 주제를 집필하게 되었다. 이 책은 로크를 비롯하여 흄, 칸트, 토크빌, 하이에크 등 12명의 고전적 자유주의 사상가를 패러다임별로 구분하고, 격조 높은 국가, 참된 국가에 관한 그들의 가르침을 밝히려고 했다. '이게 나라냐'며 일으킨 '촛불정변'과 그 후 오늘에 이르기까지의 상황도 고전적 자유주의의 정치철학자들을 다시 보게 된 계기다.

고전적 자유주의는 '고전적'이라는 용어 때문에 그것은 낡고 고리타분하다고 여길 수도 있다. 그러나 나는 그 자유주의자들이 보여준 논구의 엄정함, 심오함, 원대함 그리고 적실성(適實性)에 있어서 오늘날 그 어떤 패러다임과 비교할 수 없을 만큼 훌륭하다고 확신한다. 이 책에서 고전적 자유주의자들에 대한 재해석을 통해서 다양한 오해를 불식시키는데 주력했다. 이 책은 국가를 경제학적으로 분석한 공공선택의 독일어권 표현인 나의 저서 『신정치경제학』(1993)과 국가의 법학적 표현인 헌법을 경제학적으로 분석한 『헌법경제학』(1993)의 후속이라고 보아도 무방하다.

원고를 꼼꼼히 읽고 불분명한 부분을 집어주고 거친 문장이나 잘못된 표현을 잡아준 숭실사이버대학교 문근찬 교수에게 심심한 고마움을 표한다. 책의 출판을 흔쾌히 허락한 북앤피플의 김진술 대표를 비롯하여 직원 여러분에게도 나의 진솔한 고마움을 표하는 데 인색할 수 없다.

이 책은 정치철학에 관심이 있는 대학생, 일반지식인을 대상으로 쓴 것이다. 훌륭한 학자는 아니지만 그래도 게으르지 않은 학자의 변변치 못한 저술로서 이것이 한국사회에서 잊혀져가는 자유의 값진 가치를 일깨우는 데 조금이라도 기여하기를 바랄 뿐이다.

2018년 11월

민경국

나라다운 나라를 찾아서

국가는 폭력의 독점자

사람들은 국가라는 통치체제 속에서 태어나고 또 그 속에서 죽는다. 누구나 태어나면 좋든 싫든 강제적으로 국가구성원이 되어야 한다. 대한민국이 싫다고 마음대로 구성원 자격을 포기할 수 없다. 국가의 본질은 지배와 피지배의 관계다. 국가는 폭력을 독점한 조직이다.[1] 그러나 국가가 독점적 권력을 직접 행사하는 것이 아니다. 실제로 강제를 동원하여 통치조치를 취하는 책임을 맡은 것은 정부다. 그래서 국가 대신에 정부라는 말을 즐겨 사용한다. 더구나 국가목표는 그때그때마다 구성원이 달라지는 정부가 정한다.[2] 국가가 추구하는

---

1) Hayek(1960/1995 I: 48)막스 베버는 "국가는 물리적 폭력의 정당한 사용에 대한 독점권을 성공적으로 획득한 인간 공동체"라고 여기고 있다. 보아즈는 국가는 "지리적 영역 내에서 물리적 힘을 행사할 독점적 권력을 주장하고 향유하고 피지배자들에게 권력을 행사하는 강제조직"이라고 말하고 있다.(Boaz, 1997/2009: 229~300)

2) 국가와 국가주권이라는 말은 국제관계에서 의미가 살아난다. 국가는 추상적 개념이다. 정부는 구체적이다. 실제로 국가가 두드러지게 등장하는 경우는 국제적 관계다.

목적과 정부가 추구하는 목적은 다를 수 없다.

그럼에도 국가와 정부는 서로 다르다. 국가구성원이 되는 것은 자동적이고 강제적인데 반하여 정부의 구성원 자격은 자동적이지 않다. 강제로 정부의 구성원이 되지 않는다. 국가에 소속된 공무원, 정치인, 법관처럼 구성원이 되는 것은 자발적이다. 흔히 혼돈하기 쉬운 것이 사회와 국가의 관계다. 지배복종의 관계를 특징으로 하는 국가와는 달리 사회에서 인간관계는 수평적이다. 국가는 특정의 구체적 목적을 가진 위계적 성격의 '조직'이다. 사회의 본질은 그 구성원들 사이가 수평적이다. 국가는 항상 구성원들이 공동으로 달성할 구체적 '목적'이 있다. 그러나 사회에는 구성원들이 공동으로 달성할 구체적 목표가 없다. 구성원 개인의 목적만 있을 뿐이다. 그래서 사회는 조직이 아니라 '자생적 질서'다.[3] 사회는 사적 인간들의 행동을 통해서 스스로 형성되지만 국가는 만들어진다.[4] 국가를 중시할수록 국가와 사회의 구분이 흐려진다. 그 결과는 사회의 국가화다.

그런 성격의 국가에서 지구촌의 70억 인구가 살아가고 있다. 세계의 모든 지역에는 제각각 국가가 지배하고 있다. 국가가 없는 곳이 없다. 무정부였던 소말리아도 2012년 연방정부가 세워졌다. 국가 그리고 정부가 없으면 마피아가 등장하여 국가를 대신한다, 소련의 해체 직후가 그랬다. 만약 정부가 없으면 누군가가 정부를 세웠을 것이

---

3) 조직과 자생적 질서의 차이에 관해서는 Hayek(1973: Ch.2 cosmos and taxis)를 볼 것, 자생적 질서이론을 통해서 법과 정의 그리고 국가이론을 개발한 인물이 하이에크다.

4) Hayek(1979/1997: 224~226)

다. 왜냐하면 명예, 권력, 소득. 권위 등과 같이 정부를 세우기에 충분한 인센티브가 있기 때문이다. 현존하는 정부를 철폐할 수도 없다. 정부는 총과 칼과 형무소를 가지고 있는 유일한 집단이기 때문이다.[5) 정부를 철폐하고 아나키를 만들 힘 있는 자가 아무도 없다. 따라서 국가의 존재는 피할 수 없다. 싫든 좋든, 원하든 원하지 않든 인류에게는 국가와 함께 살아가는 것이 숙명인지도 모른다.[6)]

독점은 늘 무서운 것이다. 진입장벽이 없으면 시장에서의 독점은 쉽게 해소된다. 새로운 기업이 등장할 가능성 때문에 독점기업은 품질은 나쁘지만 비싸게 파는 것처럼 독점력을 남용할 수 없다. 그러나 국가는 독점이 허용된 특수한 조직이다. 국가는 누구도 가질 수가 없는 군대와 총, 형무소도 있다. 따라서 국가권력을 남용할 위험성이 대단히 크다. 시장에서 마음에 들지 않는 기업의 상품공급은 소비자들이 쉽게 회피할 있다. 그러나 국가의 권력남용은 회피할 수도 없다. 북한처럼 남용을 회피하여 타국으로 도망가면 다시 잡아다가 가두거나 총살하는 나라도 있다.

실제로 정부는 독점적 국가권력을 남용하여 세계 도처에서 숫한 범죄를 저질렀다. 1900년에서 1987년간 히틀러의 나치정부, 소련 사회주의, 마오쩌뚱의 문화혁명, 폴 포트의 킬링필드 등 오로지 정부의 손에 의해 죽은 사람의 수가 1억 7000만 명이나 된다.[7)] 정부가 시

5) 시민들이 누리지 못하는 매우 불평등한 권력을 향유하고 있다(Narveson, 2002).

6) 민경국(2018). 국가란 무엇인가: 경제진화연구회 강연문

7) Higgs(2004: 374)

민들을 회유하고 조작하여 일으킨 전쟁에서 죽은 사람들까지 합하면 그 수는 수억으로 늘어난다. 이런 죽음은 국가주의 국가권력의 남용에서 비롯된 것이다.

그래서 어떤 나라가 나라다운 나라인가의 문제가 중요하다. 이 거대담론을 주목하는 이유가 있다. '이게 나라냐'며 이른바 '촛불'로 박근혜 전 대통령을 탄핵하고 집권한 좌파 정권이 제시한 나라다운 나라의 컨셉트 때문이다. 이는 두 가지 내용으로 구성되어 있다. 첫째로 '기회는 평등하고 과정은 공정하며 결과는 정의로운 나라'다. '내 삶을 책임지는 국가'다. 어린애도 키워주고 아프면 치료도 해주고 일자리가 없으면 일자리도 만들어 주는 국가, 이것이 나라다운 나라라고 말한다. 둘째로 촛불이야말로 '국민주권을 되살리고 국가권력의 공공성을 회복하는 정신을 구현한 것'이라고 한다. 좌파 지식인들은 촛불을 '나라다운 나라를 이룩하려는 소망의 표현'[8] 또는 '국가다운 국가'를 찾으려는 노력의 표현[9]이라고 환호한다. 이 같은 나라다운 나라의 컨셉은 개인보다 국가를 우선시하는 국가주의에 속한다.

왜 자유주의 국가론인가?

진정으로 이런 국가가 나라다운가 아니면 이와 다른 어떤 컨셉이 나라다운 나라인가? 일반적으로 말해서 이런 문제는 국가지배의 도

---

8) 윤평중(2018: 5)

9) 유시민(2018: 313)

덕적 정당성 문제다.[10] 이는 주지하다시피 세 가지로 나눌 수 있다. 첫째로 무엇을 위해서 시민을 지배해야 하는가, 둘째로 어떻게 지배해야 하는가, 그리고 마지막 세 번째로 누가 지배해야 하는가의 문제다. 여러 가지 방식으로 정당화될 수 있다. 마키아벨리에서 마르크스에 이르기까지 권력정치론에 따라, 또는 로버트 필머 등처럼 신학적으로 그 문제를 다룰 수 있다. 로크의 자연권에서부터 홉스의 사회계약론에 이르기까지 다양한 법사상으로부터 도출된 법학적 관점에서도 설명할 수 있고 경제학의 틀 속에서 후생경제학적으로 그 정당성을 규명할 수 있다. 진화론에서처럼 인간들이 가진 지식의 성격과 그 한계를 규명하는 인식론적으로도 국가의 문제를 다룰 수 있다. 일찍이 아리스토텔레스와 키케로 그리고 토마스 아퀴나스가 최적 국가형태를 찾으려 했다.

그러나 최적 국가형태를 찾는데 탁월한 기여를 했던 그룹은 그 누구보다도 계몽시대의 고전적 자유주의자들이다. 과거나 현재나 사람들은 동서를 막론하고 역사의 대부분을 국가의 압제 속에서 살았다. 계몽시대에 이르러 비로소 자유주의 사상이 싹트면서 압제에서 그들을 구출하기 위해서 우선적으로 피지배자들을 각성시키고 이어서 지배자를 계몽시키는 일이 가능해졌다.

영국의 로크를 비롯하여 데이비드 흄 그리고 독일의 칸트, 프랑스의 몽테스키외 등과 그들의 사상을 계승한 수많은 고전적 자유주의 사상가들은 '좋은 국가'의 조건을 면밀히 다루었다. 그들은 예를 들면

10) "국가의 자격"(정규재, 2018)이라고도 말할 수 있다.

플라톤과 홉스 전통의 절대국가론, 사회주의국가론 등 당대를 지배하고 있었던 국가주의 국가관을 법학·경제학·윤리학·인식론적으로 비판하면서 자유주의 국가론을 정립하여 나라다운 나라의 조건을 찾았던 것이다. 20세기에는 미제스, 하이에크 그리고 노직 등이 고전적 자유주의를 부활시켜서 사회주의 온정주의(paternalism)와 어버이주의(parentalism) 국가관 등을 비판하면서 개인을 구출하려고 했다. 온정주의는 시민들이란 우매하기 때문에 이들을 보살필 국가가 필요하다는 것을 의미하는 엘리트주의적 국가관인 반면에 어버이주의는 어린애가 부모에 의지하는 태도처럼 사람들이 국가에 의존하는 태도다.

따라서 나라다운 나라는 어떤 모습인가에 관한 오늘의 중요한 문제에 대한 해결책을 찾기 위해서 자유주의 사상가들의 생각을 알아보는 것은 매우 중요하다고 믿는다. 그들의 역사적 경험으로부터 오늘의 문제 해결을 위한 값진 교훈을 얻을 수 있기 때문이다. 따라서 고전적 자유주의자들의 국가론을 규명하는 것은 흥미로운 작업이 아닐 수 없다.

책의 구성

오늘날 학계에서 그들에 대한 연구는 많이 이루어졌다. 그러나 개별 인물의 분석이 대부분이다. 이로써 자유주의 패러다임의 다양성이 간과되고 있다. 그러나 존 로크 이래 개발된 자유주의는 자유를 최고의 가치로 여긴다는 점 외에는 동일하지 않다. 자유주의는 하나의 패러다임이 아니라 다양한 패러다임이다. 자유를 정당화하는 방법에 따라 자유주의는 다음과 같이 분류할 수 있다. (1)자연권론, (2)합리론, (3)진화론, 그리고 (4)헌정론. 전자의 두 가지는 이성을 중시하는 프랑스계몽주의 전통이다. 그리고 후자의 진화론과 헌정론은 경험을 중시하는 스코틀랜드 계몽주의 전통이다. 이런 분류에 따라 자유주의 패러다임을 종합적으로 연구 분석할 필요가 있다. 지배의 정당성 문제와 관련된 정치철학의 세 가지 문제, 즉 지배 목적, 지배 방법 그리고 지배 주체 문제의 관점에서 네 가지 패러다임을 비교 분석할 것이다.

이 책의 제1부에서 다룰 자유주의는 17세기 영국의 존 로크, 19세기 프랑스의 바스티아 그리고 마지막으로 20세기의 노직이 개발한 자연권사상이다. 자유, 재산, 생명 등에 대한 권리는 사회가 형성되기 전에 이미 존재한다고 믿는 그 사상에 따르면 나라다운 나라를 오로지 자연권을 집행하는 데에만 국가권력을 이용하는 나라라고 이해한다. 그것을 넘어서 시장을 간섭하거나 복지를 위한 재분배를 하는 등 국가 활동의 확대는 부도덕하고 정당성이 없다. 자연권을 침해하여 개인들이 자유롭게 경제활동을 할 수 없다는 이유에서다.

제2부에서 다룰 국가론은 자유와 존엄을 지키는 것을 국가의 과제로 여기는 합리주의 전통의 자유론이다. 여기에서는 정언명령에서 선험적으로 도출된 법을 통해서 통치하는 나라다운 나라라고 주장한 18세기 칸트의 법치국가론, 개인들이 자유로이 자신의 인격을 개발할 최대의 자유를 보장하는 국가를 옹호한 19세기 훔볼트의 사상, 그

리고 이어서 사적 소유를 보호하기만 하면 인간들은 시장과 같은 생산적인 연합을 형성하여 평화와 번영을 보장할 수 있다고 주장했던 20세기 미제스의 국가론을 다루었다.

제3부에서 다룬 진화론적 자유주의는 자유사회를 구성하는 자유와 법, 정의 등은 인간의 의지와 계획을 통해서 만든 것이 아니라 사람들의 상호작용 속에서 선택되는 문화적 진화의 결과로 설명하는 이념이다. 이 전통에 속하면서 자유주의를 발전시킨 인물들 가운데 18세기 '묵계'를 기초로 하여 정의론을 개발한 흄, '보이지 않는 손'의 원리를 통해서 자연적 자유의 시스템을 개발한 스미스, 그리고 20세기 자생적 질서이론을 개발한 하이에크의 국가론을 다루었다. 통치자의 전지전능을 전제로 하는 플라톤-홉스 전통의 국가주의는 유토피아일 뿐, 인간이성으로는 극복할 수 없는 한계가 있다는 관점에서 볼 때 국가주의는 불가능하다는 것이 그들의 입장이다.

제1~3부에서 논의한 세 가지 자유주의 패러다임은 자유, 정의, 법의 성격, 법의 지배 등, 중요한 가치를 윤리학·경제학적으로 정당화하는데 주력하면서 그 가치들로부터 국가권력의 한계와 도덕적 정당성을 찾는데 탁월한 기여를 했다. 사회주의, 복지국가 등, 국가주의는 나라다운 나라가 될 수 없음을 설득력 있게 보여주고 있다. 그러나 자유주의자들은 자신들이 선호하는 가치들을 어떻게 정치적으로 실현할 수 있는가를 말하는 데 매우 인색했다(하이에크는 예외).

그 문제를 밀도 있게 다룬 패러다임이 제4부에서 다룬 헌정론이다. 이는 나라다운 나라의 조건으로서 헌정질서에 관한 문제, 즉 어떻게 헌법적으로 국가권력을 제한하여 자유, 정의, 법의 지배 등을 실현할 수 있는가의 문제를 따졌다. 고전적 이론으로서 대표적인 것이 영국의 헌법적 전통에서 정치적 지혜를 얻으려고 했던 18세기 몽테스키외의 권력분립론, 미국으로부터 헌정질서를 배우려고 했던 19세기 토크빌의 헌정론이다. 헌법을 통해서 나라다운 나라의 조건을 밝힌 현대적 헌정론은 하이에크의 진화론적 관점과 제임스 뷰캐넌의 사회계약론적 관점이다.

이 책의 마지막 결론에서는 자유주의 국가론을 종합·정리하여 국가주의는 결코 나라다운 나라를 이끌 수 없다는 것, 자유국가의 청사진과 미덕을 제시하면서, 자유와 재산을 지키는 나라만이 나라다운 나라가 될 수 있다는 것, 그리고 현행 한국 헌법에 비추어 최적 국가의 역할을 논할 것이다.

차 례

제1부

권리론적 자유주의와 국가

1. 존 로크: 국가권력의 도덕성
   - 자연권사상, 자본주의 그리고 국가

2. 프레데릭 바스티아: 간섭주의에 대한 저항
   - 자연권, 법, 그리고 국가권력

3. 로버트 노직: 자유주의의 유토피아
   - 재산권, 분배정의 그리고 최소국가

요 약

로크, 바스티아, 그리고 노직은 모두 자연권을 기반으로 하여 자유주의를 개발한 사상가들이다. 자연권이란 사회와 국가가 존재하기 전부터, 다시 말하면 인간들이 태어날 때부터 지니고 있다고 믿는 권리, 그래서 천부인권이다. 자유, 재산, 생명, 건강 등이 자연권이다. 인간은 타인들의 그런 권리를 침해해서는 안 될 의무가 있다. 침해하지 않는 범위 내에 인간은 자유로이 자신의 권리를 행사할 수 있다.

자연상태는 홉스가 전제한 것처럼 그렇게 먹고 먹히는 야생의 정글이 아니다. 정부가 없는 상태일 뿐, 혼란상태는 아니다. 사람들이 자연법에 예속되어 있다. 자연법이란 신이 부여한, 그러나 이성에 의해서 발견할 수 있는 도덕규칙이다. 이는 누구도 남의 생명, 건강, 자유, 재산에 피해를 주어서는 안 된다는 규칙이다. 국가의 존재이유는 개인의 권리를 설정하기 위해서가 아니다. 이미 주어진 권리를 보호하기 위해서다. 법과 정의는 통치자 또는 입법자의 산물이 아니라 자연권에서 도출된 것이다. 법과 정의는 국가의 함수가 아니라 자연권의 함수다. 자연권이 국가권력을 제한하는 역할을 한다. 자유와 재산권을 무시하고 유린하는 통치자는 부도덕하다. 인간이 노동을 통해서 얻은 결과는 당연히 내 것이라는 주장도 공통이다. 그러나 노동이론은 기업가적 발견을 고려하지 못하여 이윤의 존재를 설명할 수 없다. 시장을 경제적 번영과 같은 결과로 이해하기보다 윤리적으로 이해하는 것이 자연권론의 장점이다.

자연권론의 개척자로서 오늘날에도 그 탁월성을 인정받고 있는 로크는 자연권을 유린하는 통치 권력에 대하여 시민들은 복종할 의무도 없다고, 오히려 그런 통치자에 대한 저항이 자연권이라고 선언했다. 어떤 정부도 무구한 시민들의 소유를 약탈하거나 재분배할 윤리적 권리가 없다는 것이다. 그렇다고 로크가 빈곤자를 내버려둬야 한다고 주장하지는 않았다. 극빈자를 위한 정책은 국가의 의무라고 했다. 국가가 없이는 여러 가지 이유로 사람들에게 불편하다. 그래서 자연권을 집행할 권한을 부여받은 조직이 필요하다는 것이 로크의 생각이다. 번영을 위해서 국가가 집행할 것은 정의인데, 이는 사적 소유의 인정이 없이는 존재할 수 없다. '소유가 없는 곳에는 정의도 없다'고 로크가 말했던 것도 그런 연유다.

"국가란 만인이 만인을 등쳐먹고 사는 거대한 허구다"라고 목소리를 높이면서 18세기 이래 프랑스 사회를 지배하고 있던 중상주의 국가와 그리고 19세기 초 등장하여 점차 세력을 확대하고 있던 사회주의자들에게 선전포고를 했던 인물이 프랑스의 경제철학자 바스티아였다. 재산권을 유린하는 국가권력의 부도덕성을 고발하기 위한 무기가 자연권이론이다. 신성한 재산권을 보호하여 정의를 실현하는 것이 법과 국가의 역할이다. 자유와 번영을 누리려면 국가는 개인의 자유와 재산을 지키면서 강, 숲, 고속도로와 같이 시민들의 삶을 더 윤택하게 할 수 있는 재화들을 관리하는 일을 넘어서 일을 해서는 안 된다는 것이 바스티아 사상의 핵심이다.

20세기 중반 이후 미국을 비롯한 서구사회는 고용 노후 건강 복지 등의 문제를 비롯하여 소수파의 삶을 국가가 책임지는 복지확대로 국가권력은 점점 더 커졌다. 우리에게 요구하는 세금도 더욱 더 높아졌고 우리의 자유도 점차 줄어들었다. 노직은 자유, 재산, 생명을 보호는 것만을 과제로 하는 최소국가를 정당화했다. 그의 이론적 특성은 첫째로 사회계약론 대신에 애덤 스미스 전통의 "보이지 않는 손"을 통해서 최소국가의 등장을 설명했다는, 그리고 둘째로 권리의 존재를 신이 아니라 개인의 자율성으로 정당화하고 있다는 점이다. 노직의 국가론이 돋보이는 것은 국가가 어떻게 생성되는가의 문제를 다루었다는 점이다. 다른 모든 국가론은 국가의 존재이유를 국가의 필요성에서 찾기 때문이다.

흥미로운 것은 노직의 분배정의다. 습득과 이전(移轉)의 원칙에 합당하게 재화를 소유하고 있는 사람은 자신의 소유물에 대한 정당한 권리를 갖는다. 개인들의 행동이 정의롭다면 이로부터 생겨나는 분배는 정의롭다. 이는 노직의 의무론적 개인주의로부터 나온 것이다. 노직의 유토피아적인 개인주의는 시장관계에 대한 불개입원칙과 절차적 정의로 구현된다. 정의를 통해서 보호하는 것이 계약의 자유와 재산권이다.

1. 존 로크: 국가권력의 도덕성
- 자연권사상, 자본주의 그리고 국가

과거나 현재나 프랑스와는 달리 영국은 다수의 지배를 의미하는 민주가 아니라 자유를 생각했던 나라다. 영국인들은 독재자의 자의와 횡포에 대한 반대는, 모든 국가권력은 집단으로서 국민에게 있고 국민으로부터 나온다는 것을 의미하는 주권재민의 민주주의가 아니라 개인의 자유를 중시하는 자유주의라고 믿었다. 17세기 영국에서는 그런 믿음을 갈파한 팸플릿, 저서, 에세이 등, 수많은 정치적 논설이 쏟아져 나왔다. 이들 가운데 가장 큰 영향력이 있는 논설을 썼던 인물이 영국 브리스톨 청교도 가정에서 태어났던 로크(John Locke, 1632~1704)였다. 그가 고민했던 것은 국가의 도덕적 의무는 무엇인가의 문제였다. 흥미로운 것은 그를 고민에 빠지게 만들었던 시대적 요인이다.

로크가 살았던 17세기 영국은 혼란의 시기였다. 튜더왕조(1485~1603)의 절대주의가 해체되고 스코틀랜드의 가톨릭에 속한 스튜어트 왕조(1603년 제임스 1세부터 1714년 앤 여왕까지)가 뒤를 이었다. 그러나 찰스 1세는 대륙의 몇몇 지배자들이 행사했던 절대 권력을 꿈꾸고 있었다. 의회의 승인도 받지 않은 채 높은 과세를 징수했다. 왕은 신에게서 지배권을 받은 존재이므로 인간이 만든 어떤 법률도 자신을 구속할 수 없다고 선언했다. 왕 자신이 국가요, 법이라고 큰 소리치고 있었다.

하급귀족과 도시의 부르주아를 대표하는 의회와 스튜어트왕조 사이에는 수십 년 동안 권력다툼이 벌어졌다. 그 기간 동안 무엇보다 정치적 극단주의를 겪으면서 청교도 혁명(1640~1660)으로 찰스 1세는 단두대에서 처형당했고 제임스 2세는 폐위되었다. 그러나 이런 사건들은 유감스럽게도 청교도의 올리버 크롬웰의 군사독재로 이어져, 즉흥적이고 자의적 통치로 개인의 종교·문화·경제적 삶을 괴롭혔다. 의회는 인신보호법을 제정하여 대항했고 왕은 그런 법을 폐기하는 등, 왕과 의회의 갈등이 끝없이 벌어졌다. 종교탄압과 종교대립이 멈추지 않았다.

그런 투쟁 속에서 왕의 절대권력을 정당화하려는 두 가지 지적 운동이 있었다. 한편에서는 왕권신수설의 정치적 적용이었다. 신이 교회에 정신적 권력을 부여한 것처럼 통치자에게는 세속적 권력을 주었다는 생각이다. 이런 생각을 대변했던 인물이 영국 왕당파인 로버트 필머였다. 그의 『부권정치』(1648)에서 국가는 하나의 가정이며 왕은 아버지라고 주장하면서 인류 최초의 왕은 아담이고 찰스 1세는 아담의 상속자로서 영국을 통치한다고 주장했다. 또 다른 편에서는 국왕의 절대권력을 정당화하는 복음서인 홉스의 『리바이어던』(1651)이 인기를 끌고 있었다. 신민들이 사회계약을 통해서 전권을 통치자에게 백지위임했다는 것이다. 이런 지적 운동은 개인의 종교·문화·경제적 삶을 괴롭혔던 절대적인 왕을 옹호하고 있었다.

애슐리, 섀프츠베리 등 자유사상가들에서 배웠던 젊은 로크에게는 국가권력은 부도덕하게 보였다. 나라가 꼴이 아니었다. '자유와 재산권을 멋대로 유린하는 나라, 이게 나라냐!'의 물음이 그의 머릿속을 맴돌고 있었다. 그래서 제기한 문제는 국가권력의 도덕적 의무였다. 로크의 해답은 명쾌하고 간결하다. 즉, 국가의무는 자유, 재산, 생명의 보호라는 것, 그 이하도 아니고 그 이상도 아니라고 단호하게 말했다. 바로 그런 국가철학을 펼친 것이, 정치적 소용돌이에 휘말려 네덜란드에서 망명생활을 하면서 집필한 『시민정부론』(1690)이다. 타고난 권리로서 자연권을 보장하려면 정부의 권력을 제한해야 하고 이를 위해서는 견제와 균형의 권력분립이 필요함을 역설했다. 그는 대표의회제와 법의 지배를 중시했고 폭정을 부인했다.

로크는 정부가 개인의 권리를 침해할 때는 국민이 이에 저항하고 복종하지 않을 권리가 있다고 선언했다. 그의 사상은 왕권을 제한하고 제한된 권리를 의회로 이동하는 데 결정적인 영향을 미쳐 오늘날까지 모든 서구사회의 지침이 된 현대적 국가론을 개발했던 것이다. 미국의 건국의 아버지였던 토마스 제퍼슨이 로크를 자유의 가장 중요한 사상가라고, 그리고 제임스 매디슨은 자유와 정부의 가장 중요한 원칙을 도출한 인물이라고 평가했던 것은 우연이 아니다. 로크의 정치철학에서 주목할 것은 자연권과 국가의 관련성이다. 이를 중심으로 그의 국가관을 설명할 것이다.

1) 자연권론과 사유재산

기독교적 종교관을 가지고 살았던 로크의 사상에서 자연법에 대한 개념은 근본적이다. 정부가 존재하기 전에 인간은 자유롭고, 독립적이며 평등한 존재로서 불가양의 권리를 향유한다고 선언했다. 자연권 중 주된 것이 생명, 자유, 재산에 대한 권리다. 국가는 물론 아무도 다른 사람의 건강, 생명, 자유, 소유를 해쳐서는 안 된다는 것이다. 지배자도 원하는 대로 모든 것을 정당하게 처분할 수 없다. 나라꼴이 아닌 나라의 폭력에서 국왕답지 않은 국왕으로부터 개인을 구출하는 것이었다.

로크에게 자연법은 신으로부터 나오고 인간 이성에 의해서 확인될 수 있는 객관적인 규칙일 뿐만 아니라 정치제도와 행위를 제한하고 판단하는 기준이다. 자연법은 국가에 의해 제정된 실정법보다 훨씬 더 근본적이다. 그는 자연법에 개인주의적 성향을 부여하였다. 자연법적 기본원칙들은 '사회에 대한 개인의 책임'보다도 주로 개인의 권리에 주안점을 두고 있다.

자연상태와 자연권

국가권력의 도덕성문제를 설명하기 위해서 로크는 자연상태에서 출발한다. 모든 사회계약론이 그렇듯이 로크에게도 자연상태는 국가의 존재이유를 설명하기 위한 기초로서 이용되는 출발점이다. 왜 법질서와 국가가 필요한가를 말해주는 상황이다. 로크는 이렇게 말한다.

"정치권력을 올바로 이해하고 기원을 파악하려면 인간이 자연적으로 처한 상태가 어떤 것인지를 알아야 한다."[11]

자연상태는 홉스가 전제한 것처럼 그렇게 먹고 먹히는 야생의 정글이 아니다. 정부가 없는 상태일 뿐, 혼란상태는 아니다. 사람들이 자연법에 예속되어 있다. 자연법이란 신이 부여한, 그러나 이성에 의해서 발견할 수 있는 도덕규칙이다. 이는 누구도 남의 생명, 건강, 자유, 재산에 피해를 주어서는 안 된다는 규칙이다. 자연법은 "성문화되어 있는 것이 아니라 사람들의 마음속에 들어있는"[12] 암묵적 행동

11) Locke (1690/2012: 4/10) 존 로크 시민정부론, 남경태 역, 효형출판 (2012 4/10) 에서 앞의 수는 문단번호, 뒤의 10은 그 문단이 있는 쪽수를 표시한 것.

12) 위의 책, (135/120) 자연상태의 존재에 대한 반대의견을 비판하기 위해서 로크는 후커의 교회정치론을 인용하고 있다."지금까지 말한 법칙(즉 자연법)은 인간을 절대적으로 구속한다. 인간은 비록 확정된 단체를 이루지 않았고 자기들끼리 무엇을 해야 하는지 무엇을 하면 안 되는지 엄숙한 약속을 맺은 적이 없다고 해도 그 법칙에 구속한다." Locke (1690/2012: 15/20)

준칙이다.

자연상태에서 인간들은 완전히 평등하다. 평등이란 분배적 평등이 아니라 누구도 남에게 예속되거나 종속되지 않고 차별받지 않는 상태다. 신분적 평등이 지배하고 있는 그리고 완벽한 자유의 상태다. 이는 타인들의 강압이나 침해 또는 공격이 없는 상태로서 소극적 의미의 자유이다. 자연법을 통해서 그런 행위가 금지된다. 누구나 자연법의 테두리 안에서 스스로 자신의 행동을 규제할 수 있고 마음대로 자신의 재산과 신체를 처리할 수 있다.[13] 그리고 자연상태는 규칙과 결부된 자유의 상태이지 방종의 상태는 결코 아니다.

"자유상태의 인간은 자신의 신체나 재산을 마음대로 이용할 자유를 누리지만 그렇다고 해서 …다른 생명을 파괴할 자유를 지니지 않는다. …자연상태는 자연법의 지배를 받으며 자연법은 모든 사람에게 적용된다. 자연법의 근간을 이루는 이성은… 누구도 남의 생명, 건강, 자유, 재산상의 피해를 주어서는 안 된다고 가르친다."[14]

자연상태에서 인간은 개인주의자다. 자신의 생명과 재산의 유지가 의무이고 권리다. 따라서 타인이 나를 없애려는 것을 막는 것은 나의 권리다. 권위를 가진 공동의 재판관도 없다. 그래서 사람들이 이성의 가르침에 따라 함께 사는 상태다. 타인을 도와줄 적극적 의무

13) 위의 책(4 /10)

14) 위의 책(6/12)

는 없다. 자발적으로 도와줄 수는 있다. 타인을 해쳐서는 안 될 소극적 의무가 있을 뿐이다.

로크에게 소유는 물질적 소유만을 의미하는 것이 아니다. 자유, 생명 그리고 재산까지 포함하고 있다. 그는 이 권리들 중에서 재산권에 대해 가장 많은 관심을 보였고 후세에 가장 큰 영향력을 미친 것도 재산권이다.[15] 소유권을 자연권으로 인식하기 시작한 것은 17세기 이후다. 그러나 소유의 개념은 함무라비 법전에 나와 있듯이 그보다 훨씬 전에 등장했던, 인류사회의 뿌리 깊은 권리로 인정받고 있었다.

그럼에도 오늘날 재산권은 당연한 권리는 아니다. 예나 지금이나 똑같이 국가는 어떤 보상도 없이 예를 들면 개인의 토지이용을 제한하고 규제한다. 사유지를 공공의 목적으로 이용해야 한다는 것을 내용으로 하는 토지공개념 제도가 인기를 끌고 있다. 조세를 통해서 국가는 재산권을 침해한다.

무엇이 어떻게 내 것이 될 수 있는가?

로크는 사유재산도 국가이전에 존재했다고 믿는다. 이런 믿음은 옳다. 시장은 국가이전에 존재했다는 경험적 사실이 입증한다. 그는 그런 믿음을 선험적으로 도출하고 있다. 어떻게 내 것이 되는가, 어

---

15) 로크의 논의에서 소유는 이중적 의미를 지니는데, 협의에서 그것은 우리가 보통 재산이라고 부르는 물질적 재화를 의미하지만, 광의로는 "생명, 자유, 자산"을 총괄하는 의미를 지닌다. 후자의 의미에서 그는 재산이라는 말로 사람들이 재화는 물론 인신에 대해서 가지고 있는 재산을 의미한다고 말한다.

떻게 내 소유가 되는가의 문제는 로크에게 매우 진지한 것이었다. 소유의 원천은 흔히 교환, 상속, 증여, 선물 등이다. 이 방법은 소유자의 이동일 뿐이다. 중요한 것은 무주물의 습득이다. 그가 주목한 것은 노동을 통해서 생산한 모든 것을 소유할 자격이 있다는 점이다. 무주물이 내 것이 되게 하는 것이 노동이라는 것이다. 그래서 로크의 소유권이론은 "노동의 소유자격"이다.

(1)신은 모든 인간에게 공동으로 세상을 선사했다. 토지는 모두에게 속하는 공유물이다. 공유는 주인 없는 것이나 다름없다.

(2)누구나 자신의 육체, 생명, 재주, 노동에 대한 소유의 주체, 다시 말해서 자기를 소유한(self-ownership) 주체다. 그들은 개인들 각자에게 신이 부여한 것이다.

(3)자연을 자신의 소유로 만들려면 노동과 자연을 혼합해야 한다. 내 육체노동 또는 내 손 작품은 내 것이다. 노동은 논쟁의 여지없이 노동자의 소유이기 때문에 그의 노동과 결부된 것에 대한 권리가 나 이외의 다른 누구에게도 없다. 취득의 근거가 노동이다.

(4)단서조항: 무주물이라고 해도 무제한 소유할 수 없다. 각자는 자신이 노동을 통해 갖게 되는 자연물만큼이나 동등한 양질의 자연물이 타인의 몫으로 충분히 남아 있는 한도 내에서 사유화는 이뤄져야 한다: 충분성 단서(enough clause)를 위반하면 내 것이 될 수 없다.

(1)나 자신에 대한 소유권: 인간은 자신의 신체 재주 노동 등을 소

유할 권리가 있다. 그 권리는 자신 외에 누구에게도 없다. 권리가 있다는 말은 내 신체를 이용하고 처분할 자유가 있다는 뜻이다. 그러나 자유는 제한되어 있다. 인간은 스스로 타인의 노예가 될 수 없다. 자신에 대한 소유권은 양도할 수 없는 권리이기 때문이다.

로크 사상에서 자살할 자유도 없다. 인간은 조물주의 재산이기 때문에 그가 원할 때까지 존재해야 한다.[16] 다른 사람을 죽이거나 강제로 노예로 만들 수 없는 것은 물론이다. 내 장기(臟器)나 내 유전물질을 판매할 자유도 없다. 조물주의 것이기 때문이다. 이런 측면에서 보면 로크에게 소유권은 소유를 방어할 권리가 아니라 신에 대한 자기보존의 의무라고 볼 수 있다.

(2)물질적 재산에 대한 권리: 누구나 자신에 대한 양도 불가능한 소유권을 가지고 있다. 그가 하는 육체의 노동과 손의 작업은 정당하게 그의 것이라 할 수 있다. 그러므로 자연이 제공하는 무주물에 자기 노동을 혼합하면, 그것은 나 이외에 어느 누구에게도 소유한 것이 아니다. 따라서 생산, 개간이라는 노동이 소유의 근거다. 자기 육체와 자기 능력으로 주인 없는 토지를 경작하거나 가공함으로써 그것은 자기 것이 된다. 무주물과 소유를 연결해주는 것이 나의 노동이다.

그러나 무제한 축적을 허용하는 것은 아니다. 단서조항은 소유의 도덕적 제한이다. 즉 각자는 자신이 갖게 되는 자연물과 동등한 양질의 자연물이 타인의 몫으로 충분히 남아 있는 한도 내에서 사유화는 이뤄져야 한다. 단서조항이 충족되면 그 토지위에 씨를 뿌리고, 토지의 가

16) 위의 책(168/150)

치를 높이고, 재배하고, 이용하는 한 그 땅의 산물은 그의 재산이다.

사유재산제는 경제적 번영을 부른다

존 로크의 사유재산에 대한 주장은 타당한 것인가? 토지의 사유재산과 관련하여 많은 논쟁이 있어왔다. 논쟁의 대상이 단서조항이다. 이를 충족하려면 토지가 무제한이어야 할 것이다. 그러나 무제한이라고 한다면 사적 소유는 불필요하다. 사적 소유는 토지나 자원의 희소성을 전제한다. 토지가 희소하다면 어느 한 사람의 토지소유는 타인들 또는 후세대는 토지를 소유할 기회가 줄어들어 로크의 단서조항을 위반한다. 시간이 경과할수록 남아 있는 토지자원이 줄어들어 사람들이 더 이상 소유할 무주물의 토지가 남아 있지 않게 된다. 따라서 사유재산의 도덕적 근거가 없고 자본주의와 재산권을 지키는 정부의 존재 근거가 없다고 좌파는 목소리를 높였다.

그러나 로크는 이런 비판은 옳지 못하다고 주장했다. 시장경제와 화폐는 사유화의 도덕적 한계를 극복할 수 있다는 이유에서다. 그는 사유재산의 존재는 문명의 시작이라고 큰 소리 치면서, 화폐의 발견으로 조화로운 세계가 종말을 고했다는, 그래서 화폐를 악마라고 낙인찍었던 사람들은 옳지 못하다고 역공했다.

공유지를 사유화했을 때의 생산량이 공유지 생산량의 수십 배로 생산의 증가를 초래하기 때문에 토지사유화는 사실상 공유지를 그만큼 늘리는 결과나 다름이 없다.[17] 그래서 로크는 단서조항을 통해서 자본주의에서 소유를 제한할 아무런 근거가 없다고 청교도적 현실주의를 대변했다.[18] 그의 주장은 과거 소련의 사회주의에서 우리가 목격했던 사실과 전적으로 부합한다. 주민들에게 전 토지의 5%를 텃밭으로 사용할 것을 허용했다. 그 결과, 텃밭에서 생산한 농산물은 소련 전체의 농산물생산의 70%를 차지했다. 사유재산제의 위력을 설명하는 역사적 사례다.

그럼에도 예전처럼 현대에도 사유재산의 비판은 여전하다. 예를 들면 19세기 프랑스의 사회주의자 샤를르 푸리에는 문명화과정이 사회구성원들로부터 일정한 자유들(채집하고 방목하고 수렵하는 자유)을 빼앗아 버렸기 때문에 무산자의 삶에 대한 국가의 사회보장은 이 손실에 대한 보상이므로 사회보장은 도덕적으로 정당화된다고 주장했던 것이다.

토마스 네이글, 존 코헨 등, 20세기 후반의 사회주의자들도 '자본주의 소유권의 존재는 신화'라는 이유에서 사유재산의 도덕적 한계를 끝임 없이 지적했다.[19] 자본주의를 "소유자본주의"라고 비판한 캐나다의 유명한 정치철학자 맥퍼슨에 따르면 그 체제는 화폐가 도입

17) 공유지 100에이커에서 생산할 양이 100톤이라고 하고 누군가가 그중 10에이커를 사유화했다고 하자. 사유화된 토지가 공유된 10에이커의 생산량의 10배 즉 100톤을 생산했다면 90에이커의 공유지를 만들어서 인류에게 남겨준 것이나 다름이 없다.

18) 위의 책(37/39)

19) 그 사회주의자들을 가리켜 "소유의 신화학파(Myth of-Ownership-School)"라고 부른다.

됨으로써 타인의 노동을 이용하여 재산을 축적하는 것을 정당화하는,그래서 가진 자를 위한 것일 뿐이라고 한다. 갖지 않은 자는 이용만 당하는 사회라고 목소리를 높였다.

그러나 뒤에 가서 자세히 설명하겠지만(제6장) 오스트리아학파의 거성 루트비히 폰 미제스의 말대로 자본주의는 거지로 하여금 빵을 만들어 먹게 한 체제다. 프리드리히 하이에크의 말을 빌리면 자본주의는 무산자에게도 삶을 가능하게 했다. 토지가 없는 사람도 타인의 소유에 의해 삶이 악화되는 것이 아니다. 사적 기업의 높은 생산성 때문이다. 사유재산을 기반으로 하는 교환경제는 인간이 이용할 수 있는 것보다 더 많은 재화를 만들어 낸다. 따라서 누군가에게 더 많은 사유재산을 허용하는 경우 화폐를 통해서 모두에게 유익한 가치를 산출 할 수 있다.

화폐는 직접적인 욕구충족을 넘어서 소유의 증가가능성을 열었다. 화폐의 등장은 자연법을 위반하지 않고도 토지의 불평등과 분배의 정당한 기회를 열었다. 남는 재물을 금과 은으로 교환하면 아무에게도 해를 끼치지 않고 축적이 가능하다. 화폐의 도입은 보편적인 번영의 증가를 위한 수단이라고 보아도 틀림이 없다.

그러나 본래 윤리를 통해 정당화하고자 했던 재산권이론이 결과론에 빠지고 말았다. 토지의 사적소유가 정당한 이유는 이 시스템이 다른 알려진 대안보다 더 효율적인 이용이 가능하기 때문이라는 것이다. 원래의 의도는 재산의 사유화를 이것이 가져오는 편익이라는 의미의 결과와는 관계없이 도덕적으로 정당화하려고 했다.

커즈너의 기업가적 발견과 소유자격

자본주의의 소유가 진정으로 정당한 이유를 기업가정신에 의해서 설명하는 시도가 있다.[20] 이런 시도를 성공적으로 시행한 인물이 미제스의 제자로서 뉴욕대학 교수였던 그리고 지금도 활발하게 저술활동을 하는 이스라엘 커즈너(I. Kirzner)다. 기업가정신이란 지금까지 알려져 있지 않은 새로운 것, 아무도 생각지 못했던 것을 발견하는 태도다. 기업가적 발견을 통한 소유가 타인들에게 피해를 가하고 그래서 그런 소유는 부당한가?

로크에서 '노동의 혼합'이 소유자격을 규정한다면, 이는 소유될 자연자원이 "이미 저기에 주어져 있고" 노동을 통해서 사유화되기를 기다리고 있는 상황이다. "물리적인 노동"만을 가하기만 하면 된다. 노동이 어느 누구도 침범해서는 안 될 소유를 결정하는 요인이다. '물리적'이라는 것의 의미는 인간의 판단과 인간의 창조적 인지가 없다는, 그래서 기계적이라는 것을 의미한다. 물리적이라는 말의 반대는 '인간적'이라는 말이다. 이 말은 상상력과 비전을 형성하는 창조적이고 적극적인 행동, 능동적인 행동을 의미한다.[21]

그러나 공유지를 손수 개간하거나 변형하는 물리적 행동이전에 무엇인가가 빠져 있다. 노동을 혼합할 만한 가치의 '발견'과 관련된

20) 물론 로크가 기업가 정신의 발견을 중요한 재산권 요소로 설명하고 있다는 주장이 있다(Tully, 1980). 그러나 이런 주장이 옳다고 보기 어려운 이유가 있다. 로크는 순박한 행동주의 심리학을 전제하고 있는 것이 확실하기 때문이다.

21) Kirzner(1979; 1971)

전체과정이 배제되어 있다는 점을 주목해야 한다. 노동의 소유자격에는 소유할 대상 자체의 발견, 소유할 대상의 유용성 판단, 소유대상과 관련된 장래의 비전, 상상, 착상 등, 미제스-하이에크가 인간의 요소로서 강조했던 "기업가적 발견"이 빠져있다. 노동의 혼합(투입)은 그런 발견과정이 끝난 후의 일이다. 기업가적 발견은 자연자원의 현재는 물론 장래의 잠재적 가치, 잠재적 유용성에 대한 판단이다. 이런 판단은 일종의 기업가적 판단이다. 소유할 경우에 정말로 어떤 유용성이 있는가에 대한 판단, 소유대상과 관련된 장래의 비전, 상상, 착상 등이다. 이런 것이 모든 정신적 요소가 물리적 행동을 산출하는 기초이다.

따라서 우리가 주목해야 할 것은 소유의 도덕적 원천은 노동혼합(투입)이 아니라 기업가적 발견이라는 것이다.[22] 이것이 커즈너가 말하는 "발견의 소유자격"이다. 새로운 기회에 대한 상상 또는 육감이나 예감, 새로운 기회의 기민한 포착, 적극성, 직관, 착상, 순발력 등으로 표현되는 정신적 요소가 기업가정신이다. 이런 요소의 대부분은

22) 사유재산제도가 도덕적이라는 이유를 설명하기 위해서는 '네 것', '내 것'을 구분하는 재산권의 할당의 원칙이 도덕이라는 것을 보여줄 필요가 있다. 할당의 원칙과 관련하여 우리가 주목하는 것은 두 가지이다. 첫째로 어느 한 대상물이 내 것이 되기 위해서는 나와 대상 사이에는 타인과는 전적으로 상이한 연결매개가 있어야 한다. 둘째로 이 연결이 도덕적이어야 한다. 예를 들면 내가 그것을 도둑질한 것이거나 사기나 기만을 통해서 습득한 것이라면 그것은 내 것이 될 수가 없다. 그것을 내가 생산했어야 한다. 또는 나의 노동과 혼합했어야 한다. 아니면 내가 그것을 발명했거나 창작했어야 한다. 또는 그 일을 위해 열심히 노력했어야 한다. 이런 예에서 볼 수 있듯이 소유자격의 도덕적 요건으로서 흔히 들 수 있는 것이 노동, 노력, 발견 등이 있다. 이에 관해서는 Nielsen(1985).

암묵적, 초 의식적 정신활동으로 구성되어 있다. 기업가적 발견을 중시하고 이를 이론화하는데 결정적인 역할을 한 인물이 커즈너다. 발견자가 소유자라는 원칙을 '발견자-소유자 규칙'이라고 부르고 있다.

노동의 소유자격은 이윤의 존재를 부정한다

흥미롭게도 노동투입이 소유를 결정하는 요인이라고 한다면 노동의 투입과 관련이 없는 이윤의 존재를 정당화시킬 수 없다. 직접 생산에 가담하지 않는 기업가-자본가의 이윤은 착취가 된다. 따라서 노동의 소유자격은 노동가치론이나 다름이 없다. 생산은 노동에서 비롯된 것이라는 전제 때문이다. 이런 전제는 생산은 물리적 현상일 뿐이라는 것을 의미한다. 그러나 생산하면 이윤이 생기리라는 기업가적 발견이 전제되어야 비로소 생산에 착수하기 위해서 노동을 투입한다. 이윤의 존재는 기업가적 발견의 대가다. 그리고 기업가적 발견이 전제되어야 생산이 비로소 정신적이고 인간적이다.

존 로크와 헨리 조지

로크에게 토지소유는 자연적 권리에 속한다. 이런 권리의 인정이야말로 문명화의 상징이다. 그러나 이를 부정하는 인물이 19세기 말 미국의 경제학자겸 철학자였던 헨리 조지다. 인간은 노동, 재주, 신체 등 자기를 소유할, 그리고 자기가 창출한 자본재와 소비재를 가질 자연적 권리가 있지만, 토지는 다르다는 것이 그의 믿음이었다. 토지는 신이 내린 것이고 그래서 사회전체에 속한 것이기에 그것을 어느 누구도 가질 수 없다는 것이다. 신이 무상으로 제공한 사물에 대하여 사유재산권을 인정하는 것은 정의롭지 않다고 한다. 토지가치의 상승은 토지에 가한 개인적인 노동력의 결과가 아니라 사회의 발전에 의한 것이기 때문에 이를 전액 세금으로 흡수해야 한다고 목소리를 높였다.[23)]

그런 사상에 입각해서 한국에서 1980년 대 후반 택지소유상한법, 토지초과이득세법, 개발이익환수법 등 토지공개념 3법이 도입되었다. 이들에 대하여 헌법재판소가 여러 가지 문제를 제기했다.[24)] 최근에는 토지공개념 제도를 헌법에 도입하려고도 했다. 그런 제도를 뒷받침하는 조지의 사상에는 다음과 같은 핵심전제가 깔려있다. 토지는 농지·건축·공장용 등, 이미 그 용도가 애초부터 객관적으로 정해져 있어서 누가 토지의 주인이 되든지, 정해진 대로 쓰인다는 것이다. 그래서 주인 없는 토지를 습득하고 이를 이용하여 소득을 벌거나

23) 인구증가와 기술개발로 경제가 번영해도 토지수요의 증가로 토지가치가 급격히 상승하여 그 결과 땅 부자가 성장의 결실을 전부 가로채기 때문에 노동과 자본이 빈곤할 수밖에 없다고 목소리를 높였다. 토지가치의 상승은 토지에 가한 개인적인 노동력의 결과가 아니라 사회의 발전에 의한 것이기 때문에 이를 전액 세금으로 흡수해야 한다는 것이다. 그 대신에 다른 조세들은 폐지할 것을 제안했다. 이들은 궁극적으로 생산물에 대한 세금이며, 이는 발전을 불필요하게 저해 한다는 이유에서였다(민경국, 2014:134).

24) 택지소유상한제는 소유 상한이 지나치게 낮다는 이유에서, 토지초과이득세법은 과세표준 산정 방식이 잘못됐다는 이유에서 헌재가 문제를 제기했다. 헌재는 제도의 취지나 본질에 대해서는 사실상 합헌 결정을 내렸다(김정호, 2018: 175).

이를 임대하여 돈벌이하는 경우, 습득, 이용, 임대 과정은 기계적이어서 지주가 한 일은 하나도 없다고 한다. 이런 논리에서 조지가 토지소유를 자연권에서 배제하고 토지소득을 불로소득으로 취급했다.

그러나 주목할 것은 그 과정이 결코 기계적이지 않다는 점이다. 자연은 토지의 용도와 관리방법을 정할 수 없다. 토지 그 자체는 쓸모없는 물리적인 것 그 이상이 아니다. 쓸모 있음, 즉 용도와 그리고 관리방법은 인간의 고유한 선견지명을 통해서 비로소 발견·창조된다. 이런 창조적 발견은 결코 자동적이 아니라 기업가적 과정이다. 창조적 발견을 뜻하는 기업가 정신을 간과한 것이 조지의 재산권이론의 치명적인 결함이다.

누군가가 주인 없는 토지를 습득하는 것이 정당한 이유도 다른 누구보다 먼저 그 토지의 용도를 발견·창안했기 때문이다. 누군가가 자기 토지를 빌려주고 임대료를 받는 것이 정당한 이유도 그가 발견한 용도 때문이다. 누군가가 토지를 구매하는 이유도 용도를 발견했기 때문이다. 그래서 토지소득은 결코 불로소득이 아니라 창조적 발견에 대한 정당한 대가이다. 그런데 토지가치를 전부 조세로 흡수한다면 용도의 발견과정과 용도에 따른 토지배분을 위한 가격체계가 없어진다. 그러면 정부가 토지시장을 대신해야 한다. 이는 토지사회주의로 가는 길이다.

자연권사상의 윤리적 의미

로크의 시민정부론은 여러 가지 문제가 있음에도 불구하고 "자유의 정당성"을 만방에 포고한 선언서다. 자유가 없는 인간은 인간이 아니다. 인간은 그 자체로서 자유를 전제한다. 내 자유, 내 재산, 내 생명이 중요하면 타인의 그것들도 중요하다고 믿는 것, 이것이 계몽된 생각이요 지혜로운 생각이다.

로크에게 자유 생명 재산에 대한 권리는 사회와 국가이전에 존재하는 그래서 타고난 것이다. 누구나 타인들의 그런 권리를 존중할 의무가 있다. 그 같은 권리를 기초로 하여 정의와 법(자연법), 그리고 국가의 과제가 도출된다. 자연상태는 도덕규칙이 지배하기 때문에 국가가 없다고 해도 평화롭고 상호간 협력과 공존이 가능하다. 그런 상태는 번영도 보장한다는 것이 로크의 인식이다.

로크의 사상은 국가주권론, 왕권신수설, 그리고 오늘날에는 교조적 민주주의, 복지국가 그리고 다양한 형태의 사회주의 등에 대한 비판적 논리를 제공할 뿐만 아니라 자본주의에 대한 이해에 도움을 준다. 그의 논리는 간단히 말해서 "평화롭게 생산 활동에 종사하는 사람들을 공격하는 살해범집단과 똑 같이 정부도 무구한 시민들의 사유재산을 약탈하거나 재분배할 윤리적 정당성이 없다는 것이다."

로크의 사상은 홉스와 전적으로 상이하다. 홉스는 국가이전에는 오로지 투쟁과 갈등만이 존재할 뿐이라고 한다. 문화도 사회도 없다. 개인들의 도덕적 조건도 불분명하다. 도덕적 권리와 의무도 없다. 옳고 그름, 불의 등의 개념도 없다. 만인에 대한 만인의 투쟁 상태뿐이다. 사람들은 이런 상태를 극복하기 위해서 강력한 권력을 가진 국가에게 모든 권리를 위임(백지위임)하는 계약을 체결한다. 국가는 자신의 뜻대로 개인의 자유 생명 재산에 대한 이용 처분이 가능하다. 그런 절대국가에서 옳든 그르든 시민들은 지배자에게 충성해야 할 의무가 있다. 의무위반은 부도덕하고 양심도 저버린 행동이다. 자유는 혼란을 초래하기 때문에 최악의 정부라고 해도 정부가 없는 것보다 낫다는 것이 홉스전통의 정치철학이다.

홉스는 자유와 사적 소유가 타고난 것이라는 생각을 비웃었다. 그의 전통은 자유와 재산권은 국가에 의해 주어진 것이라고 여겼다. 따라서 통치자는 백성의 동의 없이도 세금을 부과하고 재산을 몰수 할 수 있다. 이런 국가의 권력은 무제한적이다. 국가가 정한 것은 법이요 정의이고 진리다. 그것은 신의 뜻이다. 그런 전통의 논리적 결과는 시민들에게 폭력과 강제를 동원하여 군림하는 공룡처럼 거대한 국가의 등장이다. 인간은 정부의 노예다. 로크의 사상에서 노예는 인간이 아니다. 인간을 노예로 만드는 정부는 도덕적 정당성이 전혀 없다. 시민들은 그런 정부에 복종할 의무도 없다. 혁명을 통해서 전복해야 할 대상이다.

2) 인간이성의 한계와 종교적 관용

로크는 권리의 평등을 강력히 주장한 인물이었다. 인간은 누구나 다른 사람들과 똑 같이 자유 생명 소유에 대한 평등한 자연적 권리가 있다. 타인의 동일한 권리를 침해하지 않는 한 누구나 자유로이 생산하고 거래할 수 있다. 종교와 연결한다면 그런 평등한 권리는 관용이다.

로크의 사상에서 종교적 관용은 중요하다. 국가가 종교를 지배하고 있었을 뿐만 아니라 종교적 광신자들이 자신의 믿음을 다른 사람들에게 강요했다. 따라서 종교와 관련하여 국가와 개인 간에 그리고 개인들 사이에 갈등이 매우 극심했다. 신앙과 관련된 갈등을 어떻게 해결할 수 있느냐의 문제가 그를 고민스럽게 만들었다. 이는 종교적 관용의 문제다. 개인들 간에 종교적 믿음을 서로 존중하는 것이 관용이다. 국가는 종교문제에 대하여 간섭해서는 안 된다. 로크에게 중요한 문제는 '신앙의 자유'의 평등, 즉 관용을 정당화하는 일이다.

종교전쟁을 종식시킨 것도 자유주의의 역사적 공헌이었다

로크는 자연적 권리를 선험적으로 정당화했다.[25] 경험과 독립적인 인간이성을 통해서 신이 인간들에게 평등하게 부여한 자연적 권리와 이를 존중하는 도덕률을 찾으려고 했다. 그러나 종교적 관용을 정당화하기 위해서 로크는 경험의 세계로 접근했다. 그는 세상을 이해하

25) 독자적인 인식론을 개발했던 많은 철학자들은 실천철학과 이론철학을 연결했다. 플라톤과 칸트가 대표적이다. 플라톤은 관념론이 없는 정치학은 생각할 수 없고 했다. 칸트는 윤리의 형이상학적 뒷받침이 없는 법철학을 거부했다. 그는 윤리의 형이상학적 뒷받침이 없는 법철학을 거부했다.

는 것은 관찰이라고 믿었다. 경험을 중시했다는 뜻이다.[26)]

원래 로크는 경험주의자였다. 그에 따르면 두뇌(정신)는 백지 상태다. 감각적 경험을 통해서 두뇌 속이 채워진다. 경험을 통해서 외부세계에 대한 앎(지식)이 가능하다는 것이다. 경험을 중시하는 사상은 인간이 갖는 지식은 불확실하고 지속적인 수정과 반증을 필요로 한다는 점도 강조한다.

인간이성의 한계라는 인식론적 관점에서, 다시 말하면 인간이 가진 지식은 극단적으로 제한되어 있다는 사실에서 관용을 정당화하고 있다. "옳은 종교가 무엇인지를 결정하는 데 우리 모두는 훌륭하지 못하다"라는 것이다. "정치권력을 가진 사람이 진정한 종교를 발견하는데 다른 누구보다 더 현명하다고 볼 이유가 없다"라는 것이다.[27)] 그러니까 정치권력을 이용하여 다른 사람들에게 자신들의 견해를 강요해서는 안 된다는 것, 만약에 강요하면 "분노, 원한, 저항만을 야기할 뿐"이라는 것이다. 그 대신에 개인이 최선을 다해서 진정한 믿음을 추구하도록 허용해야한다는 것이 로크의 입장이었다. 국가와 교회는 "전적으로 상이"하다. 교회는 시민사회 내에 있는 자발적 연합

---

26) 『인간오성론』(1689)에서 그는 이성에 의해서만 세상에 관한 지식을 얻으려고 했던 데카르트의 합리주의를 비판했다. 그는 태어난 본유적 관념을 믿지 않았다.

27) John Locke, Internet Encyclopedia of Philosophy에서 인용. 알 수 없는 문헌에서 다음과 같은 내용을 읽을 수 있다. "신에게 가는 길은 불확실하다. 교회도 오류를 범할 수 있고 잘못된 길을 갈 수 있다. 아무도 그의 길의 옳음을 보증할 수 없다. 모든 인간도 오류를 범할 수 있는 피조물이다. 그들은 신의 말과 뜻이 전 인류에게 무엇인지 확실하게 안다고 말할 수 없다."

이다. 교회는 상인연합과 다르지 않다.[28] 생명 자유 재산과 같은 시민의 관심을 보호하는 것이 국가의 과제다. 영혼에 관한 것은 시민들에게 맡긴다.

신앙공동체가 시민법을 따르는 한 그들의 종교적 행사는 자유롭다. 관용의 의무는 신앙의 이유로 타인들의 소유(생명 자유 재산)를 건드려서는 안 된다는 뜻이다. 시민들이 타인들의 권리에 대한 부정적인 외부 효과를 야기하는 행동을 하지 않는 한, 시민은 최고의 판단자다. 그러나 소유를 보호하는 시민사회의 목적을 파괴할 위험이 있는 종교적 행사는 참을 수 없다.

종교의 옳고 그름을 판단할 인간이성은 한계가 있다는 로크의 지적 겸손은 자유주의의 핵심이다. 유럽의 피비린내 나는 종교전쟁을 종식시켰던 것도 로크의 자유주의였다. 관용에 대한 로크의 생각은 그 시대나 지금이나 매우 중요하다. 그는 종교적 광신주의와 강압을 강력히 반대했다. 오늘날 이슬람광신자들은 테러와 살해를 자행한다. 이슬람 신앙을 거부하는 사람은 살해하겠다고 위협한다. 전국교직원노동조합, 친북사상가들 그리고 사회주의는 교조적인 정치적 옳음에 갇혀있다. 폭력과 거짓 위선으로 사람들의 정신을 옭아맨다.

경제적 번영을 가져온 것도 종교적 관용이다

로크는 17세기 네덜란드의 경제적 번영과 그 이유를 정확히 이해

28) Locke(1689/2010: 24)

했다. 번영의 원천이 사유재산제도와 경제적 자유의 확립이었고 특히 종교·경제적 자유가 보장되었기 때문에 자본을 가진 수많은 상인들이 자본을 들고 종교적 자유를 찾아서 네덜란드로 이주했다. '관용에 대한 에세이'에서 로크는 관용이 생산에 미치는 긍정적인 영향은 중요한 연구의 대상이라고 주장하기도 했다.[29)]

당시 그 어떤 유럽국가도 경제적 자유와 함께 종교적 관용을 허용하지 않고 있었던 시기에 네덜란드는 모든 종교에 대한 관용과 함께 건전한 재산권이 확립되어 있었다. 어떤 방해도 받지 않고 자유로이 무역과 장사를 할 수 있었다. 자기나라의 이런 모습을 보고 시장경제가 관용의 장소라는 것을 설파한 인물이 스피노자였다. 그는 로크와 같은 시기의 합리주의 사상가였다. 그는 모든 종교적 분파들이 함께 사업을 벌이면서 평화롭게 살 수 있도록 허용했기 때문에 네덜란드가 번영의 꽃을 피우고 있다고 했다. 로크가 세상 사람들에게 자본주의를 일깨웠던 이유가 네덜란드의 경제적 번영에 대한 경험 때문이었다. 당시 네덜란드는 사유재산과 기업의 자유가 확립되었다. 자본주의가 뿌리를 내리고 있었다.

그런데 흥미롭게도 종교적 관용의 창출과 실행이라는 위대한 역사적 역할을 수행하는 것이 시장경제다. 이란이나 이라크, 파키스탄 등과 같이 시장경제가 발전하지 못한 사회에서는 관용도 없다. 마찬

29) 최유신(2000: 161)"종교적 박해를 반대하는 이유는 그것이 국가를 분열시키게 되며 또한, 그 나라의 많은 근면한 사람들로 이민을 가게끔 할 것이며 그렇게 되면 전반적인 상업적 발달을 저해할 것이라는 보다 타산적 이유 때문이었다."

가지로 종교적 관용이 없는 곳에서는 시장경제도 발전되지 못한다.

3) 국가의 과제

자연상태는 사유재산이 인정되고 번영이 이루어지고 자연법이 준수되는 아주 긍정적인 상황이다. 그럼에도 강제와 결부된 국가가 왜 생겨났는가, 왜 국가가 필요한가의 문제가 제기된다. 로크는 국가 형성을 사회계약을 통해 설명하고 있다. 자연상태에서 누리는 자연권을 보호하기 위해서 필요한 것이 법질서와 국가다. 개인이 자발적인 의지로 자기방어권과 재판권 등 기본권 일부를 국가에 위임한 결과가 사회계약이다.

국가가 필요한 이유

자연상태는 안정된 사회는 아니다. 불행하게도 인간은 타인의 생명과 재산을 항상 존중하는 것이 아니기 때문이다. 그들은 정직하게 얻는 것을 폭력으로 빼앗는다. 더구나 분배의 불평등이 지배한다. 각 사람은 자신의 생명과 재산을 스스로 방어할 자연적 권리가 있다. 스스로가 경찰, 재판관, 배심원의 역할을 해야 한다. 그러나 자연상태에서 사람들이 그렇게 살아가기에는 불편함이 크다.

첫째로 정의로운 재판을 할 능력에 한계가 있다. 감정과 열정 때문에 지나치게 자의적으로 폭력을 동원하거나 잔인하게 침해자를 처벌하는 등 과잉처벌의 위험성이 있다. 또는 친구에게는 관대하게, 낯모르는 사람에게는 과잉으로 처벌하는 등 처벌이 편파적 일 수도 있다.[30] 둘째로 자연상태에서 자신의 신체와 재산에 대한 공격과 위협을 혼자서 성공적으로 막아내는 데 필요한 물리력과 자원이 희소하다. 희소한 자원을 자신의 자유와 재산을 지키고 동시에 생산활동을 하는 데에 투입되어야 한다. 그런 불편함 때문에 자연상태에서 인간들은 자연법을 집행할 권한을 부여받은 시민사회 또는 정치체제를 구성하는 것이 합리적이라고 생각한다. 그들은 자연법을 집행할 개인의 권리를 정치체제에게 위임할 것을 만장일치로 합의할 것이라는 것이 로크의 사회계약론적 인식이다. 다시 말하면 시민사회는 자유를 보호하기 위해서 일정한 자유의 포기를 요구한다.

그러나 안정을 위해 전권을 주권자에게 이양하는 홉스와는 달리 로크에게는 모든 자유의 포기가 아니라 개인들 자신의 방어권을 행사할 자유의 포기다. 홉스의 사상에서 소유권은 주권자인 국가에 의해 규정되고 허용된 것이다. 국가는 공익을 위해서 개인의 권리와 의무를 정할 의무가 있다. 이런 의미에서 홉스의 국가주권론과 로버트 필머의 신권국가론은 로크에게는 반동적이었다.[31]

자연권을 보호할 과제만을 정부가 가지고 있다. 정치권력은 자연상태에서 위태롭게 될 가치들, 즉 생명, 자유, 재산을 안정적인 도덕

30) Locke (1690/2012: 125/111)

31) 위의 책(129 130 131/113~114)

적 질서 내에서 보호한다는 조건하에서 허용된 것이다. 정치권력의 정당성은 첫째로 피지배자의 동의에 의한 권위의 위임에 있다. 그 정당성은 둘째로 모든 사람의 생명 자유 재산에 대한 자연권을 보호하는 데 강제력을 행사해야 한다는 점이다.

로크에게 정부의 과제는 개인의 자유와 재산 생명을 보호하기 위한 법질서를 확립하는데 있었다. 그 밖에도 분쟁해결과 국방의 과제가 있다. "공동체의 힘"은 "평화, 안전, 공익"을 지향해야 한다고 목소리를 높였다.[32] 사유재산 제도가 확립될 경우에 부의 증가에도 불구하고 빈곤한 사람이 있을 수 있다. 로크는 개인으로서나 사회로서 빈곤자를 도와줄 "도덕적 의무"가 있다는 것을 충분히 알고 있었다. 그런 의무는 "자연의 법칙"의 본질적 요소라는 것이 로크의 인식이었다. 정부의 빈곤정책도 국가의 과제로 여겼다. 그러나 그런 정책으로 일하는 근면한 사람들의 의욕이 위축되어서는 안 된다. 게으른 거지를 구출해서는 안 된다고도 한다.[33]

화폐는 원래 국민의 합의, 즉 사회계약을 통해서 인위적으로 도입된 것이라고 여겼던 로크는 화폐 주조권을 국가에 맡겼다. 화폐의 도입으로 아무도 해가 되지 않기에 자연법과 양립한다고 주장한다. 그 도입으로 거래장벽이 무너졌고 생산과 소비생활을 원활하게 하고 자본의 축적도 가능하게 되었다고 한다.

출판의 자유를 성공적으로 촉구한 것도 로크의 공헌이었다. 그는

32) Locke(1690/2012: 131/114)

33) Zwollinski(2011)

출판의 독점이 부르는 악을 강조했다. 사람이 무슨 말을 하든, 이를 출판할 자유를 왜 도대체 그가 가져서는 안 되는가를 모르겠다고 로크는 목소리를 높인다.

로크는 교육에 관한 혁명적인 생각을 가지고 있었다. 당시 사람들은 교육은 국가에 순종하는 버릇을 증진해야 한다는 토마스 홉스의 주장을 믿고 있었다. 교육에 대한 국가의 규제가 없으면 교육은 중구난방이 되어 국가목적은 달성될 수 없고 사회는 만인의 만인에 대한 투쟁 상태가 된다는 이유에서다. 그러나 로크는 교육의 자유화를 선언했다. 도덕적인 표준과 기본적인 기술을 가르치는 데 가장 효과적인 것은 사교육이라는 것이었다. 그는 국공립학교를 거부했다.[34)]

이런 교육사상은 대륙으로 건너와서 훔볼트의 사상을 형성하는데 기여했다(제2부 제2장). 로크는 교사들이 권력을 숭배하는 성향을 비난했다. 그는 역사 이야기나 역사의 오락거리는 투쟁과 살해 이외에는 아무것도 없고 정복자에게 부여하는 명예는 젊은이들로 하여금 역사에 등장하는 학살을 칭찬할 만한 사업으로 오해하게 할 우려가 있다고 경고했다.

국가권력의 제한: 권력분립

일단 국민이 정치체제로서 구성되면 특수한 형태의 정부를 채택한다. 정치체제는 로크에게 권력분립을 말하며, 집행기구와 입법기

34) Powell(1996)

구로 이분하고 있다. 여기에 시민사회의 입법권력과 행정권력의 기원이 있다. 우리가 오늘날 알고 있듯이 로크는 권력분립의 초석을 세웠다. 몽테스키외(1689-1755)가 나중에 사법권을 추가 했다. 이것이 오늘날 정치권력이 삼권분립의 형태로 발전한 계기다. 왜 권력분립인가? 인성의 취약성 때문이다.

"인간은 권력을 쥐고 싶은 유혹에 매우 취약하기 때문에 입법권을 가진 사람이 집행권마저 장악한다면 자신이 만든 법에 복종하지 않으며 또한 법을 제정하고 집행할 때 개인적 이득에 맞추려고 한다."[35]

법제정권을 가진 입법부의 구성원들은 사회구성원에 의해 정기적으로 선출된다. 입법부의 의사결정은 다수결 원칙에 의해 이루어진다. 로크에게 정치의 중심은 입법부다. 모든 권력은 입법권에 종속되어 있기 때문이다. 이것이 로크가 강력히 주장했던 유서 깊은 의회민주주의다. 권력분립, 입법부우위성, 다수결원칙이 헌법을 구성하는 요소다. 그러나 다수는 절대 권력을 가진 왕과 똑같은 잠재적인 자의성으로 소수에게 법을 강제할 위험성이 상존한다. 그러나 최고 권력으로서 입법부보다 더 높은 게 자연법이다.

"입법권력은 국민의 생명과 재산을 절대적으로 좌지우지해서는

35) Locke((1690/2012: 143/128)

안 된다. 누구도 자신이나 타인의 생명까지 침해하거나 타인의 생명과 재산을 빼앗을 만큼 절대적인 권력을 행사하지 못한다."[36]

입법권은 "국가의 최고권력"이고 입법 기구는 "국가의 최고권력체"다.[37] 법은 재산을 평화롭고 안전하게 향유하기 위한 주요도구와 수단이다. 입법권을 지배하는 것이 자연법이다.

"첫째로 입법권은 국민의 생명과 재산을 절대적으로 좌지우지 않으며 그럴 수도 없다-자신과 타인을 보호하기 위해서 자연법이 허용하는 한에서만 권력을 행사할 수 있을 따름이다. 이 권력은 최대한으로 확장되어도 사회의 공익을 넘어서지 못하다. 이 권력은 단지 국민의 자유와 재산을 보호하는 목적만 가지고 있으므로 국민을 파괴하고 예속하고 빈곤하게 만들 권리를 결코 가지지 못한다."[38]

로크는 계속해서 말한다. 즉 둘째로 입법권은 "즉흥적이고 자의적인 법령으로 지배권을 내세울 수 없다." 셋째로 최고의 권력이라고 해도 당사자의 동의가 없이는 어느 누구의 재산도 빼앗을 수 없다. 동의가 없이는 과세도 없다. 입법행위가 위임된 신탁에 어긋날 경우에는 그 입법기구를 바꿀 수 있는 최고기관은 국민에게 있다. 재산의

36) 위의 책 (135/119)

37) 위의 책 (134/117~119)

38) 위의 책(135/119)

보호는 정부의 목적이자 인간이 사회를 형성한 목적이다.[39)]

넷째로 공표되고 확립된 법에 의해 다스려야 한다. 개별적인 사안에 따라 달라져서는 안 되며 빈부와 무관하게 궁정의 총신에게나 농부에게나 동일한 규칙이 적용되어야 한다.[40)] 로크는 다음과 같이 말하고 있다. "정부 아래에 인간의 자유는 사회 내에서 정한 입법권과 모든 사람에게 공통적으로 적용되는 상시 규칙에 따라 사는 것이다. 규칙이 금지하지 않은 모든 일에서는 자신의 의지에 따르며 다른 사람의 불안정하고 불확실하고 알 수 없고 독단적인 의지에 예속되지 않는다."[41)] 이 주장이 목적하는 것은 권력이 불규칙하고 불확실하게 행사되는 것을 반박하기 위한 것이다. 하이에크가 지적하듯이[42)] 로크의 생각은 누가 권력을 행사하든 간에 국가권력의 "자의적인 행사"를 어떻게 방지하는가의 문제였다.

저항권과 혁명

이 대목에서 빼놓을 수 없는 것이 저항권에 대한 로크의 인정이다. 국가권력의 자의적 행사를 막기 위해서다. 그것은 자연권에 속한다.

---

39) 위의 책 (138/123)

40) 위의 책 (142/126)

41) 위의 책 (131/114): "국가의 입법기구나 최고권력을 장악한 사람이 즉흥적인 법령 아니라 국민에게 반포되고 알려진 확립된 상시 법에 따라 통치해야 하고 재판관도 그 법에 따라 공정하고 정직하게 분쟁을 판결해야 한다."

42) Hayek(1960/1996 I: 296~297)

만약 통치자가 피치자의 자유와 재산, 생명을 보호할 의무를 이행하지 않으면, 시민의 저항은 정당화될 수 있으며 시민은 새로운 정부를 수립할 수 있다.

그런 권리는 개인의 자기 보존권에서 도출된 것이다. 인간들이 평화적으로 살아가는 과정에서도 그들의 자연권을 지속적으로 확립 보호된다는 보증이 없기 때문이다. 문명화된 사회에서조차도 지배가가 폭군으로 변화될 가능성이 늘 존재하기 때문이다. 권력을 제한하는 장치와 권력분립이 자의적인 권력행사를 통해서 무력화될 것이기 때문이다. 로크는 다음과 같이 묻고 있다.

"한 지배자가 만백성을 자기 마음대로 다스리는데 누구도 그를 통제하거나 이의를 제기하지 못하는 정부란 어떤 것인가?"[43]

자의적인 지배를 통해서 자신의 생명과 재산이 위태롭게 되면 누구나 이에 저항해도 된다. 국가에 대한 저항권과 권력분립을 인정하지 않았던 홉스의 리바이어던과 달리 로크의 정치체제에서는 시민의 저항권을 통해서 자의적인 통치행위를 막으려고 했다. 절대적인 군주는 시민사회와 양립할 수 없다. 시민들의 자유와 생명, 재산을 제거하고 시민들을 자신의 노예로 만든다. 시민들은 이에 대항하기 위해서 모든 제도의 상위에 있는 최고 권력으로서 국민주권에 호소할 권리가 있다.

43) Locke (1690/2012: 18/13)

"절대적이고 전횡적인 권력은-사회와 정부의 목적에 부합되지 못한다. 생명, 자유, 재산이 보호되지 못하면-인간은 굳이 자연상태의 자유를 포기하려하지 않을 것이다."[44]

저항권은 국가가 없는 상황에서 사람들이 가지고 있었던 스스로를 보호할 권리의 발동이다. 혁명을 통해서 권력을 되찾아서 자신들의 보호와 안전에 가장 적합하다고 여기는 곳에 그것을 부여한다. 이는 정부의 해체와 새로운 정부의 도입을 의미한다.[45]

4) 로크와 공권력의 도덕성

왕은 신에게서 지배권을 받은 존재이므로 인간이 만든 어떤 법률도 왕을 구속할 수 없는 시대였다. 왕 자신이 국가요 법이라고 큰 소리치고 있었다. 의회의 승인도 받지 않은 채 높은 과세를 징수했다. 왕은 자유와 재산권을 멋대로 유린하고 있었다. 의회와 왕 사이의 권력다툼이 벌어졌다. 의회의 갈등이 끝없이 벌어졌다. 종교탄압과 종교대립이 멈추지 않았다.

영국의 젊은 자유지식인 로크에게 영국이라는 자기나라가 나라꼴

44) 위의 책(126/137)

45) 로크는 사회의 해체와 정부의 해체를 구분한다. 사회의 해체는 외국의 침범을 통해서만 가능하다. 사회가 해체되면 자동적으로 정부도 해체된다. 그러나 정부는 내적인 요인으로 스스로 무너지는 경우가 있다.(Locke, 위의 책, 211/186)

이 아니었다. 더럽고 추잡하게 보였다. 모든 문제가 왕이 왕답지 못했고 정치가 정치답지 못하기 때문에 생겨난 것이었다. 나라가 나라답지 못해서 생긴 것이었다. 문제는 국가였다. 국가답지 못한 국가를 바로 세워야 했다. 출발점이 모든 인간은 자유, 생명, 재산 등에 대한 자연적이라는 절대적 권리를 갖고 있다는 점이다. 국가의 의무는 자연권을 보호하는 일이다. '나는 생각한다. 고로 존재한다'는 데카르트의 말 대신에 '나는 존재한다. 고로 소유한다'고 말할 정도로 로크는 자연권의 신성함과 중요성을 강조했다.[46] 자유와 생명, 재산을 로크만큼 강조하는 철학자는 없었다. 정치경제의 모든 문제의 뿌리는 권력을 무제한 행사하는 정부라고 진단하면서, 자연적 권리를 보호하기 위해서 법을 만들고 이를 집행하고 외국의 위해로부터 국가를 방어하기 위해서만 국가권력을 행사되어야 한다고 선언했다. 정부는 개인의 자연권을 보호하여 국민에 봉사할 도덕적 의무가 있다는 것이 로크의 급진적 견해이다. 자연적 권리 가운데 스스로 방어할 권리만을 국가에 위임했다는 것이다. 국가의 정당한 정치권력과 지배권은 주권자로서 피지배자들이 자신의 자연권을 제한적으로 위임하는 데서 생겨난다. 지배권은 피지배자들의 이익을 위해서만 행사할 의무를 수반한다.

로크는 문명과 경제적 번영은 자연권을 얼마나 잘 보호하느냐에 달려있다고 목소리를 높였다. 자유와 재산을 무시하고 유린하는 통치자는 부도덕하다. 시민들은 그런 통치 권력에 복종할 의무가 없고,

46) Pipes(1999/2008: 73) 로크의 법사상에 관해서는 문종욱(2006)

그런 통치자에게 저항할 자연권이 있다. 국가의 의무를 수행하기 위해 로크는 입법권과 집행기관의 권력분립을 제안하면서 입법과제의 수행을 위해서 의회민주주의 도입을 강조한다. 의회가 정치의 중심이 되어야 한다는 것이다.

로크의 사상이 미친 영향은 대단히 크다. 종교전쟁을 종식시키는데 기여했을 뿐만 아니라 잘 알려져 있듯이 의회와 국왕간의 투쟁을 종식시키고 왕권을 제한하고 의회주의를 확립했던 명예혁명에 강력한 영향을 미쳤다. 이는 자본주의 발달의 요건인 자본축적과 경제활동의 자유를 저해하는 절대군주국의 비합리적 재정제도와 정책에 대한 시민계급의 반항이었다.

권리장전은 왕권을 제약하고 의회의 우위를 확인하는 문서였다. 국가 재정은 의회의 의해 장악되었다. 의회에서 부과하는 세금은 소비세와 토지세가 주를 이루었다. 어떤 기록에 따르면, 소비세는 포도주, 커피, 차 등의 소비품에 매기는 세금이었고, 많이 쓸수록 세금을 깎아 주었다. 그 때문에 거래가 늘어나고 소비가 장려되었다. 결과적으로 조세수입도 증가되었고, 특히 18세기에는 늘어난 세수를 도로, 운하 등의 사회간접자본에 투자하여 산업혁명에도 영향을 미쳤다.

로크의 영향은 국내에만 머물지 않았다. 미국혁명은 정부의 목적에 거역하는 영국 왕에 대한 로크의 저항권의 실현이었다.[47] 로크의

47) 자유와 인권을 위해 싸웠고 부패된 정부권력에 도전했던 영국출신의 미국이민자였던 토마스 페인에도 영향을 미쳤다. 페인이 자유를 옹호하도록 일반인들을 고무시키고 미국혁명의 등장을 촉진시키는데 중요한 기여를 한 것은 로크로부터 받은 영향이었다.

사상은 개인의 자유와 권리를 중시하는 미국헌법과 미국전통의 자유주의가 된 것이다. 그의 사상은 유럽과 라틴 아메리카 그리고 아시아와 한국에도 강력한 영향을 미쳤다. 이는 한국의 헌법을 보면 알 수 있다. 자유로운 종교행사(한국헌법 제20조), 정당한 이유를 제시하지 않는 한 압수수색으로부터의 자유(제12조 1항), 재산권의 수용 사용에 대한 정당한 보상(제23조 3항), 의회의 최고권력과 의회민주주의 그리고 사법부의 독립성 등 한국헌법도 직접적이든 간접적이든 로크의 영향을 받았다. 20세기 말 계획경제의 붕괴 후 활발히 전개된 재산권 담론은 로크의 권리에 관한 것이었다. 사유재산을 확립하는 일은 계획경제에서 자본주의 경제로 전환하던 나라에서 매우 중시했다. 중국의 사유제산권의 확립은 마오이즘으로부터 가장 근본적 탈출이다. 그러나 의회주의가 오늘날에는 의회의 독재라는 또 다른 독재를 초래하게 될 줄은 당시 아무도 예상하지 못했다. 그 독재를 해결하는 것이 제4부에서 다룰 헌정주의다.

2. 프레데릭 바스티아: 간섭주의에 대한 저항
- 자연권, 법, 그리고 국가권력

17세기 이래 높은 관세와 보조금으로 국내기업을 보호하고 각종 규제를 통해서 국가목표를 달성하려는 간섭주의가 지배했다. 잘 알려져 있듯이 프랑스 간섭주의의 대표는 강력한 왕권을 지녔던 루이 14세가 지배하던 시기에 재상을 지냈던 장 바티스트 콜베르다. 프랑스 중상주의를 콜베르티즘이라고 부를 정도로 그의 간섭주의는 매우 강력했다. 그것은 19세기로 이어져 지속되었다.

프랑스는 다양한 정치세력과 경제적 이익집단들이 등장하여 자신에게 유리한 방향으로 정치적 결정이 내려지도록 영향력을 행사하려고 서로 경쟁을 했다. 예를 들면 신흥 지주부르주아의 등장으로 과거 귀족의 지주층이 밀려나면서 신흥 지주집단은 농업보호를 위한 강력한 관세정책을 요구했다. 산업혁명의 여파로 석탄·철강산업 등, 새로이 형성된 공업 부분도 보호무역을 요구했다. 국가는 그들로부터 무슨 요구가 있거나 사회경제적 문제가 발생하면 새로이 법을 만들었다. 법만 있으면 만사를 해결할 수 있다는 의미의 입법만능주의가 지배했다. 그 결과, 자유와 재산권을 보호해야 할 법이 오히려 이들을 침해하는 등, 법이 타락하여 법이 법답지 못했다. 입법기관은 뇌물로 부패했다. 당시 1200가지 상품에 관세를 부과했고 소득세를 비롯하여 빵까지도 과세했다.

다른 한편으로는 자본주의에는 모순이 가득 하기 때문에 그것을 극복하기 위해서는 체제를 변경해야 한다는 사회주의 지적 운동이 활발하게 전개되어 산업혁명의 물결을 가로막고 있었다. 예들 들면 생산자협동조합을 기초로 하는 사회를 건설해야 한다고 주장했던 프리에, 종교는 가장 가난한 계급의 처지를 가장 빠르게 개선한다는 대의를 향해 사회를 이끌어야 한다고 주장했던 기독교 사회주의자 생시몽이 주도했다. 마르크스 이전에 등장했던 그들 이외에도 주목할 인물은 시스몽디다. 그는 경쟁을 주축으로 하는 경제에서 생산은 증대하지만 부의 분배는 실패한다고 주장한다. 부익부 빈익빈으로 부자의 부는 증가하지만 가난한 자의 삶은 더욱 더 어려워지고 그래서 노동자 대중의 소비가 적어 공황이 발생한다고 주장했다. 그야말로 분배의 양극화로 성장이 침체되었기 때문에 서민층의 소득을 늘려 이것이 생산을 불러 온다는 논리의 소득주도성장의 선구자다.

사회주의자들은 자본주의의 모순을 극복하기 위해서 규제, 재분배, 특정계층 보호 등의 정책을 주장했다. 보호무역, 기업에 대한 규제, 일요일 노동금지, 노동시간 제한, 질병치료, 연금, 실업수당에 대한 책임을 기업이 지는 내용의 법제화를 해야 한다고 목소리를 높였다. 노동을 보호하고 기업을 복지공급주체로 만들기 위해 수많은 상품들을 국제경쟁으로부터 보호하기 위한 정책을 입법화했다. 사회주의, 간섭주의는 자유와 재산권을 여지없이 침해했고, 그 결과 빈곤층은 늘었고 불평등은 심화되었고 실업은 늘어만 갔다. 흥미롭게도 규제 때문에 생겨난 빈곤과 실업 등의 문제가 자본주의 탓이라고 목소리를 높였다.

이런 시기에 등장한 인물이 프레데릭 바스티아(Frederic Bastiat: 1805~1859)다. 부농(富農)의 상인가족에서 태어난 그는 대학을 중퇴하고 가업(家業)을 이어갈 때, 창고와 회사가 문을 닫고 실업과 빈곤이 늘어나는 등, 보호주의가 불러오는 참혹한 현실을 경험했다. 젊은 바스티아에게 나라꼴이 엉망으로 보였다. 왜 그럴까? 치유할 방도는 없을까? 언젠가는 집중적으로 경제학을 연구하겠다고 마음속으로 다짐했다. 25세 때 할아버지로부터 농장을 물려받은 바스티아는 꿈을 실현할 절호의 기회를 얻었다. 경영을 다른 사람에 맡기고 경제학 연구에 몰입했다. 독서광이었던 그는 자유의 철학에 대한 내공을 쌓아갔다. 드디어 40대 초반부터 자신의 사상을 쏟아내기 시작했다. 바스티아의 최대 관심은 어떤 논리로 자유와 재산에 대한 국가개입을 막을 것인가, 구체적으로 말해서, 왜 자유가 중요한가, 국가의 과제는 무엇인가의 문제였다.

로크와 같이 바스티아에게도 소유권은 신으로부터 받은 것이라는, 국가 이전에 존재한다는 믿음에서 자연적 권리였다. 그것은 자유, 인격, 재산에 대한 권리다. 이런 권리를 보호하는 것, 정의를 지키는 일이 법과 국가의 역할이다. 자유와 번영을 누리려면 국가는 개인의 자유와 재산을 지키는 일을 넘어서서 일을 해서는 안 된다는 것이 바스티아 사상의 핵심이다.

1) 자유와 법

슘페터, 미제스 그리고 하이에크 등으로부터 탁월성을 인정받고 있는 바스티아의 핵심사상을 이루는 것이 재산권이다. 재산권은 실정법에 의해서 생겨난 것이 아니라 인간의 본성으로부터 자연스럽게 파생된 것이다.[48] 종교적 감정, 충성, 사랑, 우정, 애국심, 자선 등 사회·도덕적 가치의 전반적인 스펙트럼은 인간의 경제적 삶과 분리불가하다는 것이 그의 탁월한 인간관이었다.[49]

그러나 다른 한편 인간은 자신의 삶의 개선을 목적으로 한다. 그는 자신의 주관적인 욕구충족을 위해 행동한다. 인간은 심약하고 불완전하다.[50] 그에게는 개선능력도 있다. 학습과 경험을 통해서 이득을 챙긴다. 고통을 줄이면서 편익을 추구하는 것이 인간이다. '자기보존과 자기개발을 열망하는 것'이 인성이라고도 말한다.[51] 자신의

48) Bastiat(2014: 159)

49) Roche(1971: 195)

50) Bastiat (1850/1964: 25~31)

51) Bastiat(2014: 93)

운명을 개선하려는 것이 인성의 제일법칙이라는 것이다. 이런 인성은 바스티아에게 윤리학의 출발점이다.

재산권은 국가이전에 이미 존재한다

바스티아에 따르면 재산은 노동과 노력을 통해서 외부의 것을 자기 것으로 취하는 것이고 이것이 권리가 된다고 한다. "인간이 노동을 통해서 무엇인가를 유용한 형태로 바꿀 때 그 같은 행위의 결과가 왜 자신이 아닌 다른 누군가의 소유가 되어야 하는지를 알 수 없다"라고 개탄한다.[52] 바스티아는 소유와 관련하여 재산의 철학적 견해를 간단명료하게 다음과 같이 쓰고 있다.

"신은 세상을 창조했다. 신은 인간이 자신의 욕구를 충족하는 데 유용한 다양한 것들을 지구의 표면과 내부에 놓았다. -신은 이런 자원과 자연적 힘 가운데에 인간을 안치시키고 그들을 인간에게 공짜로 하사했다. 인간들은 자신들의 에너지를 신이 준 자원에 적용했다. 그렇게 하여 그들은 자신들을 위해 서비스를 수행한다. 그들은 서로를 위해서 협력함으로써 상호간에 서비스를 제공한다. 이 서비스들을 교환을 목적으로 비교하면 가치에 대한 관념이 생겨나고 재산에 대한 가치를 부여할 수 있다. -나의 주장이 옳다면 재산권은 침해할

52) Bastiat(2014: 61)

수 없다는 것이 분명하다."[53)]

애초의 재산을 습득하는 원리는 존 로크와 같이 바스티아도 나의 에너지를 이용하여 신이 준 것을 내 것으로 만든 결과다. 암묵적으로 누구나 자신의 신체, 노동, 재주 등을 가질 권리가 있다는 것을 의미하는 자기소유에서 재산권을 도출하고 있다. 소유한 것과의 교환을 통해서 내가 갖지 않은 것이 내 것이 될 수 있다. 상속을 통해서도 재산을 습득할 수 있다.

사유재산이 왜 중요한가에 대하여 바스티아는 인성을 통해 설명하고 있다. 사람들이 자신의 운명을 개선하려는 것을 인성의 제일법칙이라고 말한다. 그런 개선을 위해서는 재산권이 있어야 한다. 바스티아는 다음과 같이 말하고 있다.

"재산권은 인간의 본성으로부터 자연스럽게 파생된 결과다. 글자 그대로 인간은 소유하는 존재(proprietor)다. 인간은 생명의 유지를 위해서 충족되어야 할 욕구와, 이 욕구의 충족을 위해서 반드시 있어야 하는 오장육부 및 재능을 가지고 태어난다. 재능은 인격의 연장일 뿐이며 재산은 재능의 연장이다. 인간에게 재능을 분리한다는 것은 죽음을 뜻한다. 마찬가지로 인간에게서 그 재능으로 만든 생산물을 분리한다는 것도 죽음을 뜻한다."[54)]

---

53) Bastiat (1850/1964:236~237)

54) Bastiat (2014: 159~160)

바스티아는 노동의 결과를 스스로의 욕구충족에 사용할 수 있다는 확신이 들지 않을 경우 인간은 노동하려 들지 않는다고도 주장한다. 사유재산의 존재이유를 인센티브에서도 찾고 있다.

재산권은 자기노동의 산물을 누릴 권리다. 자기가 옳다고 생각하는 대로 일하고, 자기의 재능을 개발하고 행사할 수 있는 권리다. 이런 권리개념은 자유에 대한 다른 표현이다.[55] 자유에는 자신의 것을 다른 사람이 가진 것과 교환하고 상속할 권리도 포함된다. 따라서 소유권과 자유는 인성의 필연적 결과라고 여기고 있다. 그리고 소유는 인간이 가지고 태어난 재능에 의해 만들어지는 것이기 때문에 자유, 인격, 재산은 삶을 위해 불가분의 것이다. 그 세 가지는 인간의 본질이고 서로 연관되어 있기 때문에 어느 것 하나도 다른 것들이 없으면 이해할 수 없다는 것이 바스티아의 통찰이다. "재능이 우리의 인격의 연장이 아니라면 재능은 무슨 소용이 있단 말인가! 재산이 우리의 능력의 확장이 아니라면 우리의 재산은 무슨 의미가 있단 말인가!"라고 바스티아는 목소리를 높인다.[56]

자유, 인격, 소유는 자유주의의 삼위일체다

흥미로운 것은 자신과 자신의 생산물은 분리할 수 없는 하나라는 바스티아의 인식이다. 소유권의 중요성을 강조한 주장이다. 이는 개

55) Bastiat(2014: 174)

56) 위의 책 90

인의 타고난 재능, 재주, 성품, 용모 등 개인의 인격을 구성하는 요인들은 우연적인 것이기 때문에 이런 것에 월계관을 씌워주는 것은 불의라고 주장하면서 인격과 소유를 분리시킨 현대 철학자 존 롤스의 생각과 전혀 다른 부분이다.

그러나 내가 나의 도구로 생산한 것은 내 것이라는 바스티아의 인식에도 문제가 있다. 이는 앞에서 설명한 이스라엘 커즈너의 기업가 정신을 배제한 것이다. 이 정신은 어느 한 물리적 대상에서 새로운 가치를 발견하는 인간적 요소다. 나와 나의 도구로 생산하는 단계 이전에 발견의 단계가 있다. 나와 나의 능력을 투입할 대상의 가치를 발견하는 단계인 이 단계를 무시하면 이윤의 존재와 재산권 확립을 설명할 수 없다는 것은 이미 로크의 재산권 사상과 관련하여 자세히 설명했다.

바스티아는 소유권 논리를 반대하는 것은 자기모순이라고 한다. 소유권에 대한 반대는 폭력, 도둑질과 노예가 옳다는 것을 의미하기 때문이라는 이유에서다.[57] 예를 들면 타인의 자유, 재산, 인격을 파괴하기 위해서 폭력을 사용할 권리를 권리라고 부르는 것은 그가 인간으로서 그의 공통된 신분으로서의 인간을 부정하는 것이다. 게다가 자유로운 교환은 소유의 정당한 기초라는 생각, 다시 말해서 자유로운 교환을 통해서 얻는 재산의 권리를 반박하는 것은 불가능하다고 주장한다. 어떤 사람이 돈 받지 않고 공짜로 서비스를 주어야 한다고 말하는 것은, 서비스를 받는 사람들이 자신들이 지불하지 않는 서비

57) Bastiat(2014: 91)

스를 받아야 한다는 것을 의미하는데 이는 확실히 노예관계다.[58)]

물론 관대한 선물은 상호적이라고 말할 수도 있다. 그러나 이는 궤변이다. 교환은 서비스가 어느 정도 정의로움 속에서 이루어진다. 이때 그 서비스가 어떤 식으로든 평가되고 지불된다. 아니면 평가되지도 않고 지불되지도 않는 경우가 있는데 이는 노예관계다. 바스티아는 강제된 교환의 존재는 소유의 원칙을 약화시키는 것이 아니라 오히려 그 원칙을 확인한다고 말한다.

"소유의 원칙이 위반되었다고 말할 수 있는 것은 소유가 존재하기 때문이다. 다른 말로 하면 소유와 약탈은 순수하고 간단한 대립관계다. 이 사실을 부정하고 소유는 도둑질이라는 프루동의 주장을 용인하는 것은 옳지 못하다. 도둑질을 소유라고 말하는 것도 못지않게 이상스럽다. 이는 적법적인 것이 불법적이고 존재하는 것이 존재하지 않는다고 말하는 것과 같다."[59)]

법은 재산권으로부터 도출된 것이다

삶을 구성하는 인격, 자유, 재산은 자연권이다. 법과 국가가 존재

58) 위의 책 91

59) Bastiat (1850/1964: 207) 프루동은 잘 알려져 있듯이 재산은 일체의 악의 근원이며, 따라서 재산의 사회적 평등 없이는 정치적 평등은 있을 수 없다고 주장한다. 프루동은 '재산은 훔치는 것'이라고 보는데, 법이 권리로 인정하는 재산도 그러하다는 것이다.

하기 이전에 인간은 그런 권리를 소유하고 있고, 법의 기능은 개인들이 자신의 본성을 충족하도록 자연권을 보호하는 것이다. 재산권은 신이 만든 제도이며 인간의 법은 재산권의 보호를 목적으로 해야 한다는 것이 바스티아의 인식이다.

"인간이 법을 만들었기 때문에 권리가 존재하는 것이 아니라 이것이 이미 존재하고 있기 때문에 사람들이 법을 만들게 되었다."[60]

자유와 권리는 법의 함수로 보는, 다시 말하면 법에 의해 규정된다고 보는 법실증주의와는 달리, 바스티아는 재산권을 법에 앞선 것, 법보다 우선하는 것으로 이해하고 있다. 따라서 합의의 문제는 재산이 아니라 법이다. 법 개념은 권리이론에서 나온다. 재산권은 법으로부터가 아니라 노동이나 노력에 의해서 도출된다.

법실증주의는 인간이 법을 만들었기 때문에 자유, 인격, 재산이 존재한다는 사상이다. 법이 존재하기 때문에 재산권이 존재한다는 것이다. 법이 먼저이고 권리와 자유 인격은 법이 규정한다는 것이 법실증주의다. 로베스피에르와 루소의 전통에서 생겨난 그런 법사상에 따르면 재산권이란 법이 보장된 범위 내에서 처분할 수 있는 권한에 불과한 것이다.

재산권을 법의 산물 또는 법의 함수로 여기는 사상이 법의 타락을 불러온 것이다. 이런 사상은 유토피아를 꿈꾸는 자들에게 무한정의

60) Bastiat(2014: 90)

활동무대를 제공해 준다. 다시 말하면 국가권력의 무제한적 행사를 가능하게 한다는 것이다. 몽상가들은 법의 수만큼 많은 형태로 노동, 기업, 금융을 조직할 수 있다고 믿는다. 그 결과는 빈곤, 불평등, 불안정, 실업이라는 것이 바스티아의 인식이다.

2) 법과 정의

자연적 권리로부터 방어권이 생겨난다. 그 권리들이 침해될 때 개인이나 국가가 폭력을 사용할 유일한 정당성을 말해준다. 이것이 바스티아가 보편적 정의라고 말한 것이다. 그에게도 존 로크에서 볼 수 있는 것처럼 법은 재산권 방어의 표현으로 볼 수 있다.[61] 인격, 자유, 재산을 보호하는 것이 법의 역할이라고 한다면 법이란 무엇인가의 문제가 제기된다. 법은 정의로워야 한다. 그래서 법 개념을 설명하기 전에 정의란 무엇인가를 설명할 필요가 있다.

정의는 불의가 없는 상태다

자연권에 대한 침해는 불의다. 그래서 정의는 불의가 없는 상태다.

61) 위의 책 90: "법이란 각 개인들이 자기방어를 정당화 할 권리를 집단화한 것이다. 우리들 각자는 자연과 하나님으로부터 자신의 인격과 자유와 재산을 방어할 권리를 부여받았다."

이와 같이 정의는 소극적인 의미를 내포한다. 실제로 존재하는 것은 정의가 아니라 불의다. 자유가 강제가 없는 상태인 것처럼 정의도 불의가 없는 상태다.[62] 정의란 폭력의 부당한 행사로부터 자유롭다는 것을 의미하기 때문에 정의의 원칙을 자유의 원칙이라고 불러도 무방하다.

불의를 제거하는 규칙이 정의의 규칙이다. 이런 규칙 아래서 모든 폭력은 재산권을 보호하는 데 국한하고 그렇지 않으면 개인에 의한 것이든, 국가에 의한 것이든 그 폭력은 엄격히 금지된다. 따라서 개인의 자유는 정의의 규칙 아래에서만 극대화 할 수 있다. 모든 폭력은 자유 인격 재산을 보호하는 데만 행사될 수 있다.[63] 이것이 정부의 존재 이유일 뿐만 아니라 정부권력의 합리적 제한이다. 권리가 침해되는 경우는 거래당사자 중에서 한쪽이 타인의 자유를 침해한 경우로서 침해당한 자에게는 자유가 없거나 자유가 파괴된다.

법의 역할은 불의를 제거하는 일이다

재산권은 법에 앞서 있고 법보다 우위에 있다. 바스티아의 법 개념은 권리이론에서 도출된다. 법이란 각 개인들이 자기를 방어할 천부

62) 위의 책 110: 법과 자유에 관련하여 하이에크와 바스티아의 비교는 Dorn(1981)을 참조

63) Bastiat (1850/1964: 457) 폭력이라는 수단을 통해서 인간의 이런 해로운 성향을 막는 것, 즉 약탈로부터 재산을 보호하는 것이 법의 정당한 목적이어야 함은 명백하다(Bastiat, 2014: 94).

적 권리를 집단화한 것이다. 인격과 자유, 재산권의 안위를 보장하는 것, 그리고 모든 것이 정의의 지배하에 놓이도록, 간단히 말해서 불의를 행하지 못하도록 하기 위해 사용될 개인적 폭력을 집단적 폭력으로 대체하는 것이 법이다.[64] 각 개인들이 강제력을 이용해서 타인의 인격, 자유, 재산을 해치는 것을 정당하다고 볼 수 없는 것처럼 집단이라고 해도 폭력을 이용해서 개인이나 타인의 그것들을 침해하는 것은 정당화할 수 없다.[65] 바스티아는 "법은 정의다"라고 기회 있을 때마다 말한다. 법이란 정의롭지 못한 것을 막기 위해서 집단적으로 조직된 강제력이라는 이유에서다.

"법은 폭력이라는 것, 따라서 법의 영역은 폭력의 법적 영역을 넘어서서는 안 된다는 것을 염두에 두어라. …사람들이 해야 할 행동을 적극적으로 지정하는 것이 아니라 그들은 오로지 타인에게 피해를 주는 것을 포기해야 한다는 내용의 소극적 의무를 부과한다. 사람들은 타인의 인격도, 자유도 그리고 소유도 침해하지 않는다. 그들은 타인의 인격, 자유 소유만을 보호할 뿐이다. 그들은 정당성이 논쟁의 여지가 없는 과제를 충족한다."[66]

사람들이 불의를 행하지 못하도록 강제로 막는 것이 법이라고 한

64) 위의 책 91, 110

65) Bastiat (1850/1964: 457~8; 2014: 91)

66) Bastiat(2014: 110)

다면, 법을 통해서 강제로 사람들을 정의의 범위 내로 구속하는 것이다. 적극적으로 그들에게 무엇을 행하도록 부과하는 것이 아니라, 소극적으로 다른 사람의 자유, 인격, 재산을 해치지 않을 의무를 부과한다. 불의를 금지한다는 의미에서 법은 금지의 원칙이다. 예를 들면 법이 강제력을 이용하여 노사관계의 체계를 강요하거나 교육방법·내용을 강요하거나 신앙이나 종교를 강요한다면 법은 '금지의 원칙'이 아니라 '허가의 원칙'이 된다.[67]

허가의 원칙이 나쁜 이유는 입법자의 의지가 시민 각자의 의지를 대체하고 시민의 주도권 대신에 입법자의 주도권이 지배하기 때문이다. 그 결과, 시민들에게 서로 협의해야 할 이유가 없어지고 앞날을 내다볼 이유도 사라진다. 법이 모든 것을 다 해주기 때문이다. 지성은 쓸모없는 부속품으로 전락한다. 입법자들의 지시와 명령에 따르기 때문에 사람은 더 이상 사람이기를 멈춘다.[68]

정의로운 법은 보편성, 평등성 그리고 확실성을 갖춘 것이다

바스티아는 "법은 정의다"라는 말을 끊임없이 반복하고 있을 정도로 정의로운 법을 강조하고 있다. 중요한 것은 정의로운 법이 되기 위해 충족해야 할 원칙이다.[69] 첫째로 정의의 보편성 원칙이다. 이는

67) 위의 책 110

68) 위의 책 110~111

69) 그의 저서 『법』에서 예를 들면 148쪽에서 151쪽까지 '법은 정의다'라는 말이 6번

법은 재산권과 계약의 자유, 책임원칙을 침해하는 모든 행동은 그것이 국가의 정책적 행동이든 개인이나 집단의 행동이든 예외 없이 금지되어야 한다는 것을 의미한다. 새로이 도입되는 법은 다른 법들과 서로 양립해야 한다는 것도 보편성 원칙이다. 상품이나 서비스의 교환(계약)조건, 특히 이자율, 가격, 노임을 통제하는 것은 계약자유의 보편성 원칙을 위반한 것이다.

"입법자가 우리의 인격과 자유, 재산을 지배할 권위가 없다. 그들은 입법자가 있기 전에 이미 존재했고, 법의 과제는 그들을 보호하는 데 있기 때문이다. 법은 원래 우리의 양심과 사고와 의지와 교육과 의견과 노동과 상업행위와 재능과 여가시간을 통제하는 것이 본래의 기능이라고 주장한다. 이는 거짓이다. 법이 해야 할 일은 누군가가 다른 사람의 권리를 침해하는 것을 막아주는 데에서 그쳐야 한다."[70]

둘째로 정의의 원칙에 내재된 평등원칙이다. 조세부담의 공평성과 같이 법은 누구에게나 똑같이 적용해야 한다는 것을 말한다. 이는 차별금지를 의미한다. 생산자에게 특혜를 주기 위해서 소비자를 규제하는 법, 노동자들에게 의복, 주택, 음식 등, 생활필수품을 보장해야 한다는 법은 평등의 원칙을 위반한 것이다.[71]

이나 등장한다. 그의 정의의 원칙에 관해서는 Dorn(1981: 384).

70) Bastiat(2014: 147~148)

71) 위의 책 148.예를 들면 대기업과 인적 물적으로 연결된 기업에게 일감을 몰아주는

세 번째로 법의 확실성: 법은 그 내용이 확실해야 한다는 것을 의미한다. 내용이 불확실하면 법은 사람들의 행동을 안내할 수 없다. "법을 종교나 동포애, 평등주의, 박애를 위해 산업적 문학적 예술적으로 만들어 버린다면 모호함과 불확실성 속에서 길을 잃게 될 것이다."[72]

법의 보편성, 평등성 그리고 확실성은 정의의 원칙의 필연적 결과다. 게다가 정의의 법과 자유는 불가분의 관계가 있다. 법이 없으면 자유도 없다. 왜냐 하면 법은 자유와 재산, 인격을 침해하는 불의의 행동을 보편적으로 예외 없이 막기 때문이다. 소유가 없는 곳에는 정의도 없다. 법의 본질은 정의를 돌보는 기능이다. 법과 정의는 하나가 되어야 한다. 정의는 '네가 네 자신에게 하지 않았을 것을 타인들에 하지 말라'는 뜻이다. 약탈과 같은 불의를 막아서 재산, 생명, 자유를 보호하는 것, 이것이 법의 목적이다.[73] 법이 불의를 보호한다면 이것은 도덕의 타락을 부른다.

법은 어떻게 타락하나?

법은 정의를 돌보는 기능에서 빈번이 이탈했다. 법이 어떻게 타락

행위를 금지하는 일감몰아주기 금지법은 국가가 거래상대방이 누구냐에 따라 거래자유의 허용여부를 따지는 것이기 때문에 정의의 평등원칙에 어긋난다.

72) Bastiat(2014: 148)

73) 위의 책 94. "집단적 폭력을 통해서 해로운 성향을 막는 것, 즉 약탈로부터 재산을 보호하는 법의 정당한 목적이어야 한다."

했는가? 타락의 결과는 무엇인가? 바스티아가 주목한 것은 현대적 의미의 '지대추구'다. 그의 생각을 요약하면, 당시 프랑스는 다수의 지지를 받은 사람들로 구성된 의회가 입법자였다. 사람들은 자신들에게 유리한 방향으로 입법이 이루어지도록 영향을 미칠 다양한 기회가 있었다. 그들은 시장의 경쟁을 통해서 돈을 버는 것보다 다수의 세력이 되어 법을 통해서 타인의 재산을 약탈하는 것이 더 큰 이익이 될 수 있다고 믿었다. 집단의 이기심과 다수의 힘, 이 두 가지가 법의 타락이라는 보편적 현상을 불러왔다는 것이 바스티아의 인식이다. 입법과정에서 형성된 법이 불의를 막기 보다는 부당함의 도구가 된 이유다.[74)]

입법권을 가진 다수의 세력이 입법을 통해 다른 집단의 재산을 약탈하면 약탈을 당하는 집단들도 입법권을 손에 넣으려고 한다. 이 과정이 집권 또는 재집권을 위한 정치적 경쟁이다. 그 결과는 합법적인 약탈의 종식이 아니라 다수에 포함된 사람들의 이익을 위한 합법적 약탈의 강화다. 그 약탈은 보편적이고 보복적이다.

바스티아는 현대사회를 지배하고 있는 "보통선거권" 즉 민주주의의 고질적 문제를 이미 150년 전에 정확히 간파하고 있었다.[75)] 현대사회에서 만인에 대한 만인의 약탈이 자리를 잡게 된 이유다. 법이 사회적 불의를 제거하기는 고사하고 오히려 그것을 당연한 것으로

---

74) "법이 어떻게 해서 타인의 인격을 파괴하는 노예제를 만들어 내고 타인의 자유를 억압하고 재산을 약탈하게 되었는지를 이해할 수 있다."(위의 책 95)

75) "보통선거권이라는 제도는 그것의 정당성을 의심하는 것이 범죄시되어야 할 만큼 성스러운 교리는 아니다"(위의 책 98).

만들어 버렸다. 법을 약탈의 도구로 삼는 것, 이것만큼 사회에 해로운 것은 없다.

법의 타락을 가져오는 두 번째 요인은 이타심의 법적 강제다. 이는 가짜 이타심이다. 바스티아는 사회주의 이념이 가짜 이타심의 실현이라고 여겼다. 사회주의자들은 지속적으로 국가기관을 이용하여 죄 없는 사회구성원들의 재산을 약탈하여 이 사람 저 사람을 또는 이런 저런 이익집단을 도와줄 것을 제안한다. 이런 모든 기획들은 법적 약탈 또는 조직된 불의다.

법적 약탈과 법의 타락을 불러온 것이 박애다. 나폴레옹 III세가 자유, 소유, 안정, 억압에 대한 저항이라는 1789년 프랑스혁명의 표제 중에서 마지막 두 가지를 교체한 것이 박애다. 박애란 타인을 위한 "헌신과 희생"을 요구하는 도덕률이다. 박애가 "우리 마음속에서 우러나와" 자발적인 것이면 매우 훌륭하다.[76] 그것은 법을 통해서 실현할 도덕률이 아니다. "자기희생을 법으로 강요할 수 없다" 는 이유에서다. "법으로 박애를 선포하는 것은 박애를 절멸시키는 것이다." 법이 인간에게 오로지 "정의로움"만을 강요할 수 있을 뿐이다.[77] 바스티아는 법적 박애를 법적 약탈로 취급한다.

주목할 것은 법이 타락한 결과다. 법은 존중할 만한 경우에만 존중 받는다. 그렇지 않으면 시민들은 도덕감을 상실하거나 법 앞에 평

76) 위의 책 208

77) 위의 책 188~189. "법적인 강제력이 배제된 상태에서 베풀어지는 박애만을 인정한다. 자발적이지 않은 박애는 있을 수 없다."

등이라는 존중을 상실하다. 법이 불의를 보호하여 타락한다면 사람들의 도덕 감정이 타락한다. 인간은 옳고 그름에 대한 감각을 상실한다. 바스티아는 법이 타락한 결과를 상세히 설명하고 있다. 아래에 이를 간단히 재구성할 것이다.

(1)법이 타락하면 무엇이 정의로운 것이고 무엇이 불의인지에 대한 판단기준이 흐려진다. 만들어진 법이 도덕과 갈등하면 시민의 "도덕심 또는 법의 존중심"이 소멸된다.

"인간에게는 법으로 정해진 것은 정당하다고 생각하는 버릇이 있다. 법이 약탈을 합법화하면 양심적인 사람들조차 그런 약탈은 정의롭고 신성한 것으로 여긴다. 노예제도, 교역의 제한, 독점 등은 약탈 행위는 이로부터 득을 보는 사람들에 의해서만 옹호했던 것이 아니라 그 법으로 피해 보는 사람도 옹호하는 이유도 무엇이든 법으로 정하면 그것이 정의라는 믿음이 생겨나기 때문이다."[78]

(2)법이 타락하면 민주주의에서 지배권을 획득하기 위한 "정치적 투쟁"이 격렬해진다. 지배자가 다수든 소수든, 지배자는 피지배자에 대한 생사여탈을 결정할 권한이 있기 때문이다. 그 결과, 사회적 평화가 깨진다.[79]

---

78) 위의 책 96

79) 위의 책 99. "만약 법이 인격과 자유, 재산을 보호하는 데만 전념했다면, 또 법이 모

"규제, 보호, 장려의 미명하에 누군가의 것을 빼앗아서 농민 상인 제조업자 또는 예술가 배우 등에게 준다고 하자. 모든 집단은 자신들에게 행해질 약탈을 막기 위해서건 또는 자신들의 이익을 위한 약탈을 도모해서건 입법과 정치에 영향을 미치려고 노력할 것이다. 그런 노력의 성공과 실패에서 증오와 불화가 생겨나고 사회질서가 파괴된다."[80)]

(3)사법부, 경찰, 감옥 등 형법의 제재를 통해 억제하는 도둑질, 사기, 폭력 같은 "불법적 약탈"과 달리, 직접 약탈을 하는 것이 아니라 국가기관을 이용한 약탈이 있다. 이는 법에 의해서 허용된 약탈, 그래서 "합법적 약탈"이다. 약탈 당한 사람이 스스로 방어하면 그를 감옥에 넣는다. 바스티아는 약탈적인 법에 대하여 다음과 같이 말하고 있다.[81)]

"법은 약탈자가 약탈할 때 느끼는 부끄러움, 위험, 양심의 가책과 불안감을 덜어준다; …합법적인 약탈을 자행하는 방법은 수없이 많다. 관세, 산업보호정책, 장려금, 보조금, 임금권, 생존권, 생산수단을 소유할 권리, 무이자 대부 등 수없이 많은 것들이 합법적인 약탈의 수단으로 사용되고 있다. 그런 합법적 약탈의 수단들을 전부 합치면

든 형태의 억압이나 약탈을 막아내고 처벌하기 위한, 그리하여 개인의 권리를 제대로 보호하는 수단이 되었다면, 누가 지배할 것인가, 누구에게 투표권이 부여되어야 하는가의 문제는 중요하지 않다."

80) 위의 책 100.

81) 위의 책 103~104.

사회주의가 된다."

요컨대 산업, 노동, 교육, 종교 등과 관련하여 법을 통해서 사회주의자들이 만든 조직은 자유, 인격, 재산을, 그리고 정의의 원칙을 파괴한다. 동포애, 대동단결, 유대감, 조직, 협회 같은 이름을 이용해서 그들의 계획이 약탈이라는 사실을 감춘다.[82] 약탈과 함께 약탈을 옹호하는 법은 사라져야 한다. 그래야만 정의, 평화, 질서, 안정, 조화 같은 소중한 가치가 사회에 뿌리를 내릴 수 있다.

사회주의의 법은 타락하기 마련이다

사회주의의 법이론에 대한 바스티아의 인식도 흥미롭다. 그 법이론의 고전사상은 루소와 로베스피에르를 거쳐 프랑스에 들어온 로마법에 그 뿌리가 있다. 이에 따라 사회주의는 재산권을 입법자의 계획의 산물, 법의 창조물로 간주한다.[83] 말하자면 법과 국가를 동일시한 것이다. 사회주의는 재산은 자연권이라는 생각을 거부하고 재산권은 법과 국가의 창조물로 본다. 재산권을 법의 함수로 보는 시각이 사회주의다. 그렇기 때문에 입법자들은 그들의 마음을 사로잡는 이론에 따라

82) 그런 조직들이 자발적이라고 하면 문제가 되지 않는다. 그리고 자유사회는 그런 자발직 조직을 통해서 인간들이 고립되어있지 않다. 그러나 사회주의가 말하는 조직은 강요하는 조직이다. 우리가 배척하는 것은 정의롭지 못한, 책임회피에 불과한 인위적 단결이다.

83) Bastiat(2014: 166)

언제든 경제계의 예측을 뒤엎을 법을 만들어 낼 수 있다. 입법자의 기능은 필요하면 언제든 재산권을 조직을 변형, 제거하는 일로 여긴다.

자연권으로서 소유권을 부정하는 사회주의 법사상은 세 가지 전제를 깔고 있다: 입법자의 무오류성, 입법만능주의 그리고 인간의 수동성.[84] 우선 일반대중은 "분별력"도 "독창성"도 없는 "피동적 물질, 분자, 또는 원자"로 이루어져 있고 그래서 누군가에 의해서 만들어질 대상이다.

이와 같이 일반대중의 정신은 누군가에 의해서 내용이 채워야 할 백지(白紙)인데 반하여 정치철학자는 "뿔뿔이 흩어진 재료를 이용해서 사회를 만들 수 있 수 있을 만큼" 전지전능하다는 인식이 사회주의다. 그는 인간들에게 "지팡이며 손이며 우주의 운행자"라는 것이 사회주의자의 엘리트주의적 인간관이다.[85] 사회주의는 원하는 대로 계획된 질서를 옹호한다. 사회를 제멋대로 조작하기 위해 관세법, 조세법, 구호기금법, 교육법 같은 것을 필요로 한다.

자유의 필연적 결과는 무질서라고 하는 사회주의의 믿음도 바스티아의 비판으로부터 자유롭지 못하다. 그는 소유의 방어를 약화시

---

84) 위의 책 141

85) 위의 책 114~115. 비대칭적 인간관을 가진 대표적 인물이 루소다. 인간은 입법자의 마음대로 빚어낼 수 있는 피동적 존재로 여겼다. 선한 인간을 만들 수 있는 자는 입법자만이다. 인간 개조사상은 그에게서 비롯된 것이다.(위의 책: 125) 이 사상을 바탕으로 독재정치를 펼친 인물이 로베스피에르였다. 이는 서민인 노동자와 농민의 권익을 위하여 귀족들과 영주들을 상대로 투쟁한 사회주의자였다. 그의 서민을 위한 우유 반값 사건은 일시적인 현상으로 성공한 것 같았으나 결국 더 악화된 상황을 초래하고 말았다.

키거나 소유를 찬탈하는 나쁜 행동이 없는 한, 다시 말하면 정의를 잘 지키는 한 이해관계들이 조화롭게 조정될 수 있다는 것이 그의 통찰이었다.[86] 사회주의자들은 인간의 이해관계가 본질적으로 대립적이라고 생각한다. 반면에 경제학자는 이해관계가 저절로 조화를 이룬다고, 혹은 시간이 지나면서 점진적으로 조화를 찾아간다고 생각한다. 이것이 바로 본질적인 차이다.[87]

자유의 필연적 결과는 만인에 대한 민인의 투쟁이라고 보는 토마스 홉스의 전통과 이에 따른 사회주의 시각은 옳지 않다. 정의의 규칙 아래에서의 자유는 조화를 보장하고 국가가 정의의 원칙을 위반할 경우에만 혼란이 등장한다. 이런 점에서 바스티아는 고전적 자유주의와 일치한다. 바스티아는 사회주의자들은 자유의 궁극적 효과를 추적하지 못하고 있다고 비판했다. 본래 사회주의는 근시안적이기 때문에 자유의 보이지 않는 효과를 이해하지 못한다고 그는 목소리를 높였다.

"경제학(자유주의: 필자)이 인간의 이해관계가 대립이 아니라 조화를 이룰 수 있다는 통찰을 얻을 수 있었던 것은 사회주의자들처럼 어떤 현상의 즉각적인 결과만을 보지 않고 그것의 궁극적인 결과까지를 추적하기 때문이다." [88]

---

86) Bastiat(1850/1964: 1~3) Braun/Blanco(2011: 425)

87) Bastiat(2014: 212)

88) Bastiat(2014: 216)

3) 자유사회와 국가의 과제

바스티아는 인격, 자유, 재산에 대한 자연적 권리 그리고 정의와 법의 역할에서 고전적 자유주의 정신을 반영하는 국가의 과제를 도출하고 있다. 현대적 의미에서 바스티아는 자연권을 기초로 하는 최소국가론자다.

국가의 과제는 자연적 권리를 보호하는 일

국가의 과제는 신이 부여한 권리의 억압 또는 상실의 위험을 막아서 인간을 보호하는 일이다. 인격, 자유, 재산에 대한 권리가 이미 존재하고 있기 때문에 이런 권리의 보호가 생겨난다. 국가는 자연권의 방어를 넘어서는 일을 해서는 안 된다. 시민의 자연적 권리를 보호·방어하는 국가가 정의로운 국가다. 국가가 어떤 권력구조의 헌법을 가지고 있는가, 헌법적 군주제냐, 의회 민주주의냐의 문제는 덜 중요하다. 중요한 것은 모든 시민의 권리를 차별 없이 똑같이 보호·방어하는 일에만 종사하도록 국가권력을 제한하는 것이다. 시민의 심리적 안정의 확보는 국가과제의 전부다. 정부가 그 이상의 역할을 할 경우 이는 양심의 침해요 지성·근면의 강탈, 한마디로 말해서 자유의 강탈이다.

바스티아가 설명하고 있는 정당한 국가의 과제는 다음과 같이 요약될 수 있다.[89] 첫째로, 국가의 목적은 자유, 재산, 개인의 권리를 보호하고 범죄를 막는 일이다. 이것이 가장 중요한 국가의 의무다. 이것으로 충분하지 않다. 개인의 삶을 윤택하게 할 수 있는 국가의 두 번째 과제가 있다. 그것이 공적 재산, 그리고 강, 숲, 고속도로와 같이 모든 사람에 의해 집단적으로 이용되는 재화들을 관리하는 일이다. 시민들의 삶의 질을 향상시키기 위해서 그들을 관리하는 것은 정부의 의무이다. 세 번째 과제는 첫 번째와 두 번째 과제에서 도출된 것인데, 공공서비스의 효율적인 행정을 위해서는 돈이 있어야 하므로 필요한 조세를 징수하는 일이다. 이런 조세는 약탈이 아니다.

자유로운 시민이 정의로운 국가의 구성원이다. 시민들은 각각 자신의 삶의 목적을 정하고 자신의 지식을 이용하여 행복을 추구할 수 있다. 자신의 생명을 자기 손에 가지고 있다. 각 개인은 좋은 것이든 나쁜 것이든 자신의 주인이다.

"그런 체제 아래에서는 모든 사람들이 자신이 결정하는 바에 따라 각자의 삶을 즐길 것이고 또 그 결과에 대해서도 책임져야 한다는 것 또한 이해하고 있을 것이다. 각자의 인격이 존중되고 자유롭게 노동하고 노동의 결과물이 모든 정의롭지 못한 침해행위로부터 보호받을 수 있다면, 누구도 국가와 다툴 이유가 없다. 개인이 각자 자신이 거둔 성공에 대해서, 설령 그것이 운이 좋아서 얻은 성공이라고 할지라도 국가에 감사할 이유가 없다. 운이 나빠 실패했을 때에도(마치 농부

89) Bastiat(1850/1964: 445)

가 우박이나 서리를 비난하는 것이 부질없듯이) 국가를 비난하지 않을 것이다. 국가라는 것은 그저 안전을 보장해주는 정도의 존재로 여겨질 것이다."[90]

정부가 정의롭지 못한 행동을 확실하게 막고 자유와 재산을 확실하게 보호해주는 자유사회에서 재산권과 신변이 안전해진다. 악인이나 법의 공격으로부터 부동산, 동산, 지적 재산권 등이 보호되고, 낮은 조세는 개인의 투자를 촉진하여 노동생산성을 높여주고 삶의 수준을 향상시킨다. 권리의 가치들이 법의 변동이나 세금, 의회의 요구나 음모, 정치적 영향력 등에 의해서 영향을 받지 않는 정의로운 정부를 갖는 사회에서 어떻게 이해관계들이 조화롭게 되는가를 다각도로 바스티아는 고찰하고 있다. 이는 뒤에 가서 자세히 설명할 것이다.

최소국가만이 시민들에 대하여 중립적 입장을 취할 수 있다. 국가는 어느 누구에 대해서도 편들기를 하지 않는다. 노동자를 위한다는 명분으로 최저임금제를 도입하거나 골목상권을 보호하기 위해서 대형백화점 영업시간을 규제하는 등, 국가가 최소의 과제를 넘어서면 시민들에 대하여 중립성을 상실한다. 국가가 중립성을 상실하면

90) Bastiat(2014: 91~92) "모든 사람들이 스스로의 힘으로 살아가는 것을 당연히 여기고 각자의 노동의 결과는 그 자신에게 속한다는 원칙을 받아들이며 그리고 인간이 만든 법은 그 같은 재산권을 보장하는 정도로만 그 역할이 제한된다면 인간의 노력은 확실한 미래를 보장받을 수 있게 된다. 따라서 자유와 소유를 보호하는 정의의 법 아래에서는 더 이상 개인들은 입법부가 이런 저런 규제를 가지고 이미 세워두었던 노력을 억압하고 계획을 뒤엎고 전망을 좌절시킬 수 있으리라는 두려움을 가질 필요가 없다. Bastiat(2014: 175)

국가는 시민들을 자기편으로 만들어 이들을 편애하고 그 결과, 시민들은 국가를 중심으로 분열과 분파가 형성되어 심각한 사회적 갈등이 초래한다. 국가로부터 최대의 배려와 특혜를 얻어내기 위해서 시민들 사이에서는 경쟁이 생겨난다. 그 같은 경쟁은 한 사람이 이기면 다른 사람은 그만큼 잃게 되는 영합게임처럼 비생산적이다. 국가의 공권력은 특정그룹에 봉사한다. 정부는 노동조합과 환경단체를 위해서 시민들을 희생시킨다. 국가는 특정그룹에 봉사하는 도구가 된다. 국가는 그들을 위해서 타인들의 자유를 박탈하고 타인들의 재산을 약탈한다.

분배정의는 국가가 실행할 일이 아니다

조세는 입법·법원·경찰운영 또는 도로와 같은 공공서비스의 공급을 위해서만 정당화될 뿐이다. 빈곤자에게 도움을 줄 목적으로 과세하는 것은 정의의 실현이 아니라 이는 약탈이나 마찬가지다. 바스티아는 "법으로 이타심을 실현하는 것은 법으로부터 정의를 추방하는 것"이라고 주장한다.[91] 그는 법은 정의이고 자선은 사적인 일이라는 의미에서 "법적 정의·사적 자선"이라는 원칙을 강조하고 있다.[92]

바스티아는 분배정의를 반대한다. 분배정의의 추구에 의해 야기되는 불확실성의 증가는 자본형성을 위축시키고 삶의 수준을 줄인

91) Bastiat(1850/1964: 94)

92) Meredith(2009: 308). Bastiat(1850/1964: 94)

다. 입법자가 시민들의 소유인 시간, 노동, 거래를 자기 마음대로 요리할 수 있다고 믿는다면, 법을 통해서 자신의 처지가 어떻게 바꾸어 질지에 대하여 자신 있게 말할 수 있는 사람이 과연 어디 있겠는가, 그리고 이런 상황에서 과연 누가 새로운 사업을 벌일 수 있겠는가라고 바스티아는 묻고 있다.[93] 요컨대 세상이 불확실하면 자본축적도 그리고 투자도 줄어들 수밖에 없다는 것이다.

분배정의는 의도가 무엇이든 모든 사람들에게 번영을 골고루 나누어 주자는 것이다. 그러나 그 결과는 모든 사람들에게 가난을 골고루 나누어 주는 것일 뿐이다. 자본은 국가의 손에 집중된다. 따라서 사적 투자기회가 줄어들고 사회계층간의 분배가 더 악화될 뿐이다.[94]

교육도 국가가 할 일이 아니다

공교육의 특징은 획일적이라는 점이다. 동일한 교육방법을 가지고 동일한 교육내용을 가르치는 것이다. 이것이 가능하기 위해서는 최선의 교육방법과 내용을 알아야 할 것이다. 법을 통해서 잘못된 방식과 내용을 걸러내야 한다. 그러나 어떤 것이 최선의 내용과 방법인가를 누가 알 수 있단 말인가!

정부가 완전무결할 수 없다. 그러니까 교육은 자유롭게 민간에 맡

93) Bastiat(2014: 172)

94) 위의 책 172

겨야한다는 것이 바스티아의 생각이다. 학교설립의 자유와 그리고 학교선택의 자유가 보장될 때 사람들은 '시행착오와 실험'을 통해서 잘못을 발견·제거하면서 각자의 이익을 위한 최선의 제도를 선택할 수 있는 가능성이 크다.[95] 시민들은 사회주의자들이 보는 것처럼 피동적이지 않다. 그들은 적극적이고 창의적이다. 그들은 자신들의 이익을 위해 학습하려는 의욕도 강력하다. 자유 속에서는 다양한 제도들이 서로 경쟁한다.

정부가 획일적 교육제도를 강요할 때 최선의 것을 발견하는 길이 차단되어 "오류"를 고치지 않고 "고착"할 뿐이다. 교육의 간섭주의는 따라서 "틀린 것을 가르치라는 것"과 다름이 없다.[96] 사회주의는 다양성을 싫어한다. 무질서하다는 이유에서다. 그러나 다양성은 교육방법과 내용에 대한 견해와 관념이 사람마다 다르기 때문에 생겨나는 필연적 현상이다. 그리고 다양한 견해와 신념은 "토론과 연구 그리고 경험"을 통해서 "수렴하기 마련"이다. 간단히 말해서 자유와 다양성 속에서 자생적으로 조화가 가능하다.

보이는 것 vs. 보이지 않는 것

하나의 행동이든 제도든 법이든 간에 그것은 한 가지 효과에만 그치지 않고 일련의 연속된 효과를 만들어 낸다. 여러 가지 효과 중에

95) 위의 책 206

96) 위의 책 206

서 당장 나타나는 효과는 극히 일부분이다.[97] 이 효과는 눈에 잘 띈다. 반면에 시간을 두고 서서히 나타나는 수많은 효과는 눈에 잘 띄지 않는다.

"깨진 유리창문의 오류"의 예를 들어 바스티아는 "보이는 것과 보이지 않는 것"을 구분한다.[98] 어느 한 어린이가 자기 집 유리창을 깼다. 사람들은 유리창을 깬 것은 안타까운 일이지만 이제 깨진 유리를 바꾸게 되면 유리공급도 늘고 고용도 느는 등 경제는 번영할 수 있다고 위로의 말을 했다. 그런 효과는 유리창을 깬 후의 보이는 효과다. 그러나 이런 시각이 보지 못한 것은 유리가 깨지지 않아서 유리를 살 돈을 다른 곳에 사용했을 때의 효과다. 이는 "보이지 않는" 효과다. 그 효과는 우리가 미리 알 수 없다. 규제하지 않았을 때의 효과를 모른다고 규제할 수 없다. 모르기 때문에 필요한 것은 자유롭게 행동하도록 경제주체들에게 자유를 허용하는 것이다.

보이는 것과 보이지 않는 것의 구분의 의미는 무엇인가? 하이에크가 밝히고 있듯이[99] 이는 "합리적인 경제정책이 무엇인지"를, 왜 경제적 자유가 필요한지를 잘 보여준다. 즉각적으로 나타나는 그리고 구체적으로 예측 가능한 효과에만 집착하는 경제정책은 자유를 제약하여 수많은 바람직한 행동을 사라져버리게 만든다.

예를 들면 보호무역은 국내의 상품가격의 인상, 공급증가를 불러

---

97) 행동결과의 시차적 등장에 관해서는 Bastiat(1850/1964: 498~499)

98) Bastiat(2014: 17~20)

99) 위의 책: 하이에크가 쓴 서문 8쪽 참조

오고 고용을 유지한다. 그러나 무역을 자유롭게 하면 상품가격이 하락으로 소비자들의 주머니가 두툼해져 다른 상품의 수요가 늘어나고 이로써 산업전반의 생산과 고용이 늘어날 기회가 있다. 보호무역은 그런 기회를 놓친다. 따라서 합리적인 경제정책이라면 눈에 보이는 것 말고도 "자유를 제한함으로써 사라져버릴 것"이 어떤 것인가를 고려해야 한다. 그러나 사라져버릴 유익한 행동을 전부 알 수 없다. 그러니까 "각 개인들이 지닌 구체적인 지식을 충분히 활용할 수 있도록 그들에게 충분한 자유를 허용해야 한다."

보이는 것에 집착하는 정책은 "편의의 정책"이다. 보이지 않는 것에 집착하는 정책이야말로 "원칙의 정책"이다. 이것이 정의를 지키는 "법의 지배"에 해당된다. 편의의 정책은 장기적으로 비참한 결과를 가져다준다. 당장 보이는 하잘 것 없는 이득에 집착한 나머지 두고두고 사회에 악영향을 미친다. 따라서 경제정책의 평가가 자유를 수호한다는 원칙이 아니라 개별정책의 예상효과를 비교하여 이루어진다면 자유는 필연적으로 소멸해버리고 만다.

자유는 다른 무엇을 얻기 위해서 언제고 희생할 수 있는 대상이 아니다. 어떤 일이 있어도 지켜야 할 도덕률로 간주했던 바스티아가 옳았다. "자유가 파괴되어 나타날 구체적인 결과들을 속속들이 밝혀야 한다면 아마도 남아날 자유는 거의 없을 것이다."[100] 원칙의 정책이 지켜질 때 비로소 모든 사람들에게 번영을 가져다준다.

---

100) Bastiat(2014)의 하이에크가 쓴 서문 9쪽 참조

4) 자유, 시장경제 그리고 자생적 질서

바스티아의 사상은 결과와 독립적인 의무론적 자유주의와 결과론적 자유주의 요소를 동시에 가지고 있다. 자유사회의 제도들은 정의로울 뿐만 아니라(의무론) 다른 체제보다도 더 좋은 결과(결과론)를 불러오기 때문에 그들은 정당하다는 것이 바스티아의 믿음이었다. 인격 자유 재산의 도덕적 권리는 신으로부터 받은 자연권일 뿐만 아니라 이는 인성에도 적합하고, 게다가 그런 권리가 번영을 보장하기 때문이다.

자유, 인격, 재산에 대한 침해를 억제하는 데에만 국가권력을 행사하는 자유사회가 정의로울 뿐만 아니라, 그런 자유사회가 보편적 번영을 보장하고 각종 이해관계의 조화를 가능하게 하기 때문에 도덕적으로 정당하다고 믿었다.

시장의 자생적 질서는 사회통합의 질서

바스티아는 자유시장은 저절로 경제적 조화를 가능하게 한다고 주장한다. 그러나 경제적 조화는 무엇을 의미하고 사회현상들의 상호관계에 관한 최근의 견해와 어떤 관련성이 있는가? 바스티아의 뛰어난 통찰력은 시장경제를 자원배분 대신에 상이한 이해관계들의 조정과정으로 이해하는 데에서 두드러진다. 국가가 자유, 인격, 재산을 보호하는 역할을 성실히 수행하여 그 이상의 개입이 없다면 자본과 노동, 지주와 소작, 생산과 소비 등, 서로 충돌하는 다양한 이해관계들이 상호간 순응을 통해서 자생적으로 조정된다는 것이 경제적 조화의 핵심이다.

그 핵심을 다음과 같이 풀이할 수 있다. 즉, 사람들은 공익을 알지도 못하고 원하지도 않고 추구하지도 않는다. 인간은 자기 자신의 이익을 추구한다. 그럼에도 보편적 번영을 의미하는 공익을 달성한다. 바스티아의 이런 주장은 애덤 스미스의 보이지 않는 손의 원리다. 조화를 자생적 질서라고 말하고 말하는 사람도 있다.[101)]

사회구성원들이 타인들의 소유를 존중하는 한 그들의 이해관계가 국가의 계획이 없이도 자생적으로 조정된다는 바스티아의 생각은 당시 사회주의들과는 전혀 다른 시각이었다. "인간들의 이해관계를 내버려두면 적대적인가 아니면 조화롭게 되는가"의 문제에서 그들은 국가가 인위적으로 계획하지 않으면 다양한 이해관계들의 조정이 불가능하고 사회의 각 계층의 대립과 갈등은 시장 스스로 해결할 수 없는 고질적이라고 믿었다.[102)] 만인에 대한 만인의 투쟁이라는 홉스의 문제가 야기된다는 것이 과거나 오늘날이나 사회주의자들의 유전자 속에 정착되어 있다.

시장의 특징이 자생적 조정이라고 믿는다고 해도 시장은 매 순간마다 각 개인의 욕구를 충족할 보장이 없다. 바스티아는 시장은 행동조정을 방해하는 요인이 없다고 주장하지 않는다. 그는 두 가지 요인을

101) 이 같은 해석에 관해서는 Dorn(2001) 참조

102) Bastiat(1850/1964: xxiii) 프랑스 청년들에게 쓴 서문 참조

들고 있다. 첫째로 잔인함, 테러, 폭력, 기만, 게으름이다. 두 번째로 행동결과에 대한 예측의 오류 또는 무지다.[103] 그는 어떻게 그런 요인들이 극복되어 이해관계의 자생적 조정이 가능한가를 설명하고 있다.

잔인성, 폭력 등의 행동은 '무서운 결과'를 초래한다. 그런 결과 때문에 사람들은 친절하고 정의로워지고 정직·절제·근면을 학습한다. 무서운 결과를 경험하여 행동을 바꾸는 데는 긴 시간이 걸린다는 것을 바스티아는 잘 알고 있었다. 그러나 그런 경험은 항상 작동하고 효과적이라는 것이 바스티아의 통찰이다. 행동결과에 대한 예측의 무지와 오류도 경험과 분별력을 통해서 극복될 수 있다고 바스티아는 믿는다. 우리의 행동결과 중에는 즉각적으로 등장하는 것도 있지만 대부분 뒤에 등장한다. 이런 결과는 전부 예측하기도 어렵고 또 오류가능하다. 경험을 통해서 사람들은 타인들과 협력과 분업을 위해서 어떤 행동이 유익한지 또는 불리한지를 분별할 수 있다는 것이 바스티아의 통찰이다.

오랜 경험과 학습을 통해서 개인들이 자신의 목적을 달성하려면 타인들의 관심을 고려해야 한다는 것을 배운다.[104] 바스티아는 소비자와 생산자, 노동자와 자본가, 시민과 외국인 등 수많은 관계도 유사하게 논의하고 있다. 중요한 것 몇 가지만을 설명하자.

---

103) 위의 책 498~499

104) 경험과 학습을 통해서 사람들은 자신들의 이해관계들을 타인들과 서로 조정한다. 예를 들면, 또 다시 빚을 얻을 수 있기 위해서 채무자는 채권자의 복지에 관심을, 반대로 오로지 건전한 채무자만이 이자를 지불할 수 있기 때문에 채권자도 채무자에 관심을 갖는다. 채무자-채권자 예는 휠스만(Hülsmann, 2001:57)을 참조.

(1)바스티아는 정의가 지켜지는 정부 아래에서 이루어지는 자본과 노동의 조화과정을 흥미롭게 다루고 있다.[105] 정부의 자의적인 정치적 간섭이 없는 경제에서 산업이 빠른 속도로 발전되지 않을 수 없고 부와 자본이 급속히 축적되지 않을 수 없다. 그 결과는 이자율의 하락과 자본비용의 감소로 이어져 자본이 차지하는 분배가 줄어들고 그만큼 노동에 대한 배분은 높아진다. 게다가 자본에 대한 분배분이 줄어드는 만큼 소비재의 가격과 그리고 생활비용도 낮아지고 그 결과 노동자계급의 독립성도 확대된다. 노동과 자본의 우호적 관계, 이것이 160년 전에 바스티아가 생각한 자본주의의 진면목이다.

바스티아는 노임은 최저생존수준에 수렴한다는, 그래서 노동자의 빈곤은 극복할 수 없는 운명이라는 당시 사회주의자들은 자본주의 비판을 정면으로 부정한다. 그러나 자본시장을 박해하면 자본만이 아니라 노동도 피곤해진다는 것이 바스티아의 탁월한 통찰이다. 자본은 노동의 친구만이 아니라 소비자의 친구다. 소비자들을 유익하게 하는 방식으로 이용하지 않으면 자본을 축적할 수 없기 때문이다.[106]

(2)바스티아는 생산자가 사업에 성공하려면 소비자의 욕구에 충실해야 한다는 것을 잘 알고 있었다. 현대적으로 표현하면 '소비자가 왕'이다. 모든 경제현상은 소비자들에게 가져다주는 편익 여부에 의해 판단해야 한다는 '소비자주권의 대변인'이 바스티아였다.

(3)바스티아에게 자유무역은 빼놓을 수 없는 주제다. 그는 프랑스

105) Bastiat(1850/1964: 7장 자본) 참조

106) 자본은 노동의 친구라는 바스티아의 관점에 대해서는 DiLorenzo(2007)

에서 자유무역운동에 나섰던 인물이었다. 무역의 자유가 많은 나라일수록 분업의 국제화로 인하여 상품 값도 저렴해지고 빈곤층이 작아진다는 것이 그의 지론이었다. 전쟁의 주요 원인은 보호주의 탓이었다는 그의 역사인식도 흥미롭다. 외국무역에 대한 정부개입이 없으면 세계 평화가 촉진된다고 한다. 그의 주장은 보호무역은 전쟁을 야기할 뿐이라고 개탄하면서 영구평화는 자유무역을 통해서만 가능하다고 호소했던 칸트의 영구 평화론의 일관된 계승이다.

경제적 조화를 파괴하는 것이 간섭주의다

자유와 정의를 수호하는 사회에 관한 그의 핵심 주장은 세 가지로 요약할 수 있다.[107] 첫째로 모든 계층의 생활수준을 동시에 향상시킨다. 둘째로 절대적인 정의가 일관되게 유지되는 한, 모든 계층의 차이가 점진적으로 제거된다. 셋째로 최빈곤층과 고소득층의 상대적 규모가 줄어들고 중산층이 확대된다.

바스티아의의 경제조화는, 첫째로 인구증가는 필연적으로 식량부족을 야기하고 결국 사회구성원들끼리의 갈등으로 이어진다는 암울한 '맬서스의 덫'이 틀렸음을 보여주었다. 그의 경제조화는, 둘째로 빈자와 부자사이의 삶의 격차를 점점 더 심화시키거나 또는 가난한 사람을 항상 가난하게, 부자는 항상 부자로 만드는 것이 자본주의라고 당시 세력을 확산해가던 사회주의의 비판에 대한 중요한 대응논

107) Bastiat(1850/1964: 442)

리의 역할을 했다.

정부간섭의 모든 형태는 조화과정을 방해하고 가로 막는다. 왜냐하면 일단 법과 규제가 발효되면 사람들은 더 이상 미리 논의하고 비교하고 판단하고 계획할 수가 없기 때문이다. 법과 규제가 지성의 활동과 지성의 개발도 가로막아서 인간들은 인간이기를 멈춘다. 인격의 상실이요, 자유와 재산의 상실이다. 바스티아에게 온갖 형태의 간섭주의는 해결책이 아니라 문제를 야기한 원인일 뿐이다. 바스티아가 확신한 것은 조화문제의 유일한 해결책, 즉 보편적 번영의 해법은 규제를 풀어서 개인들이 스스로 문제를 풀 자유였다.

"정의의 법 아래에서만이 그리하여 권리와 자유, 안정과 책임의 원칙이 지켜질 때에만 개인들은 자신의 존재의 존엄성과 가치를 극대화할 수 있고 그럴 경우에만 인류는 질서 정연한 방식으로 서서히 그러나 확실하게 발전을 이룩할 수 있다."[108]

도덕, 평등, 기본권, 정의, 책임, 연대, 재산, 노동, 무역, 자본, 조세, 신용 등 사회문제가 종교·철학·정치·경제적이든, 어떤 것이든 관계없이 그 문제의 해법은 자유라고 바스티아는 목소리를 높인다.[109] 바스티아의 그런 결론은 자생적 질서의 확신을 표현한 말이다. 20세기 경제학에서 정부간섭을 정당화하기 위해서 경기변동, 독점, 공공재, 실업 등 시장이 해결할 수 없다는 의미에서 이른바 '시장실패'를

108) Bastiat(2014: 151)

109) 위의 책 151

말한다. 바스티아는 그런 개별사례에 깔려 있는 오류를 반박하여 20세기 시장실패를 거부한다. 그의 주장은 오로지 사적 소유가 존중받는 곳에는 개인의 이해관계가 대립적이 아니라 상호간 협력적인 자생적 질서가 등장한다는 것이다. 그렇게 되면 사회가 완전하지는 않다고 해도 지속적으로 발전한다는 것이 바스티아의 통찰이다.

그러나 바스티아에게 시장과는 달리 정부는 매우 비관적이다. 조직된 집단의 이해관계에 의해 쉽게 이용당한다는 이유에서다. 경쟁을 제한하고 타인들의 희생을 요구하는 의회의 입법이 범람하는 것도 그 때문이라는 것이 그의 설명이다. 그런 입법은 자유와 재산권을 침해하여 타인들의 정당한 이익을 '약탈'하는 것을 합법화한다고 개탄한다. 흥미로운 것은 그 같은 입법의 결과다. 옳고 그름의 구분을 흐리게 하여 도덕을 붕괴시켜 사회를 혼란시킨다는 바스티아의 인식이다. 생산과 공급은 줄어들고 실업은 늘어나는 것도 '약탈적' 입법의 치명적 결과라는 그의 주장에도 주목할 필요가 있다. 정부는 누구나 다른 사람을 희생해서 살아가기 위해 이용하는 거대한 조직이라는 것이다. 따라서 정부는 사회통합의 원천이 아니라 사회갈등의 원천이라는 바스티아의 인식에 귀를 기울일 필요가 있다.

5) 바스티아와 정의로운 국가

바스티아의 사상은 자본가의 경제적 이득은 노동자가 희생한 대가라고 주장하는 사회주의가 지배하던 시기의 산물이다. 당시 프랑스는 높은 관세와 보조금으로 국내기업을 보호하고 각종 규제를 통해서 국가목표를 달성하려고 했다. 자유주의와 시장경제 대한 반대 여론이 강력하게 지배하던 시기였다. 사회주의는 사랑과 평화를 변호하면서 입술에서는 증오가 흘러나오고 몸으로는 전쟁을 부추겼다. 의회의 대표자들이 자유와 재산을 보호하기보다는 한편의 시민들을 위해 다른 편의 시민을 희생시키는 민주주의의 병폐로 인해 그들은 정치·경제적으로 몸살을 앓고 있었다.

바스티아에게 "국가란 만인이 만인을 등쳐먹고 사는 거대한 허구"다.[110] 과거 프랑스 귀족사회에서는 소수의 특권집단이 국민들 다수를 등쳐먹었다. 그러나 그가 살던 시기의 프랑스는 다수가 소수를 착취하는 사회로 변경되었다. 다수가 권력을 행사하는 민주주의 정치체제를 전제했기 때문이다. 그는 어느 나라가 가장 행복하고 가장 도덕적이고 가장 평화로운 나라인가를 묻는다. 이는 법이 민간인들의 활동에 가장 적게 개입하는 나라, 정부의 힘이 가장 작게 느껴지고 개인의 경제활동영역이 넓은 나라, 자유로운 여론이 영향력을 행사하는 나라, 조세부담이 가장 작은 나라가 아닌가하고 묻는다.[111]

바스티아가 타파하려고 했던 것은 지출은 좋은 것이고 저축은 나쁜 것, 낭비는 대중들을 이롭게 하고 절약은 나쁜 것, 같은 돈이라고 해도 정부가 지출하는 것이 개인이 지출하는 것보다 더 낫다는 등 잘

110) 위의 책 227

111) 위의 책 151~152

못된 생각들이었다. 그러나 이런 동일한 오류들이 그가 세상을 떠난 지 150년이 지난 오늘날에도 빈번히 범해지고 있다. 바스티아 시대와 현재가 다른 점은 당시에는 전문적인 경제학자들은 모두 바스티아 편이었고, 싸움의 상대가 다양했다는 점이다. 즉, 그 대상은 일반 대중, 이익단체, 이들의 지지여부에 생사가 걸린 정치가들과 그리고 귀족사회에서나 프랑스혁명, 다양한 정치적 혼란에도 꿋꿋하게 버티면서 규모와 힘을 키워온 중앙집권적 관료체제였다. 이것이 뒤에 가서 설명하겠지만, 바스티아와 같은 시기의 토크빌이 『구체제와 프랑스 혁명』에서 개탄했던 것이 아니던가!

이와 같이 바스티아는 권리이론, 조화이론을 개발하여 재산권과 시장경제에 대한 새로운 인식을 제공했고 간섭주의 이론을 개발하여 정부간섭과 정치과정의 근본적 문제를 파헤쳤다. 그래서 그는 경제자유의 챔피언이라는 평가를 받고 있다. 그러나 그는 어떻게 자유를 실현할 수 있는가의 문제를 다루지 못했다. 이 문제는 몽테스키외 등의 자유주의 헌정론이 다룬다.(제4부)

3. 로버트 노직: 자유주의의 유토피아
-재산권 분배정의 그리고 최소국가

20세기 중반 이후 미국을 비롯한 서구사회는 고용, 노후, 건강, 복지 등의 문제를 비롯하여 소수파의 삶을 국가가 책임지는 복지확대로 국가권력은 점점 더 커졌다. 정부의 손길이 우리의 삶에 점차 깊이 침투하면서 우리에게 요구하는 세금도 더욱 더 높아졌고 우리의 자유도 점차 줄어들었다. 다른 한편, 잘 알려져 있듯이 존 롤스는 자신의 유명한 저서 정의론(1971)에서 자본주의 사회는 결코 정의롭지 못한 사회, "심각한 불의"로 점철된 사회라는 이유에서 분배정의의 필요성을, 그래서 국가권력의 확대를 철학적으로 정당화했다. 그의 사상은 1960년대 초 이후, 빈곤과 싸워서 "위대한 사회"를 건설하겠다는 기치를 걸고 미국사회를 지배하기 시작했던 복지국가 사상을 반영한 이념체계다.[112]

이런 시기에 국가권력의 도덕적 정당성 문제가 대두되었다. 이 문

112) 민경국(2007: 426)

제를 들고 나온 인물이 미국의 하버드대학교 철학자 노직(R. Nozick: 1938~ 2002)이다. 그는 두 가지 특징적인 방법을 통해서 국가 자체의 정당성, 구체적으로 말해서 개인의 삶을 지배하는 국가권력의 도덕적 정당성의 문제를 다루었다. 한편으로는 경제학적으로,[113] 다른 한편으로는 칸트적이고 의무론적으로 다루었다. 의무론이란 자유의 정당성을 자유로부터 결과적으로 생겨나는 경제적 번영에서 찾는 것이 아니라 윤리적 가치로 다룬다는 뜻이다. 국가의 존재도 이로부터 생겨나는 직접 혹은 간접적인 결과에 대한 고려 없이 그 존재를 정당화한다. 노직이 세계 제2차 대전 이후 "자유주의 정치사상에서 가장 중요한 인물"로 손꼽히고 있는 이유도 그 같은 방법론적 특징 때문이다.[114] 그가 도달한 최종결론은 최소국가만이 도덕적으로 정당하다는 것이다.

"폭력, 절도, 사기로부터의 보호, 계약이행 등, 협소한 기능에 한정된 최소국가가 도덕적으로 정당하고 그 이상으로 확대된 국가는 인간의 권리를 침해하는 것이어서 부당하며 최소국가는 정당할 뿐만 아니라 고무적이다." [115]

---

113) '보이지 않는 손', 인센티브 등과 같은 사회과학의 인식을 이용하고 있다. 1970년대 이후 경제학적 방법을 이용하여 철학적 주제를 다루는 현상이 등장했다. 흔히 말하는 경제학의 제국주의라는 말이 생겨난 것도 이때다. 법경제학, 사회생물학 등이 그것이다.

114) Barry(1987: 132)

115) Nozick(1974/1991: 27)

이런 관점에서 노직은 사회주의, 분배정의를 주장하는 복지국가와 공리주의를 비판하면서 머레이 로스바드 등의 무정부주의도 대안이 될 수 없다고 목소리를 높인다. 우리가 주목할 것은 어떻게 그가 최소국가를 정당화하는가의 문제다.

1) 보이지 않는 손: 최소국가의 등장

노직은 정치적 행위의 정당성을 찾기 위해서 자연상태에서 출발하면서도 사회계약이라는 허구에 의존하는 것이 아니라 '보이지 않는 손'의 원리에 의존하고 있다. 그 원리는 화폐, 도덕, 관습 등 사회제도는 사회계약과 같은 인간들의 의도적 합의를 통해서 생겨나는 것이 아니라 어느 누구도 의도하지 않고 개인들의 분리된 독립적인 행동들의 자유로운 상호작용의 결과로서 등장한다는 것이다.[116] 이는 자유주의 사상에서 독특하다. 그 이유는 국가가 어떻게 생성되는가의 문제보다 국가가 왜 필요한가의 문제를 다루는 것이 자유주의자들에게 일반적이기 때문이다.

보이지 않는 손의 원리를 기반으로 하여 노직이 보여주고자 하는 것은 첫째로 무정부는 대안이 될 수 없다는 것, 둘째로 국가의 존재이유를 순수하게 도덕적으로 설명할 수 있다는 것이다. 그리고 마지막으로 국가를 통한 공공재화의 생산에서 필히 야기되는 재분배의

116) 위의 책 61~68

문제도 해결할 수 있다고 한다.

정부가 없는 상태에서 자연적 권리가 어떻게 보호되나?

국가가 없다고 해도 인간관계는 먹고 먹히는 야생의 정글이 아니다. 모든 인간은 자유롭다. 신체에 대한 권리, 노동생산물을 가질 권리, 계약을 체결할 권리 그리고 자신의 소유물을 처분할 권리가 있다. 이는 자연적 권리다. 사람들은 자연법에만 예속되어 있다. 자연법이란 타고 난 이성(옳고 그름을 판단할 수 있는 능력)에 의해서 발견할 수 있는 도덕규칙이다. 이는 누구도 남의 생명, 건강, 자유, 재산을 해쳐서는 안 된다는, 또는 누구나 자유로이 체결한 계약을 지킬 의무가 있다는 등의 규칙이다. 노직은 이런 자연상태에서 어떻게 국가가 등장하는가 보여주려고 한다.[117] 그는 '보이지 않는 손'의 원리에 의존하여 개인들 중 어느 누구도 의도하지 않고서도 그들의 상호작용의 결과로서 국가라는 제도가 등장하는 모습을 기술하고 있다. 국가의 등장은 몇 단계를 거치는데, 각 단계가 도덕적으로 허용될 수 있다면 정치적 결과도 정당하다는 것이 노직의 믿음이었다.

국가가 없으면 자유, 생명, 재산 등을 보호하는 서비스(보호서비스)는 다른 어떤 상업 활동과도 마찬가지로 시장을 통해 구매되고 공급

117) 노직은 머레이 로스바드가 『새로운 자유주의를 위하여』에서 보여주는 무정부주의의 반(反)국가적 주장을 반박하는데 초점을 맞추었다. 무정부주의에 관해서는 민경국(2016: 353~382): 아나키즘의 자유와 법: 비판적 분석

된다. 시장에서 기업들이 등장하는 것처럼 그런 서비스를 파는 협회(경찰과 같은 보호서비스를 공급하는 사설회사)나 대행자들이 경쟁적으로 등장한다. 사람들은 자신들을 가장 잘 보호하는 경찰서비스를 제공하는 보호협회를 선택한다. 이런 상태가 무정부주의자들이 이상적으로 여기는 상태다. 그러나 그런 체제는 결코 안정적인 체제는 아니라는 것이 노직의 주장이다.

어느 한 보호협회의 고객들이 다른 협회의 고객들에 의해서 피해를 당하거나 피해당했다고 주장하면 무슨 일이 벌어질까? 갈등이 생겨나서 어느 한 협회나 대행자가 승리할 것이다. 전에 패배한 협회의 고객이었던 사람들은 이 협회를 버리고 승리한 협회의 보호서비스를 구매할 것이다. 이것이 진화의 여과과정이다. 서비스의 질이 나쁘거나 서비스 구매가격이 비싼 회사는 도태된다. 이런 식으로 결국에 가서는 값싸고 질 좋은 서비스를 공급하는 어느 단일 보호협회가 등장하여 어느 한 지역의 보호서비스 시장을 지배하게 될 것이다. 이것이 지배적 보호협회다. 이것은 폭력이나 합의과정이 아니라 경쟁을 통한 자생적 여과과정의 산물이다.

그러나 지배적 보호협회(보호회사)로부터 보호서비스를 구매하기를 거부하는 사람들은 그 보호협회의 영역 바깥에 머물러 있을 수밖에 없다. 지배적 협회는 고객들을 대신해서 고객들과 독립인들 사이의 분쟁을 해결해야 한다.

어떻게 최소국가가 등장하는가?

지배적인 보호회사에서 극소국가가 등장한다. 어떻게 이것이 가능한가? 지배적인 보호회사가 제공하는 서비스 구매를 거부하는 사람들(독립인들)은 자력으로 (혹은 대행기관을 통해서) 스스로를 보호해야 할 것이다. 이럴 경우 사람들은 독립적인 사람들(또는 대행기관)을 통해서 신뢰할 수 없는 절차에 의해 또는 재판을 받거나 판결에서 차별적이거나 무고함에도 처벌 받을 위험성이 있다면 그것은 두려운 일이다.[118] 지배적 보호회사는 독립인들이 그런 위험한 행동을 하지 못하도록 막을 수 있는 힘이 있다. 그러나 이를 막기 위해서는 보상을 해야 한다. 왜냐 하면 독립인들은 스스로를 방어할 자연적 권리가 있기 때문이다. 보상을 통해서 지배적 협회가 이제 극소국가가 된다. 사람들은 방어권리를 극소국가에 양도한다. 극소국가는 개인들이 긴급하게 자기방어를 해야 할 때 필요한 것을 제외한 모든 실력행사를 독점한다. 따라서 그것은 부당한 짓에 대한 사적인 (또는 그 대리기관의) 보복과 배상징수를 배제하지만 보호·집행수단을 구매한 사람에게만 보호와 집행의 서비스를 제공한다.[119]

극소국가에다가 조세수입으로 재정을 충당하는 보호서비스 공급이 이루어지면 한 영토를 지배하는 독점적 서비스공급회사로서 최소국가가 등장한다. 이로써 최소국가는 매끄럽게 아나키를 극복할 수 있다고 노직은 믿는다. 정말로 보이지 않는 손에 의해서 도덕적으로 정당한 국가의 등장을 성공적으로 설명했는가?

---

118) Nozick(1974/1991: 128~130)

119) 위의 책 73

최소국가는 보호서비스 공급의 시장실패 논리

무고한 사람을 데려다가 범행을 저질렀다는 이유로 처벌하는 등 보호서비스시장에서는 그런 위험한 행동에 사람들이 노출되어 있다. 그런 위험으로부터 사람들을 보호하기 위해서는 지배적 보호협회는 그런 위험한 행동을 금지하고 대신에 보상해야 한다. 보상액을 정하기 위해서는 우선 위험한 행동이 무엇이고 위험이 발생할 확률은 얼마인지 알아야 한다. 그러나 위험과 확률은 양적으로 측정하기가 곤란한 주관적 개념이다.[120] 게다가 보상액은 일종의 가격이다. 주지하다시피 가격은 시장이 결정하는 것이지 "시장결정에 앞서서" 결코 알려질 수 없다.[121]

최소국가가 등장하기 전 단계인 극소국가의 출현과정을 보면 위험과 공포로부터 개인을 보호하는 일은 시장이 할 수 없기 때문에 국가가 그런 일을 수행해야 한다는 일종의 시장실패논리를 전제하고 있다. 그러나 인간의 삶에서 항상 뒤따르기 마련인 다양한 종류의 불확실성과 위험을 막아서 개인을 보호하는 일을 "국가보다 경쟁에 맡기는 것이 더 효율적"이라는 지적이 옳다.[122] 위험을 줄이기 위해서 시장의 공급에 강제적으로 간섭하는 어떤 것도 위험을 줄이기는 고

120) Rothbard(1999/2016: 290)

121) Barry(1986: 142).무정부주의자들은 스스로 방어할 권리를 포기하는 대신에 받는 보상 자체도 인정하지 않는다.

122) Barry(1986: 142)

사하고 사회의 위험은 증가한다.[123]

최소국가의 권력 확대를 억제할 헌법적 장치도 없다

최소국가의 도출과 설명에서 특징적인 것 중 하나는 최소국가의 권력이다. 보이지 않는 손의 과정에 의해서 국가가 등장한다고 주장함에도 불구하고, 폭력을 통해서 경쟁자를 억제하고 극소국가를 경유하여 최소국가가 되었다는 인상을 지울 수 없다.[124] 그런 국가가 자유주의 도덕에 의해서 부여된 과제의 수행에만 공권력을 행사한다는 보장이 없다.

노직의 세계에는 경계선을 넘지 않을 도덕적 의무만이 존재할 뿐이다. 경계선을 넘는 일을 막을 어떤 메커니즘이 있는 것도 아니다.[125] 국가권력의 제한을 막기 위해 고전적 자유주의자들이 제안한 고귀한 것들이 아주 많다. 예를 들면, 중앙집권적 권력을 독립된 지방정부로 분산하여 지방정부끼리의 경쟁을 중시하는 연방주의, 권력의 견제와 균형을 위한 수평적 분권에 초점을 맞추는 권력분립, 법률이 헌법과 양립하는가를 판단하는 사법심사제 등은 그런 우려에서

123) Childs(1977: 29)

124) "지배적인 보호협회는 그 자신의 상황판단에 따라 자유롭게 행동하지만 그 밖의 어느 누구도 처벌받지 않고 그렇게 할 수 없다. 비록 독점을 주장하지 않을지라도 지배적인 보호협회는 그 힘의 덕택으로 고유한 위치를 점하고 있다. 그 협회만이 적당하다고 보이는 대로 타인의 정의의 절차를 강제로 금지할 수 있다."Nozick(1974/1991: 180)

125) Barry(1986: 143)

나온 유서 깊은 헌법적 장치다.

그러나 배리가 인식했듯이, 노직의 최소국가는 "헌법적 제한으로부터 자유로운 사적 소유물이다."[126] 그것은 여러 단계를 거쳐 개발된 개인회사처럼 보인다. 그것도 특정 지리적 영역에 존재하는 독점기업이다. 한때는 시장을 지배하던 기업이었다가, 소유자가 공격적으로 운영하여 사업을 확장한 결과가 극소국가를 거쳐 최소국가로 전환한 것이다.

"헌법의 문제는 없고 오로지 고객과의 계약만 있을 뿐이다. 고객과 갈등이 있을 경우에는 회사가 판단하고 해석한다. 투표도 없다. 권력분립도 없다. 정치적 견제와 균형도 없고, 시장을 통한 경제적 견제와 균형도 없다. 오로지 사적 조직만 있을 뿐이다. 이것이 이제는 자신의 목적을 달성하기 위해서 물리적 폭력을 독점적으로 이용하는 독점가다."[127]

그러나 정치권력은 덧없이 변한다. 그것은 일관성도 없다. 그래서 그런 권력과 "독립적으로 존재하는 법의 원천이 존재할 경우에만이 국가는 순수하게 제한될 수 있다."[128] 이런 원천에서 생겨나는 규칙들을 시민들이 내재화해야 한다. 이런 내재화 문제는 노직이 국가의

---

126) 위의 책 143. Childs(1977: 27)

127) Childs(1977: 27)

128) Barry(1986: 143)

등장에만 보이지 않는 손의 작동을 제한했다고 하더라도, 자생적인 방식으로 헌법적 제한으로써 등장할 수 있다.

2) 자연권의 윤리적 정당성은 무엇인가

노직에 대한 일반적 비판은 개인들이 불가침의 권리가 있다는 전제를 뒷받침하는 철학적 기초가 없다는 것이다. 그 비판은 두 가지로 나눌 수 있다. 첫째로 이 권리들은 논거 없이 단순히 주장될 뿐이라는 비판이다. 두 번째 비판의 핵심은 자유주의는 인성에 대한 기초가 없다는 비판이다. 이것이 사실이라고 한다면 그의 철학은 치명적인 결함을 지닌 구조다. 정말로 그런가? 후자의 문제부터 설명하자.

왜 권리가 필요한가?

인성에 대한 기초가 필요한 이유는 권리를 가진 자는 누구인가를 설명하기 위해서다. 왜 인간은 권리가 있어야 하는가? “감각”, “자의식”, “합리성”, “자유의지” 등과 같은 인간의 특질 때문인가? 아니다. 이는 사람에 따라 차이가 있기 때문에 그런 인성은 권리의 불평등 구조를 초래한다.[129] 권리가 있어야 하는 이유를 노직은 인간들은 “서로 분리·독립적이라는” 그리고 “스스로 수락한 삶의 컨셉에 따라 살

129) Nozick(1974/1991: 102)

아갈 수 있는 능력이 있는 실체"라는 것에서 찾고 있다.[130] 요컨대 인간의 자율성 때문에 그는 권리를 지닌자(right-bearer)라는 것이다.

칸트의 전통에 따라 수단이라기보다는 목적으로 대우받을 자격을 인간에게 부여하는 것도 자율성 때문이라는 것을 직시할 필요가 있다. 노직이 사람의 선호를 총합하여 사회적 후생함수로 만드는 공리주의를 비판하는 근거도 흔히 비판하는 것처럼 효용을 합하고 비교하는 오류 때문이기도 하지만, 인간은 서로 분리 독립적이라는 것을 파괴한다는 이유에서다.[131]

권리를 존중하는 윤리적 규칙들은 목적들에 대하여 중립적이어야 한다는, 다시 말하면, 탈 목적이어야 한다는 것도 인간의 분리·독립성에서 도출된 것이다. 개인이 자율적이 되려면, 즉 인간을 수단이 아니라 목적 자체로 대우해야 한다는 정언명령에 따르려면 "국가는 어떤 것에도 목적을 두어서는 안 된다. 자유의 사회구조도 추구할 목적의 다양성을 허용하는 구조이어야 한다."[132] 노직의 사상은 진정으로 의무론적이다. 흥미롭게도 자아에 관한 이런 관점 때문에 의무론적 자유주의는 이기심이나 혹은 이타심과 같은 인성으로부터 분리될

130) 이에 관한 정확한 해석에 대해서는 Barry(1986: 136) 참조

131) 위의 책 136. Nozick(1974/1991: 81): "개인에 대한 어떤 희생도 감수하여 달성할 선을 가진 사회적 실체(social entity)란 없다. 삶을 가진 개인들만이 있을 뿐이다. 다른 사람의 편익을 위해서 이들 중 하나를 이용하는 것은 다른 사람의 편익을 위해서 그를 이용하는 것이다." 이 문구는 Barry(1986: 136)에서 재인용

132) Barry(1986: 137). 행동규칙들은 타인들에게 자신의 의지를 강요하는 폭군으로부터 그를 해방시키는 역할을 한다.

수 있다.

권리를 소극적으로만 이해하는 것이 옳은가?

자연권론은 국가의 부도덕한 침해로부터 개인들을 보호하기 위해서는 그들이 권리가 있어야 한다고 주장한다. 그 권리가 국가이전에 이미 존재한다. 국가의 존재이유는 이런 권리를 보호하는 데 있다. 그러나 이런 주장만으로는 권리가 적절히 보호되는 것이 아니다. 왜냐하면 권리를 보호하기 위한다며 국가에 의한 권리침해를 허용하는 사례가 빈번하기 때문이다.

예를 들면 자유주의자들은 국가의 보호과제에 필요한 재정조달을 위해서는 강제적 과세가 요구된다고 역설한다. 그들은 그 정도의 강제가 없이는 개인의 삶은 더 불안하고 취약하다고 말한다. 개인의 자유를 효과적으로 보호하기 위해서는 국가의 강제가 필요하고 그 정도의 강제와 과세는 감당해야 한다고 주장한다. 그 정도로 자유와 권리를 침해하는 것은 그 결과로 얻는 자유·권리보호의 총합이 증가한다는 이유에서다. 따라서 자유주의의 지적인 방어를 위해서는 권리란 무엇인가, 그리고 어떤 개념정립이 적합한가의 문제를 해결해야 한다.

(1)권리의 절대성: 노직의 관점은 권리를 침해하는 행동은 이유여하를 막론하고 금지하는 "권리의 절대성"을 중시한다. 어떤 이유로든

침해를 허용한다면 이는 개인의 자율성의 일부를 포기하는 것과 같을 뿐만 아니라[133] 의무론적인 자유주의의 순수성을 상실한다는 이유에서다.

고전적 자유주의에서는 국가를 통한 권리보호를 공공재화의 형태로 취급한다. 국가가 권리를 보호하는 것이 시민들의 행복을 증진하는 길이라는 입장이다.[134] 이것도 정당하지 못한 재분배의 요소와 관련되어 있다는 것이 노직의 인식이다. 어떤 사람이 강제로 지불한 세금을 통해서 불가피하게 타인의 복지를 마련하지 않으면 안 되기 때문이다.

"고전적 자유주의 이론에서 야경국가는, 즉 시민 모두를 폭력, 절도, 사기로부터 보호하는 기능과 계약을 이행하게 하는 등의 기능에 국한되어 있는 국가는… 조세수입으로 재정을 충당한다. 어떤 사람들에게 타인의 보호비용을 지불하도록 강요한다. …야경국가의 지지자들은 왜 그런 재분배기능이 독특한지를 설명해야 한다."

재분배를 야기하는 공공재화의 국가공급이 정당하다면 왜 국가는 보호서비스의 공급에만 제한해야 하는가, 또는 왜 유사한 재분배의

---

133) 이에 관해서는 Barry(1986: 138) 참조. Nozick(1974/1991: 76~77).나의 권리는 어떤 이유로든 디인들이 침해해서는 안 된다. 이느 한 사람의 권리는 타인들에게는 절대적으로 행동을 제약하는 역할을 한다(권리의 절대적 행동제약: 권리의 절대성).

134) Barry(1988) 이는 권리 공리주의와 대비되는 효용 공리주의다.

이유로 복지를 공급하는 것을 허용하지 말아야 하는가라고 노직은 물으면서,[135] 노직은 권리의 절대성을 강조한다. 그러나 국가에 의한 권리의 절대성 실현이 가능하냐의 문제가 중요하다. 이는 권리의 불가침 원칙과 국가 사이에는 정말로 일관성이 있는가의 근원적인 문제와 관련이 있다. 따라서 권리의 개념을 따져볼 필요가 있다. 권리의 절대성을 지키기가 어렵다는 것을 인식할 필요가 있다.

(2)소극적 권리 vs. 적극적 권리: 권리이론에서 늘 주장하는 것이 권리(소유자)와 의무(의무자)의 관계다. 제3자는 권리를 소유한 자에게 대하여 무엇인가를 행하거나 행하지 말아야 할 의무가 있다. 의무와 관련하여 적극적 권리와 소극적 권리를 구분하는 것이 권리이론의 특징이다.[136] 자유주의가 중시하는 소극적 권리는 각 개인이 가질 자격이 있는 것에 대해서 타인들로부터 침해받지 않을 권리다. 이는 권리소유자가 타인들에게 적극적인 행동을 요구하는 것이 아니라, 권리침해를 억제할 뿐이다. 타인들은 그를 도울 적극적 의무가 있는 것이 아니다. 침해해서는 안 될 소극적 의무다.

우리가 보았던 것처럼 권리들은 보편적이고 평등한 이유가 그것이 타인들에게 소극적 의무를 부과하기 때문이다. 모든 사람들은 불가침의 권리를 가지고 있을 뿐만아니라 소극적 의무가 있다. 이에 반

135) Nozick(1974/1991: 73~74) 위의 내용은 Nozick(1974/1991: 74)

136) 소극적 권리와 적극적 권리 개념에 대해서는 민경국(2007: 593~594); Boaz (1997/2009: 153~157)

하여 개인들에게 적극적 의무를 부과하는 것은 권리의 불평등 분배를 초래한다. 타인들은 특정인에 대하여 우대행동을 할 의무가 있기 때문이다. 모든 사람들에게 똑 같이 적용하기가 불가능하다. 적극적 권리는 다시 말하면 보편화가 불가능하다. 그것은 재분배적 요소가 있다.

노직의 사상에서 사람들은 불가침의 권리를 가지고 있을 뿐만 아니라, 믿을만한 절차에 의해 공정한 취급을 받을 권리가 있다. 구체적으로 말한다면 누군가로부터 침해를 받았거나 권리의 분쟁이 발생했을 경우, 모든 개인은 예를 들면 한국헌법 제27조에 따라 공정한 재판을 받을 권리, 경찰로부터 보호를 받을 권리가 있다. 이 권리는 적극적 성격의 권리다. 국가는 돈을 투입하여 침해받은 사람을 보호할 적극적 의무가 있다.

자연상태를 종식시키려면 무엇보다도 믿을 만한 보호절차가 필요하다는 것이 국가를 정당화하기 위한 노직의 논거 중 하나다. 다시 말하면 모든 개인들은 제각기 타인들로부터 침해받지 않을 권리가 있을 뿐만 아니라 그는 보호서비스의 형태로 타인(국가와 납세자)에 의한 적극적인 지원을 받을 자격이 있다는 논리다. 따라서 여기에서 소극적 권리보호와 국가권력 사이에는 비일관성이 존재한다. 영국의 정치철학자 존 그레이(J. Gray)가 다음과 같이 말하고 있다.

"사기 폭력 등으로부터 소극적 권리만을 보호하는 최소국가의 이념은 이런 최소의 기능을 행사하는 데 필요한 재정을 마련하는 어떤 제한도 없다는 점에서 일관성이 없다."[137)]

재정지원은 복지권과 같다. 복지권리는 국가의 재분배 정책적 행동을 요구하고, 그런 행동은 차별적이기 때문에 보편화시킬 수 없다.[138)] 모든 소극적 권리의 이론가들은 이런 어려움에 봉착하는 이유도 그 때문이다. 두 권리를 엄격하게 구분하는 것이 곤란하다. 이런 공격을 피할 수 있는 유일한 소극적 권리 입장은 개인주의적 아나키스트들의 입장이다. 즉 시장에서 서비스공급자들이 수요자들에게 판매한 수입으로 조달해야 한다고 주장한다. 그렇지 않고 국가의 독점공급에 필요한 과세는 재산권 침해라고 여긴다. 흥미롭게도 바로 그 주장이 무정부주의에 대해 노직이 반박하려는 핵심이다. 국가가 없이는 권리는 항상 불완전하다는 이유에서다. 언제 어떻게 나의 자연권이 침해받을 것이지가 불확실하다. 무정부상태가 항상 불안정한 이유다.

3) 자본주의와 분배정의

의무론적 자유주의를 구성하는 노직의 정치사상에서 중심된 것 중 하나는 시장의 분배결과를 시정하는 사회정의를 부정하는 데 있

137) Gray(1995: 75), Barry(1986: 139)

138) Barry(1986: 139; 1995: 254)

다. 재분배는 최소국가의 과제가 아니다. 최소국가는 권리소유자로서 개인을 보호하기 위한 규칙을 집행하는 역할 뿐이다. 복지수준을 보장한다거나 자연적 소유자로부터 소득을 빼앗아 재분배하는 등, 권리보호의 과제 이상을 추진하는 것은 엄격히 금지한다. 그렇다면 노직에게 정의이론이 없다는 말인가? 아래에 그의 분배정의를 설명하면서 그의 정의사상의 특징을 밝혀낼 것이다.

분배원칙은 어떤 것들이 있는가?

분배원칙은 다양하다. 공로, 노력, 능력, 욕구에 따른 분배 또는 단순한 평등과 같이 어떤 외적 기준에 따라 분배하는 것이 정의롭다고 주장하는 이론은 특정한 분배'상태'와 관련된 컨셉이다.[139] 이는 미리 정해진 틀에 끼워 맞추어진 것을 의미하는 정형화된 형태의 분배정의다. 정형화된 형태는 다시 비역사적인 것과 역사적인 것으로 나눌 수 있다. (115쪽 〈표-1〉참조) 역사적으로 정형화된 분배원칙은 투입에 따른 분배정의, 즉 성실, 성품, 노동, 공로 등 자연적 차원에 따라 분배를 결정하는 원칙이다. 몇 시간 일을 했는지 얼마나 노력했는지 성실한 사람인지 등에 따라 분배가 결정되기 때문에 그런 분배원칙은 과거 회고적이고 투입 지향적이다. 이런 분배원칙은 각 개인들의

139) 공로, 욕구 혹은 단순한 평등과 같이 어떤 외적 기준에 따라 분배할 사회적 파이란 없다. 그렇게 하려는 모든 노력은 불가피하게 시장경제의 신호기능을 왜곡, 경제가 최적을 달성하는데 방해가 된다. 이는 정형화된 형태의 분배정의이다(Barry, 1986: 145).

상대적 소득 높이는 묻지 않는다.

그러나 비역사적으로 정형화된 분배정의는 투입과는 관계없이 분배결과를 중시하는 결과 지향적 분배정의다. 이는 특정의 분배결과를 지향하는 정의다. 대표적인 예는 공리주의, 평등분배, 욕구에 따른 분배다. 이들은 현 시점에서 특정한 분배구조 또는 분배결과를 얻기 위한 정의다. 어떻게 물건들이 분배되고 있는가(누가 무엇을 얼마나 가지고 있는가)에 의해 결정된다. 이 분배원칙은 사회경제적 결과가 생겨나는 과정보다도 그 결과의 고유한 질을 중시한다. 그리고 시장과정에 영향을 미쳐서 미래에 등장할 결과에 초점을 맞춘다는 의미에서 미래전망적이다.

〈표-1〉: 분배의 유형

	역사적(과거 회고적)	비역사적(미래 전망적)
정형화	공로 노력	공리주의 평등분배(결과)
비정형화	노직의 정의이론	×

노직의 최소국가에서 정의는 미리 정해진 틀에 끼워 맞추어진 분배와 관련된 것이 아니다. 그것은 소유의 정당성, 즉 어떻게 소유하게 되었는가에 초점을 맞춘다. 그의 정의는 비정형화된 역사적 이론이다. 현재의 소유가 과거에 행한 정의로운 행동 또는 불의의 행동에서 야기한 것인가에 의해 결정된다. 공정한 습득을 통해서 생겨난 것이라면 그 분배는 정의롭다.

"어느 한 개인의 소유는 습득을 위한 정의의 원칙과 이전을 위한 정의의 원칙에 의해 혹은 불의를 교정하는 정의의 원칙에 의해 그들을 소유할 자격이 부여되어 있다면 정의롭다. 획득에서의 정의의 원칙, 이전에서의 정의의 원칙, 불의의 교정을 위한 정의의 원칙에 합당하게 재화를 소유하고 있는 사람은 자신의 소유물에 대한 정당한 권리를 갖는다. 각 사람의 소유가 정의롭다면 소유의 전체 분배도 정의롭다."[140)]

사기나 폭력을 사용하지 않고서 벌어들인 소득은 상대적 높이와 관계없이 정의롭다. 이때 결정되는 소득은 능력, 선택, 노력, 운 등에 의해서 결정된다. 수정원칙은 과거의 정의롭지 못한 습득을 현재에 수정할 것을 요구하는 원칙이다. 소득과 재산이 얼마나 분산되든 개인들의 행동이나 행동을 지배하는 행동규칙이 정의롭다면 그런 분배는 정의롭다. 이는 노직의 의무론적 개인주의로부터 나온 것임에 틀림없다.

소유의 도덕적 한계가 있는가?

노직이 개인의 권리(자연권)를 정당화하는 논거를 제시하지 못하고 있다는 것이 그에 대한 표준적인 비판이다. 그러나 이는 틀린 비판이다. 노직의 소유자격이론의 기초는 로크의 습득이론이다. 이미 앞에서 설명한 바와 같이 나의 인격의 소유자로서 나는 나의 노동을 전에

140) Nozick(1974/1991: 239~240)

소유하지 않는 자연적 대상과 혼합할 권리가 있다. 그리고 내가 정당하게 이미 습득한 것을 자발적으로 이전하거나 교환할 권리가 있다.

습득을 위한 기준으로서 특히 로크의 노동의 혼합에는 단서가 있다. 이는 무주물을 습득할 경우 다른 사람도 사유화하기에 "양적으로 충분하고 질적으로 우수한" 것이 남아 있어야 한다는 것을 의미한다.[141] 이 단서는 무주물에 대한 평등권을 의미한다. 이미 앞에서 설명한 바와 같이 이는 너무 제한적이다. 공급에 한계가 있는 토지와 관련시킨다면 희소한 자원을 소유하기 위한 거의 모든 행동은 필연적으로 타인들이 소유할 권리침해를 야기한다는 것을 어렵지 않게 알 수 있다. 습득할 것이 거의 없는 세상에 태어날 미래세대에게는 문제는 더욱 심각하다. 로크의 단서는 유지될 수 없고 오히려 사회주의자들에게 자본주의의 소유질서는 정당성이 없다는 비판의 빌미가 되었다는 것은 앞에서 설명했다.(33쪽)

로크의 단서는 불필요하게 자유를 제약한다는 이유로 노직은 그것을 좀 더 유연하게 재해석했다. 즉, 공유의 대상을 사유화함으로써 공유했을 때 보다 누구의 삶도 악화되어서는 안 된다는 것이 노직의 단서다. 이런 단서에는 사물을 공동으로 이용할 때에는 보존과 절약을 위한 유인이 없기 때문에 생겨나는 남용과 고갈이라는 공유의 비극이 전제되어 있다.[142] 노직의 해석은 사실상 로크의 생각과 다르지

141) 위의 책 269

142) 어떤 사람의 사유화가 이 단서를 위반하는 것이었다고 하더라도 사유화한 그가 타인의 입장이 악화되지 않도록 타인들에게 배상한다면 그 사유화는 허용된다." (위의 책 273)

않다. 이미 앞에서 설명한 바와 같이(32~34쪽) 사유화와 화폐의 등장으로 경제발전을 불러와 소유의 불평등이 상쇄된다.

노직이 염두에 둔 것은 변형된 단서에 비추어 “재앙(catastrophe)”이라고 부르는 극단적 상황을 해석하려는 것이다.[143] 예를 들면 어느 한 지역에 물 공급 전부를 어느 한 사람이 독점하는 하는 경우와 같이 어떤 사람이 생활필수품의 전량공급을 사유화하는 것은 일종의 재앙이라는 것이다. 래시달((H. Rashdall)의 예로서 사막에 있는 유일한 샘에 다른 사람보다 먼저 도착한 어떤 사람이 그것을 전부 사유화하는 또는 사막에서 하나만을 제외하고 다른 샘들이 전부 말라버리게 된 사례도 일종의 재앙이다.[144] 그런 독점의 출현으로 사람들의 처지가 악화되기 때문에 그것은 단서조항의 위반이라는 것이 노직의 생각이다. “그래서 사막에 있는 유일한 샘을 어떤 사람이 사유화하여 자기 멋대로 요금을 부여하는 것을 허용할 수 없다”고 노직은 주장한다.[145] 이는 하이에크가 노직과는 다른 이유로, 즉 강제라는 이유로 국가의 간섭이 필요하다고 말했던 사례다.[146] 노직의 주장이 타당한가?

---

143) 위의 책 275

144) 위의 책 274. 예들 들면 움직일 자유를 방해할 만큼 어느 한 사람이 타인의 집을 둘러싼 토지를 전부 사들였다고 하면 정당한 교환과정을 통해 주변의 토지를 구매로 인하여 타인에게 재앙이 생겨난 것이다. 그런 재앙은 소유의 규칙과 일관될 수 있지만 노직의 변형된 단서의 위반이다. 그의 입장이 더 악화되었기 때문이다.

145) 위의 책 275

146) Hayek(1960/1996, I: 233). “이것이 강제의 분명한 예다. 우리는 한 독점가가 다른 사람들이 전적으로 의존하고 있는 필수품들을 통제하는 몇 가지 다른 예들을 생각할 수 있다.”

소유의 도덕적 한계에 대한 노직과 커즈너

이 문제를 설명하기 위해서 우선 노직의 소유자격론을 보자. 그 이론은 무주물이 사적 소유가 되는 과정에서 노동가치론을 적용하고 있다. 노동의 혼합의 결과가 내 것이라는 것이다. 이는 내 몸은 내 것이라는 자기소유의 원칙에서 도출한 것이다. 그러나 노동에 의한 소유는 오류가 있다는 점을 우리는 이미 로크의 재산권이론과 관련하여 설명했다. 기업가정신과 그리고 발견자-소유자 원칙을 통해서 비로소 최초의 습득의 도덕적 정당성이 확보될 수 있기 때문이라는 것이 이스라엘 커즈너의 탁월한 통찰이다.(35쪽)

발견자를 기초로 하는 습득의 윤리적 정당성을 확신한다면 습득 이후의 거래에서 폭력, 사기(詐欺)가 없다면 모든 자발적인 시장거래는 개인들이 벌어들이는 소득과 함께 정당하다. 그럼에도 노직은 자본주의 소득은 기업가적 발견의 결과라는 것을 인식하지 못하고 있다. 그 이유는 기업가적 발견에 따른 소득의 정의로움을 생각하지 못했기 때문이다. 가치 있는 대상을 창출하는 것은 발견의 절차인 이상, 다른 사람도 어떤 가치 있는 대상을 발견할 권리를 똑같이 가지고 있다는 이유에서 우리가 발견하는 것에 대한 소유에 어떤 제한이라도 가한다고 생각하는 것은 잘못이다.[147)]

이제 최초의 습득과 관련된 우물의 예를 보자. 우물을 발견한 첫 번째 사람이 자신의 탁월한 기업가적 기민성을 보여준 것이다. 그 상

---

147) Kirzner(1989: 133~134)

황의 중요성을 타인들도 인지했을 것이지만, 첫 번째 사람이 차지게 되어 다른 사람들은 우물을 차지할 기회를 상실하게 되므로 최초의 습득자는 로크의 정의의 법을 위반한 것이라고 생각하는 것은 곤란하다. 물론 노직은 그런 파국을 완화할 자유이론의 필요성을 느꼈다. 그런 이론은 정의의 규칙에 의해서만 제한되는 재산습득권리의 의미로 자유를 규정하기 보다는 행동의 자유의 의미로 자유사회를 기술하는 이론이다. 전자의 것은 전적으로 자기소유에만 의존하는 이론이다.[148] 하이에크가 우물의 독점은 강제에 해당되기 때문에 국가의 개입을 필요로 한다고 주장하는 것도 사람들은 생존하려면 그 독점가가 요구하는 것은 무엇이든 들어줄 수밖에 없는 파국적 상황이라는 이유에서다. 그의 자유이론은 노직과 같다.

흥미로운 건 치명적인 질병치료제의 발견에 관한 노직의 해석이다. 그에 따르면 누군가가 접근 가능한 천연 물질을 자신의 노동과 혼합하여 치명적인 질병 치료제를 생산한다면, 이 생산자는 원하는 대로 가격을 매길 수 있다고 한다.[149] 다른 사람들도 스스로 발견할 기회가 남아 있다는 이유에서 그들을 그 생산자의 행동 때문에 상황이 더 나빠진 것이 아니라고 한다.

언뜻 보기에는 질병치료제의 예는 우물독점의 그것과 다른 것처럼 보이지만 기회가 남아있지 않으면 물질의 발견은 노직의 단서를 위반

148) 이에 대한 논의에 대해서 Barry(1986: 152)를 참조

149) Nozick(1974/1991: 276)

할 가능성이 있다는 점에서[150] 두 예는 사실상 동일하다. 그러나 발견자-소유자원칙에 따르면 천연 물질을 이용한 질병치료제의 발견자가 그 치료제를 소유할 권리가 있다. 그 이유는 노직이 말하는 바대로 다른 사람들도 스스로 발견할 기회가 남아 있기 때문이 아니다. 그가 발견한 첫 번째 사람이라는 이유에서다. 이를 좀 더 자세히 설명할 필요가 있다 기업가정신이란 지금까지 알려져 있지 않은 새로운 것의 발견이다. 아무도 생각지도 못했던 것의 발견이다. 기업가적 발견을 통한 소유가 타인들에게 피해를 가하고 그래서 그런 소유는 부당한가? 노직은 그럴 가능성을 배제하지 않고 있다.

예를 들면 에디슨이 전기를 발견했기 때문에 모든 다른 발명가들이 전기를 발견할 기회를 상실했고, 따라서 에디슨의 발견으로 인하여 이들의 처지가 나빠졌다는 논조가 옳은가? 어느 한 사람의 발견이 타인들의 발견을 막고 따라서 그들의 처지를 악화시킨다는 주장, 이런 주장은 그 사람이 오늘 발견하지 않았으면 타인들이 장차 발견했을 것이라는 주장과 동일하다. 그가 오늘 취득하는 행동은 장차 언젠가는 다른 사람들이 가질 것을 이들로부터 빼앗는 행동이라는 것이다. 그러니까 정의롭지 못한 행동이라는 것이다.[151] 그러나 이것은 터무니없는 논리이다. 그 이유는 필자가 다른 장소에서 자세히 논했

150) 위의 책 277

151) 이런 논조를 수용한다면 발견된 것은 극단적으로는 공유하든가 아니면 재분배를 하든가 또는 특허에 대한 규제를 해야 할 것이다.

듯이 여러 가지다.[152] 간단히 요약정리하면 다음과 같다.

첫째로 어느 한 사람이 발견함으로써 비로소 그 존재를 알게 된 대상을 그가 발견할 순간에 그가 발견하지 않았더라면 다른 사람들이 장차 발견했을 것이라고 예측하는 것은 당치도 않다. 이것은 결과적으로 일어난 사건에 비추어 역사를 다시 쓰자는 것과 마찬가지이다. 그러나 이것은 무주물이 "이미 주어져 있는(already given there)" 것처럼, 만물이 어떤 저장고에 저장되어 소유되기를 기다리고 있는 것처럼 취급하는 오류이다. 부활절 계란찾기 게임에서 감춰진 계란이 발견되기를 기다리고 있는 것과 흡사하다.

그러나 우리가 알고 있는 영역(주어진 것의 영역)은 아주 좁다. 반면에 우리의 무지의 영역이 무한적이다. 이 세상에 주어진 것이라고는 아무것도 없다. 모두가 비로소 발견된다. 따라서 발견의 여지는 풍요롭다. 로크 단서의 적용 가능한 조건은 풍요이고 따라서 사실상 재산권이 불필요한 상황을 전제했다고 비판한다. 그러나 바로 우리의 미지의 세계는 무한이고 발견의 세계는 무한하다.

셋째로 타인들이 발견했을 수도 있다고 하더라도 그들은 지금 발견하지 못했다는 것, 이것은 엄연한 사실이다. 그러나 이 사실이 먼저 발견한자가 소유하는 것을 막아야 한다는 것을 정당화할 하등의 이유가 될 수 없다. 오히려 그런 사실이 먼저 발견한 사람에게 소유자격을 부여하는 것을 적극적으로 정당화한다.[153] 넷째로 먼저 발견

152) 민경국(2006)

153) De Jesay (2002)

한 사람 때문에 이를 발견하지 못한 사람들은 뒤로 밀려나는 듯 충격을 받을지 모르지만 그렇다고 이것이 그들을 해쳤다고 볼 수가 없다. 왜냐 하면 해친다는 말은 그들이 이미 정당한 권리를 전제할 경우에만이 타당한 개념이기 때문이다. 오히려 발견자는 행동의 자유를 정당하게 행사한 것이다.[154] 따라서 로크-노직의 단서는 기업가적 판단을 기초로 하는 소유자격론에서는 관련이 없다. 그 단서는 버려야 한다. 그렇기 때문에 기업가 이론적 사유화의 도덕적 정당성은 대단히 견고하다고 볼 수 있다.

과거의 불의를 어떻게 수정할 수 있는가?

현재의 소유가 정당하다면 이것은 발견, 선점, 선물, 상속, 교환을 통해서 생겨났음에 틀림없다. 그러나 사람들은 과거에 정의롭지 못한 방법으로 재산을 습득한다. 현재의 재산소유가 부당할 수 있다. 과거의 부당한 재산습득을 수정하는 것이 정당하고, 이것이 국가의 과제다. 수정원칙은 과거 회고적 개념이다. 사회발전의 필름을 뒤로 돌려 불의가 일어났던 점에서 멈춘다.

그러나 수정 규칙을 적용하는 것이 용이하지 않다. 우선 얼마나 멀리 과거로 되돌아 가야하는가의 문제가 생겨난다. 과거 불의의 희생자를 확인하기도 어렵다. 오늘날 가난한 사람은 과거의 불의의 희생자들 또는 이들의 후손인가? 부유층에 있는 사람들은 그런 불의부터

154) Kirzner(1989: 159~160)

혜택을 입은 사람들 또는 이들의 후손인가?

불의의 시정을 위한 규칙은 사회를 어떤 서민층의 입장이 극대화되도록 사회를 조직하는 것이다.[155] 롤스의 차등원칙은 수정원칙으로서 적용할 수도 있다는 것이 노직의 입장이다. 그러나 롤스의 차등원칙에 따른 재분배가 실제로 서민층의 삶의 개선에 도움이 된다는 보장이 없다. 게다가 "국가의 역할이 커지는 것"은 불가피한 일이고, 그래서 수정원칙 때문에 노직의 이론은 비일관성이 야기되고 있다는 배리의 주장은 일견 옳다.[156] 하이에크는 과거의 정의롭지 못한 행위나 제도에 의해서 결정되었던 위치를 수정하는 것 자체는 반대하지 않는다. 그러나 정의롭지 않음이 분명하지 않고 또 그것이 근래의 일이 아니라면 이를 수정하는 것은 일반적으로 실행불가능하다는 이유를 들어 수정원칙을 선뜻 받아들이지 않는다.[157] 현재의 위치를 우연에 기인한 것으로 인정하고 앞으로는 특정한 개인들이나 그룹들에게 이익을 주는 데 목표를 두고 있는 편파적이고 그래서 정의롭지 못한 모든 조치를 삼가야 한다는 것이 하이에크의 합리적 주장이다.

하이에크의 그런 주장과 독립적으로, 롤스의 차등원칙을 자본주의의 역사적 과정에 적용하여 자본주의가 서민층을 위해서 어떤 역할을 했는가를 검토할 필요가 있다. 하이에크가 주장하듯이 자본주

155) Nozick(1974/1991: 343)

156) Barry(1986: 156)

157) 하이에크는 노직의 주장과 독립적으로 그런 주장을 하고 있다. 이에 관해서는 Hayek(1976/1996: 231)

의는 빈곤층의 삶을 개선하는데 중요한 역할을 했다. 더구나 총 소득의 성장으로 인하여 최하위 소득증가가 상대적으로 높은 계층의 소득보다 더 높았다. 그 이유가 있다. 맬서스의 덫이 없어진 이후 노동이 자본보다 점차 더 희소해져갔기 때문이다. 자본주의 체제는 롤스의 차등원칙을 충족시켰던 것이다.[158]

미제스는 거지로 하여금 빵을 구어 먹게 만든 것이 자본주의라고 말한다. 이미 앞에서(93쪽) 설명한 바스티아가 주장하듯이 자본은 노동의 친구이고 노동의 삶을 윤택하게 만들었다. 빈곤층을 어렵게 만든 것은 자본주의가 아니라 국가의 간섭이다. 이 모든 주장은 경제적 자유가 서민층의 삶을 개선하기 위한 첩경이라는 뜻이다. 따라서 소유의 습득에서 범한 과오를 수정하여 그런 과오에 면죄부를 준 것이 자본주의라고 해석한다고 해도 이는 과장된 해석이 아니다.

정의의 소유이론에 기초를 둔 사회라고 하더라도 어떤 사람들에게는 불의를 범하지 않을 수 없다. 이 문제는 자연권이론의 예기치 않은 함정이다. 왜냐 하면 역사는 자연권이 제시하는 정의와 저촉하는 일이 빈번하기 때문이다. 그러나 데이비드 흄, 애덤 스미스, 프리드리히 하이에크 등 경험주의 이론은 개인의 소유자격을 다루기보다 법 개념, 법의 지배, 제한적 민주주의 등 자유사회의 존립에 필요한 조건을 설명함으로써 가능한 한 이 문제를 피한다. 자유주의가 생동감이 있는 질서라면 어느 정도의 귀찮은 일을 참을 수 있어야 한다는 것이다.[159]

---

158) Hayek 위의 책 231

159) 이상에 관한 흥미로운 짤막한 논의에 대해서는 Barry(1986: 156)참조.

사회정의와 노직

노직의 의무론적 자유주의를 구성하는 노력의 상당부분은 사회정의를 부정하는 것과 관련되어 있다고 보아도 무방하다. 최소국가의 과제는 개인의 보호를 위한 규칙을 집행하는 일이다. 노직은 국가가 개인의 삶을 책임지거나 일정한 복지수준을 보장하는 복지국가를 반대한다. 반대논리는 재분배로 인한 자연권의 침해 때문이다. 분배정의를 반대하는 것은 노직만이 아니다. 나중에 설명하겠지만(제3장, 제6장) 하이에크, 미제스를 비롯한 오스트리아학파도 이를 반대하는 데 열을 올린다. 그러나 비판의 논리가 노직과 다르다.

(1)공로원칙: 공로원칙은 노력, 성실성, 능력, 노동 등에 따른 분배원칙이다. 이 원칙에 따른다면 팝가수가 높은 소득을, 투기꾼이 높은 이윤을, 그리고 부도덕한 사람이 상속을 받을 자격이 있을 수 없다. 도덕적 공로 때문에 번 것이 아니라는 이유에서 정당화될 수 없다는 것이다. 노력 없는 보상은 정당성이 없다는 것이 공로원칙이다. 공로원칙에 따르면 상속, 지대소득 등도 불로소득이라는 이유로 반대한다.

노직의 소유자격 이론은 공로원칙을 반대한다. 롤스도 마찬가지로 그런 원칙을 반대한다. 그렇다고 롤스가 팝가수 등의 높은 소득을 받는 것이 옳다고 보는 것은 아니다. 오히려 서민층의 삶에 부정적인 영향을 미치지 않는 한 팝가수의 소득은 재분배의 대상이 될 수 있다. 노직은 그런 소득을 받을 자격이 있다고 본다. 그는 어떤 의미에서 그렇게 보는가? 사람들은 팝가수와 투기꾼과 교환할 권리가 있다. 상속의 정당성은 피상속자의 도덕적 품질의 함수가 아니라 사람이 상속할 권리의 함수다. 노직은 이 맥락에서 유명한 야구선수였던 윌트 챔버린의 예를 든다. 사람들은 예를 들면 10달러를 내고 그의 경기를 구경한다. 10,000명의 관람객들이 그의 게임을 구경한다. 그래서 그의 수입은 10만 달러다. 그는 이를 습득하는 데 소유자격을 말하는 정의의 원칙을 위반하지 않았기 때문에 10만 달러는 그의 것이다.

⑵노직 vs 존 롤즈: 시장에 진입하기 전의 재산, 예를 들면 타고난 능력, 재주, 상속된 재산, 무주물 습득과 같은 요인들에 대한 노직의 입장을 보자. 그의 논리가 가진 특성을 알아내는 방법은 그의 사상을 롤스의 이론과 비교하는 것이다. 롤즈의 '공정으로서 정의론'의 출발점은 분배문제다.

"사회는 상호이익을 위한 협동적 시도임에도 그것은 이익의 일치뿐만 아니라 이익의 상충이라는 특징이 있다. 이익의 일치가 있는 이유는, 사회적 협동은 혼자 살아간다면 어느 누구도 얻지 못했을 보다 나은 삶을 가능하게 했기 때문이다. 이익의 상충이 있는 이유는 …각자가 작은 몫보다는 큰 몫을 받는 것이 낫다고 생각하기 때문이다."

롤스는 사회문제를 주어진 생산을 어떻게 분배하는 것이 정의로우냐의 문제로 여기고 있다. 그에게 사회문제는 분배다. 이점에서 경제문제를 희소한 자원의 효율적 배분의 문제로 여기는 주류경제학과 다르다.

"기존의 재산과 소득 분배는 …자연적 자산, 즉 자연적 재주와 능력의 분배가 누적되어 생겨난 결과다. 이것들이 개발되었거나 실현되지 못했던 것은 사회적 환경의 탓이거나 행운과 뜻밖의 사고와 같은 우연 때문이다. 그리고 사회적 환경과 그런 우연에 의해 그 재주나 능력은 유리하게 사용될 수 있고 불리하게 사용될 수 있다."

요컨대 재주와 능력, 용모와 같은 타고난 개인적 특성, 출신배경과 양육조건 등이 개인의 소득과 재산에 영향을 미치는 것은 우연적인 것이고 그래서 그런 요인들에 의해서 빈부의 격차가 생겨나는 것은 "도덕적으로 자의적"이라는 것이다. 자연적 능력을 무작위로 제비뽑기처럼 분배한 결과라는 것이 롤스의 생각이다. 그에게 자연적 능력, 상속된 재산 등은 개인의 소유가 아니라 공유재산이다. 따라서 그는 이런 우연적인 것들이 최소로 혜택을 받은 사람의 선을 위해 작동할 수 있는 기본구조가 정의롭다고 말한다. "차등원칙은 사실상 자연적 재능의 분배를 공동재산으로 간주하여 이 분배의 편익이 무엇이든 그 편익을 함께한다는 합의를 표현하고 있다. 천부적으로 혜택을 받은 자들은 그들이 누구건 오직 혜택을 받지 못한 자들의 처지를 개선시킨다는 조건 하에서만이 자신들의 행운으로부터 이익을 얻을 수 있다."

사회계약에 참여한 합리적인 개인들은 자연적 능력의 소유자가 아니다. 차등원칙에 공동재산의 개념이 포함되어 있다. 기본적으로 평등분배가 도덕적으로 우월하기는 하지만 타당한 이유가 있다면 평등분배일 필요는 없다는 것이다. 불평등한 분배가 평등분배보다 '서민층'의 삶의 전망을 보다 더 잘 개선해준다면 그 차등분배를 허용해야 한다는 원칙이다.[160] 그러나 능력, 재주 같이 개인적으로 소유한 자산을 집단적 자산으로 취급한다는 이유로 롤스는 늘 비판을 받았다. 그는 자산으로서 유형재산, 재분배에 적합한 상속재산뿐만 아니라 사람들의 자연적 능력까지도 공동자산을 취급한다. 개인들의 특수한 재주, 수완, 역량 등은 우연적인 것이라는 이유에서 자아의 일부가 될 수 없다고 주장한다.

노직이 반박하려고 했던 것은 바로 이런 인격개념이다. 인간에 관한 롤스의 설명이 옳다면 시장경제의 개인주의적 정의는 붕괴되고 다양한 형태의 집단주의 형태가 등장한다.[161] 어느 한 개인과 자신의 특성은 분리시킬 수 없다. 가장 익숙한 인간의 특성마저도 우연으로 분류하면 결국 우리에게서 개성을 제거하는 것이다. 개인은 존재하지 않는다. 자아가 텅 빈 껍질이 된다.[162] 나는 누구냐의 문제가 제기

---

160) 민경국(2007: 429~430)

161) Rawls(1971: 102): 다른 사람보다 보다 뛰어난 천부적 재능은 물론이거니와 어떤 공로를 사회에서 보다 유리한 출발점을 마땅히 가질만한 사람은 아무도 없으면 그 어느 누구도 사회 내에서 보다 유리한 출발점을 마땅히 차지할 만한 사람은 아무도 없다."

162) Barry(1986: 148)

된다. 이 문제는 롤스가 계약상황을 기술한 원초적 상황에서 이미 제기되는 문제다. 능력, 출신배경, 성(남성 또는 여성) 등 아무것도 모르는 상황이다. 개인이라는 말 자체를 사용할 수 없다.

롤스의 자아 개념은 정의개념이 필요로 하는 소유자격의 원인을 제거하고 있다. 내 능력과 재주가 우연의 산물이라고 해서 반드시 그것이 공유재이어야 할 논리적 근거가 없다. 내가 내 재주까지도 소유할 수 없다면 "사회"는 그 재주를 재분배할 수 있다. 그렇다면 그런 재분배는 개인의 자율성과 독립성을 파괴한다. 하늘에서 떨어지는 젖과 꿀은 없다. 노직은 다음과 같이 말하고 있다.[163)]

"사물들은 이들에 대한 소유 자격을 가진 사람들에게 소속되어 세상에 나오는 것이다. 역사적 자격론의 관점에서 보면 '각자의 (…)에 따라 각자에게 분배한다'라는 명제의 괄호 안을 채우려는 사람은 마치 사물들이 어디에도 없고 아무것도 없는 곳으로부터 생겨나는 것처럼 그것을 취급하는 것이 된다."

도덕의 의미로 볼 때 사람은 자신이 정당하게 습득한 자산과 분리할 수 없도록 연결되어 있다. 그럼에도 마치 집단적 자산인 것처럼 그 재산을 재분배하는 것은 타인의 목적을 위해 사람을 수단으로 이용하는 것이다.

163) Nozick(1974/1991: 248)

평등, 착취 등에 대한 노직의 비판

노직은 롤스를 비판한 후에 순수한 재분배와 최소국가를 넘어서는 국가활동을 정당화하는 논거들을 비판적으로 다루고 있다. 즉 평등과 기회균등의 논거, 자긍심과 삶의 의미, 마르크스의 착취론 그리고 공동결정에 대하여 근원적으로 비판하고 있다.

(1)평등에 대한 비판: 버나드 윌리암스의 '평등이념'의 예를 들어 노직은 평등관이 널리 확산되어 있음에도 불구하고 그에 대한 논거가 대단히 부실하다고 비판한다. 윌리암스의 평등관은 대략 다음과 같다.[164] 즉 의료 혜택을 분배할 적합한 이유는 나쁜 건강의 등장이다. 의료에는 비용이 들기 때문에 치료를 받기 위한 필요조건은 돈이다. 가난한 환자와 부유한 환자 사이에 치료의 불평등이 존재한다. 그러나 치료가 목적인 이상 동일한 필요를 가진 사람들은 동일한 치료를 받는 것이 합리적이기 때문에 모든 환자는 치료받기 위한 동일한 수단을 가지고 있어야 한다는 것이다.

그러나 의료서비스의 분배를 위한 유일한 기준이 의료서비스에 대한 욕구라는 윌리암스의 주장을 노직은 받아들일 수 없다. 이발사는 돈 많이 주는 고객을 선호하는 것은 나쁘다고 볼 수 없는 것처럼 의사도 마찬가지다. 왜 하필이면 의료서비스의 공급을 사회가 마련해야 한단 말인가! 의료서비스는 중요하기 때문이라고 한다면 중요

---

164) 버나드 윌리암스(B. Williams)의 '평등이념'에 대한 노직의 설명과 비판에 대해서는 Nozick(1974/1991: 346~348)

한 것은 비단 의료서비스만이 아니다. 따라서 무엇을 필요에 따른 분배대상으로 여겨야 하는가의 문제도 남아 있다. 요컨대 치료를 의료서비스의 공급을 위한 적절한 이유라고 보는 것은 자의적이다.

평등분배의 논리적 근거로서 거론되는 것이 불평등이 야기하는 질투와 자긍심이다. 다른 사람이 나보다 우월하다는 경험은 열등감을 자극하고 자긍심에 상처를 받아서 쉽게 질투로 전환된다. 노직은 질투와 자긍심이 평등분배를 정당화하지 않는다고 말한다. 사람들의 가치평가와 관련이 있는 모든 차이를 없앤다고 해서 자긍심과 자존감을 창출하는 것이 아니라는 것이다.

사람들은 제각기 준거그룹이 있다. 그들은 그런 그룹 내에서 타인보다 우월하다는 경험에서 자긍심을 갖다.[165] 예를 들면 미국의 윌트 챔벌린을 질투하는 한국 야구선수는 드물다. 또는 재산축적에 별로 관심이 없는 사람은 부자를 보고 열등감을 느끼지 않는다. 사람들은 제각각 추구할 가치들이 많은 사회일수록 자긍심을 얻을 기회가 다양하고 그래서 열등과 질투가 적다. 다양성의 사회야말로 질투를 약화시키는 데 중요하다. 인간본성의 끝없는 다양성은 인류의 가장 특징적인 사실이다. 인간들을 가장 가변적으로 만든 것이 인류의 진화사다.

따라서 추구할 가치들의 다양성을 상호인정하고 그 개발을 가능하게 하는 사회가 자유사회다. 그리고 자유사회는 추구할 가치들의 단일성 또는 획일성을 특징으로 하는 사회주의보다 안정적이다. 문

165) 위의 책 354~364

화적 진화야말로 인간본성의 끝없는 다양성에 매우 우호적이다. 따라서 자긍심을 높이고 질투를 극복하기 위해서 국가가 개입할 이유가 없다. 사회주의가 분배원칙으로 들고 있는 공로, 욕구, 혹은 단순한 평등과 같은 기준에 따른 분배도 노직은 반대한다. 분배정의는 분배와 생산은 분리된 세계라는 존 스튜어트 밀의 잘못된 전제에서 출발한다. 분배할 사회적 파이란 없다. 그런 인식에서 나온 분배정책은 불가피하게 시장경제의 신호기능을 왜곡하고 경제가 최적을 달성하는 데 방해가 된다.

(2)마르크스의 착취론에 대한 비판: 노직은 착취론을 여러 각도에서 비판하고 있다. 마르크스에 따르면 착취는 기업인이 노동생산물의 가치 일부를 소유하는 데에서 생겨난다는 것이다. 다시 말하면 노동자들이 자신의 노동의 결실에 해당하는 보상을 받지 못하기 때문에 생기는 현상이라는 것이다. 노직의 견해에 따르면 이런 의미의 착취는 장래에 더 큰 수익을 바라고 투자하는 모든 사회는 착취가 지배한다는 잘못된 인식에 의해 생긴것이다.

마르크스의 이론에서 착취는 노동자와 생산수단이 서로 분리되어 있고 그래서 노동을 자본가에게 강제로 팔지 않으면 안 되기 때문에 나타나는 현상이라고 말하고 있다. 그렇다면 노동력을 강제로 팔지 않는 사회에는 착취가 없다는 것을 말한다.[166] 그런 착취는 오로지 사회주의 사회에만 있을 뿐이다.

오늘날 노동자들은 대부분 개인 자산인 저축이 있다. 그들은 투자

---

166) 위의 책 37

할 수 있고 또 노동자가 주인이 되는 기업을 설립할 수 있다. 그러나 그들은 왜 그런 기업을 설립하지 않는가라고 노직은 묻는다. 그런 기업에서 노동자들이 위험을 부담해야 하는 것은 물론이다. 착취 개념에 따르면 그런 기업들로 구성된 사회는 착취가 없는 사회다. 그래서 체코슬로바키아, 폴란드 등 과거의 동유럽사회주의 사회가 도입했던 것이 노동자 자주관리제도다. 그러나 기업은 총수익보다 평균수익에 초점을 맞추기 때문에 신규 고용을 꺼리거나 위험한 장기투자가 있을 수 없다는 것이 그 제도의 치명적인 결함이다.[167)]

노직은 노동가치론 자체를 비판하고 있다. 재화의 가치는 재화를 생산하는 데 드는 비용(노동의 양)이 아니라 그 재화를 사용하는 소비자의 평가에 의해 결정된다는 것을 분명히 하고 있다. 다시 말하면 생산요소에서 대상들의 가치가 결정되는 것이 아니라 생산요소의 가치가 생산물의 가치에서 결정된다. 이윤은 어떻게 가능한가? 노동자는 노동력의 산물을 판매해서 돌아오는 수익을 기다릴 수 있을 만큼 여유가 없기 때문에 기업가가 노임을 선불해 준 대가가 이윤이라는 것이 노직의 인식이다. 그는 이윤을 설명하기 위해 프랭크 나이트가 제시한 위험과 불확실성을 감당하는 대가, 또는 슘페터의 혁신에 대한 대가 등으로 설명하고 있다. 그러나 유감스럽게도 노직은 오스트리아학파의 유명한 이스라엘 커즈너의 기업가적 발견에 의한 이윤의 존재 이유를 거론하지 않고 있다. 기업가적 발견은 노동의 투입이전에 투입할 가치가 있는 생산인가를 발견하는 것이다. 특정한 재화의

167) 위의 책 369~373

생산이 이윤기회가 있다는 사실을 발견한 경우에 비로소 생산을 위해 노동을 투입한다.

어쨌든, 착취이론은 국가활동, 즉 시장을 통해 규제되는 경쟁행동에 대한 국가개입을 정당화할 수 있는 논거가 될 수 없다.

(3)공동결정에 대한 노직의 비판: 공동결정은 최소국가를 넘어서 공적 권한이 필요하다는 또 다른 논거가 되고 있는데, 이는 인간들은 자신의 삶에 영향을 중요하게 미치는 의사결정에 참여할 권리가 있다는 것이다. 노직은 이런 인식은 잘못이라는 것을 보여주고 있다.

"만약 4명의 남자가 한 여자에게 구혼을 하고, 그녀가 4명 가운데 한 사람을 선택한다고 하면 …그녀의 결정은 이 4명의 각자의 삶, 그녀의 삶 그리고 4명 중 어느 한 사람과 결혼하기를 바라는 다른 사람들 등에 중요한 영향을 미친다. …그녀의 결혼상대자를 결정하기 위해 투표하길 제안하는 사람이 있을까? 그녀는 무엇을 할 것인가를 결정할 권리가 있지만 다른 4명에게는… 발언할 권리가 없다."[168]

이 간단한 예가 보여주는 것은 결정에 영향을 미칠 권한을 엄격하게 제한할 권리가 있다는 것이다. 권리와 관련된 대부분의 의사결정은 그런 성격이다. 의사결정의 영향을 강하게 받는다는 이유만으로 발언권을 갖는 의사결정이란 존재하지 않는다는 것이 노직의 생각이다.

다른 정치적 문제로 확대 적용할 수 있다. 예를 들면 어느 한 기업

168) 위의 책 393

이 그 지역을 떠나 다른 지역으로 이전하면 그 기업이 원래 있었던 지역의 고용과 그 지역의 부는 감소하고 다른 지역의 고용과 부는 증대한다. 따라서 그 기업의 영향은 대단히 크다. 그런 경우 그 기업은 이전을 결정할 권리가 있지만 위의 결혼의 예처럼 똑같이 지역의 구성원들은 결정할 권리가 없다. 이는 노동자경영참여제도, 이해관계자자본주의[169] 등은 잘못된 제도라는 것을 보여준다.

4) 노직의 최소국가와 자유주의 성격

노직의 최소국가는 최소의 강제를 행사하는 국가다. 그런 국가는 자신의 저서 제목 '아나키, 국가 그리고 유토피아'에서 말하는 것처럼 유토피아다.[170] 그 속에서 마음에 맞는 사람들끼리 자발적으로 모여 나누어 먹는 사회주의도 건설할 수 있다. 가입·탈퇴가 자유로워야 하는 것은 물론이다. 최소국가의 유토피아는 그 책의 마지막 쪽에서 말하는 것처럼 사람들에게 생기를 불어 넣는 비전이다.

"최소국가는 우리를 신성불가침의 개인으로, 즉 타인이 수단이나

---

169) 이해관계자자본주의란 어느 한 기업에 이해관계를 가진 납품업자, 소비자, 지역사회, 노동자 등이 그 기업의 의사결정에 참여하는 기업제도다.

170) 원래 고전적 자유주의자들은 유토피아라는 말을 사용하기를 싫어한다. 과거의 유토피아 이론은 자신의 생명력을 위해 인성의 개혁에 초점을 맞추었고 경제적 처방은 자연의 법칙을 배반하는 것이었기 때문이다.(Barry 1986: 157)

도구, 방편, 자원으로서 일정하게 이용할 수 없는 존재로 대한다. 그것은 우리를 -존엄성을 가진 존재로 대한다. 우리를 개인의 권리들과 이의 소유로 생기는 존엄성을 가진 인격으로서 대한다. 우리의 권리를 존중함으로써 우리를 존중하는 최소국가는 우리와 똑같이 존엄성을 가진 다른 개인들의 자발적인 협력으로 도움을 받아 개인적으로나 또는 우리가 선택하는 사람들과 더불어 우리의 삶을 선택하고 우리가 할 수 있는 한 우리의 목표와 우리 스스로에 대한 생각을 실현하도록 허용한다. 어떤 국가든 개인들의 집단이든 감히 어떻게 최소국가 그 이상 또는 그 이하를 감행하려고 한단 말인가."[171]

종전 까지만 해도 자유주의 정치철학에서는 어떻게 국가가 생겨나는가를 설명하지 못했다. 왜 국가가 필요한가를 설명했을 뿐이다. 국가의 생성문제를 직접 다룬 것이 노직의 정치철학을 돋보이게 만들고 있다. 보이지 않는 손의 원리를 기반으로 하여 그가 보여주고자 하는 것은 무정부는 대안이 될 수 없다는 것, 둘째로 국가의 존재이유를 순수하게 도덕적으로 설명할 수 있다는 것이다. 도덕적으로 정당성을 가진 유일한 대안은 최소국가라는 것이다. 그러나 그는 어떻게 최소국가를 유지할 수 있는가의 문제를 다루지 못했다. 바스티아처럼 노직의 세계에도 국가가 경계선을 넘지 않을 도덕적 의무만이 있을 뿐이다. 경계선을 넘지 못하도록 막는 어떤 메커니즘도 없다. 최소국가를 유지할 헌법적 고려가 없다. 예를 들면, 연방주의, 권력

171) 위의 책 476

의 견제와 균형을 위한 권력분립, 사법심사제 등은 그런 우려에서 나온 유서 깊은 헌법적 장치다.

제2부

합리론적 자유주의와 국가

4. 이마누엘 칸트: 자유의 철학
   - 자유, 법 그리고 법치국가

5. 빌헬름 훔볼트: 자유의 문화
   - 자유, 자기개발과 최소국가

6. 루트비히 폰 미제스: 인간행동의 자율성
   - 소유, 자유 그리고 국가

요 약

칸트, 훔볼트 그리고 미제스는 합리주의를 바탕으로 하여 자유사회의 도덕적 원리를 개발한 사상가들이다. 합리주의란 사리를 판단할 수 있는 인간의 능력(이성)에 대한 신뢰다. 인간이성은 제일의 원리를 찾아서 이를 통해 자유와 번영을 기약하는 사회질서를 설계할 수 있는 능력이 있다는 믿음이다. 이런 믿음은 자연권 이론과도 맥을 같이 한다. 합리론적 자유주의는 타인들, 특히 국가로부터 간섭받지 않을 자유를 최고의 가치로 여긴다. 인간의 자율과 존엄을 위해서다. 이들을 존중하는 나라만이 다라다운 나라다.

칸트는 자유만을 사람들이 타고난 유일한 자연권으로 인정했다. 자유는 멋대로 행동해도 좋다는 것을 의미하는 방종이 아니다. 한 사람의 자유권의 행사가 타인들의 자유와 충돌한다. 조용한 휴식을 즐기는 주택가나 평화로운 거래로 분주한 상가(商街)에서 시위하는 행위는 타인의 존엄을 무시하는 행위다. 이는 자유로운 행동이 아니다. 시위의 자유는 무제한일 수 없다. 그런 자유는 모든 사람의 자유와 공존할 수 없기 때문이다. 모든 사람의 자유권 행사가 합일될 수 있도록 하는 것, 다시 말하면 모든 개인들의 자유와 존엄을 차별 없이 보호하는 것, 이것이 법의 역할이다. 소득분배, 중소상공인 지원 등 특정한 목적을 달성하기 위한 법은 법이 아니다.

나라다운 나라는 첫째로 누구나 차별받지 않고 동등한 자유 속에서 사는 나라다. 칸트는 예외를 인정하여 특혜를 부여하는 사회, 내로남불(내가하면 로맨스고 남이 하면 불륜이라는 뜻), 전관예우, 유전무죄-무전유죄 같은 차별과 예외를 인정하는 나라는 불의의 나라다. 둘째로 인간을 수단만이 아니라 목적 자체로도 대우하는 나라가 나라다운 나라다. 국가가 왜 필요한가! 시민사회에서만이 네 것 내 것에 대한 분쟁 해결이 가능하고, 분쟁에서 사람들이 소유권을 인정하지 않으면 자연 상태가 지배한다는 이유에서다. 그래서 시민적 헌정체제, 즉 법치국가에 들어가는 것을 강요해야 한다는 것이 칸트의 인식이다.

칸트처럼 자유를 지키는 법과 질서의 유지에 그 활동을 제한하는 국가가 도덕적으로 정당하다고 19세기 목소리를 높이면서 등장한 인물이 훔볼트다. 그에게 나라다운 나라는 개인들에게 자신을 개발하도록 자유를 허용하는 나라다. 국가권력이 제한된 사회에서만이 사람들이 삶의 목표와 수단들을 개발하여 의미 있는 자기개발의 기회가 풍요롭다는 것이 그의 생각이었다. 개인들이 자신의 인격을 개발하기 위해서는 국가개입을 줄이고 최대의 자유를 허용해야 한다는 것이 훔볼트의 자유의 원칙이다.

주목할 인물은 미제스다. 그는 인간의 자율성을 기반으로 자유주의를 개발했다. 자율성은 '인간은 행동한다'는 공준에서 도출된 개념이다. 타율적 행동은 행동이라고 볼 수 없다. 소유가 금지된 세상에서는 자율은 의미가 없다. 자유, 평화는 사적 소유에서 도출된 가치들이다. 사적 소유가 금지된 사회에서는 가격이 없고 그래서 어디에 얼마나 투자할 것인가의 계산이 불가능하다. 사회주의는 나라다운 나라냐의 문제 이전에 이미 그런 경제 계산문제 때문에 그 체제는 불가능하다는 것이 미제스의 생각이었다.

타인들의 침해로부터 소유를 지키는 것이 법의 역할이다. 소유만이 문명화의 기초가 되는 법질서를 구성한다. 미제스에게 국가가 어떻게 생겨났는가의 문제보다는 국가의 역할이 중요했다. 소유, 자유, 평화를 보호하는 일이 국가의 역할이다. 억압과 폭력기구의 필요성은 그것이 없이는 인간들이 나쁜 길로 흔히 빠진다는 사실에서 생겨난다. 그들이 불법적이고 폭력적인 행동을 선택할 우려 때문이다. 흥미롭게도 미제스는 경제이론에서는 칸트의 선험론으로부터 강한 영향을 받았지만 그의 윤리이론은 의무론이 아니라 결과에 따라서 행동을 판단하는 공리주의에 속한다.

4. 이마누엘 칸트: 자유의 철학
- 자유, 법 그리고 법치국가

많은 정치철학자들은 직·간접적으로 이마누엘 칸트(1724~1804)의 이념을 바탕으로 하여 온정주의 또는 재분배국가를 옹호했다. 그들은 자유, 독립성, 권리 등 칸트가 중시하는 가치들을 위해서 국가는 강력한 재분배적 역할을 담당할 필요성이 있다고 믿었다. 어떤 학자는 칸트의 정치철학은 현대국가가 서민층을 위해서 취했던 활동들을 배제하지 않고 있다고 주장한다.[172] 분배의 평등까지도 옹호한 인물이었다고 주장하는 학자들도 있었다.

또 다른 학자들은 칸트가 중시하는 인간의 존엄성을 들어서 주주이익의 증대를 목적으로 하는 '주주자본주의'는 인간을 수단으로 취급한다는 이유로 그 체제를 비판한다. 그의 윤리에 적합한 것은 경영자가 노동자, 납품업자, 고객, 지역사회 등 회사와 이해관계를 가진

172) 예를 들면, Ripstein(2009: 267) Teson/Vossen 발간연대 미상의 논문에서 재인용

집단들의 이익을 증진하는 이해관계자자본주의라는 것이다.[173] 이해관계자들은 주주이익이라는 목적을 위한 수단이 아니라 목적 자체로 대우를 받을 권리가 있고 그래서 그들은 회사의 장래방향을 결정하는데 참여해야 한다는 것이다. 매니저는 이해관계자의 이익을 대변할 의무가 있다고 한다.

재분배를 정당화하기 위해서 칸트의 정치철학을 이용했던 좌파와는 달리 미국의 여류 자유주의자, 에인 랜드는 이성을 현실에서 분리시켰다(순수이성)고 비판하면서 타인을 위해 희생하는 것이 바람직한 행동이라고 주장하는 이타주의자로 칸트를 해석했다.[174] 재분배를 위해서 시장을 규제하고, 세금을 부과하거나 보조금 또는 이전지출을 실행하는 정부가 좋은 정부라는 주장이 그의 정치철학의 핵심이라는 것이다. 그는 칸트를 파시즘의 선구자요 인류 역사상 최악의 인간이라고까지 비판했다.[175]

이런 해석을 통해서 에인 랜드는 칸트를 고전적 자유주의의 대열에서 분리했다. 그 같은 잘못된 해석의 결과, 자유주의자들이 칸트의 사상에 접근하는 것을 꺼려했다. 이는 자유주의 발전에 나쁜 영향을 미친 것은 물론이다. 그러나 현명한 자유주의자들은 그를 재해석했다. 재해석의 결과는 매우 흥미롭다. 즉 그는 애덤 스미스의 '자연적

---

173) Evan/Freeman(1993: 97~100)

174) 에인 랜드는 『아틀라스』로 한국에도 널리 알려진 인물이다.

175) Rand(1967: 246) 랜드는 칸트를 오해하거나 비판했던 지식인들의 말만 믿고 칸트를 오해하게 된 것이다. 그러나 그는 칸트의 저작들을 실제로 읽은 것이 아니었다.

자유의 시스템'을 윤리적으로 정당화할 수 있는 논리를 우리에게 제공했다는 것이다.

"당신이 자유사회의 도덕적 기초를 이해하고 싶으면 칸트 사상보다 더 좋은 출발점은 없다. 그는 역사상 가장 의미 깊은 도덕철학자이다. 그는 제한된 정부와 극대의 자유를 신봉했던 계몽주의자였다."[176]

칸트의 윤리는 자본주의 윤리였다. 그는 사회질서의 열쇠는 개인의 자유로운 선택이라고 믿었다. 그가 겪었던 시대적 배경이 그를 자유사회의 열망으로 이끌었다. 온정주의적 절대주의 시대였다. 왕과 귀족의 절대적 지배로 개인들은 재산의 소유는 물론이요 행동의 자유를 제한하고 폭정, 노예, 빈곤만이 지배했던 시기였다. 세상 사람들은 왜 인간은 자유로워야 하는지도, 인간이 어떻게 존엄한지도 몰랐다.

이런 시기에 칸트는 성숙된 계몽의 유일한 길은 인간존엄을 신봉하고 개인능력, 기회를 최대로 이용할 자유를 보장하는 사회라고 주장했다. 그가 고민했던 과제는 시공을 초월하여 보편적으로 타당한 의무론적 자유철학을 확립하는 것이었다. 이 글에서는 칸트 철학이 자유시장과 자유주의의 원리와 어떻게 관련되는지를 설명할 것이다. 특히 고전적 자유주의의 이상을 표현하는 정의와 법 그리고 정부에 관한 칸트의 견해가 논의의 중심이다.

176) 이런 해석의 대표자는 소렌스(Sorens, 2017)다.

1) 자유와 존엄성

칸트의 도덕은 두 가지 서로 연관된 주장에 의존하고 있다. 첫째로 개인의 자유다. 이 자유를 기반으로 하여 그는 정치조직 전반을 기획했다. 국가이론도 자유를 기반으로 한 것이었다. 둘째로 인간의 자유와 존엄성을 기반으로 하는 정언명령의 개발이다. 이는 우리가 무엇을 해서는 안 되는가, 간단히 말해서 주로 '소극적' 의무, 즉 타인들에 대해서 특정한 행동을 해서는 안 될 의무의 윤리를 개발하여 법과 법의 지배를 확립하는 것이었다.

자유란 무엇인가?

칸트가 최고의 가치로 여기는 개인의 자유는 무엇을 의미하는가? 이를 설명하기 위해서 인간행동을 결정하는 요인을 구분할 필요가 있다. 그 요인은 세 가지다. 첫째로 종교, 정치와 공동체 등 외적 권위다. 두 번째로는 충동, 탐욕, 취향 등 내적 성향이다. 세 번째는 어떤 외적 요인에 의해서도 영향을 받지 않는 순수이성이다. 자유는 개인들이 동의하지 않는 한 종교, 정치, 공동체 등 외부의 강제가 없는 상태, 간단히 말해서 '외적 자유'뿐만 아니라 충동 탐욕 취향 선호 목적과 같은 내적 요인이 없는 상대, 즉 '내적 자유'를 포함하고 있다.

자유란 외부의 권위나 개인의 내적 성향을 고려하지 않고 도덕적 선택을 할 수 있는 능력이다. 이 능력은 사물에 대한 판단을 가능하게 할 뿐만 아니라 우리로 하여금 행동할 동기를 부여하는 "이성"으로부터 나온다. 자유는 칸트에게 의지의 자율성과 삶의 자치의 전제 조건이다. 외부의 권위나 내적 성향에 좌우되어 행동을 선택하는 것은 자유로운 선택이 아니라 타율적이다. 경제학, 사회과학에서 중요한 자유개념은 외적 자유다. 이것이 인간과 인간의 관계와 관련된 자유개념이기 때문이다. 법의 역할은 외적 자유의 보호에 있다.

독재의 지배에서나 강력한 교회의 권위 그리고 공동체의 엄격한 규범에서 살아가던 당시 사람들이나 사회주의와 복지국가의 강력한 국가권력의 속박 속에서 오늘을 사는 우리에게 칸트의 자유 개념은 매우 중요하다. 마찬가지로 우리는 자신의 선호나 욕구에 따라서만 행동해서는 안 된다는 것이 칸트가 말하는 자유의 개념이다. 내적 감정은 우리의 도덕감에 역행하는 방향으로 우리를 이끌 위험성 때문이다. 그 어떤 것에도 좌우되지 않는 사고와 행동이 자유로운 것이다. 이것이 자유의지다.

따라서 자유는 경험적인 것이 아니라 선험적이다. 경험적인 것은 인과율을 전제하기 때문에 자유는 경험적으로 파악할 수 없다. 자유는 그 무엇에 의해 결정되지 않는 이성이 인과율 자체를 만들어 내는 능력이다. 인간의 의지는 이성의 인과성 이외는 아무것도 아니다 경험이 할 수 없는 것을 이성이 한다. 이성은 도덕법을 들어내어 보여줌으로써 우리에게 자유를 밝혀준다. 이에 반하여 경험은 현상의 법칙과 자연의 메커니즘을 보여준다. 칸트는 이성은 인간욕구에 봉사하는 계산능력이라고 주장하는 경험주의를 반대한다. 도덕은 심리학으로 설명할 수 있다는, 혹은 도덕에는 합리적이고 보편적인 기초란 없다는 주장도 거부한다.

자유의 중요성: 존엄성

타인의 강요로부터 독립성을 뜻하는 자유의 원천은 무엇인가? 왜 자유가 중요한가? 자유는 칸트에게 유일한 자연권이다.[177] 그에게는 나를 소유한 자는 나 자신이라는 것을 의미하는 자기소유는 자연권이 아닐뿐더러 그런 개념 조치도 없다. 내가 날 소유한다는 말 자체가 어불성설이라는 것이다. 나를 소유할 그 어떤 것도 없다. 나는 나일뿐이다.

누구나 자의적으로 강제당해서는 안 되는 이유가 자기 소유를 포함하는 소유권 때문이 아니라 자유권 때문이다. 자유는 방임을 말하는 것도 아니다. 멋대로 행동하는 것이 자유가 아니다. 그것은 규칙과 결부되어 있다. 그래서 어느 한 사람의 자유는 보편적 법에 따라 모든 사람의 자유와 공존할 수 있는 자유다. 보편적 법의 기초가 되는 것이 행동준칙으로서의 정언명령이다. 자유가 중요한 이유는 그것이 개인의 인격체가 되기 위해 필요한 조건이기 때문이다. 사람이 물건과 다른 것은 스스로 법을 만들고 이에 대한 준수를 결정할 수 있는 능력이 있기 때문이다.

자율적인 선택능력을 기초로 하여 우리들은 누구나 존엄을 갖게

177) Kant (1797/2015: 162)

된다. 인간존엄의 가치는 무조건적이다. 그 가치는 계산할 수도 없기 때문에 가격도 없다.[178] 칸트는 도덕적 행위를 비용편익 분석에서처럼 경제적인 합리적 행위로 환원하는 것을 반대했다. 재화를 구입하는데 한편으로는 기회비용을, 다른 한편으로는 효용을 야기하는 의미로 윤리를 재화로 취급하는 경제주의를 받아들이지 않았다. 경제는 도덕을 필요로 하지만 도덕은 독자적임을 주장했던 것이다. 칸트의 이런 인식은 결혼, 출산, 교육, 이혼 등, 가족 그리고 도덕적 행위까지도 비용-편익 분석을 이용하는 미국의 경제학자로서 노벨 경제학상를 수상했던 개리 베커(G. Becker) 등 시카고학파는 깊이 생각해야 할 점이다. 그 학파의 이론적 세계에서 자녀는 냉장고와 같은 내구재나 다름이 없다. 수지타산에 기초하여 냉장고를 구매하듯, 출산도 효용과 비용을 따져서 결정한다.[179]

자유와 존엄은 칸트에게 재화도 아니고 대체할 등가물도 없고 가격도 없다. 그래서 절대적이다. 이것이 개인 각자에게 다른 모든 개인들과 똑 같이 도덕적 가치를 부여해야 하는 이유이며 또한 인간이 동물이나 사물과 다른 이유다. 당시 사회구조는 귀족사회로서 신분적으로 차별이 극심한 위계적 질서였다. 이런 사회에 비춰볼 때 모든 사람은 도덕적으로 평등하다는 칸트의 주장은 매우 급진적이었다. 평등은 신분적 평등 또는 법 앞의 평등이다. 이런 평등이야말로 상이한 인간들을 평등하게 대우할 유일한 방법이다. 그런 평등에서는 누

178) 위의 책 93

179) 베커의 사상에 관해서는 민경국(2014: 277~280)

구나 귀족, 하인, 신하 등과 같은 계급적 위계적 신분상 서열이 없다. 그런 평등의 실현을 바로 자유사회로 여겼다. 자유사회의 건설이야말로 칸트에게 계몽주의의 과제였다. 부언한다면 칸트의 사상에서 고통을 덜기 위한 자살은 금기다. 장기 판매도 금지다. 나 자신은 어느 것과도 바꿀 수 없는 존엄성이 있기 때문이다.

인간은 규칙을 따르는 동물이다

칸트에게 '목적의 왕국'에는 모든 것이 가격을 갖거나 아니면 존엄성을 갖는다. 인간은 두 가지 목적을 추구한다. 하나는 상대적인 가치 즉 가격을 가진 목적과 그리고 다른 하나는 존엄성, 즉 무조건적 가치를 가진 목적이다.[180] 이 후자의 가치 테두리 내에서 전자의 가치를 추구한다. 이성적 존재는 그 자체로서의 목적이 있고 누구나 스스로 선택한 개별적 목적을 가지고 있다.

자유는 상대적 가치를 가진 재화가 아니다. 이런 의미에서 자유를 재화로 여기는 존 롤스의 자유론은 애초부터 틀렸다. 자유는 오히려 재화들 간의 가치비교의 전제조건이요 출발점이다. 자유는 재화를 위한 조건이지 그 자체가 경제적 재화가 아니다. 인간에게는 또 다른 특성이 있는데 그 특성에 대한 효용측정을 통해서 가격이 형성된다. 인간의 성향이나 욕구와 관련된 것은 가격이 있다. 재주나 노력은 시장가격이 있다. 재치, 상상력, 기분은 감정적 가격이 있다.

180) Koslowski(1985: 39~40)

프리드리히 하이에크의 용어를 빌리면, 첫 번째 목적(존엄)은 가치합리성이고 두 번째의 것은 목적합리성이다. 그는 전자를 '규칙에 따르는 행동'이라고 말하고 있다. 규칙은 개인들이 추구하는 목적과 수단의 범위를 설정한다. 그들이 이런 규칙을 따르기 때문에 인간들은 자신의 개별적인 목적을 추구할 수 있다.[181] 칸트에게 도덕은 목적 그 자체로서의 이성적 존재를 존엄성과 연결하는 역할을 한다. 시장은 가격을 통해 목적을 달성한다.

너무도 가치가 크기 때문에 가격으로 따질 수 없는 것이 개인의 존엄과 자유다. 이를 보호하는 것이 모든 사람의 자유가 갈등이 없이 공존할 수 있게 하는 "보편적 법"의 역할이다. '보편적'이라는 말은 모든 사람들에게 예외 없이 적용한다고 해도 모순이 등장하지 않는다는 것을 뜻한다. 그들이 그런 도덕률을 지키면 그들 각자가 추구하는 상이한 목표들이 "자연의 감춰진 계획"[182]에 따라서, 다시 말하면 '자생적으로' 상호간에 조정된다. 도덕적 행동은 어떤 의도나 목적에 의해서 유도되는 것이 아니라 의무의식에 의해 지배된다는 것이 칸트의 생각이다. 그의 '의무의식'은 하이에크가 말하는 '규칙을 따르는 행동'과 같은 의미다. 그것은 '순수이성, 즉 양심의 선험적 존재로부터 나와서 실천 이성을 통해 구현된 것'이다. 그의 사상이 의무론적 자유주의인 이유다.

따라서 칸트에게 도덕적 행동은 내적 충동이나 외적 강제에서 나

181) Hayek(1967: 43~45)

182) Kant/이한구(2009: 39)

온 인간의 타율적 행위가 아니라 자율성에 의해 이루어진다. 인간은 자율적인 도덕적 행위능력 때문에 존엄성이 있다. 존엄성은 측정할 수 없는 무조건적 가치가 있다. 더구나 그 가치는 노동자, 농민, 상인, 귀족, 관료, 왕, 학자 등 인간이라면 누구나 다 동등하다. 흥미롭게도 규칙을 지키는 행동의 원천이 칸트에게는 선험적이다. 규칙은 정언명령에 해당된다. 그러나 하이에크에게 그 규칙은 경험적이고 진화적이다.

2) 법이란 무엇인가?

칸트에게 법의 역할은 모든 개인들의 자유와 존엄을 차별 없이 보호하는 데 있다. 법은 그의 일반윤리에서 도출된 것이다. 윤리의 뒷받침 없는 법철학은 있을 수 없다. 그의 윤리의 핵심은 정언명령이다. 그의 철학에서 정언명령은 법다운 법이 되기 위한 도덕적 기초를 제공한다. 정언명령이란 어떤 경우에든 타당성이 있는 행동지침(명령)이다. 이는 상황이나 조건에 따라, 또는 시간과 장소에 따라 다르게 적용되는 가언명령과 다르다. 이유여하를 막론하고 보편적으로 적용될 수 있는 의무론적 행동규칙이다. 지키는 것이 이익이 있어서가 아니라 그 자체 도덕적이기 때문에 지키는 도덕률이다. 최선의 방책('정직은 최선의 방책이다')이기 때문에 정직이라는 도덕을 지키는 것이 아니라 정직이 도덕적이기 때문에 지키는 것이다.

정언명령은 보편적이고 탈 목적적인 행동규칙이다

이미 앞에서 언급했듯이 칸트에게 자유는 방종이거나 무제한이 아니다. 어느 한 사람의 자유가 의미가 있으려면 그것이 다른 모든 사람의 자유와 조화로워야 한다. 이를 조화롭게 하고 모든 사람의 존엄을 지키기 위해서 필요한 것이 행동규칙이다. 따라서 자유와 존엄을 구현하는 행동규칙을 어떻게 찾아 낼 수 있는가의 문제가 제기된다. 이 문제는 규칙을 지키는 행동과 관련된 것이다.

칸트는 경험과 관찰이 아닌 이성(논리)의 관점에서 행동규칙을 찾는다. 필수적인 도구는 '비모순율(law of non-contradiction)'이다. 그가 말하는 정언명령은 선험적 논리의 비모순율을 충족하는 도덕적 명제다.[183] 정언명령, 비모순률 등은 어렵게 들리는 말이지만 실제로는 알기 쉽다.

(1)정언명령 1: 보편성

누군가가 우리에게 다음과 같이 묻는다고 하자. "내가 무엇을 해야 하는가", 또는 "내가 무엇을 희망해도 좋은가"라고. 이런 질문에 대하여 공부를 열심히 하라, 부모에게 효도하라는 등, 우리는 다양하게 답할 수 있다. 그러나 칸트는 그런 질문에 대하여 실체적 내용을

183) 정언명령에서 명령이란 어느 한 행동을 필연적이게 하는 실천적 규칙이다. 다시 말하면 명령이란 이와 양립하기 위해서는 제한해야 할 행동이 무엇인가를, 정언이란 무조건적으로 따라야 한다는 것을 말해준다.

말하지는 않고 형식적 방식으로 다음과 같이 답변한다.

"보편적 법이 되기를 원할 수 있는 공준에 따라서만 행동하라. 너의 의지의 준칙이 항상 동시에 보편적 입법의 원리로 타당할 수 있도록 행동하라."

그 말은 듣기에 어렵다. 그러나 알고 보면 쉽다. 우선 '보편적 법'이라는 보편성의 의미에 착안하여 다음과 같은 질문으로부터 시작하자. 즉, 내가 지금 취할 특정한 행동을 다른 모든 사람들에게도 동일하게 적용한다면 어떻게 될까? 다른 사람들에게도 적용한다고 해도 나에게 어떤 부정적인 것도 발생하지 않는다면 그 행동은 보편적 적용이 가능하다. 몇 가지 예를 들어 보편화가능성을 설명하자.

-돈을 갚겠다고 거짓 약속하는 것이 도덕적으로 옳으냐? 다른 사람들도 나같이 거짓으로 약속한다면, 다시 말하면 거짓약속이 보편적 규칙이 된다면 약속자체가 불가능하다.[184] 이런 모순 때문에 거짓 약속은 보편적 도덕이 될 수 없다. 그래서 거짓으로 약속하지 않을 도덕적 의무가 생겨난다.

-내가 이익을 얻을 수 있으면 내가 도둑질해도 도덕적으로 옳으냐? 그런 행동준칙은 보편화할 수 없다. 훔치는 것이 나만이 아니라 모두의 보편적 행동원칙이 되면 다른 사람도 나의 의지와는 반대로

184) 위의 책: 73

내가 소유한 것을 빼앗아 가는 것을 의미하기 때문이다. 나의 도둑질은 결국 자체 모순 때문에 보편적 도덕이 될 수 없고 도둑질은 해서는 안 될 의무가 생겨난다.

도덕적 의무를 산출하는 칸트의 절차는 특정한 행동준칙을 모든 사람들에게 적용가능한가의 여부를 테스트하는 절차다. 보편적 적용 가능성을 중시하는 이유는 그것이 본질적으로 규범적이기 때문이다. 평등이라는 가치가 담겨있다. 즉 "모든 사람들은 똑같이 존엄성이 있기 때문에 우리는 다른 모든 사람들에게 확장할 수 없는 도덕적 면책을 우리 스스로에게 허용할 수 없다." 어느 누구도 다른 누군가보다 더 특별하고 더 가치가 있는 것이 아니기 때문에 우리는 다른 사람에게 적용하는 잣대와 동일한 것을 우리 자신에게도 적용해야 한다. 이는 우리의 행동준칙을 보편적으로 적용해보는 사고의 실험을 통해서 확인할 수 있다.

칸트에게 가장 나쁜 사람이란 스스로 예외가 되려는 사람이다. 내로남불(내가 하면 로맨스요 남이 하면 불륜이다)을 가장 미워했다. 예를 들면 제 자식은 특목고 보내고 다른 사람은 못 가게 하는 것처럼 스스로를 예외로 만들려는 것은 좌파정치인들의 전형적인 행태다. 일반적으로 내로남불의 사람들은 자신은 다른 사람보다 더 유별나고 더 큰 가치가 있다고 여기고 행동준칙에서 예외를 인정받아 특권과 특혜를 누리려는 사람이다. 신분 서열을 중시하는 봉건·귀족사회에 대한 모방심리에서 비롯된 것이다.

너의 선택의 바탕에 깔려있는 행동준칙이 보편적으로 적용될 수 있어야 한다는 정언명령은 칸트에게 고유한 것은 아니라는 사실은 잘 알려져 있다. 이미 3세기 초에 로마의 황제 알렉산더 세베루스는 자신의 궁전과 공공건물의 벽에 다음과 같은 말을 새겼다: "너에게 행하기를 네가 원하지 않은 것을 다른 사람에게 행하지 말라." "네가 사람들이 너에게 해주기를 바라는 대로 그들에게 행하라"라는 마태복음(7:12)과 "네가 싫어하는 것을 타인들에게 행하지 말라"라는 5세기 전 공자(孔子)의 말도 정언명령을 다르게 표현한 것일 뿐이다.

칸트의 정언명령의 바탕에 깔려 있는 전제는 인간이성이다. 인간이성은 도덕을 선택할 수 있는 능력이 있다고 칸트는 주장했다. 인간이성은 보편적으로 적용할 수 있는 도덕을 찾을 수 있는 능력이 있다는 것이다. 그는 도덕의 절대성을 강조한다. 대다수가 수락한다고 해도 정언명령을 위반하는 가치 또는 행태는 사회적으로 파괴적이다. 다수의 동의가 도덕적 가치를 부여하는 사회계약론 또는 주권재민사상을 칸트가 반대하는 것도 그래서다. 예를 들면 한국사람 대다수가 소득의 강제적 재분배를 찬성한다고 해도 그 관행은 결코 도덕적일 수 없다. 분배는 생산에서 소비를 분리하는 원칙이다. 그렇게 분리하는 것은 틀렸다. 생산이 없이는 소비가 있을 수 없기 때문이다. 자연의 열매라고 해도 수확하는 사람이 없이는 소비할 수 없다. 생산을 고려하지 않고 소비를 지지하는 준칙은 '비모순의 법칙'을 위반한 것이다. 그래서 국가의 재분배는 부도덕하다.

복지국가 또는 재분배가 부도덕한 이유는 일할 인센티브를 위축시킨다거나 재분배의 혜택을 필요로 하는 사람을 확인하기가 어렵다는 등의 문제 때문이 아니다. 또는 관료의 자의적인 권력을 증대할 위험성 때문도 아니다. 복지 또는 분배는 보편적으로 적용할 수 없기 때문에, 다시 말하면 재정부담자인 납세자에 대한 적합한 수단을 제공하지 못하기 때문에 부도덕하다는 것이다.

공로원칙은 노력에 따라 소득을 분배하는 원칙이다. 노력을 많이 할수록 소득을 더 많이 받는 경우 이것도 보편적으로 적용이 불가능하다. 나의 노력의 결과가 타인에게 아무런 가치가 없다고 해도 노력만 많이 해도 소득을 많이 받는다는 원칙을 모든 사람들에게 적용한다면 결국 내가 받을 소득도 없어진다. 비모순율을 위반하기 때문에 공로원칙도 부도덕하다.

⑵정언명령 II: 존엄성

"다른 사람을 항상 수단만이 아니라 너 자신만큼 목적으로 대하라"라는 두 번째 정언명령 공식은 우리는 타인을 우리의 목적을 위한 수단으로만이 아니라 항상 가치 있는 목적으로도 취급해야 한다는 뜻이다. 좌파를 비롯해서 많은 사람들은 그 공식을 타인을 오로지 목적으로 취급해야 한다는 의미로 해석한 나머지 자유로운 계약을 통해서 형성되는 상호간 이익이 되는 기회까지도 제한하려고 했다.

칸트는 인간과 물건을 구분하여 물건은 존엄성이 없다고 한다. 물건을 우리는 우리의 목적을 위한 수단으로 이용한다. 그러나 수단으로만 취급할 수 없는 것이 인간이다. 인간은 존엄성이 있기 때문이다. 인간정신은 옳고 그름을 구분할 수 있는 유일한 존재이고 스스로 도덕적 행동을 선택할 능력과 역량이 있기 때문이다. 그런 존재는 목적 자체로도 취급해야 한다.

내가 다른 사람을 나의 수단으로만 여겨야 한다는 준칙을 보편화한다면 누구나 나 자신은 물론 타인을 수단으로 이용하려 할 것이다. 이런 상황에서는 나를 비롯하여 모든 사람의 합리적 정신은 다른 합리적 정신의 공격으로부터 스스로를 보호하려고 집착할 것이다. 그러면 사회는 해체된다. 따라서 정언명령의 두 번째 공식도 인간이성은 특정한 행동준칙을 나만이 아니라 그 밖의 모든 사람들에게, 다시 말하면 보편적으로 적용할 경우 그것이 어떤 결과(모순 또는 비 모순)를 초래하는가를 보여줄 수 있다는 확신에서 나온 원칙이다.

그렇다고 해서 우리는 결코 다른 사람을 우리 자신의 목적을 위해서 이용할 수 없다는 것을 의미하는 것이 아니다. 내가 수단으로 취급한 사람에게 공손함 또는 존경심을 그 대가로 지급할 수도 있고, 시장의 자발적 교환에서처럼 합의를 통한 금전적 대가를 지불할 수 있다. 어느 누군가가 시장의 상호성을 다음과 같이 말했다. "나는 점심에 옆집 식당을 이용한다. 그 이용에서 식당주인이나 그 식당에서 일하는 노동자를 존중한다. 예의바르게 공손히 그들을 대우한다. 그리고 메뉴에 기록된 조건으로 돈과 교환한다. 나는 나의 식당주인이나 식당에서 일하는 노동자를 속이지도 강제하지도 않는다. 강세, 기만, 폭력은 인간을 수단으로만 취급하는 방법이다."

-인간을 오로지 수단으로만 이용하는 예는 강제, 거짓, 강요, 폭력이다. 그러나 시장에서 사람들을 이용하여 이윤을 버는데 그 대가로 사람들이 좋아하는 상품을 제공한다. 그래서 시장은 칸트의 정언명령이 지배하는 사회다. 목표로 취급하지 않고 수단으로만 취급하기 때문에 도덕적인 문제가 야기되는 것이 복지국가요 사회주의다. 우리는 타인을 수단으로서 취급하면서 동시에 목표로 취급해야 한다. 타인들의 목표를 증진시키려고 노력함으로써 나의 목표도 달성할 수 있다. 사람들의 목표는 될 수 있는 대로 내 목표가 되어야 한다.

-재분배는 일반적으로 부도덕하다. 어느 한 사람은 다른 사람의 목적을 위한 수단으로 취급되기 때문이다. 복지국가가 부도덕한 이유도 동일한 가치를 납세자에게 제공하지 않고 수혜자가 납세자에게 일방적으로 요구할 수 있기 때문이다. 특수 계층이나 산업을 보호하기 위한 우대정책, 국가로부터 또는 '사회'부터 도움을 요청할 적극적 권리는 동일한 대가를 제공하지 않고 일방적으로 요구하는, 그래서 납세자나 그 밖의 사람들을 수단으로만 취급하는 부도덕한 정책이다. 정부가 특정한 정치적 목표를 추구하는 것이 부도덕한 이유는 그것이 사회구성원들을 수단으로 취급하기 때문이다.

다시 강조하지만 정언명령은 나의 목적을 위해서 타인을 결코 이용해서는 안 된다는 것을, 또는 타인을 오로지 목적으로만 대우해야 한다고 말하는 것이 아니다. 이런 식으로 오해한 인물이 여류자유주의자 애인 랜드다. 애덤 스미스의 빵집 주인과 빵 소비자의 관계에서 볼 수 있는 것처럼 정언명령은 상호성을 말한다. 빵주인은 고객들의 목적에 봉사하기 위한 의식적이고 의도적인 노력을 통해서만 자신의 목적을 달성할 수 있다.

정언명령은 법다운 법이 될 조건이다

정언명령은 칸트에게 일반적 도덕원칙이다. 이것이 법과 어떤 관련이 있는가? 이 문제를 해결하기 위해서 그의 자유론을 기억할 필요가 있다. 외적 자유는 타인으로부터 간섭받지 않을 권리다. 이는 양도가 불가능한 그리고 타고난 권리다. 그러나 자유는 행동에 제한 없는 것, 즉 멋대로 행동해도 좋다는 것을 의미하는 방종이 아니다. 자유는 무례한 행동과 무관한 것도 아니다. 무례한 행동에서도 한 사람의 자유권의 행사가 타인들의 자유와 충돌한다. 이는 모든 사람의 자유와 공존할 수 없는 자유다.

조용한 휴식을 즐기는 주택가나 평화로운 거래로 분주한 상가(商街)에서 시위하는 행위는 타인의 존엄을 무시하는 행위다. 휴식할 자유나 거래할 자유를 침해하는 시위의 자유는 제한해야 한다. 모든 사람의 자유권 행사가 합일될 수 있도록 하는 것, 이것이 법의 역할이다. 그래서 칸트가 법을 다음과 같이 정의하는 것은 결코 우연이 아니다: "법이란 한 사람의 자의가 자유의 보편적 법규칙에 따라서 다른 사람의 자의와 공존할 수 있게 하는 조건들의 전체다."[185]

따라서 법은 보편적으로 적용하면 필연적으로 모순(외부비용)이 생

185) Kant(1797/2015: 151)

겨나는 행동을 억제하는 역할을 한다. 따라서 중요한 것은 법이 어떤 성격을 가지고 있을 때 조화로운 자유의 행사와 개인의 존엄을 보장할 수 있는가의 문제다. 이는 법원칙의 문제이면서 "모든 사람들에게 평등하게 자유로울 수 있는 질서원칙"이다.[186] 그 법원칙은 정언명령에서 도출할 수 있다.

"행위 또는 행위준칙에 따른 각자의 의지의 자유가 보편적 법칙에 따라 어느 누구와의 자유와도 공존할 수 있는 각 행위는 법적이다/권리가 있다/정당하다/옳다."[187]

도덕철학적 개념인 정언명령을 적용한 것이 법이다. 따라서 보편적 법은 다음과 같은 성격을 가지고 있어야 한다. 그 성격은 정언명령의 성격에서 나온다.

-보편성: 법은 차별이 없어야 한다. 특정그룹을 편애하거나 차별하는 내용이 있어서는 안 된다. 차별입법은 모든 인간은 똑 같이 존엄성이 있다는 도덕적 가치의 위반이다.

-탈목적성: 법이 추구하는 목적을 내포하고 있다면 이는 그 목적을 위해서 개인을 수단으로 여기기 때문에 정언명령의 두 번째 공식의 위반이다. 시장과 관련하여 설명한다면 법은 사람들에 대해 중립

186) 심재우(2005: 11)

187) Kant(1797 /2015: 151)

적이어야 한다.

-특정한 행동을 당연히 금지하는 내용을 가지고 있다. 당연금지라는 뜻은 금지여부의 결정에서 비용-편익분석과 독립적이라는 것이다. 이는 의무론적 윤리의 특성이다.

-시간과 공간과 같은 특수한 상황이나 특정한 개인의 특수사정을 고려하지 않는다. 법의 내용과 적용에서 예외가 없이 무조건적이다. 이것도 의무론적 윤리의 특성이다.

이 같은 법 원칙을 기존의 법 시스템의 개발에 적용할 수 있다. 어느 한 입법이 법이 될 수 있는가, 그것이 법원칙에 충실한가를 테스트할 수 있다. 도덕이론에서 칸트는 법과 도덕을 엄격히 구분한다. 법은 행동의 외적 자유와 관련되어 있다. 행동하는 인간의 내적 상태 즉, 충동, 욕구, 열정 등과 관련이 없다. 시민의 덕을 증진하는 것은 법의 역할이 아니다. 이는 법적 관계를 자의적으로 만드는 법실증주의와 똑같이 전체주의적 교육과제다.

법실증주의나 도덕의 법제화는 모두 전체주의다. 강제를 통해서 지배자의 의지에 시민들을 예속시키는 것이 법실증주의인데 반하여 도덕의 법제화는 인간의 본성을 개조하는 일이다. 법 이론에서 칸트가 강조한 것은 진정한 법에 따른 의무는 소극적 의무라는 점이다. 간단히 밀해서 불간섭의무다. 덕을 가르치는 것이 법의 의도가 아니다. 무엇이 옳은가를 알리는 것이 법의 목적이다. 행동의 내적인 결정요인은 법과는 관련이 없다. 우리는 법에서 행동의 내적 동기를 전면에 내세워서는 안 된다. 행동의 내적 동기는 법원칙을 통해서 결정되는 것이 아니다. 그 동기는 법이전의 영역에 놓여있다.

정언명령은 정의로운 행동규칙이 될 수 있는 조건이다

칸트의 정언명령 자체는 낯선 말이다. 아무나 접근하기에 무겁고 어렵게 들리는 용어다. 그러나 그 내용은 보통사람의 도덕적 직감에 지나지 않는다. 그렇다고 그것의 가치가 떨어지는 것은 아니다. 내가 싫어하는 행동을 타인에게 하지 말라, 또는 타인들을 수단만이 아니라 목적으로 대하라는 도덕률에서 볼 수 있듯이 정언명령은 우리에게 얼마나 가깝게 들리는가!

칸트의 정언명령은 시간, 장소, 사람에 불문하고 예외 없이 적용된다. 또는 이익이나 개인의 행동목표·동기 또는 의도와도 독립적이다. 예를 들면 살인하여 목표가 달성될 수 있다고 해도 살인해서는 안 된다. 그렇지 않은 행동준칙은 가언명령이다. '네 손이 불에 데기를 원하지 않으면 뜨거운 난로를 피해라', '형무소에 가기 싫으면 살인하지 말라' '최선의 방책은 정직이다' 등이 가언명령이다.

따라서 정언명령은 행동준칙이 정의롭기 위해서 갖춰야 할 특성을 말해주는 도덕원리다. 그 특성은 다음과 같다: 첫째로 행동을 통해서 서로 영향을 미치는 사람들끼리의 외적 실천적 관계에 적용한다. 두번째로 한 사람의 희망이나 욕망과 같은 내적인 것에 적용하는 것이 아니다. 심지어 이타심과 관련된 행동과도 관련이 없다. 셋째로 어느 한 개인의 행동을 통해서 달성할 목적을 고려하지 않는다. 넷째로 모든 사람들에게 적용할 수 있어야 한다(적용에서 차별이 있어서는 안 된다). 시간과 장소, 인적 특수성을 배제해야 한다는 것을 말한다.

이런 특성을 가진 규칙은 대부분 특정한 행동을 지정하는 명령이 아니라 특정행동을 금지하는 내용의 행동규칙이다. 그 도덕원리에 따른 행동규칙은 자유, 존엄성, 신분의 평등과 같은 자유주의의 유서 깊은 가치들을 담고 있다. 나중에 설명하겠지만 이것이야 말로 자유주의의 정치적 이상을 의미하는 법의 지배다.

"모든 사람들을 똑같이 취급하라. 그러나 만약 그들의 협력이 필요하다면 강요하거나 거짓말로 유인하기보다는 나와 함께 일하도록 그들을 설득하라."[188]

정언명령은 정의의 필요조건이지 충분조건이 아니라는 것, 그것은 오로지 정의롭지 않은 것을 점진적으로 제거시킬 수 있게 하는 소위 소극적인 테스트다. 보편화가능성 테스트를 통과한 결과로서 법규칙들은 우리의 목적들을 추출·제거해야 하며 법 규칙들은 본질적으로 소극적이고 자유의 행사를 제한하는 원칙이다. 우리가 가진 목적이 무엇이든 이를 달성하기 위한 특정한 수단의 이용을 금지할 뿐이다. 따라서 주목할 점은 정언명령은 도덕규칙의 적극적인 내용을 도출할 연역과정의 전제로서 이용할 수 없다는 점이다. 이것이 칸트

188) White(2016)

의 의무론적 자유주의의 특성이다.

3) 시장과 자연의 감춰진 계획

사람들은 흔히 칸트를 마치 경제에는 관심이 없는 은둔한 철학자처럼 취급했다. 그러나 그는 경제에 대하여 관심이 매우 컸다. 영국의 유명한 경제학자 애덤 스미스, 데이비드 흄 등, 스코틀랜드 계몽철학자들의 문헌을 두루 섭렵하여 기업과 시장에 박식했고 실제로 그가 강의했던 주제들 가운데에는 경제학 주제들이 많았다.

만년에 칸트는 거의 매일 오후에 친구들을 만났는데 이들은 대부분은 사업가, 상인, 은행가였다는 것이 역사가의 증언이다. 그들과의 화제는 주로 경제와 정치였다는 것이다.[189] 그런 대화를 통해 칸트의 경제 마인드가 형성되었고 시장이 돌아가는 모습도 알게 되었다는 얘기도 흥미롭다. 그는 친구들의 회사에 투자해서 많은 돈도 벌었고 유산으로 상당한 재산도 남겼다. 그래서 그는 결코 기업에 대하여도 무지하지 않았다.

시장경제는 목표의 왕국

좌파는 칸트의 정언명령 두 번째를 들어 자본주의는 인간을 목적

189) 민경국(2016: 52~53)

으로 여기는 것이 아니라 수단으로 여기는 체제라고 비판했다. 노동자를 자본가의 수단으로 취급하는 체제가 자본주의라는 것이다. 그러나 좌파의 비판은 정언명령에 대한 오해에서 비롯된 것이다. 시장 참여자들은 사기나 강압이 없이 고객들의 목적에 봉사함으로써 자신의 목적을 달성한다. 그들은 필요한 서비스를 얻기 위해서 기업들에게 무엇인가를 준다. 양측 거래자들은 수단으로서 타인들을 이용하면서 동시에 그들의 목적을 위해 봉사한다. 소비자들은 자신들에게 충실한 사업가에게 대가를 지불할 각오가 되어 있다. 사업가는 소비자의 요구에 순응해야 한다. 시장은 모두가 타인들을 목표로 여기는 장소다. 그래서 시장은 목표의 왕국이다. 시장은 수많은 상이한 목적들의 추구가 가능한 체제다. 시장은 다목적 시스템이다. 가격이란 재화에 대한 개인들의 선호의 결과로 이해하는 등, 칸트는 재화의 가치가 재화를 생산하는 데 든 노동의 투입량이 아니라 그 재화를 사용하는 사람들에게 주는 가치에 의해서 결정된다고 믿었다. 이런 믿음은 가치에 대한 현대적 이해다.

"목적의 나라에서 모든 것은 가격을 갖든지 아니면 존엄성을 갖는다. …인간에게 보편적인 경향성과 필요에 관련된 것은 시장가격을 갖는다. 필요가 있는 것은 아니면서도 어떤 취미에 맞는 것은… 애호가격을 갖는다."[190]

---

190) 위의 책 93

칸트는 자유의 도덕적 가치를 정당화하는 존엄성이 구현된 것이 바로 시장경제라고 이해했다. 이성적인 존재가 목적 자체가 될 수 있게 하는 유일한 제도적 조건이 시장이라는 것이다.

시장은 '자연의 감춰진 계획'에 따라 작동한다

칸트는 "세계시민의 시각에서 본 보편사의 이념"을 9가지 명제로 설명하는데, 그 명제들 가운데 8번째 명제에서 인류역사는 "자연의 숨겨진 계획"을 실현하는 과정으로 이해한다.[191] 그는 자연의 숨겨진 기획을 다음과 같이 표현하고 있다.[192]

"개인들과 전체 국가들은 모두 자신들의 성향 따라 그리고 다른 사람들과는 모순되는 그 자신들의 목적을 추구하면서 그들은 자신도 모르게 각 개인에게 알려져 있지 않은, 자연에 의해 의도된 진로를 따라 인도되어 그들이 설사 알았다고 해도 관심이 없었을 목적을 무의도적으로 달성한다."

우리가 오직 개인의 목적만을 고려한다면 역사의 진로는 의미 없이 보인다고 해도 일반 패턴이 등장하는데 그 패턴은 무의도적이지

191) Kant/이한구(2009: 39). 이한구는 역사철학과 관련된 칸트의 논문들을 편집하여 단행본으로 발간한 『칸트의 역사철학』에 "세계시민의 시각에서 본 보편사의 이념"을 다루고 있다.

192) 위의 책 24

만 특히 유익한 결과는 자연의 감춰진 목적이요 신의 탓으로 여긴다. 이는 애덤 스미스의 '보이지 않는 손'의 원리에 해당된다.[193] 그 원리에 대한 스미스의 설명의 예를 들면 다음과 같다.

"따라서 산물이 최대의 가치가 되도록 개인들은 될 수 있는 대로 크게 노력함으로써 개인들은 사회의 년 간 수익을 될 수 있는 대로 크게 만들려고 노력한다. 실제로는 그들은 공익을 증진할 의도도 없고 어떻게 증진하는 지도 알지 못한다. 다른 경우에서도 마찬가지로 사람들은 자신의 의도가 아니었던 목적을 증진하도록 보이지 않는 손에 의해 인도된다."[194]

사회에 대한 이런 인식은 하이에크에서 최고 절정을 이룬다. 그는 사회를 "인간의 의도적 행동의 무의도적 결과"를 의미하는 '자생적 질서'라고 불렀다. 스스로 규제되기 때문에 국가가 없이도 잘 돼 간다는 것이다. "자연의 보이지 않는 기획" 때문에 한편으로는 상거래의 자생적 질서가, 다른 한편으로는 시민들의 이성을 통해서 인정된 법 시스템이 생겨난 것이다.[195] 나쁘지도 않고 좋지도 않은 성향이 혼합한 된 것, 즉, "반사회적 사회성"[196]이 인간의 본성이다. 그런 인

193) Koslowski(1986: 18)
194) Smith(1776/2015: 552)
195) Koslowski(1986: 18)
196) Kant/이한구(2009: 29)

간들이 사는 사회가 안정된 이유는 "자연의 보이지 않는 기획"을 통한 본성의 통제 때문이다.[197] 소망스러운 결과를 오로지 인간의 자연적 이타심이나 이와 유사한 성품에서 기대하는 것은 비현실적이다. 주체의 자율성을 위해서 공적 영역을 최소화해도 문제가 없는 것은 사적 영역에서 자연의 감춰진 계획을 통해서 개인의 이기적 행동을 통제하여 안정된 사회가 확립 유지될 수 있다는 이유에서다.[198] 좌파의 시장경제는 "무계획적"이기 때문에 정부의 계획이 필요하다는 주장은 칸트에게는 옳지 않다. 자연의 감춰진 계획이 있기 때문이다.

경쟁에 관한 칸트의 시각도 현대적이다. 경쟁이 없이는 인간은 "나태함과 수동적 만족감"에 빠진다. 경쟁이 없이는 "모든 탁월한 자연적 소질의 개발"도 없다. 따라서 인류의 번영은 주로 사회 속에서 인간들끼리 이루어지는 경쟁의 무의도적 결과다. 경쟁과 대립은 문화의 개발과 도덕적 완전화를 가능하게 한다는 것이 칸트의 믿음이었다.[199] 경쟁은 역사철학적으로 볼 때 이성의 발전으로 귀결되는데 이런 관점이 가능한 이유는 경쟁 속에서 질서가 가능하기 때문이다. 경쟁의 자유가 유지되는 한 "자동화가 스스로 유지되는 것처럼 공동체가 스스로 유지된다."[200] 경쟁의 자유가 제한되면 시장의 안정성과 질서가 방해되고 혼란이 야기될 뿐이다.

197) Koslowski(1986: 18)

198) Kant/이한구(2009: 25), Koslowski(1986: 18)

199) Koslowski(1986: 18)

200) Kant/이한구(2009: 36), Koslowski(1986: 18)

자유로운 경제활동을 방해하면 시장의 균형이 깨진다는 것이 칸트의 법철학적 인식이다. 시민들이 자신의 뜻대로 “자신의 복리를 추구하는 것을-그것이 다른 사람들의 자유와 양립하는 한-방해한다면”, 기업은 “생명력을 잃고” 그리고 행복추구의 자유를 제한하면 전체 사회의 “힘이 약화된다”는 것이 칸트의 믿음이었다.[201] 이런 믿음은 스미스의 ‘자연적 자유의 시스템’을 연상시킨다. 규제를 통한 자유의 제한은 기업의 자유로운 투자를 위축시켜 결국 서민층을 비롯하여 보편적 번영을 지체시킨다는 것이 자연적 자유 시스템의 핵심내용이다. 칸트는 시장에서 이루어지는 교환은 이에 참여한 사람들에게 상호교환의 편익을 준다고 말하고 있다.

“상호교환을 통해서 비로소 필요한 재화를 습득하는 것이 가능하게 되었다. 그런 교환이야말로 문화, 예술, 오락 그리고 근면의 버릇의 기원이 되었다. 더구나 특히 문명된 질서와 정의의 공적 관리를 야기했다.”[202]

애덤 스미스의 국부론에서 한 나라의 부의 원인은 경제적 자유라고 주장하는 것처럼, 칸트도 마찬가지로 “한 국가가 강대국이 되기 위해서는 부가 필요한데 자유 없이는 부를 생산할 활동이 번창할 수 없

201) Kant/이한구(2009: 40), Koslowski(1986: 19)

202) Kant/이한구(2009: 94)

다”고 주장한다.[203] 자유무역과 전쟁은 공존할 수 없다. 자유무역은 전쟁을 극복하고 모든 나라의 이득을 증진한다. 자유무역은 세계평화를 창출한다는 것이다. 그가 겪었던 중상주의에는 그런 생각이 없었다.

감춰진 기획의 실현을 가능하게 하는 것이 법질서다

칸트에게 자유는 방종과 방임도 아니다. 자유와 법은 갈등관계가 아니다. 모든 사람들을 똑같이 존중하는 보편적 규칙 아래에서 자유롭다. 그는 자유의 법 아래에서 이루어지는 경제에서는 상이한 목적들이 스스로 조정되는 힘이 작동한다고 믿었다. 그런 자율적 조정을 ‘자연의 감춰진 계획’이라고 표현했던 것이다.

칸트는 법질서와 경제질서를 엄격히 구분하면서 동시에 그 둘은 상호의존적이라는 것을 분명히 알고 있었다. 시장을 지배자가 없는 계약을 통해서 자율적으로 형성되는 질서라고 보았다.[204] 그런 상호의존성에 대한 인식은 데이비드 흄 등 스코틀랜드 계몽주의 전통의 핵심이다. 그러나 유감스럽게도 그런 전통은, 시장에서 법은 죽었다고 보는 토마스 홉스, 장 자크 루소 등의 사회주의 전통에 의해 무시되었다. 그들은 시장을 특정한 목적을 달성하기 위한 수단으로 취급하여 ‘법’을 도출했다.

그런 전통과는 달리 칸트에게 경제질서는 법이 침투할 대상이 아

203) 위의 책 95

204) Kant(1992/2011)

니었다. 경제에서 자유로운 경제활동을 위해서 법이 뒷받침을 할 뿐이었다. 법질서가 시장질서의 원인의 역할을 한다. 그런 뒷받침만 하면 시장은 자생적 질서로서 보이지 않는 손을 통해서 스스로 문제를 해결한다. 그래서 법 시스템의 과제는 자생적 질서를 보호하는 일이다. 법과 제도를 통해서 개인과 그룹들이 자신들의 경제활동을 방해받아서는 안 된다.

4) 법치국가와 국가의 과제

국가가 세워지기 전에는 원초적 소유관계는 과도기적이다. 토지, 가축, 밭 등과 같은 모든 대상물 그리고 계약들은 항상 물리적으로 점유할 수 없다. 예를 들면 내 토지, 내 집을 항상 지키고 있을 수 없다. 여행을 위해 내가 살던 집을, 내가 경작하던 토지를 떠날 수 있다. 그런데 내가 여행하고 돌아온 사이에 내 집을 누군가가 점유한다면 내 집이라고 주장할 수 없다. 그런 것들은 국가가 존재하는 경우에 비로소 내 소유라는 것이 보장된다. 칸트는 토지소유를 공식적으로 확인하고 토지에 대한 재산권 확립할 수 있는 제도적 장치가 국가라고 생각했다.[205] 이런 국가의 뒷받침이 있을 때 비로소 자유와 번

205) 일제시대에 토지조사사업(1910~1918)도 자생적으로 이미 형성되어 있는 재산권을 공식화하는 과정으로 이해할 수 있다. 이에 관해서는 김재호 한국사의 대전환: 시장, 국가, 그리고 공업화, 자유주의 연구회 월례포럼 발제문. 2015. 05. 03

영이 가능하다는 것이 칸트의 생각이었다.

자연상태란 지배자 또는 법치국가가 없을 때의 공동의 삶을 표현한 개념이다. 그것은 역사적으로 존재했느냐 아니냐의 문제와는 관련이 없다. 그것은 선험적이다. 그것은 "각자에게 옳고 좋다고 생각되는 바를 행할 수 있는 상태", 혹은 "외적인 무법적 자유상태"다.[206] 권리가 있기는 하지만 보장이 되어 있지 않고 "어느 누구도 침해를 삼가도록 구속되어있지 않다."[207] 소유권은 소유개념의 구속력에서 비롯되기 때문에 엄밀한 의미에서 그것은 권리가 아니다.

법질서의 역할은 권리의 상호인정을 확립하는 데 있다

소유는 국가가 임의로 정하는 법에 의해서 규정되는 것이 아니다. 간단히 말해서 소유는 법의 함수가 아니다. 소유는 논리적으로나 역사적으로 국가가 존재하기 전에 존재하는 법적 제도다. 그러나 그런 소유는 매우 불안정하다. 힘센 사람이 어느 한 사람의 소유를 내 것이라고 주장하면 그는 스스로 자신의 소유를 방어해야 한다. 이것이 얼마나 불편한 것인가는 이미 로크가 보여주었다.(47쪽)

그래서 필요한 것이 국가다. 국가의 존재에 의해서 비로소 "침해자로부터 소유자를 보호하고 불법적으로 소유한 것을 되돌려 줄 것"을 강요할 수 있다. 국가가 존재함으로써 자신의 노력으로 자신의 것

206) Kant (1797 /2015: 264, 258)

207) 위의 책 258

을 지켜야 할 부담으로부터 자유롭다.[208] 국가가 그런 과제를 수행하기 위해서는 구속력이 있는 소유권의 존재를 전제로 한다. 크렙스가 정확히 파악하고 있듯이, 구속력이 있으려면 우리가 우리 것으로 간주하는 것들이 다른 모든 사람에게도 "불가침으로 인정받아야" 한다. 그 인정은 암묵적 비공식적인 것을 넘어서 명시적, 공식적이어야 한다. 이런 식으로 권리에 대한 "상호간의 인정을 확립하는 것"이 법질서의 역할이다.

"외적인 어떤 것을 자기의 것으로 갖는다는 것은 오직 법적인 상태에서만, 공적인 입법의 지배권 아래에서만, 다시 말하면 시민적 상태에서만 가능하다…자연상태에서도 실제적인 그러나 단지 잠정적인 '외적인 나의 것과 너의 것'이 생길 수 있다."[209]

시민사회에서만 네 것 내 것에 대한 분쟁해결이 가능하다. 분쟁에서 사람들이 소유권을 인정하지 않으면 자연 상태가 지배한다. 그래서 "시민적 헌정체제에 모두가 함께 들어가는 것을 강요해야 한다"[210]는 것이 칸트의 믿음이다. 권리인정을 국가가 강요할 때 권리가 실제로 확립될 수 있다는 것이고, 이런 국가가 법치국가라는 것이

208) Krebs(2014: 59)

209) Kant (1797 /2015: 186-188) Krebs(2014: 59)에서 재인용

210) Kant(1797 /2015: 187) 사회계약을 통해서 법치국가의 시민사회가 형성된다. 사회계약도 자연상태와 마찬가지로 경험과 독립적인 실천이성의 관념이다.

다. 법과 법치국가의 역할에 관한 칸트의 생각을 요약하면, 법과 법치국가가 존재함으로써 비로소 권리가 보호되고 법이란 사적 자의로부터 개인의 권리를 보호하는 과제가 있다. 자연 상태에서의 권리는 불완전하고 강제성이 결여되어 있다. 법치국가에서 비로소 권리의 법적 성격이 확립된다. 그래서 국가의 존재는 유익할 뿐만 아니라 필연적이다.

법치국가의 중심과제는 시민권을 보호하는 일이다

법의 제정을 전적으로 공권력에 맡기는 국가가 법치국가가 아니다. 공권력의 행사가 재량에 맡겨진 것이 아니라, 보편적 규칙에 의해 엄격하게 제한된 국가가 법치국가다. 칸트에게 법은 "보편화의 원칙"을 충족해야 한다.[211] 이 원칙은, 법은 국민의 통합된 의지이어야 한다는 것을 말한다. 그러나 통합된 국민의지는 "실제로 국민투표 등을 통해서 형성된 국민의지," 다시 말하면 장 자크 루소의 주권재민의 일반의지와는 다르다.

칸트는 1789년 프랑스혁명에서 벌어진 일련의 뼈아픈 역사적 경험 때문에 그런 일반의지를 반대한다. 국민의지는 프랑스혁명의 선동과 선전을 정당화했고, 혁명 후에는 일반의지의 이름으로 로베스피에르와 나폴레옹을 비롯한 독재자들의 자의적이고 절대적인 권력

---

211) Kant(1797 /2015: 152)"엄밀한 법은 또한 보편적 법칙에 따라 어느 누구의 자유와도 화합하는 전반적이고 교호적인 강제의 가능성으로 표상될 수 있다."

행사와 자유를 유린했던 정책을 정당화했던 것이다.[212)]

그러나 칸트에게 국민의지는 "실천이성의 선험적 이념"이다.[213)] 그 본질은 앞에서 설명한 바와 같이 정언명령을 법에 적용한 것, 즉 법의 보편화다. 이런 의미의 법은 인적·장소적·시간적 요소와는 독립이다. 시민들에게 특정한 행동을 요구하는 것이 아니라, 특정한 행동을 당연히 금지하는 내용이 법이다. 이것이 법원칙이다. 의회에서 정했다고 해서 전부 법일 수는 없다. 주권적 국민이 원한다고 다 법이 아니다.

법치국가의 중심과제는 법치국가적 법원칙을 통해서 자유·시민권을 보호하는 일이다. 국가의 은총은 행복이 아니라 법이다. 칸트는 귀족의 특권과 노예제의 폐지를 강조했다. 독재와 식민지는 물론이요 국교도 폐지해야 한다고 목소리를 높였다. 모든 차별은 법치국가이념과 합치될 수 없다는 이유에서였다. "성·인종·종교", 소득수준 또는 기업규모에 따라 유·불리하게 하는 것은 법의 보편화와 충돌한다.[214)]

국민을 행복하게 만들려는 국가는 독재를 부른다

칸트는 온정주의에서 비롯된 국가의 선행의무를 강력하게 부정한다. 국가는 정의로울 수 있지만 이타적일 수 없다는 것이다. 선행의

212) 위의 책 65

213) 위의 책 65

214) 위의 책 66

의무는 사기, 폭력 등 불의를 억제하여 정의를 확립하는 법의 기본과제와 충돌한다는 이유에서다. 선행은 도덕의 분야에 속하는 것이지 법 영역에 속하는 것이 아니다. 법 영역에 속하는 것은 시민들이 타인들의 자유와 소유권을 침해하는 불의의 행동이다. 국가는 도덕이 아닌 법을 기반으로 세워진 것이다. 정의로운 국가는 시민들의 삶을 가장 안락하게 만드는 것이 아니라 자유와 재산권을 가장 안전하게 보호하는 국가다.[215)]

칸트는 법원칙만 있을 뿐 행복의 원칙은 없다고 선언했다. 그 이유는 보편적이고 동등한 적용이 가능한 행복(복지)의 원칙을 작성하는 것이 불가능하기 때문이다.[216)] 그래서 복지는 법이 될 수 있는 원칙이 아니다. 모든 사례와 상황에 적용할 수 있는 의무적인 선행의 규모를 말 할 수 없다. 복지수요가 매우 이질적이기 때문이다. 그래서 이타심의 의무는 개인 각자에게 맡기는 것이 옳다.[217)]

"(타인에게 희생하는: 필자) 일이 어느 정도 나아갈 수 있는가의 명확한 한계를 제시하는 것은 불가능하다. 관건은 무엇이 각자에게 감각방식에 따른 진짜 욕구인가이며, 이를 규정하는 일은 각자 자신에게

---

215) Krebs(2014: 64)

216) 자기 자신의 행복을 희생하면서 타인의 행복을 촉진하는 것을 사람들이 보편적 법칙으로 만든다면 결국 나의 행복을 위해 타인을 희생하게 되는 결과를 초래하여, 그것은 그 자체가 자기와 상충하는 준칙이기 때문이다. 칸트의 복지국가론에 대해서는 이충진(2015)을 참조.

217) Kant(1797/2015: 478)

맡겨져 있을 수밖에 없다는 점이다."

"자유, 신분의 평등, 자립" 등 세 가지 "선험적 원리"로 짜여 진 시민사회에는 누구나 동일한 자유를 누릴 때 자신이 좋아하는 대로 자신의 행복을 추구할 수 있다.[218] 정부가 사람들을 행복하게 만든다는 명분으로 정책을 추진한다면 이는 가장 큰 독재를 부른다고 칸트는 경고한다. 그에 따르면 국가는 "나를 자신의 방식으로(다른 사람의 행복을 그가 생각하는 방식대로) 행복하도록 강요하기" 마련이다.[219] 온정주의는 엘리트적이고 하향식이다. 시민들을 행복하게 만들려면 필연적으로 시민들의 삶에 개입하는 규제를 만들어야 한다. 칸트는 『속설에 관하여』에서 가부장적 국가를 이렇게 설명하고 있다.

"자신의 아이들에 대한 한 아버지의 원리인 신민에 대한 호의의 원리 위에 건립되어 있는 정부, 하나의 아버지 같은 정부에서 신민들은 무엇이 그들에게 참으로 유익한지 또는 위해한지를 구별할 수 없는 미성숙한 아이들로서, 어떻게 그들이 행복해야 하는지를 한낱 국가의 통수권자의 판단에 의해서만 기대하도록 강요되거나, 또한 이 통수권자도 오로지 그의 선의로만 그렇게 한다고 기대하는 등 수동적 태도를 취하도록 강요된다."[220]

---

218) Kant(1992/2011: 33)

219) 위의 책 33

220) 위의 책 33~34

온정주의 정부는 모든 자유를 제거하고, 그 결과 시민들은 모든 권리가 박탈된다. 앞에서 언급했듯이 물론 빈곤문제에 대하여 칸트는 최소의 생활을 정부가 보장해야 한다고 주장한다. 정부로부터의 보호가 시민으로서의 권리가 아니라 인간으로서의 욕구라는 이유에서다. 시민으로서 빈곤자의 권리는 그의 시민들의 경제적 자유와 충돌한다. 그래서 빈곤자의 삶의 보호는 권리가 아니다.

5) 칸트와 정의로운 국가

국가가 필요한 이유는 폭력으로부터 개인의 재산을 보호하기 위해서다. 칸트에게 정의로운 국가의 활동은 자유의 법과 충돌해서는 안 된다. 재산권제도는 법질서의 본질적 요소다. 자유와 재산권이 없는 사회는 진정한 의미의 법이 없는 사회다. 자율에서 도출된 자유의 질서는 선험적으로 타당하다.

사유재산제가 중요한 이유는 자유를 위해서다. 소유권의 인정여부는 인간의 외적 자유를 좌우한다. 소유의 필연성으로부터 소유의 보호자로서 법치국가의 필요성이 도출된다. 그래서 법치국가는 헌법과 법을 통해서 인권을 보호할 목적으로 세워진 것이라는 인식이 생겨난 것이다. 자연권으로서 "모든 다른 사람들의 자유와 부합하는 자유"가 칸트에게 유일한 인권이다.[221] 그렇게 부합하는 자유를 가능하

221) Krebs(2014: 52)

게 하는 것이 정언명령의 성격에 따른 행동규칙이다. 시장경제는 그런 행동규칙을 기반으로 한다. 그러므로 시장경제는 자율, 목적의 왕국, 자연의 감춰진 기획을 실현하는 도덕질서다.

칸트는 자유사회를 도덕철학적으로 해석하여 시장경제의 도덕적 기초를 확립한 인물이라고 한다면, 스미스는 자유시장을 법철학적으로 해석하여 자유사회의 법적 기초를 확립한 인물이라고 볼 수 있다. 정의로운 국가는 칸트에게 법치국가다. 이는 독재국가처럼 시민들의 위에 군림하는 제도가 아니다. 그것은 서로 관계를 맺고 있는 시민들을 위해서 존재한다. 그렇다고 해서 시민들의 행복을 위해서 존재하는 것이 아니라 시민들의 자유와 재산을 지키기 위해서 존재한다.

법치국가의 그런 과제를 실현하기 위해서 칸트는 입법, 행정, 사법이라는 몽테스키외의 삼권 분립을 수용한다.[222] 그러나 그 특징은 부분적 권력분립을 주장했던 몽테스키외와는 달리(제4부제1장 참조) 입법권은 국민의 대표자인 의회만이, 그리고 행정은 행정부만이, 사법부는 사법부만이 담당한다는 의미에서 엄격한 삼권분립을 지지했다는 점이다. 그는 입법권, 집행권 그리고 재판권을 말하면서 입법자 노릇을 하는 정부는 독재라고 말한다. "입법자가 동시에 집행자(정부)가 될 수 없는 이유는 정부는 법 아래에 있기 때문이다."[223] 칸트는

222) Kant (1797 /2015: 266)

223) "이 나라의 정부에서 입법부는 행정권과 사법 권력을, 혹은 이들 중 어느 것도 결코 행사하지 않는다. 사법부는 입법과 행정권 그 어떤 것도 행사하지 않는다. 결국 인간의 지배가 아니라 법의 지배이다." 리크린(Riklin, 1989)에서 재인용. 칸트는 『윤리형이상학』 제1부 법이론, 제2편 공법, 제1절 국가법(§45-49)에서 다루고 있

국민주권 원칙도 소홀히 하지 않았다. 시민은 시민 스스로가 만든 법 이외에는 어떤 법에도 예속될 수 없다. 시민들은 누구나 법 아래에서 평등하다. 시민들은 다른 누구에도 좌우되지 않고 독립적이다.

다. Kant(1797 /2015: 266, 272). 미국의 매사추세츠 권리선언(1780) 30조다.

5. 빌헬름 훔볼트: 자유의 문화
-자유, 자기개발과 최소국가론

합리적 존재로서 개인의 존엄성에 근거하여 자유사회와 작은 정부의 도덕적 정당성을 설파하여 독일사회에 자유주의 정신을 고양했던 이마누엘 칸트에 뒤이어 빌헬름 폰 훔볼트(1767~1835)도 역시 자유사상으로 독일사회를 계몽하는 데 앞장섰다. 그가 근거한 것은 인간의 진정한 목표로서 자기개발 또는 개체성이다. 독일의 걸작이자 자유주의의 보고(寶庫)라고 칭찬받고 있는 저서 『국가행동의 한계』[224](1851)는 다음과 같은 문제의식에서 기획된 것이라고 훔볼트는 말하고 있다.

"주의를 기울일 만한 정치적 헌법들을 서로 비교해보고 또 이것들

224) 이 책은 1792년에 집필되어 일부만 출판되었다가 1851년에 완간되이 영어로 출판되었다. 한글판은 인간교육론이라는 제목으로 일부만 출판되었다. 한글판의 내용 중에 "국가활동의 한계 규정시도를 위한 생각들"(45~134쪽)이 우리가 주목할 부분이다.

을 철학자들과 정치가들의 검증된 의견과 비교해보자. 처음에는 주의를 끄는 것처럼 보이는 질문 하나가 너무도 불완전하게 다뤄지고 불충분하게 답변되었다는 것을 발견하고 놀라게 된다. 그 질문이 바로 이것이다. 즉, 국가조직 전체가 어떤 목적을 위해서 매진해야 하며 국가조직이 스스로의 활동에 어떤 제한을 두어야 하는가?"[225)]

하이에크가 어딘가에서 칭찬하듯이 훔볼트는 '자유주의 사상을 가장 명료하게 표현한' 인물이었다. 국가권력을 제한하는 것이 자유주의의 핵심이고 정치적 헌법의 중요한 역할이기 때문이다. 그는 법과 질서의 유지에 그 활동을 제한하는 국가가 도덕적으로 정당하다는 것을 설명하려고 했다. 국가권력의 행사를 제한하는 사회에서만 "인성의 내재적인 존엄성과 이에 적합한 자유에 대한 존중"을 실감할 수 있다는 말로 그는 저서의 끝을 맺고 있다.[226)]

훔볼트의 사상은 당시 사회상에 비추어 볼 때 혁명적이고 급진적이었다. 부국강병의 목적으로 경제에 대한 국가의 간섭을 옹호하는 중상주의가 지배했다. 국가의 온정주의적 기치 아래에서 프랑스계몽주의는 새로운 독재를 야기했다. 교육과 종교에 대한 국가의 개입도 빈번했다. 출판시장에 나와 있는 문학작품과 정치서적은 검열의 대상이었다. 독재를 극복하기 위한 프랑스혁명은 또 다른 독재를 불러

225) Humboldt(1851/2012: 47)

226) Humboldt(1993: 147)한글판에 수록되지 않은 부분은 J. W. Burrow가 편집한 영문판에 의존하여 인용.

왔다.

그러나 유감스럽게도 칸트와 마찬가지로 훔볼트의 사상도 독일에 큰 영향을 미치지 못했다. 독일인들은 국가권력의 제한과는 거리가 먼 헤겔의 국가주의와 장 자크 루소의 반자본주의에 더 큰 매력을 느끼고 있었다. 그러나 훔볼트의 자유사상으로부터 영향을 받은 인물은 영국의 죤 스튜어트 밀이다. 밀은 자유론에서 훔볼트를 격찬했다.[227]

"석학이자 정치가로서 훌륭했던 훔볼트는 자신의 어떤 논문의 주제로 삼았던 다음과 같은 학설의 의미를 독일 바깥에서 이해하는 사람은 거의 없었다. 즉 인간의 목적은 이성의 영원불변한 명령으로 규정되어 있으며 인간의 모든 능력을… 모순없는 전체로 만드는데 있다."

밀이 자유론에서 다룬 주제는 광범위하다. 대륙의 영향이 없었다면 밀은 그런 걸작을 쓸 수 없었을 것이다.[228] 개인의 자기개발이 밀과 훔볼트의 정치철학의 공통된 중심 가치다. 공유된 가치에도 불구하고 그 둘은 전혀 상이한 정치적 결론에 도달한다. 밀은 자기 개발을 위한 제도적, 물질적 전제조건을 확립하는 데 국가의 적극적 활동

---

227) 밀은 자신의 자서전에서 "나보다 먼저 이 주의주장을 한 저술가들 가운데 내가 언급하는 것이 마땅하다고 생각한 유일한 저자는 훔볼트다"라고 말했다. (Mill, 1874/1998: 222)

228) 그러나 유감스럽게도 하이에크가 밝히고 있듯이(하이에크/민경국, 1989: 117) 존 스튜어트 밀은 여론의 폭력에 대해서는 많은 말을 하고 있지만 국가의 정책에 대하여는 별로 비판하지 않았다.

을 옹호한다. 반면에 훔볼트는 오로지 법과 질서의 확립을 통한 안전을 제공하는 데 국한된 활동만을 허용하는 제한된 국가를 옹호한다. 훔볼트는 국가권력을 제한하는 데 초점을 맞추었다.

훔볼트의 자유주의 국가철학의 핵심구조는 첫째로 개인들이 각자 고유한 전인적 자기를 개발하는 것이 인간의 진정한 목적이라는 견해다. 둘째로 개인들이 자신의 인격을 개발하기 위해서는 국가개입을 줄이고 최대의 자유를 허용해야 한다는 원칙이다. 셋째로 국가활동의 영역을 제한하여 법을 집행하는 최소국가가 정당하다는 것이다. 그의 사상의 진가는 자유가 왜 중요한가에 관한 논의다. 그는 칸트의 자율과 존엄성, 로크의 자연권에서 자유의 중요성을 발견했다.

1) 인간이란 무엇인가?

훔볼트는 인간본성의 특수한 개념적 틀에서 자유사회를 규명했다. 그가 초점을 맞춘 것은 인간의 진정한 목표가 무엇인가의 문제였다. 왜 그가 진정한 목표와 관련한 인간상을 전제하고 정치철학을 개발했는가?

인간의 진정한 목표는 성숙된 자기개발

훔볼트의 자유사상의 출발점은 인도주의와 존엄을 특징으로 하는 인간상이었다. 그의 첫 질문은 인간이 추구하는 진정한 목표는 무엇인가였다. 그가 다양한 생각 끝에 자기개발이 인간의 진정한 목표라는 것을 깨달았다. 프랑스혁명을 보고 터득했다. 프랑스인의 정신적 미성숙 때문에 혁명이 처절하게 실패하는 것을 목격했기 때문이다.

"인간의 진실한 목적, 변화하는 기호가 아니라 불변의 이성이 규정하는 최종목적은 자신이 가진 힘들을 하나의 전체로 가장 높고 가장 균형 잡히게 개발하는 것이다."[229]

훔볼트에게 그런 인간목표는 증명이 불가능한 자명(自明)한 이치다. 인간을 형성하는 것은 힘과 이성이라는 것이 그의 인식이다. 힘은 재주, 재능, 소질, 교양, 학식, 지식, 인품 등 개인의 정신과 얼의 형성과 관련된 내적 재화다. 이들은 "문화적 재화"다.[230] 그런 재화는 주택, 자동차, 사과 등 일반적 상품과 같은 외적 재화와 구분할 필요가 있다.

어떻게 그런 목적을 정하는가? 일시적 기분이나 감정적으로 삶의 목표를 정할 수 없다. 특정한 성향에 따라 삶의 목표를 정하는 것도 위험하다. 시시각각으로 변동하기 때문이다. 그래서 훔볼트는 목표설정을 영구적으로 변하지 않는 이성에 맡긴다. 인간은 이성적 동물이다. 스스로 지킬 도덕률을 정하고 이에 따라 행동할 능력을 가진

229) Humboldt(1851/2012: 55)

230) 이에 관해서는 Smith(2013) 참조.

동물이다. 사람은 누구나 최대의 효과를 달성하기 위해서 개인이 가진 역량을 균형 있게 완전히 개발하려고 해야 한다. 훔볼트에게 이성을 통한 자신의 힘을 갈고 닦는 것을 의미하는 도야(陶冶)는 자신을 보다 높은 단계로 꾸준히 나아가는 방법이다. 역량(힘, 능력)은 인간의 지각에서 나오고 그들은 함께 규합하면 내적인 힘이 된다는 것이 그의 견해다. 그 내적인 역량과 힘은 외부의 영향으로부터 자유로운 독자적인 인간의 재능이다. 이성을 통해서 자기 자신의 내적 힘을 남다르게 개발하는 것이 삶의 목표다. 인간에 대한 훔볼트의 이상적 관점은 자기 스스로를 갈고 닦아서 완전성을 추구하는, 누구나 달성해야 할 보편적 인간관이다.

훔볼트는 개인들이 추구해야 할 특정한 구체적인 인간목표를 말하지 않는다. 그것은 다양한 삶의 목표와 다양한 능력개발을 위한 여지를 허용한다. 그러나 중요한 것은 무엇이든 독자성을 가진 자기개발이어야 한다는 점이다. 그에게 진정한 인간성의 실현은 남다름을 실현하는 것이다.

훔볼트는 인간을 목적론적으로 해석하고 있다. 인간은 "효용을 추구하는 좁은 자아가 아니다. 권리소유자도 아니다." 인간은 자기개발을 위해서는 고립될 수 없다. 타인들과의 관계를 통해서 배우고 학습해야 한다. 사회와 공동체를 배제하는 홉스와 벤담전통의 개인주의를 거부한다. 훔볼트에게 인간은 개성에서 남다르고 행동에서 영웅적이다. 그래서 그의 자유주의를 니체의 "귀족적 자유주의"에 비유하는 사람들도 있다. 그는 인간관에서 자유의 필요성을 설명하고 있다.

사람들이 제각기 진정한 목표를 세우고 이를 실현할 수 있기 위해서는 무엇보다도 자유가 필요하다는 것이 그의 통찰이었다. 그런 통찰을 온정주의에 의해 지배된 지배계급과 영주에게 가르쳐주고 싶었다. 그가 정치철학에서 인간의 자기개발에 중심된 가치를 부여했던 이유는 무엇인가?

프랑스 국민의 미성숙 때문에 거리의 폭력을 불러온 프랑스혁명

훔볼트가 자기개발에 중심된 가치를 부여했던 이유는 두 가지 경험 때문이다. 하나는 독일적 경험이고 다른 하나는 프랑스의 경험이다. 첫째는 독일을 지배하고 있었던 계몽된 온정주의에 대한 반응이다. 온정주의는 인간의 삶에 대한 국가개입의 정당성을 부여하는 믿음이다. 당시 독일을 비롯한 유럽사회는 국민의 정신적인 미성숙을 이유로 온정주의가 필요하다는 생각이 지배했다. 개인들은 스스로 삶을 개척할 능력도 없기 때문에 그들에게 자유는 일종의 사치였다. 그래서 앞에서 설명한 바와 같이 경제는 물론 교육, 심지어 종교에도 온정주의적 또는 가부장적 국가개입을 옹호했다. 그러나 국가개입은 인격의 자유로운 개발을 방해할 뿐이라는 것이다.

둘째로 프랑스혁명(1789년)에 대한 비관적 경험도 그가 인격도야를 중시하게 된 중요한 이유였다. 크렙스가 확인하듯이 프랑스 국민은 혁명을 통해서 절대적 권력을 가진 독재자를 몰아내고 국민주권 사상에 기초한 의회민주주의를 도입했지만, 유감스럽게도 혁명과 함께 프랑스 사회에 찾아 온 것은 "거리의 권력(power of street)"이라는 새로운 폭력이었다.(2010쪽 참조) 훔볼트에 의하면 이런 폭력은 프랑스 국민의 정신적인 미성숙과 야만성의 탓이라고, 프랑스 민중은 고귀한 자유를 다룰 만한 지적 수준을 갖지 못했기 때문이라고 주장한다. 독재 속에서 살았던 프랑스 민중은 결코 계몽적이지 못했다는 것이다. 독재는 인간을 계몽의 길로 인도하는 것이 아니라, 인간에게 허위, 선전, 조작, 증오를 가르칠 뿐이다.

따라서 자유사회에서만이 인간들이 자유로이 서로 배우고 학습하여 인격이 향상되고, 또 배움의 중요한 기초인 다양성도 확보될 수 있다는 것이 훔볼트의 견해였다.

2) 자유, 다양성 그리고 자생적 문화질서

고전적 자유주의에서 자유는 최고의 가치다. 특히 칸트 사상에서 자유의 존재이유는 개인의 존엄성 때문이다. 한 개인은 가치가 있고 존중받고 윤리적인 대우를 받을 권리가 있음을 의미한다. 이는 계몽주의 시대의 자연권의 연장이다.

존엄성은 개인주의의 윤리적 기초다.[231] 타인을 수단으로서만이 아니라 목적 그 자체로 여겨야 한다는 칸트의 정언명령은 이런 존엄성을 가장 적절하게 표현한 것이다. 그러나 존엄성의 반대는 온정주

231) 인간의 존엄성에 관해서는 보아즈를 참조. (Boaz, 1997/2009: 167)

의(paternalism), 어버이주의(parentalism), 수령론, 전체주의다. 어버이주의는 시민들이 자신들을 대신해서 필요한 것을 정부가 해주기를 바라는 태도다. 온정주의는 정부가 자신이 원하는 가치를 미성숙한 시민들에게 강제로 부과하는 엘리트적 태도다. 자유의 억압, 재산권의 무시, 높은 과세 등, 복지국가의 온정주의도 존엄성을 파괴한다. 훔볼트에게 자유는 어떤 의미인가? 왜 자유가 중요한가? 자기개발과 자유는 서로 어떤 관계가 있는가?

개인의 자유

고전적 자유주의 전통에 따라 훔볼트에게 개인의 자유는 최고의 가치다. 자유는 자기개발을 위해서는 이를 방해하는 것이 없어야 한다는 뜻에서 소극적이다. 개인의 권리를 존중하는 한, 자유는 타인의 강제나 간섭이 없이 스스로를 개발할 제도적 조건이다. 그에게 자유는 경제적 자유만이 아니라 종교·사상·출판의 자유 등 '시민적 자유'를 포함한다. 자기개발의 구체적 내용과 방향은 정해진 것이 아니다. 그렇지만 도박이나 노름 등과 같은 행동은 자기개발을 방해하는 행동이다. 이런 행동을 법으로 금지해야 하는가! 만약 그렇다면 훔볼트의 국가는 최소국가는 아니다.

훔볼트에게 자유는 개인의 지적, 도덕적 역량이 성장하기 위한 조건이다. 자기개발을 위해서는 사람들은 타인들과 상호관계를 갖는 것이 중요하다. 자신의 능력을 개발할 방향을 스스로 선택하고 타인들과 서로 접촉하여 소통하고 학습할 자유다. 따라서 개인은 사회와 고립된 것이 아니라 불가분의 관계를 맺고 있다. 훔볼트의 이런 시각은 인간을 사회에서 떨어져 원자적이고 고립되어 이기적인 효용(쾌락)을 극대화하는 실체로 이해하는 공리주의와 다르다.

인간은 사회 내에서 자기개발을 추구하고 완전한 개발을 위해서는 사회를 필요로 한다는 훔볼트의 인간관은 데이비드 흄, 애덤 스미스 등 자유주의 전통의 계승이다. 훔볼트가 도전한 것은 자유주의를 바탕으로 하는 개인주의는 필연적으로 사회와 공동체를 배제한다는 반(反)자유주의 시각이다. 그가 국가 권력으로부터 구출하고자 했던 것이 자생적으로 형성된 사회와 제도였다는 것을 직시할 필요가 있다. 개인들이 스스로를 개발하기 위한 조건은 그들이 선택할 삶의 대안들이 다양하게 개발되는 사회이어야 한다. 개인이 번창하기 위해서는 자유 이외에도 상황의 다양성이 필요하다. 배울 대안들의 범위가 넓어야 한다. 의견들, 가치들이 다양해야만 개인들이 자신의 고유한 자기개발이 가능하다.

훔볼트에게 자기개발을 위한 선택대안의 다양성 조건은 자유와 논리적으로 상이하다. 자유는 다양성을 산출하기도 하지만 필연적 관계는 아니다. 청교도적 문화를 가진 자유사회에서 사는 경우 자유가 있다고 해도 청교도 문화를 어기면서 살기가 힘이 든다. 사람들의 눈총, 따돌림 등 비공식 처벌 때문이다. 이런 문화적 환경에서는 아무리 독립적이고 편견이 없는 사람도 획일적인 환경에서 발전이 느리다. 서로 다름의 세상이 중요하다는 것을 훔볼트는 다음과 같이 쓰고 있다.

"개인들의 에너지는 양측에 중요하다. 그들 사이의 차이가 너무 크면 서로 이해하기가 어렵다. 다른 한편으로는 그 차이가 너무 작으면 타인이 보유한 것을 자기 것으로 만들 희망이 없다. 개인의 활기와 다양성이 서로 결합하여 창조성이 된다. 따라서 인간의 위대함을 좌우하는, 모든 개인이 끊임없이 자신의 노력을 경주하고 그리고 특히 동료에 영향을 미치고 싶은 사람이 결코 잊어서는 안 되는 것, 이것이 바로 에너지와 자기개발의 개별성이다. 이런 고유성은 행동의 자유와 행동하는 자의 다양성에서 나오는 것과 똑같이 고유성은 그 두 가지를 산출한다."[232)]

자유의 중요성에 관한 훔볼트의 생각을 아주 잘 요약한 것은 20세기 초 이탈리아의 정치철학자 류지에로(G. de Ruggiero)의 저서 『유럽 자유주의의 역사』다. 매우 소중한 내용이기 때문에 필자가 다른 장소에서 번역한 부분을 아래에 재수록한다.

"…사적 삶을 규제하는 국가의 간섭은 능력과 역량의 개발을 마비시킨다. 인간들의 상호관계에서 개개인들이 자발적으로 타인들에 대해서 가지는 도덕적 관심을 약화시키는 것, 이것도 국가의 간섭 때문이다. 이런 간섭은 개인들 사이의 상호간에 불신을 야기한다. 각 시민들은 서로 의존되어 있다고 느낄 때 상호간 협조의 자세가 강화된

232) Humboldt(1851/2012: 11-12)

다. …아무리 적극적이고 열정적인 사람이라도 노동을 강제할 경우에는 일하기보다는 아무것도 하지 않는다. 그리고 자유란 인간의 기(氣)를 증대시킨다. 기가 증가하면 더 관대한 기질이 생겨난다.

그러나 강제는 그들의 에너지를 줄이고 이기적인 욕구를 강화한다. 강제는 실수를 막을 수는 있지만, 그러나 그것은 가장 유용한 행동의 아름다움마저도 망가뜨린다. 자유는 오류를 야기할 수 있다. 그러나 자유는 악마저도 덜 비천하게 만든다."[233)]

그러나 홉스 전통이나 사회주의 전통은 개인들이 제각각 자신들의 삶을 추구할 경우, 그들은 서로 갈등하여 사회통합이 가능하지 못하다고 주장했다. 통합을 위해서는 야경국가로는 부족하기 때문에 복잡하고 유기적인 국가기능이 필요하다고 주장하여 낭만주의적 개념의 유기체론적 가치에 높은 점수를 부여한다. 국가는 사회의 위에 존재하는 사령탑으로서 사회를 조종·통제해야 한다는 것이다. 조직으로서 국가가 자생적 질서로서 사회의 위에 존재한다는 사상은 필연적으로 사회를 조만간 국가화 한다. 이는 자유의 상실이요, 앞에서 본 바와 같이(165쪽) 신의 자연적 기획을 무너뜨린다.

훔볼트 역시 오로지 자유로운 개인의 연합을 통해서만 실제로 유기적인 것이 창출될 수 있고, 국가의 개입은 비생산적인 기계 이외에는 아무것도 실현할 수 없다고 주장한다. 어떻게 사회통합이 가능한가? 이를 설명하는 것이 문화질서의 자생적 형성이다.

---

233) Ruggiero(1927: 211~274). 민경국(2007: 389)

개인의 발전은 내·외적 문화의 상호작용의 결과

자기개발, 자유, 다양성 등 3자의 상호작용을 통해서 모든 사람들에게 유익한 문화질서가 자생적으로, 즉 자생적 문화질서가 형성된다는 것이 훔볼트의 통찰이었다.[234] 자유와 상황의 다양성은 고유한 자기개발의 "조화로운 전인적 완성도"를 높여준다. 고유한 인격도야가 높아질수록 더 큰 다양성이 산출된다. 개인적 차원의 문화란 각자 고유한 개인이 자신의 친구나 친지에게 제공할 다양한 가치를 가지고 있는 경우이다. 훔볼트는 우정과 사랑을 '인격도야의 수단'으로 여기고 있다.

"내가 의미하는 것은 일상적인 사랑 또는 … 우정으로 분류되는 연합이다. 이 연합들은 인격도야의 수단(instrument of cultivation)인데 그 효율성은 그 성원들이 개인적 독립성과 친밀성의 정도에 좌우된다."[235]

사회차원의 문화란 개인차원의 다양한 문화들의 집합을 의미한다. 훔볼트가 말하는 상황의 다양성을 의미한다. 조지 스미스에 의존하여 훔볼트의 "자유의 문화"를 재구성한다면, 개인차원과 사회차원은 상호독립적인 것이 아니다. 두 차원은 서로 영향을 주고받으면서

---

234) Smith(2013)

235) Humboldt(1993:16) 번역판은 이 부분을 지나치게 의역한 나머지 훔볼트의 사상을 이해하는데 도움이 되지 못한다. 인격도야의 수단(instrument of cultivation) '교육적 이득'으로 해석하여(Humboldt,1851/2012: 56) 우정과 사랑으로 묶여진 연합의 역할을 이해하기 곤란하게 만들었다.

발전해간다. 이런 의미에서 두 차원 사이에는 공진화 관계가 있다. 이 관계를 설명하면 다음과 같다.[236)]

〈그림-1〉: 개인차원 문화와 사회차원 문화의 공진화

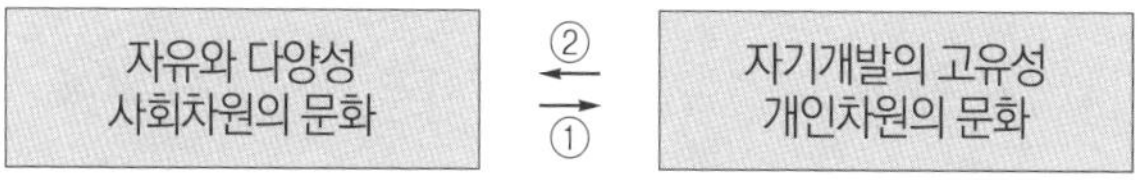

-상황의 다양성을 가진 사회는 개인들 각자의 개별성(재주, 능력, 성품)을 길러낸다. 그 결과 그들이 추구하는 가치는 제각기 다르고 다양해진다(그림의 화살표 방향 ①).

-다양한 개인들이 사회적 관계에서 서로 상호작용하면 그들은 문화적 대안들을 더 잘 창출하고 사회전체에서 볼 때 선택할 가치들의 범위가 확대된다(그림의 화살표 방향②). 그 결과는 개인들의 개별적이고 고유한 인격도야가 더욱 증진된다.

-문화적 개별성과 다양성의 상호적 인과관계는 문화적 재화의 수요와 공급을 말해준다. 그런 과정에서 새로운 문화적 재화들이 발견되고 사회적으로 역기능적인 것들은 여과된다. 사회발전의 추진력은 끊임없이 변동하는 개별성과 다양성의 질적이고 양적인 확대다.[237)]

236) 이 그림은 스미스가 훔볼트의 '자유의 문화'를 설명한 것(Smith, 2013)을 이용하여 필자가 그린 것이다.

237) Smith(2013)

마음의 내적 재화들은 모든 당사자들이 적극적인 참여를 통해 개발·습득·관리된다. 누구나 남다른 능력, 학식 ,교양 등을 갖춘 자신의 개체성을 개발하려고 애쓴다. 그 결과, 다양성의 사회문화는 의도적인 계획의 결과가 아니라 수많은 개인들의 의도적 행동에서 나온 무의도적 결과다. 사회문화는 자생적 질서라는 것이 훔볼트의 믿음이다. 애덤 스미스의 '보이지 않는 손'이 상품시장에서 뿐만 아니라 문화적 재화시장을 의미하는 '자유의 문화'에서도 제대로 작동한다는 것이다.

"사람들이 외적으로 받는 것이 무엇이든 그것은 씨앗과 같다. 가장 유망한 씨앗을 자신을 위한 값진 보물로 전환하는 것은 적극적인 힘뿐이다. 그것이 고유하고 역동적인 경우에만 유익하다. 따라서 인류 공존의 가장 고귀한 이상은 누구나 스스로를 위해 스스로를 개발하려고 노력하는 연합체다. 배우고 가르치고 서로 인격을 도야하는 곳이 사회다. 육체적이고 도덕적 존재의 필요성 때문에 인간은 공동체를 형성한다. 투우장의 전투보다는 전쟁이 영광스럽듯이, 격앙된 시민의 전쟁이 고용된 용병의 노력보다 더 명예롭듯이 개인들이 스스로 노력하면 가장 높은 에너지를 자극하는데 성공적이다." [238]

따라서 훔볼트의 결론은 이성이 바라는 것은 "개개인이 자신의 능력과 권리 이외에는" 어떤 것에 의해서도 제한받지 않고 "자신의 에

238) Humboldt(1851/2012:58~59)

너지를 개발할 자유를 최대로 누릴 수 있는" 사회를 바랄 뿐이라는 것이다. 우리는 이 원칙을 "한 치도 양보해서는 안 된다"고 그는 목소리를 높인다.[239] 이런 시각에서 그는 프랑스 혁명을 비판한다. 프랑스 헌법의 미래에 대해서 의구심을 품었다. 왜냐하면 "건물을 없애고 새로이 건축하듯이, 필요하면 폭력을 이용해서라도 프랑스 사회를 새로이 만들어 내겠다"는 의도가 프랑스 헌법의 목적이었기 때문이다.

홈볼트는 "폭력은 개인의 자기 개발을 방해하고 사회적 진화를 위축시키고 혁신적 사고를 처벌하는 대신에 강제로 부과된 질서에 충실한 경우에만 보상한다"고 경고한다.[240] 이런 비판은 프랑스혁명의 파괴적 요소를 비판했던 에드먼드 버크의 생각과도 일치한다. 그렇다고 훔볼트가 프랑스의 보수주의자들처럼 위계적이고 차별적인 귀족사회로 회귀해야 한다고 주장하지는 않았다. 그가 주장한 것은 모든 사람들이 신분적 차별이 없는, 누구나 자신의 판단에 따라서 자기 개발을 가능하게 하는 자유의 질서였다.

마음의 내적 문화를 제약하는 사회적 요인

훔볼트는 정치적으로 자유롭다고 해도 자기개발을 방해하고 지연시키는 요인이 있음을 부정하지 않는다. 그 요인은 첫째로 "사회규범

239) 위의 책 60~61

240) 프랑스 혁명에 대한 훔볼트의 비판적 태도를 정확히 지적한 것에 대하서는 Miniter(1991) 참조

혹은 관습" 때문에 우리의 "자유는 자기 계발을 위해서 가장 생산적인 용도"로 활용되지 못한다.[241] 훔볼트의 생각은 현실적합하다. 경제적 자유가 대폭 인정된다고 해도, 예를 들면 달라이 라마와 같이 안빈낙도의 전통이 지배하는 사회에서는 삶이 획일적이다. 배움, 능력, 지식이 단조롭다. 어느 한 개인이 그런 전통을 깨고 남다르게 자신을 영민한 상인으로서 활동하면 따돌림, 비난과 같은 비공식 처벌을 받는다. 정치적 자유가 존재한다고 해도 "극단적인 청교도 문화"가 지배하는 사회에서 사람들은 서로 유사하게 되고, 사회는 각자 고유한 개인들 보다는 "사회적 복제들"로 구성된다.[242]

자기 개발을 지연시키는 두 번째 요인은 분업이다. 훔볼트는 분업이 개인의 내적 문화에 미치는 부정적 효과를 말하고 있다. 분업과 전문화는 "모든 에너지를 한 방향으로 집중하기 때문에 인간의 잠재적 성격의 작은 일부만을 개발하는" 결과를 초래한다는 것이 그의 견해다.[243] 이런 생각은 이미 잘 알려져 있듯이 애덤 스미스가 경제적 분업이 학식, 교양 등 개인의 내적 재화에 미치는 부정적인 영향을 국부론에서 자세히 설명했다(344~345쪽). 평균 노동자는 판에 박힌 지루한 일을 반복적으로 수행하여 인간을 지적으로 좁고 문화적으로 저급하게 만든다는 것이다. 분업의 경제적 편익도 크지만 전문화 때문에 다른 삶의 영역에서는 자신의 지적 역량의 개발을 지체시킨다

241) 아래의 설명은 Smith(2013)를 재구성한 것이다.

242) Smith(2013) 양대종 (2012: 170)

243) Humboldt(1851/2012: 71) Smith(2013)

는 것이다.[244)]

그러나 스미스와 훔볼트의 해법은 상이하다. 전자는 초등교육의 정부시스템을 제안했다. 어린애들에게 사회의 문화적 삶에 함께하는 데 필요한 능력의 향상을 위해서 정부가 교육을 담당해야 한다는 것이다. 그러나 훔볼트는 국가교육의 모든 형태를 반대하는 견고한 자유주의자였다. 어린애를 교육시킨다는 명분으로 국가는 어린애들을 공통의 획일적인 형태로 만들 위험성을 그는 경고했다. 개인의 고유성을 장려하는 것이 아니라 이를 질식시킨다는 이유에서였다. 정부교육에 대한 훔볼트의 비판적 주장은 오늘날에도 여전히 옳다.

인간이성을 통해서 사회를 계획하기가 쉽지 않다

유럽은 살아있는 정치의 실험장이었다. 사람들은 프랑스 헌법의 미래에 대해 의구심이 강했다. 구체제를 없애고 프랑스 사회를 새로이 만들려는 대담한 기획을 내포하고 있었기 때문이다. 필요하면 폭력을 써서라도 말이다. 그러나 폭력은 폭력을 낳기 마련이다. 이것이 자유주의가 폭력을 반대하는 이유다. 폭력은 개인의 발전을 방해하고 사회의 자연적 진화를 지체시킨다.

그러나 프랑스혁명을 칭찬하는 사람도 있었다. 프랑스 독재의 장례식이라는 이유에서다. 칸트는 반대했다. 혁명은 로베스피에르 같은 전제적 복지국가로 전락할 위험성 때문이었다. 훔볼트는 혁명적

244) Smith(1776/2015: V.i.3. 2 50/958)

개혁을 반대했다. 인간은 이성(옳고 그름과 사회적 환경을 알 수 있는 지적 능력)을 통해서 이미 존재하는 것을 완전히 바꿀 수 없다는, 간단히 말해서 이성의 한계라는 이유에서다. 국가와 헌법은 "자연적으로 진화한 것이지 철학자들이 만들어 놓은 것이 아니다"라는 훔볼트의 주장도 흥미롭다. 그의 이런 주장에서도 스코틀랜드 계몽사상의 영향을 엿볼 수 있다.

"나무의 형체를 변동시킬 수는 있지만 새로운 것을 창조할 수 없다는 것",[245] 계획에 따라 사회를 만드는 극단의 손에 맡긴다면 인간은 고통을 받기 마련이라는 것 등은 모두 프랑스혁명의 경험에서 얻은 결론이었다. 사회적 문제를 인간이성에 맡기지 말고 자생적 질서에 맡기라고 강력히 주장한 인물이 훔볼트다. 인간들이 다양한 상황에 있을 경우에만이 그들이 추구할 가치들의 범위를 확장할 수 있고 삶의 실험도 가능하다. 그런 확장을 통해서만 사람들은 어떤 방식으로 자신들의 삶의 계획을 세우고 어떤 수단으로 계획을 달성할 수 있는가에 관하여 점차 더 좋은 해답을 발견할 수 있다. 스코틀랜드 계몽주의가 훔볼트에게 미친 영향이 크다는 것을 보여주는 대목이다.

3) 국가의 과제와 최소국가론

훔볼트의 정치철학에서 개인의 자기개발은 중심된 가치다. 그는

245) 이 부분의 내용에 관해서는 Raico(1961)와 그리고 Miniter(1991) 참조

그런 가치 실현에서 자유가 어떤 역할을 하는가를 밝혔다. 국가가 개인들의 어떤 행동을 제한할 것인가를 판단하기 위한 기준을 논의하면서 국가의 적절한 영역을 설정하고 있다. 훔볼트 사상의 핵심은 정부는 덕의 개념을 개인들에게 부과하는 것처럼 한 사회의 문화적 삶에 개입해서는 안 된다는 것이다. 정부는 오로지 개인의 권리만을 보호할 뿐이다. 그 이상 개입하지 말고 정부는 개인들이 학식, 교양, 능력, 재주 등과 관련하여 자신을 갈고 닦아서 인격을 도야하도록 자유롭게 내버려 두어야 한다는 것이다. 그러면 문화적 재화의 수요·공급을 통해서 문화질서가 자생적으로 형성된다는 것이 훔볼트의 탁월한 견해였다.

훔볼트에게 원칙적으로 국가는 적(敵)이 아니다. 국가는 개인들(사회)의 상위에 있는 것이 아니라 그 아래에 있다. 국가는 개인들이 추구하는 목적을 위한 수단에 불과하다. 국가는 인간 목적의 아래에 있다. 인간의 목적은 자기 개발이다. 국가목적은 자유와 다양성 속에서 자기를 개발하는 인격의 아래에 있다. 국가의 목적을 요약하면, 시민의 안정을 위한 자유의 확립이다. 안정이 국가의 최종목표다. "안정이 없이는 인간은 자신의 힘들을 양성할 수 없을 뿐만 아니라 그 힘들의 과실을 향유할 수도 없다.[246] 그런 안정을 방해하는 요인은 두 가지다. 즉 국내·외로부터의 침략이다. 즉 외부의 적과 내부의 분규를 방지하는 안정의 유지가 국가의 목표다.

246) Humboldt(1851/2012: 91)

국가가 왜 필요한가?

왜 안정이라는 목표가 필요한가? 국가가 왜 필요한가? 우선, 훔볼트는 자유를 위한 조건을 안정에서 찾고 있다. 안정이 없으면 자신의 힘들을 양성·이용하고 그 결과를 향유할 자유도 없다. 그는 인류학적인 조건으로부터도, 즉 인간의 탐욕에서도 안정이라는 가치를 도출하고 있다. 인간들에게는 적법하게 설정된 울타리를 넘어 타인의 영역을 침범하려는 성향이 있다. 침범으로부터 불화가 등장하고 그 "불화는 폭력을 요구하는 등 투쟁의 연속"이다. 이를 종결시킬 과제가 국가에게 있다.[247] 훔볼트는 안정 목표를 두 가지로 나누고 있다.[248]

-외적 안정: 외국으로부터 침략을 막는 국방의 과제다. 훔볼트는 상비군 제도를 반대한다. 그 대신에 민병대를 제안한다. 군생활의 혹독한 훈련과 단조로움은 그에게 전율을 느낄 정도로 나쁘다는 이유에서다. 그것은 남다른 내적 문화를 형성하는데 방해가 되는 요인이라는 것이다. 군인이 자신의 자유를 희생해서 거의 기계처럼 된다면 병사는 제각각 개인의 고유한 내적 문화를 형성할 수 없다. 그러나

247) Humboldt(1851/2012: 90) "인간들의 불화는 폭력을 요구한다. 불화의 경우에는 투쟁의 연속이다. 모욕은 보복을 요하고 보복은 새로운 모욕이다. 여기에 새로운 보복을 허용하지 않는 보복이 있어야 한다. 이것이 국가의 처벌이다. 파당들을 조용하게 만드는 결정, 즉 법관의 결정이 필요하다."

248) "첫째로 국가는 시민의 내·외적 안정에 속하지 않는 모든 목적들을 멀리해야 한다. 둘째로 바로 그런 안정이 정치활동의 진실한 목적이다. 마지막으로 안정을 촉진하고 유지하기 위해서 도덕에 영향을 미치거나 국민의 성격 자체에 영향을 미치려는 어떤 노력도 허용될 수 없다.Humboldt(1993, 82)

나폴레옹 전쟁을 경험한 후부터는 상비군제도에 대한 반대를 완화했다. 상비군과 비교할 때 민병대는 전투력이 대단히 약하다는 이유에서였다.

-내적 안정: 국가로부터의 안정이다. 훔볼트가 프러시아에서 관료생활을 끝낼 때 국가는 다면적인 자기개발과 맞지 않는다는 사실을 발견했다. 당시의 모든 정부는 너무 컸기 때문에 개인들에게 인격도야를 가능하게 하는 사회적 조건을 제공할 수 없었다. 큰 국가는 정부가 사회와 개인에 대하여 행사하는 힘을 확대하는 것은 필연적이라고 믿었다. 국가권력은 견해의 다양성과 자유를 관용하지 않는다는 것이다. 다양한 명분으로 국가는 개인의 자유를 침해한다. 이를 막기 위해서 국가권력의 한계를 설정한다. 두 번째로 타인들의 침해로부터 시민을 보호하여 안정을 확립하는 일이다. 타인의 침해를 통해서 시민들의 권리행사가 방해받지 않도록 국가가 나서는 것이다.

시민들이 자신의 "권리와 재산을 충분히 향유하면서 공존하고" 타인들의 침해로부터 외적인 교란이 없고 "법적 자유가 분명하게 확립되어 있는 경우" 그들은 안정적이라고 말할 수 있다.[249] 자유사회에서는 추구할 가치들이 다양하고 그래서 시민들은 자신들이 추구할 가치들의 범위를 확장할 수 있다. 재주, 능력, 학식과 교양 등을 새로이 발견하고 실험도 가능한 것이 자유사회다. 그런 확장을 통해서만이 사람들이 어떤 방식으로 자신들의 삶의 계획을 세우고 어떤 수단으로 계획을 달성할 수 있는가에 관하여 점차 더 좋은 해답을 발견할

249) Humboldt(1993, 84)

수 있다.

우리는 혼자 살 수 없다. 타인과 지속적으로 협력하고 연합해야 한다. 이를 위해서 우리는 타인들을 강제할 수 없다. 이것이 자유사회의 고유한 특징이다. 자유사회에서 어떤 권력의 손에도 의지하지 않고 우리의 존재가치를 높이고 그 가치를 행복하게 누릴 수 있다.[250] 누구나 자신의 이성을 이용하여 자신의 내적 문화를 개척하고 새로이 할 경우, 이는 동시에 타인들에 대한 계몽에 기여한다. 그리고 역으로 누구나 타인들의 경험으로부터 배운다. 이것이 "인간발전의 메커니즘"에 관한 훔볼트의 관점이다.[251] 개인의 인격을 단련하기 위해서 필요한 것은 자유다. 스스로 선택한 것이 아니라 강요된 것은 자신의 인격과 관련이 없다. 그것은 자신에게 "낯선" 것이다. 그가 실제로 자신의 노력으로 이룩한 것도 아니다. 훔볼트에게 미친 칸트의 영향이 얼마나 큰가를 엿볼 수 있는 대목이다. 자유사회로 가기 위해서 훔볼트는 다음과 같은 기본 원칙을 세웠다. 즉, 국가는 시민들의 적극적인 복지를 위해 노력하는 것을 삼가 해야 한다. 외적으로부터 보호하고 상호간 안정에 필요한 그 이상으로 나아가서는 안 된다. 어떤 목적을 위해서도 국가는 자유를 제약해서는 안 된다는 것이었다.[252]

훔볼트가 살았던 시기에 독일은 자유로 가는 길에서 멀리에 있었다. 경제에 대한 각종 규제, 교육·출판, 심지어 종교에 까지 정부의

---

250) Humboldt(1851/2012: 83), Raico(1961)

251) 이 내용에 관해서는 195쪽 〈그림-1〉 참조

252) Humboldt(1851/2012: 84)

통제가 극심했다. 특히 1786년 프리드리히 대제의 등장으로 독일의 자유주의는 소멸되었다. 출판의 자유와 종교행사의 자유에 대한 규제가 새로이 강화되었다. 출판 전에 정부의 검열을 받아야 했다. 그는 그런 규제를 철폐할 것을 촉구했다.

경제적 자유를 위해서도 최소국가가 필요

훔불트는 경제적 자유를 위해서 국내에서든 무역에서든 상업과 생산을 억제 하는 장애물을 제거할 것을 촉구했다. 중상주의적 핵심 규제였던 보호관세를 제거할 것을 요구했다. 일종의 담합처럼 상업과 영업의 자유로운 진입을 가로 막았던 동업조합 가입의무를 철폐해야 한다는 요구도 잊지 않았다. 상업과 영업은 동업조합의 고삐에 묶여 있었다.

훔볼트에게 도로, 다리, 강둑 같은 공공재의 산출도 적합한 정부역할이 아니었다. 그는 국가의 권력이 이런 일에 개입하지 않고서도 잘 해결된다는 것을 유럽 여행을 통해서 발견했다. 시민들이 자발적으로 이런 공동과제를 해결했다는 것이다. 특히 지역 공동체, 마을 공동체와 같이 국가에 속하지 않는 집단이 공공재의 문제를 잘 해결할 수 있다고 믿었다.

정부의 활동에 포함되어야 한다고 일반적으로 주장되고 있는 서비스들, 예를 들면 자선과 같은 것에 대하여, 훔볼트는 정치제도가 제공할 필요가 없다고 주장했다. 그런 일은 자선단체가 개인의 자발적 기부에 맡겨야 한다는 것이었다. 자선적 목적이 만족스럽게 충족될 수 있기 위해서는 필요한 것은 연합의 자유다. 훔볼트는 자신의 저서에서 사회적 힘의 효율성을 신뢰한다. 국가의 지시가 없다고 해도 사회적 목표가 달성될 수 있다고 믿었다.

간섭주의에 대한 비판

국가권력은 견해의 다양성과 자유를 관용하지 않는다는 것이 훔볼트의 국가인식이었다. 국가가 외국의 침범과 국내의 폭력으로부터 시민들을 보호하여 이들의 물리적 안정을 확립하는 과제를 넘어서 좋은 의도이든 나쁜 의도이든 무엇인가를 시민들에게 제공하다면 무슨 일이 생겨날 것인가? 국가는 궁극적으로 그들의 자유와 책임정신을 질식시킨다. 국가의 도움을 통해서가 아니라 규제되지 않은 교회와 학교와 같은 순수한 사회제도의 도움을 통해서만 개인들이 경제적으로나 도덕적으로 번영할 수 있다.

복지국가도 개인과 사회 사이에 장벽을 쌓는다는 것이 훔볼트의 생각이었다. 인간을 사회로부터 격리시키고 고립화하는 것이 복지국가라고 한다. 개인이 자신을 둘러싼 세계, 다양한 삶의 방식, 다채로운 아이디어, 지식 등으로 구성된 사회와 자유로이 상호관계를 가짐으로써 그는 공동의 문제를 해결할 새롭고 좋은 방법을 추구할 수 있다. 이 방법들 중 어떤 것은 개인이 나름대로 개발하기도 하고 어떤 혁신들은 타인들로부터 배우기도 한다. 이것이 자유사회에서 발전의 원천이다.

국가가 사람들이 연합을 형성할 조건을 지시하거나 간섭하는 것은 개인들의 열정과 자발성을 빼앗는 것과 다름이 없다. 새로운 아이디어를 개발하고 이를 전달하는 것이 느려지고, 국가가 사회의 모든 것을 규제할 권한을 가지면 그런 혁신과 혁신의 전달은 완전히 중단된다. 그 결과는 상상조차 하기 싫을 정도로 처참하다.

(1)계몽주의와 복지국가: "사회의 목표는 보편적인 행복이다. 인간에게 자연적이고 양도 불가능한 권리의 향유를 보장하기 위해서는 정부가 필요하다"는 것이 1793년 프랑스 헌법 제1조다. 국가에 의한 복지촉진은 프랑스 전통의 계몽주의가 추구했던 국가의 중심 이념이었다. 복지를 중시하는 국가관은 온정주의다. 인간은 미성숙하고 판단력이 높지 않기 때문에 스스로 삶을 지탱할 수 없다는 이유로 국가가 시민들의 삶에 개입해야 한다고 주장한다. 그러나 국가개입은 인간을 소극적이고 원기 없게 만든다는 것이 훔볼트의 옳은 생각이다.

"국가의 모든 경제 정책적인 개입은 인간의 자유를 제한하고, 적극적이고 추진력이 있는 성격을 위축시킨다. 다양성은 국가가 개입하는 만큼 줄어든다. …국가활동은 획일성을 확산시켰고 다양성을 제거했다."[253]

훔볼트는 적극적인 복지정책이 초래하는 문제를 다루고 있다. (1)

253) Humboldt(1851/2012: 64)

복지정책은 다양성을 획일성으로, 적극적 활동을 소극적인 것으로 만들기 때문에, 복지국가는 다방면으로 박식하고 원기 왕성한 성격을 위축시킨다. 시민들을 먹여 살리는 국가에서 시민들은 어려운 것을 회피하고 남에게서 보호를 찾는 것이 삶의 목표로 여긴다. (2)정부가 시민들의 복지를 위해서 행동하면 자립·책임정신이 소멸된다. 국가로부터 더 많은 지시를 받는 사람은 자발성을 쉽게 상실한다. 국가가 대신 염려해주기 때문에 스스로는 모든 걱정에서 면제되어 있다고 믿고 국가의 지도를 따르는 것에 만족한다.[254] 자립·책임정신, 자발성이야말로 인간들이 인격을 수양하고 학식과 덕목을 습득하는 정신적 수단이다. 복지정책은 국가에 의존심만 강화할 뿐이라고 훔볼트는 목소리를 높인다. 그는 인간을 유약하게 만들지 말고 미성숙한 어린애로 과소평가하지 말라고 경고하는 것도 잊지 않았다.[255] (3)국가의 간섭은 개인들의 상호간 도덕적 관심을 약화시킨다. 복지국가는 개인과 사회에 장벽을 설치하여 개인이 자신을 둘러싼 세상과의 자유로운 소통을 방해한다. 그러나 자유사회는 개인들 간에 장벽이 없다 그들은 타인들과 상호작용 속에서 새로운 지식·교양·사고방식 등을 창출하거나 타인들로부터 배운다. 이런 상호작용 과정이야말

254) 위의 책 66

255) 위의 책 81 "복지국가에서 인간은 물건으로 취급되고 창조력을 무시한다. 복지국가는 다양한 행동과 역량을 향유하기보다 살아있지만 생기 없는 축적된 수단들이다. 행동하는 인간의 자발성을 무시하면 그들은 견해를 오직 행복과 즐거움의 달성에만 마음을 쓴다. 그러면 인성의 존엄성이 상실된다. 인간의 기쁨이 가장 큰 경우는 자신의 능력이 최고로 개발되었다고 느낄 때이고 자신의 통일체를 깊이 의식하는 순간이다."

로 자유사회의 발전을 위한 원천이다. 큰 정부일수록 개인과 사회에 대한 정부의 권력이 그만 큼 커진다. 국가권력은 결코 자유와 견해의 다양성을 받아들일 수 없다. 국가에게 가장 바람직한 것은 시민들이 만족해하고 국가가 하는 일에 복종하는 일이다. 이는 결국 시민들을 억눌러 질식시킨다.

그러나 외국의 침략과 국내의 폭력으로부터 시민들을 보호하는 데에만 공권력의 사용을 허용하는 '제한된 국가'는 전혀 다르다. 규제받지 않는 교회와 학교 또는 소규모의 연합 등 진정한 사회제도의 도움으로 개인들이 풍요로운 내면적 문화를 향유할 수 있다. 토크빌처럼 훔볼트도 개인들이 새로운 아이디어를 서로 배우고 수련하여 인격을 형성하는데 중요한 역할을 하는 사회적 연합을 매우 중시한다. 그러나 국가가 연합의 형성에 간섭하거나 규제하면 연합의 본질적 열정과 자발성이 박탈되어 다양성이 질식된다. 그 결과 새로운 아이디어, 새로운 내면적 재화의 전달이 어려워지거나 정지된다.

⑵교육 간섭주의에 대한 비판: 인간의 내면적 발전에 가장 강력하고 직접적인 영향은 교육에서 나온다. 교육문제에는 두 가지 접근 방식이 있다. 국가는 자신의 생각에 따라 인간을 교육하여 국가 목표에 적응시키는 방법이다. 이는 교육에 대한 토마스 홉스의 간섭주의 접근방법이다. 교육을 민간주도로 할 경우 교육 수요자와 공급자의 우매함과 이기심 때문에 교육시장이 혼란에 빠진다는 이유에서다. 다른 하나는 국가의 개입이 없이 교육내용의 자유로운 공급·수요를 통해

서 개인들이 자발적으로 능력, 재주, 학식, 교양 등 내면적 문화를 형성한다는 입장이다. 이는 애덤 스미스의 자유주의 접근 방식이다.

교육에 대한 국가의 간섭을 반대하는 훔볼트의 논리도 흥미롭다.[256] 홉스적 접근방식은 교육수요자와 공급자의 개별성을 무시하고 획일적이기 때문이다. 자유사회에서만이 풍요로운 내면적 문화를 양성할 수 있다. 프랑스혁명에서 파리의 대중들이 폭력을 사용하고 또 다른 '거리의 권력'이 등장한 것은 장구한 독재와 전제정치 속에서 다양한 내적 문화재를 수요 공급할 기회가 없었고, 그래서 그들은 정신적인 미성숙과 야만성을 길들일 기회가 없었던 것이다. "오로지 교육받은 시민만이 절대주의를 극복한 후에 제기되는 여러 가지 과제를 인수하고 책임질 수 있는 능력이 있다"는 것이 훔볼트의 탁월한 믿음이었다.[257]

관료에 대한 훔볼트의 입장은 매우 비판적이다. "중앙관료는 제한된 지식만을 가지고 있기 때문에 현재의 유지에 집착하고" 정태적이다. 스스로 변화된 조건에 "적응할 유인도 능력도 없다"는 것이다. 그런 관료와는 달리 사회는 "교환의 목적을 위해서 분산된 지식을 통합하고, 필요한 모든 사람들에게 공급하고" 또한 그것은 "학습과정과 탐색과정을 통해서 스스로 조직되는 질서다."[258]

---

256) 위의 책 99~107 한국의 교육 간섭주의의 피해에 관해서는 김이석(2013: 116~150 참조)

257) Krebs(2014: 75), 프랑스 혁명에 대한 훔볼트의 일반적 견해에 대해서는 Miniter(1991)와 그리고 Krebs(2014: 75)을 참조

258) Krebs(2014: 75~76)

홈볼트는 단호하게 이렇게 말한다. 즉, 교육은 결코 국가가 원하는 특정의 목적을 위한 것이 아니고 개인들의 "고유한 개체성"이라는 의미에서 그들이 다채롭게 수련·훈련·학습하여 "다양한 내적 재화를 축적하는 과정"이라는 것이 홈볼트의 견해다.[259] 따라서 이 과정에서 사회적으로 역기능적인 내면적 재화는 제거되어 자생적으로 문화질서가 형성된다. 그래서 필요한 것은 국가가 아니다. 국가의 교육제도는 개인에게는 파괴적이다. 그것은 오직 하나의 의지만이 지배되는 홉스의 절대주의 국가에 해당된다. 자유롭고 비국가적 교육제도는 국민의 통합된 의지가 지배하는 시민국가에 해당된다.

"자유로운 인간들 중에서 모든 영업은 개선되고 모든 예술은 더 아름답게 꽃이 되고 모든 학문은 확대된다. 자유로운 인간들 끼리 사는 사회에서는 모든 가족들도 긴밀해지고 부모들도 열정적으로 자녀들을 돌보려고 하고 생활수준이 높아지면 더 능력껏 그들의 소망을 추구한다. 자유사회에서는 사람들이 열심히 본받고 경쟁한다. 더 훌륭한 교육자가 생겨난다. 그들의 운명이 그들의 노력의 성공에 좌우되어 국가로부터 기대하는 지원에 좌우되는 경우보다 더 훌륭한 교육자가 생겨난다."[260]

(3)대학과 학문의 자유: 홈볼트가 주목한 것은 대학의 자유와 독립성, 특히 학문의 자유였다. 과학발전의 전제조건은 탐구의 자유다.

259) 위의 책 76

260) Humboldt(1851/2012: 106)

과학자의 연구내용과 방향이 국가를 비롯한 제3자에 의해서 강요되거나 제한되면 가치 있는 과학적 발상이 생겨날 수 없다. 과학기술개발에 대한 국가개입을 규정한 한국헌법 제127조는 과학의 자유를 침해할 소지가 대단히 크다.

과학자도 자신의 생각을 자유로이 개발해야 한다. 학문의 자유의 중요성을 강조한 훔볼트의 생각을 확대발전시킨 현대적 인물은 칼 포퍼다. 그는 과학탐구에 대한 국가개입은 특정의 이론이나 아이디어에 대한 국가의 보호에 지나지 않는다는 이유에서 과학탐구에 대한 국가개입을 강력이 반대한다. 반증과 반박을 통한 참을 발견해 가는 과정을 지체시키고 왜곡하는 것이 국가의 간섭이다.

주지하다시피, 학문의 자유의 중요성을 강조한 영국의 철학자였던 마이클 폴라니도 빼놓을 수 없다. 국가가 과학을 통제하면 전체사회에서 자유 그 자체가 붕괴된다는 것이 폴라니의 견해였다. 과학의 자유를 부정하면 그 결과는 정치적 자유가 파괴되고 전체주의가 야기된다. 그의 이런 통찰은 경제적 자유를 부정하고 이를 통제하는 사회는 경제적 삶은 물론이거니와 종교·문화·정치적 삶 등 개인의 모든 삶의 국면을 간섭하는 전체주의가 초래한다는 하이에크의 주장과 같은 맥락이다. 폴라니는 과학의 자유의 중요성과 관련하여 다음과 같이 말했다.

"모든 과학자들에게 완전한 독립성을 허용하는 것 이외에 어떤 방법으로도 과학 추구를 조직할 수 없다. 학문의 자유가 있으면 그들은 자신의 능력을 이용하여 자신들에게 유익한 과제에 투입하고 가능한 모든 발견들을 위해 노력한다. 지적 발견이야 말로 과학 발전을 좌우하는 새로운 지식이다.[261)]

과학탐구에 대한 정부의 간섭은 성공할 수도 없다. 그 이유는 과학탐구를 책임진 중앙의 정부사람들은 과학 분야의 특수상황과 관련된 사실들에 관한 직접적인 지식이 전혀 없기 때문이다. 이런 지식은 과학에 종사하는 사람만이 알 수 있을 뿐이다.[262)] 과학탐구에 대한 정부의 간섭이 성공할 수 없는 이유와 경제계획과 간섭이 성공할 수 없는 이유는 동일하다: 그 이유는 하이에크가 늘 주장하듯이 사실에 관한 지식을 정부는 가질 수 없다는 지식의 문제 때문이다. 시간과 장소 등 상황과 독립적인 과학적 지식과 달리 사실에 관한 지식은 시간, 장소, 상황과 결부된 지역적 지식(생산기술 선호, 원료공급처, 공급량 등)처럼 각처에 분산되어 있고, 어느 한 장소로 전부 모아놓기가 불가능한 지식이다. 특히 그런 지식은 대부분 암묵적 지식으로 구성되있다. 그러나 이런 지식이야 말로 문명화된 사회를 가능하게 하는 지식이라는 이유로, 특히 하이에크를 비롯한 진화론적 인식론가들이 과학적 지식 못지않게 중시하는 지식이다.[263)] 사실에 관한 지식 또는

261) Raico(1961)에 재인용. Polanyi(1951: 89).

262) 이에 관해서는 Raico(1961)참조. 그는 계속해서 다음과 같이 말하고 있다. 만약 아인슈타인이 자신의 연구를 시작하기 전에 과학계획위원회로부터 허가를 받았더라면, 과학발전은 급진적으로 지연되었을 것이다.

263) Hayek(1948/1995: 제4장), Hayek(1973: 11) : 그는 "사실에 관한 지식의 영구적

노하우(know-how)을 발견하고 옳고 그름을 테스트하고 타인들에게 전달하기 위해서는 자유가 필요하다. 새로운 생산방법, 신상품, 신기술 등과 같은 새로운 지식의 이용·습득·발견 등과 같은 경제활동에 대한 정부의 간섭을 믿는 사람들은 과학발전을 위한 정부의 간섭과 계획도 믿는 사람이다. 정부가 더 잘 알고 있다는 믿음에서 경제 활동의 광범위한 통치를 선호하는 사람은 과학적 시도에도 족쇄를 채우는 체제로 되돌아가는 것을 좋아한다. 간섭주의자는 교육, 경제, 과학 등, 모든 면에서 정부가 사회보다 현명하다는 미신을 쫓는다.

(4)풍기, 미풍양속: 중요한 것은 시민의 풍기와 미풍양속을 위한다는 명분으로 국가가 규제하는 경우다. 예를 들면 사치재, 담배, 알코올 등에 대한 규제다. 감각적인 것 그 자체는 미풍과 풍기에 위험한 것이 아니라는 이유에서 이들을 금지할 필요가 없다는 것이 훔볼트의 생각이었다.

오늘날 술, 담배, 도박, 경마 등 개인 자신에게는 물론 사회에 부정적 영향을 준다는 이유로 부과되는 죄악세를 정당화하는 도덕주의적 간섭은 훔볼트의 생각과 정면으로 충돌한다.[264] 국가의 엘리트적 태도에서 나온 온정주의가 초래할 위험성을 훔볼트는 다음과 같이 말하고 있다.

한계"라고 말하고 있다.

264) 넛지에 관해서는 Thaler(2008/2009), 홍훈(2016)

"…시민들을 강요하는 국가는 조용하고 우정 어리며 유복한 듯이 보이는 국가일 수 있다. 그러나 그런 국가는 보살핌을 잘 받는 노예의 국가일 뿐, 권리의 침해를 막는 데 필요한 것을 제외하고는 어떤 제약도 받지 않는 자유롭고 독립적인 인간들의 국가는 아니다."[265)]

훔볼트는 교육과 종교 등에서와 마찬가지로 적극적인 목적을 가지고 시민의 처지에 영향을 미치는 권력을 국가에게 허용하는 것을 극력 반대한다. 오늘날 행동주의 경제학의 '넛지'(부드러운 간섭주의)도 우리를 '노예'의 절벽으로 이끌어 가는 서곡이다.[266)]

훔볼트와 국가의 역할

훔볼트에게 최고의 가치는 강제가 없는 상태를 말하는 자유다. 자유가 필요한 이유는 개인의 자기개발을 위해서다. 국가의 과제를 요약하면 내외의 안정을 보장하고 타인들이나 인간그룹의 침해로부터 개인의 사적 영역을 보호하는 일이다. 국가도 규제나 간섭을 해서는 안 되는 것은 물론이다. 국가가 그런 과제를 넘어서는 일을 추구할

---

265) Humboldt(1993: 79)

266) 예를 들면 다이어트를 개선하는 데 도움을 주는 비만세(肥滿稅)는 운동과 같은 노력을 위축시켜 체중감소에 미치는 영향은 미미하다. 이제는 정부가 강제로 운동을 시키거나 헬스클럽회원권을 위해 보조금을 지급해야 한다. 이것도 효과가 없으면 식품금지 조치가 필요하다. 넛지에 대한 비판은 민경국, 넛지 경제적 번영의 길인가? 한국경제신문 다산칼럼(2017. 12.12) 참조

필요가 없다. 사회의 영역에서는 국가의 개입이 없이 스스로 문제를 발견하고 해결하기 때문이다. 규제되지 않은 교회와 학교와 같은 순수한 사회제도의 도움으로 개인들이 번영할 수 있다. 사회는 내면적 문화(개인의 고유한 삶의 방식 또는 자기 개발)와 외면적 문화(선택대안의 다양성)의 상호작용의 결과로서 자생적 질서다.

국가는 내외의 상업과 생산을 억제 하는 장애물을 제거하여 개인의 자유를 확립하는 일은 애덤 스미스의 자연적 자유의 시스템을 확보하는 것과 같은 일이다. 보호관세를 제거하고 동업조합 가입의무를 철폐해야 한다. 당시 상업과 영업은 동업조합의 고삐에 묶여 있었다. 훔볼트가 강력히 그 철폐를 주장했다.

국가의 권력이 개입하지 않고서도 도로, 다리, 강둑 등 공공재의 문제는 잘 해결되고 있다는 것을 훔볼트는 유럽여행을 통해서 발견했다. 시민들이 자발적으로 공동과제를 해결했다. 자율적인 지역·마을·공동체가 중앙정부의 개입이 없이도 스스로 해결했다. 시민들에게 적극적인 복지를 마련하는 일은 결코 국가의 과제가 아니다. 빈곤의 문제도 국가가 개입할 사항이 아니라 종교·사회단체의 역할이라고 믿었다. 그래서 훔볼트는 다음과 같은 기본 원칙을 세우고 있다.

"국가는 시민들의 적극적인 복지를 위해 노력하는 것을 억제해야 한다. 외적으로부터 보호하고 상호간 안성에 필요한 그 이상으로 나아가서는 안 된다 어떤 목적을 위해서도 국가는 자유를 제약해서는 안 된다."[267]

행동하는 인간의 자발성을 무시하면 인간은 오직 행복과 즐거움만을 탐닉하는 데만 마음을 쓴다. 그러면 인간의 존엄성이 상실한다. 인간의 기쁨이 가장 큰 경우는 자신의 능력이 최고로 개발되었다고 느낄 때이고, 자신의 통일체를 깊이 의식하는 순간이다. 이는 훔볼트의 말이다.[268]

그러나 훔볼트는 실제의 정책에서는 자유주의 이상과는 다른 정책을 펼쳤다. 그는 마지못해서 그랬지만 교육부 장관직을 수락했다. 이것 자체가 자유주의와 충돌한다.[269] 더구나 장관 재직 시에는 국가시험 표준화제도를 도입했다. 교과과정, 교과서, 학습지도 등에 대한 국가의 감시 감독을 강화하기 위해서 책임부서를 도입하기도 했다. 그럼에도 자유와 인간 존엄성을 중시하여 국가권력을 최소로 줄이려는 훔볼트의 사상은 높이 평가를 받을 수 있다. 그러나 그의 사상은 개별 인간들이 스스로를 이상적인 사람으로 만들 수 있다는, 그리고 일반적으로 말해서 인간이성에 대한 무한한 신뢰를 전제하고 있다. 남다름, 개인의 독자성을 중시하고 영웅적 인간을 전제한 나머지 프리드리히 니체의 귀족적 자유주의를 연상시킨다. 자유주의가 성공할 수 있으려면 평범한 사람도 행복하게 살 수 있는 사회를 말해줘야 한

267) Humboldt(1851/2012: 84). 번역 내용을 축약했음

268) 위의 책 147

269) 이를 지적한 사람은 『문화와 아나키』를 쓴 영국의 작가 Mattew Arnold다.

다. 자유사회가 바로 그런 사회라는 것을 보여주는 사상이 제3부에서 다룰 진화론적 자유주의다.

6. 루트비히 폰 미제스: 인간행동의 자율성
-재산권, 자유 그리고 국가

20세기의 특징은 자유주의 이념의 몰락이었다. 전대미문의 번영을 안겨주었던 자유제도는 제1차와 제2차 세계대전 사이에 파괴되었다. 러시아를 비롯하여 유럽과 그리고 심지어 미국까지도 자율적인 시장과 자유사회를 계획으로 대체했다. 영국의 지식인들은 당시 러시아의 사회주의를 선망의 대상으로 여겼다. 2차 대전 후 '라인강의 기적'을 불러온 독일의 경제질서를 확립했던 발터 오이켄은 그 시기를 "실험의 시대"라고, 열린사회의 중요성을 강조했던 칼 포퍼는 "절망의 시기"라고 말했다.

개인의 자유, 시장경제, 작은 정부를 말하면 '퇴폐적인 사람' 또는 '시대의 낙오자'로 낙인찍기가 일쑤였다. 그런 탓으로 자유주의자들의 수도 얼마 남지 않게 되었다. 자유주의의 이념도 잊혀져가고 있었다.

"세상은 자유주의에 관하여 아무것도 알지 못한다. 영국에서조차 자유주의자는 있지만 그들 가운데 대부분은 이름뿐이고, 실제로는 사회주의자다. 세계는 지금 반(反)자유주의 정당들이 정권을 장악하고 있다. 반자유주의 사상에 힘입어 사회주의 정책이 채택되고 있다."[270]

국가주의는 오스트리아, 독일 그리고 다른 서방국가에서도 관철되었다. 자유주의는 몰락했고 인류 역사에서 가장 무서운 시대가 도래했다. 이념적, 정치적 이유에서 수천만 명이 죽었다. 히틀러의 민족사회주의를 통한 6백만 명의 유태인 학살,[271] 스탈린에 의한 생활필수품 단절로 우크라이나 주민의 몰살, 마오쩌뚱의 대약진 정책, 폴 포트의 킬링필드 등은 우리를 당혹스럽게 만든 일련의 사례다.

이런 시기에 우크라이나 출신 루트비히 미제스(Ludwig von Mises; 1881~1974)가 등장하여 국가나 집단 대신에 개인의 자유를 중시하는 개인주의만이 인류를 빈곤과 노예로부터 구원할 수 있다고 큰 목소리를 냈다. 동서를 막론하고 인류문명은 경제적 영역은 물론 종교, 예술, 학문 등 모든 영역에서 자유로이 활동할 수 있도록 사람들에게 광범위한 자유를 확보해 준 결과라는 것이다.[272] 문명의 기초는 그래

270) Mises(1922/1995: 32~33)

271) 홀로코스트는 나치 정권과 그 협력자들에 의하여 6백만의 유태인에게 자행된 국가 차원의 체계적이고 관료적인 탄압과 대량 학살이었다. "홀로코스트"는 "불에 의하여 희생된 제물" 이라는 의미의 그리스어에서 유래된 말이다.

272) "서구문명의 초석은 자발적 행동을 할 수 있는 영역을 개인에게 확보해 준 결과다." Mises(1957: 374)

서 개인주의이고 이를 모든 사회 이론의 출발점으로 채용해야 한다는 것이다. 그는 어느 누구보다도 일관된 그리고 자기 완료된 자유의 경제학자 겸 철학자였다.

미제스는 개인의 자유와 재산을 보호하는 일만 하는 '자유방임'을 주장했다. 그에게는 제3의 길은 없다. 이런 국가철학의 출발점은 로크 전통의 자연권도 아니다. 미제스는 자연권사상을 반대한다. 자연권사상에서 중시하는 자기소유(신체 능력 노동 등에 대한 권리)를 말하지 않는다. 미제스 사상의 출발점은 인간은 행동한다는 간단한 개념이다. 이에 의존하여 개인의 행동의 자율성이라는 도덕철학적 개념을 도출하고 있다. 이 개념을 통해서 자유와 사유재산제의 정당성을 설명하고 있다. 시장질서가 도덕적으로 옳은 이유도 그것이 "자율적인" 인간들이 스스로 원하는 재화들을 습득하는 데 "최선으로 봉사하기 때문이라는 것이 미제스의 통찰이다.

1) 인간은 행동한다

우리가 가격, 화폐, 시장, 법과 도덕이나 관습 등을 진정으로 이해하고 싶다면 개인의 행동에서 출발해서 그런 경제현상을 개인들끼리의 상호작용 결과로 설명해야 한다. 행동하는 것은 개인뿐이다. 국가, 사회, 민족, 계급 등과 같은 집단은 생각하고 판단하고 행동하는 실체가 아니다. 오히려 그들은 인간행동에서 도출된 개념이다.

그래서 미제스 사상의 출발점은 '인간은 행동한다'는 전제다. 이 전제가 그의 사상의 중심축이다. 이는 반증될 수도 없는 확실한 진리이다. 그 어느 누구도 모순을 범하지 않고서는 인간은 행동하지 않는다고 반박할 수 없다. 그런 반박 자체도 행동이기 때문이다. 그러나 인간은 행동한다는 말은 설명을 필요로 하는 개념이다.

인간행동은 늘 주관적으로 합리적이다

인간은 왜 행동하는가? 행동동기가 뭐냐? 행동은 상황의 불만족에서 생겨난다. 그 불만을 해소하기 위해서 행동한다. 모든 희망은 욕구, 즉 결핍에서 나온다. 인간은 행복을 추구한다. 그래서 미제스에게 인간은 자연권 사상처럼 '권리보유자'가 아니라 '효용보유자'다. 행복은 무엇인가? 이는 오로지 개인 자신만이 알 수 있다. 행동은 목표를 지향하는 것이고 그래서 행동은 목적의식적이다.

목적의 결정은 항상 합리적이다. 목표는 개인에게 불만 상태를 제거하기 위해 가장 긴급한 것이기 때문이다.[273] 수단의 선택도 기술적으로 항상 합리적이다. 그것은 선택된 목표달성과 관련되어 있기 때

273) "우리는 목표를 달성할 수단과 방법을 다룬다. 이런 의미에서 행동과학의 주관주의를 말하다. 행동과학은 행동하는 인간의 가치전제를 주어진 것으로 여긴다. 그들에 대하여 완전히 중립적이다. 그리고 인간들이 추구하는 목적에 관한 가치판단을 하지 않는다. …공리주의가 효용을 말하고 경제학이 유용성을 말한다면 우리는 행복, 효용, 유용성을 행동하는 인간이 추구하는 것으로서 주관적으로 이해해야 한다."(Mises, 2966/2011: 15)

문이다. 선택된 목적과 관련이 없는 엉뚱한 수단을 선택하지 않는다. 따라서 모든 행동은 항상 주관적으로 합리적이다. 세상에 관해서 실제로 알고 있는 것은 행동하는 주체에 고유하고 그래서 주관적이다. 재화, 비용, 이윤, 효용 등은 모두 행동하는 인간 자신의 고유한 정신활동의 소산이다. 합리적으로 행동하는 개인은 미제스의 이론의 기초이자 경제학과 자유주의 정치철학을 비롯하여 행동학의 기초다.

그러나 인간행동은 주관적으로 항상 합리적이라는 주장은 행위자의 선호와 믿음의 내용에 관해서는 어떤 제한도 없다는 뜻이다. 선호나 믿음이 일관되기만 하면 모든 행동은 주관적으로 언제나 합리적이다.[274] 그러나 그 같은 합리성은 자의적이다. 목적 합리성이 어떻게 가능한가를 설명하는 이론이 필요하다.

인간행동은 목적뿐만 아니라 규칙에 의해서도 결정된다

합리성을 설명하는 세 가지 대안이 논의되고 있다. 규칙을 기초로 하는 행동, 프로그램을 기초로 하는 행동, 추측에 기초한 문제해결행동.[275] 우리가 주목하는 것은 '규칙을 기초로 하는 행동'이다. 이는 하이에크가 제안한 것이다.[276]

---

274) Vanberg(2002: 12). 선택은 예측된 행동결과에 대한 선호에 기초하고, 예측은 이론이나 정신적 구조물에 기초할 경우에만이 가능하기 때문에 모든 합목적적인 행동은 필연적으로 이론에 의해 인도되고 행위자의 이론은 필연적으로 주관적이다.

275) 위의 논문 14쪽

276) Hayek(1973: 11)

"인간은 목적을 추구하는 동물인 만큼이나 규칙을 따르는 동물이기도 하다. 그리고 그는 자신이 준수하고 있는 규칙들을 왜 준수해야 하는지를 알기 때문이 아니라, 혹은 이 모든 규칙들을 말로 표현할 수 있기 때문이 아니라, 그의 사고와 행동이 그가 살고 있는 사회에서 자연선택 과정에 의해 진화해왔던, 그럼으로써 여러 세대의 경험의 산물이기도 한 규칙들에 의해서 지배되고 있기 때문이다."277)

인간행동을 안내하는 규칙들 속에는 세계에 관한 지식, 즉 인간의 진화과정과 개인의 학습과정에서 시행과 착오를 통해서 축적된 지식이 담겨있다.278) 행동규칙을 통해 전달되는 지식은 특정한 행동을 해서는 안 된다는 내용의 소극적 지식을 전달한다. 규칙을 따르는 행동 때문에 비로소 인간은 합리적으로 행동할 수 있다(규칙합리성). 많은 사회 제도들은 우리가 목적을 성공적으로 추구하기 위한 불가결한 조건이다. 그들은 사실상 어떤 목적을 고려하여 발명되지도 않고 준수되지도 않았던 관습, 습관들 혹은 관행들의 결과다. 규칙을 따르

277) 하이에크(1973: 147~148)에서 인용 Peters(1959: 5) "인간은 규칙을 따르는 동물이다. 그의 행동은 단순하게 목적들만을 향한 것이 아니다. 그것은 사회적 기준들 그리고 관습들에도 순응한다. 인간은 계산하는 기계와 달리 규칙들 및 대상들에 대한 지식 때문에 행동한다. 예를 들어 우리는 사람들에게 정직성, 시간 엄수, 배려 그리고 비열(meanness)과 같은 성격의 기질들(traits을 속성으로 붙인다. 그러한 용어들은 야망, 혹은 갈구(hunger), 혹은 사회적 욕망과 같이 인간이 추구하고자 하는 종류의 목표들을 가리키는 것이 아니다. 오히려 그것들은 그의 목표들이 무엇이건 그의 행위에 가할 규제들의 유형을 가리키는 것이다."

278) Vanberg(2002: 14)

는 행동 때문에 수많은 사람들의 다양한 목적들을 일관성 있게 조정된 질서가 자생적으로 형성된다. 이런 사실을 고려하지 못한 것이 미제스의 치명적 결함이다.

인간행동에는 초의식적 국면도 있다

미제스는 인간행동의 무의식성과 대비하여 의식성을 강조하고 있다. 인간행동은 의식적으로 목적을 추구한다고 주장하고 싶어 한다.

"의식적 혹은 의도적 행동은 무의식적 행동, 즉 자극에 대한 육체의 세포와 신경의 반사적 또는 무의도적 반응은 첨예하게 대비된다. -의식과 무의식의 구별은 뚜렷하며 어느 쪽인지 분명히 결정할 수 있다."[279]

미제스는 무의식적 행동, 정확히 표현한다면 '초의식적(supra-conscious)' 행동, 또는 초 의식적 정신작용의 중요성을 경시하거나 간과했다. 노벨경제학상 수상자인 버논 스미스는 다음과 같이 말했다. 즉, "미제스는 무의식적인 정신과정의 작동을 경시하고 있다. 우리는 우리가 알고 있는 것의 대부분에 대한 학습을 기억하지도 않고 그 학습과정은 우리의 의식적인 경험에 접근할 수 없다."[280]

---

279) Mises(1966/2011: 25)

280) "인간행동은 의식적으로 목적을 추구한다"는 미제스의 명제에 대한 버논 스

인간행동의 결정 또는 외부세계에 대한 인지에서 두뇌과정은 대부분 무의식이다. 하이에크가 적절히 주장하듯이 재치, 재주, 어감 등 말로 표현할 수 없는 암묵적 지식, 정의감이나 법 감정, 문화나 어법 등과 같은 행동규칙은 초 의식적이다.[281]

행동단계뿐만 아니라 행동이전의 단계에서 일어나는 인지와 정신적 과정도 이미 수많은 초 의식적 규칙들의 결합에 의해 지배되고 있다. 더구나 의식적인 의사결정도 수많은 무의식적인 두뇌과정의 도움에 의해서 준비되고 또 그로부터 영향을 받는다. 인간행동의 초의식성은 현대의 신경과학에서도 강조하고 있다.[282] 이런 초의식성을 무시한다고 해도 문제가 없나? 버논 스미스는 인간행동의 의식성에 입각한다고 하더라도 미제스의 시장이론에는 아무런 영향을 미치지 않는다고 말하고 있다. 그러나 이는 틀렸다. 가격 속에는 사람들의 초 의식적 지식까지도 전달하는 역할을 하기 때문이다. 인간행동의 초의식성을 고려하지 않으면 비언어적 방법을 통한 거대한 소통체계로서의 시장을 완전히 이해할 수 없다.[283]

미스의 논평은 스미스(Smith, 1999: 200)를 참조.

281) Hayek(1967: 45)

282) 나의 저서 (민경국, 2016: 151)의 제 2부 제1장 〈자유와 책임에 대한 인식: 신경과학과 하이에크〉를 참조.

283) 민경국(2015: 105~136). 여기에서 필자는 사회주의의 산물인 숙의민주주의와 시장경제를 의사소통메커니즘의 관점에서 비교했다.

2) 인간행동의 자율성과 자유의지

인간행동의 자율성은 칸트나 훔볼트처럼 미제스에게도 매우 중요한 개념이다. 이는 자유가 왜 중요한가를 말해주는, 그래서 그의 사회철학의 출발점이다 그가 어떻게 자율성을 설명하는가?

자율성이란 무엇인가?

칸트에게 자율성은 외적 강제나 또는 내적 감정과 관련이 없이 이성에 의한 자신의 행동에 대한 완벽한 통제다. 인과성을 스스로 결정하는 능력이다. 형이상학적이다. 자연에서처럼 인과율에 따라 결정되는 행동도 아니고 기분이나 감정 욕구에 의해 결정되는 것이 아니다. 미제스의 자율은 이와는 다르다. 그는 칸트처럼 스스로를 통제할 이성이 있다는 형이상학적인 기본가정에 근거하지도 않고 훔볼트처럼 인간의 최고목표는 자기개발이라는 인류학적인 가정에 근거하지도 않는다.[284] 미제스의 자율성은 행동개념에서 도출하고 있다. 행동을 산출하는 것은 불만이다. 행동목표는 불만상태를 제거하는 데 있다. 그런데 흥미롭게도 추구하는 목표의 옳고 그름은 행위당사자 이외에는 어느 누구도 판단할 수 없다. 행동하는 개인이 선택한 목표는

284) 여러 가지 이유 때문에 그 같은 전제를 거부한다. "어느 한 사상이 형이상학적, 인류학적 전제에서 도출되는 이론은 이 공준을 수용하면서 동시에 각 이론적 틀을 받아들이지 않으면 안 된다."(Krebs: 2014: 137)

그 개인만이 판단할 수 있다. 개인 이외에는 정부, 지도자 또는 그 어떤 국외자도 개인이 추구하는 목표나 희망, 행복 등에 대해 옳고 그름의 판단을 내릴 수 없다.

행동목표가 자신의 불만상황의 제거와 어떻게 관련이 있는가는 개인만이 판단할 수 있다고 한다면, 그에게 목표와 수단을 스스로 선택할 수 있도록 자율을 허용해야 한다. 개인 자신 이외에는 학자, 성직자, 정부, 정치지도자 등 어느 누구도 인간의 행복을 정해서는 안 된다. 이들의 이름으로 행동을 정하는 것은 타율적이다.

"군인의 칼이나 날카로운 권력자의 칼을 통한 불관용과 선전은 타율적 윤리의 본질이다. 신이나 운명의 법칙들은 보편타당성을 요구하며 이 법칙들이 정당하다고 선언한 권위에 대하여 모든 사람들이 당연히 복종할 의무를 지니고 있다."[285]

자율의 윤리는 개인들에게 자신의 의지, 즉 목적 합리적으로 행동하도록 허용한다. 목적의 내용, 자신에게 더 좋아 보이는 것, 그리고 희망 등은 그가 내· 외적 상황에 대한 주관적, 의식적 인지와 체험에 의해서 결정된다. 자율의 윤리를 뒷받침하는 것이 자유의지다.

자율의 기초는 자유의지다

285) Mises(1968/2011: 294)

행동의 자율성을 설명하려면 자유의지를 전제해야 한다. 그러나 이 전제는 설명이 필요하다. 지성사나 정치사에서 가장 오래된 그리고 아직까지도 생생히 살아있는 쟁점이 자유의지의 문제이다. 미제스는 인간행동의 결정과 관련된 두 가지 가정의 논리적 결합을 설명하면서 이를 제거하는 이론을 개발하여 의지의 자유를 정당화하고 있다.[286] 첫째는 결정론이다. 둘째로 의지는 자유롭다.

결정론에 따면 모든 사물은 인과성 법칙에 따른다. 인과성에 따르지 않는 것이란 없다. 결정론적이지 않은 우주의 이미지란 생각할 수조차 없다. 오늘의 결정은 과거의 상황의 필연적 결과다.[287] 자유의지론에 따르면, 행동대안들 중에서 인간들이 선택하는 행동은 엄격하게 결정된 것이 아니다. 그런 선택은 원인이 없는 것이며 과거의 조건과 관련이 없다. 인간의 도덕적 자유의 발현이다. 그렇지 않다면 인간은 자율적 인간이 아니라 로보트처럼 기능하는 인간기계다.

결정론은 인간이 삶의 순간에 행하는 것은 그의 과거에 달려 있다는 것, 되돌아보면 모든 행동은 원인이 있게 마련이라는 점에서, 반면에 자유의지론은 인간의 행동과 동물의 행태 사이의 근본적인 차

286) 크렙스가 미제스의 자유의지 문제를 다루고 있다. (Krebs, 2014: 139~140) 여기에서 필자가 다루는 미제스의 자유의지는 크렙스에 의존하여 재구성한 것이다.

287) Mises(1957/2011: 76) "인간은 그가 선택한다고 믿을 때 자신을 속이는 것이다. 개인에게 알려져 있지 않은 무엇인가가 그의 의지를 지휘한다. 그는 자신의 선택에 맡겨진 대안들의 호 불호를 마음속에서 저울질한다고, 그리고 그런 연후 자신이 의사결정을 한다고 생각한다. 그는 사물의 선행 상태가 그에게 특정한 노선의 행위를 강요하고 있으며, 자신이 이 압력을 회피할 수단이 없음을 알지 못한다." 이는 박종운 미 발간된 번역판에 의존.

이를 지적했다는 점에서 정확하다. 그러나 두 이론은 세상을 인지하고 옳고 그름, 좋고 나쁨을 판단하여 행동을 결정하는 데 중요한 역할을 하는 '이념'을 무시했다.

"두 가지 이론은 이념의 역할에 적절한 주목을 못했다. 인간이 내리는 선택은 그가 적용한 이념을 통해서 결정된다. …인간의 정신적 노력의 산물인 이념과 가치판단이 개인의 행동을 유도하는데 그들은 어떤 원인에도 환원될 수 없다. 이런 의미에서 그들은 최종적인 여건이다. 우리가 그들을 다룰 때는 우리는 개별성의 개념을 이용한다. 그러나 이 개념에 의존할 때, 우리는 이념들과 가치 판단들이 무(無)로부터 자발적인 발생에 의해서 나왔다고 하는 것이 결코 아니며, 그것들이 출현하기 이전에 우주에 이미 존재했던 것과 절대 연결시키거나 연관시키지도 않는다."[288]

우리의 사고와 행동을 결정하는 이념들을 고려한다면 이념들도 서로 영향을 주고받는다. 그들은 인과관계도 형성한다. 그러나 그들의 상호작용이 기계적이지도 않고 엄격하게 결정되는 것도 아니다. 이념들이 액면 그대로 우리의 사고를 결정하는 것이 아니다. 이미 머릿속에 들어있는 사고 틀에 비추어 그들을 해석하여 수락하거나 거부한다. 이 과정이 결코 기계직이 이니다. 정보선택에서 정보를 있

288) 위의 책 77~78, Kebs(2014: 139)에서 재인용. 이 번역은 박종운의 미발간된 번역판에 의존.

는 그대로, 다시 말하면 기계적으로 선택하는 것이 아닌 것과 마찬가지다. 이미 머릿속에 들어있는 사고 틀 또는 인지 틀에 비추어 해석하고 이에 따라 주어진 정보의 수용 여부를 결정한다. 이런 과정이 끝난 후에 뒤돌아보면 마치 결정론이 말하는 것처럼 인과성을 확인할 수 있다. 그러나 무엇을 선택할 것인가는 미래 전망적으로 보면 미 결정적이다. 결정론은 수행된 행동에 대해서 과거 회고적인 반면에 그 행동이 선택한 시점에서 선택이 예측될 수 있었는가라는 의미에서 자유의지론은 미래지향적이다. 우리는 어떤 행동결정이 생겨날 것인가를 알 수 없다. 이로써 자유의지를 통해서 행동의 자율개념의 기초가 확립될 수 있다.

자유의지에 대한 미제스와 하이에크

이 맥락에서 자유의지에 관한 하이에크와 비교하면 흥미롭다. 그는 두뇌에서 사령탑의 역할을 하는 의지의 자유의 과학적 근거를 부정하는 인물이다. 자유의지는 원인이 없다는 뜻이다. 타인들의 비난이나 처벌, 칭찬이나 보상 등 어떤 것에도 아랑곳 하지 않고 제멋대로 행동한다. 하이에크는 자유의지 개념을 부정하고 결정론을 긍정적으로 보고 있다.[289)]

"외적 환경에 대한 반응, 즉 어떤 순간 개인의 행위는 그의 유전적

289) Hayek(1960/1996 I: 133~134)

소질과 축적된 경험, 그리고 과거의 개인적 경험에 비추어 해석된 새로운 경험이 함께 영향을 미쳐 결정된다. …결정론적 입장이 주장하는 바는 유전적 소질과 과거경험의 축적된 효과가 개인의 인격을 구성하며, 외부 내지 물질적 영향에서 차단된 '자아'나 '나'라는 것은 존재하지 않는다는 것이다."

축적된 유전적 지식, 과거의 경험지식, 의사결정 시점의 환경이 주는 신호나 자극 등을 가공하여 행동을 산출하는 것은 두뇌의 신경작용이고 이 신경작용은 물리화학적 (인과적) 법칙성을 따른다. 이 같은 결정론을 "신경결정론(neuronal determinism)"이라고 부른다. 하이에크는 정신의 신경결정론을 옹호한다. 그렇다고 해서 정신작용을 기계적으로 이해하는 것은 아니다.[290] 하이에크는 다음과 같이 말하고 있다.

"이 같은 생각들은 '자유의 의지'에 관한 오래된 논쟁과도 관련이 있다는 점을 이 계제에 언급하는 것이 좋을 듯하다. 우리가 모든 인간 행동은 물리적 과정에 의해서 인과적으로 결정되는 일반 원칙을 알고

290) "결정론적이지 않은 우주의 이미지란 생각할 수조차 없다. 그런 세계에서는 어떠한 물질적인 것에 대한 인식도, 그것들의 변화들에 대한 인식도 있을 수 없다. 의미 없는 혼돈으로만 보일 뿐이다. 아무 것도 그것 아닌 다른 것과 식별될 수도 구별될 수도 없다. 아무 것도 기대되거나 예측될 수 없다.…어떠한 행동이 구상될 수도 없고, 더 더욱 실행에 옮겨질 수도 없다. 인간이 인간인 것은 그가 규칙성의 세계에 살고 있기 때문이고, 원인과 결과의 관계를 인식할 정신적 힘을 가지고 있기 때문이다."(Mises, 1957/2011: 76)

있다고 해도 이것은 특정한 행동은 특정한 물리적 환경의 필연적 결과로 인정될 수 있다는 것을 의미하는 것이 아니다."[291]

앞에서 인용한 문구는 마르크스의 유물론을 간접적으로 비판한 것이다. 유물론은 정신작용이 물리적 여건을 통해서 엄격히 기계적으로 결정되어 있다고 믿는 사상이다. 인간은 행동하는 것이 아니라 행동되는 것이다.[292] 이는 역학적 인과관계를 의미한다. 이런 결정론에서는 정신적 이념은 물질적 요소가 특정한 물질적 효과를 낳는 과정 속에 있는 단순한 중간단계일 뿐이다. 그 이념은 물질적 요소를 능동적으로 그리고 창조적으로 해석하고 분류하는 장치가 아니다. 그래서 마르크스에게 자유의지는 존재하지 않는다. 그러나 하이에크가 자유의지가 없다는 말은 물리·화학적으로 작동하는 신경구조와 독립적인 실체 또는 신경구조를 조종·통제하는 사령탑이 존재하지 않는다는 뜻이다.

우리의 신경작용인 정신과정을 마르크스처럼 그렇게 기계적으로 설명할 수 없다는 것이 하이에크의 인식이다. 미제스가 이념이라고 부르는 것은 하이에크에게는 두뇌신경의 연결망으로 구성되어 있는 분류도구다. 외부에서 들어오는 자극을 해석하고 행동을 결정하는 역할을 한다. 분류도구를 해석 틀 또는 외부환경을 인지하는 틀이다. 그런데 그 해석이 능동적이고 창조적이라는 것이다. 그래서 우리의

291) Hayek(1952: 193)

292) Mises(1956: 76)

사고과정은 결코 결정론으로 설명할 수 없다. 정신작용은 복잡한 자생적 질서다.

게다가 사고과정은 심오한 차원에서는 초 의식적인 복잡계다. 이런 초의식성은 두뇌가 의식적인 정보이용보다 훨씬 더 많고 훨씬 더 포괄적으로 저장된 지식을 동원할 수 있는 이유다. 두뇌의 무의식적 과정 때문이다. 이는 진화적 선별에서 매우 유익한 역할을 했다.[293] 의식적인 의사결정도 수많은 무의식적인 두뇌과정의 도움에 의해서 준비되고 또 그로부터 영향을 받는다는 신경과학의 인식도 흥미롭다.[294] 따라서 우리는 어떤 행동결정이 생겨날 것인가를 미리 알 수 없다.

마르크스는 생산력이라는 물질이 정신을 규정한다고 한다. 하이에크의 입장에서 보면 기계, 기술, 생산방법, 자원 등을 의미하는 생산력은 새로운 아이디어를 고안하고 추론하는 정신과정의 산물이다. 그 생산도 분업을 통한 협력체제(생산관계)를 요구한다. 따라서 생산력은 이념과 생산관계의 함수다.

"인간의 정신적 노력의 산물인 이념과 가치판단이 개인의 행동을 유도하는데 그들은 어떤 특정한 원인에도 환원될 수 없다. 이런 의미에서 그들은 최종적인 여건이다"라는 미제스의 주장은 하이에크에게도 타당하다. 그가 인간의 사고과정을 기계적인 것으로 이해해서는

293) 민경국 (2016: 157)

294) 하이에크는 수학자이자 철학자인 화이트헤드(A. N. Whitehead: 1861~1947)를 인용하여 무의식적 두뇌작용의 중요성을 강조하고 있다(Hayek, 1949/1998: 131).

안 된다는 것, 행동을 결정하는 데 중요한 역할을 하는 이념의 중요성을 강조하는 것도 미제스와 차이가 없다.

두 학자의 차이점은 하이에크는 인간정신의 원천을 진화에서 찾고 있는데 반하여 미제스에게 정신적 범주는 선험적이라는 것이다. 결론적으로 하이에크는 미제스가 이해하는 자유의지론을 뒷받침하여 인간행동의 자율성의 기초 확립에 기여하고 있다고 볼 수 있다.

정의의 궁극적 잣대는 자율을 위한 틀

미제스는 과학철학을 논하고 있다. 막스 베버에 의존하여 탈가치 판단원칙을 중시한다. 인간들이 추구하는 목표를 평가할 객관적인 잣대가 없다는 이유에서다.[295] 그는 자연법이 절대적이고 영원한 가치의 표준을 찾으려는 가장 중요한 시도도 결국에는 합리주의와 공리주의로 갈 수밖에 없다고 주장한다. 공리주의가 감각적 기쁨만을 추구해야 한다고 가르치는 것이 아니라고 하면서 그는 공리주의를 이렇게 예찬했다.

"사회적 협동이 대다수에게 모든 목적들을 달성하기 위한 수단이라고 인식함으로써, 그것은 사회, 국가, 민족 혹은 다른 여타의 사회적 실체가 궁극적인 목적이라는 견해 그리고 개별적 인간들이 그 실

295) Mises(1957/2011:45): "개인이건 그룹이건 어떠한 행동을 통해서 산출했던 결과들 외에는 그러한 행동방식을 평가하는데 이용 가능한 표준은 없다."

체의 노예들이라는 생각을 일소한다. 그것은 보편주의, 집단주의, 그리고 전체주의의 철학들을 거부한다. 이런 의미에서 공리주의를 개인주의의 철학이라고 부르는 것이 의미가 있다." [296)]

어떤 정책과 법은 좋고 어떤 다른 것은 나쁜가? 좋은 법과 정책을 판단할 도덕적 잣대는 무엇인가? 미제스에게 사회협력을 유지하는 데 봉사하는 것은 객관적으로 좋고, 이를 손상시키는 것은 객관적으로 나쁘다. 따라서 좋은 것은 평화의 원칙이고 나쁜 것은 폭력의 원칙이다.

"정의의 궁극적인 잣대는 사회적 협동의 유지에 도움이 되는가이다. 사회적 협동을 유지하는 데 적합한 행위는 정의롭고, 사회의 유지에 해가 되는 행위는 정의롭지 못하다. 문제는 인간들이 사회적 협동을 통해서 얻기 원하는 그 목적들을 가능한 한 최선을 다해서 실현하기 위해 사회를 조직하는 것이다." [297)]

크렙스가 확인하듯이 미제스에게 정의는 분배정의가 아니라 자율적인 인간들이 행동할 틀이다. 정의는 행동내용을 적극적으로 규정하는 것이 아니다. 어떤 재화를 생산·소비하는가는 개인 행동의 자율성 원칙에 따라 개인 스스로가 결정한다. 흄, 칸트, 바스티아 등 고전적 자유주의와 같이 미제스에게도 불의의 행동을 금시하는 것이 징

296) 위의 책 61

297) 위의 책 58

의이고 정의가 평화원칙이다. 인간의 행복추구에 대해서 평화의 원칙은 유용하고 "폭력원칙"은 피해를 준다. 평화로운 문명화 과정에서 인간들은 상호간 협력을 통해서 욕구충족에 필요한 재화를 산출한다. 평화로운 사회적 협동이야말로 "인류를 진보시키고 짐승과 구별시키는 핵심요인"이다.[298] 번영도 평화 속에서 가장 잘 꽃핀다. 행복과 번영은 간섭을 통해서 달성된 것이 아니라 인간이 스스로 결정한 행동의 결과로서 자생적으로 생겨난 것이다. 자유의 질서는 자유시장이다. 미제스에게 "시장질서는 도덕적으로 옳다." 왜냐하면 그것은 "자율적인" 인간들이 스스로 원하는 재화들을 습득하는 데 "최선으로 봉사하기 때문이다."[299] 이로써 미제스는 수많은 사람들의 행복을 더 많이 충족시킬 수 있다면 소수의 자유를 침해해도 된다는 간섭주의를 극복할 수 있다.

3) 소유권, 법과 그리고 질서

앞에서 설명한 개인의 자율성을 기초로 하는 개인주의는 사적 소유, 법질서, 국가와 관련된 모든 문제의 기초다. 그 이론은 입법적 의미에서 시민적 주권의 기초다. 그것은 시민의 의지와 반대로 행하는 모든 지배와 권력행사를 금지한다. 인간을 노예로 만드는 것은 정당

298) Mises(1922/1995: 65), Kerbs(2014: 146) 참조

299) Krebs(2014: 145)

성이 없다. 모든 인간은 법 앞에 평등하다. 그것은 자유사회에 관한 이론의 핵심이다.

재산권은 문명의 기초다

인간은 노동 그 자체만으로는 복지를 증진시킬 수 없다. 자연이 우리에게 준 지구상의 물질과 자원의 물리적 세계에 대한 개입이 필요하다. 이런 개입이 인간행동이다. 행동을 통해서 재산을 습득한다. 우리의 동물적인 조상들은 손으로 주어진 열매를 따서 소유했다. 인간은 점차 토지를 이용했다. 생산을 위해서는 원료를 사용했다. 그러다가 그 이전에 투입된 노동을 통하여 원료에서 생산한 중간재도 사용했다.

개인들이 노동과 연결하여 그들의 활동을 전문화하고 생산물을 교환하면서부터 비로소 문명화 과정을 말할 수 있게 되었다. 그런데 이 문명화 과정에서 필수불가결한 것은 네 것 내 것이 정해져야 한다는 점이다. 분업에 바탕을 두기는 했지만 생산수단의 사적소유가 금지된 사회주의 또는 공산주의는 작동이 불가능하다.

따라서 네 것 내 것이 정해져 있지 않으면, 분업이 불가능하다. 분업을 생산적으로 통합하려면 가격이 필요한데 사회주의에서는 가격이 존재할 수 없다. 그래서 소유 없이는 분업도 없다는 미제스의 주장은 정곡을 찌른다. 미제스에게 소유는 경제 기능을 넘어서 다양한 기능이 있다. 그것은 단순히 인센티브 기능만 있는 것이 아니다. 소유의 인센티브 기능은 사적 소유가 인정되는 사회는 사람들이 열심히 일할 의욕을 북돋아 준다는것이다. 미제스는 사적 소유는 경제계산을 가능하게 하는 가격의 형성이 있음을 강조했다. 경제계산은 시장참여자들에게 열려있는 여러 가지 행동진로에 대한 가치판단이다. 이를 위해서는 직접 정보의 접근이 필요하다. 이는 어디에 얼마나 투자할 것인가, 자본재를 어디에 사용하는 것이 적절한가에 대한 판단이다. 적절성은 그런 투자의 여러 대안들이 가져다주는 결과(이익 또는 손해)에 대한 평가다. 사회주의에서처럼 폭력에 의존하고, 자발적인 교환과 교환의 매개물로서 자발적으로 수락된 화폐의 자유로운 이용을 방해하는 체제에서는 경제계산이 불가능하다.

미제스의 가장 큰 공로 중 하나는 어느 한 논평자가 주장했듯이 "서수적인 가치평가라는 내면적 영역과 화폐단위로 표시되는 기수적인 시장의 가격측정이라는 외면적 영역을 연결시켰다"는 점이다. 이와 대비되는 하이에크의 공로는 내면의 소우주를 중간우주와 거대우주를 연결시키는 가격의 역할을 발견했다는 점이다. 가격의 그 같은 위대한 역할이 가능하려면 내 것과 네 것이 구분되는 사적 소유가 인정되고 자유로이 교환이 가능해야 한다. 사유재산이 인정되지 않고 폭력에 의해서 자유로운 행동이 방해 받으면 자발적인 교환이 가능하지 않다. 그 결과는 정보의 창출과 평가의 주관적인 내적 영역과 가격이라는 외적 영역의 연결의 파괴다. 이런 파괴는 경제계산을 완전히 불가능하게 만든다. 옛 소련과 구 동유럽 사회주의가 몰락한 이유도 사적 소유를 금지하여 경제계산을 불가능하게 만들었기 때문이다. 그리고 최근 베네수엘라의 경제를 초토화시킨 이유도 돈을 풀고 산업을 국유화하여 가격구조를 파괴하여 경제계산을 왜곡시켰기 때문이다.

미제스는 소유가 경제를 넘어서 수행하는 다양한 사회적 기능을 설명하고 있다. 사적 소유는 문명의 기초다. 다시 말하면 그것은 자유, 평화, 번영의 기초다. 자유라는 말은 매우 경건한 용어다. 자유주의라는 말 자체가 자유에서 나왔으며 자유를 반대하거나 자유주의자들을 반대하는 정당 이름은 애초부터 "노예 당"이었다.[300] 18세기와 19세기 농민들의 농노적 지위, 흑인의 노예적 처지를 없애고 귀족과 같은 신분제의 특권을 없애는 일을 했던 것이 자유주의였다. 국제관계에서 자유무역을 통해서 전쟁 대신에 평화를 유지했던 것도 자유주의였다. 자유주의와 자본주의는 기술발전과 함께 광범위한 분업과 특화를 가능하게 한 장본인이었다. 칸트, 바스티아, 훔볼트처럼 미제스도 영구평화는 국제적 분업을 통해서만 가능하다고 믿었다.

"한 사람의 영국 노동자 가족이 소비하고 바라는 바를 채워주기 위해서 5대주의 국가들이 협력하는 것이다. 아침상의 홍차는 일본이나 세일론에서, 커피는 브라질이나 자바에서, 설탕은 서인도 제도, 육류는 오스트레일리아나 아르헨티나에서 그리고 가죽은 인도나 러

300) Mises(1927/1995: 60). 노예당이라는 명칭은 19세기 처음 스페인의 입헌제를 위한 투쟁과정에서 등장했다.

시아에서 공급받는 것이다." [301]

사적 소유를 기반으로 자유의 원칙이 확립되면 더 이상 큰 전쟁을 우려할 필요가 없다. 2차 세계대전이 끝난 이후 70년 동안 큰 전쟁이 없었던 근본적인 이유가 자유무역 덕택이었다.

요컨대 미제스의 자유주의 출발점은 자유가 아니라 자율을 확립하는 제도로서 소유다. 자유, 평화 등 가치들은 소유의 개념으로부터 도출된 것이다. 유의해야 할 점은 소유라고 해서 개인의 자유는 소유의 규모의 함수라는 것을 말하는 것이 아니다. 모든 참여자들에게 소유권을 인정함으로써 전쟁과 폭력의 상황에서 평화의 질서로 전환할 수 있다. 소유권의 인정이야말로 평화의 원칙이다.

자기소유란 있을 수 없다

흥미로운 것은 존 로크 이후 자연권 사상의 특징인 자기소유 문제다. 이는 20세기 도덕적으로 자의적이라는 이유로 자기소유를 부인한 존 롤스 이후 로버트 노직과 머레이 로스바드가 다시 부활시켰다. 그러나 어떤 장소에서도 미제스는 자기소유라는 로크의 개념을 이용하지 않는다. 따라서 그의 사적 소유(외적 소유)는 자기소유와 아무런 관계가 없다. 자기소유 개념은 미제스의 행동이론적 가정과도 맞지 않는다는 것이다. 이를 좀 더 설명할 필요가 있다.

미제스에게 소유는 인간이 행동목표를 위한 수단으로 이용하는

301) 위의 책 68

재화다. 재화는 항상 외적인 물건이고 행동은 소유하는 것(습득), 가진 것을 소비하는 것(소비) 그리고 외적 물건을 변화시키는 것(생산)이다. 행동학적 관점에서, 행동하는 사람은 결코 자신을 위한 재화가 될 수 없다. 개인 자신은 결코 수단이 아니라 행동목표다.

미제스가 자기소유 개념을 부정하는 것은 칸트와 마찬가지다. 이미 앞에서 설명한 바와 같이(148쪽) 칸트에게 유일한 타고난 권리는 자유권뿐이다. 누구나 자의적으로 강제당해서는 안 되는 이유가 자기소유를 포함하는 소유권 때문이 아니라 자유권 때문이다. 내가 누군가의 소유라면 나는 자율적이지 못한 그의 노예다. 이는 최고의 가치인 자율성 또는 자유와 맞지도 않는다.

법질서의 역할은 자유와 재산을 보호하는 일이다

소유는 특히 법질서의 기초다. 타인들의 침해로부터 소유를 지키는 것이 법의 역할이다. 미제스에게 법이란 소유를 보호하기 위해 "국가가 그 임무를 수행하는 규칙"이다.[302] 소유제도만이 문명화의 기초가 되는 법질서를 구성한다. 법은 소유를 보호하는 데에서 평화를 위한 성격이 드러난다.

마르크스와 그의 추종자들이 볼 때 사유재산은 무산계급에 대한 유산계급의 지배의 원천이다. 주인 없는 재화의 습득을 위해 폭력을 행사하여 생겨난 소유의 원천은 소유의 기초가 되는 법질서를 정당

302) Mises(1927/1995: 79)

화하기 위해서 이용될 수 없다는 것이 그들의 주장이다. 그러나 미제스는 법질서의 정당성을 문명화 과정에서 그것이 수행한 유용한 역할에서 찾고 있다. 즉, 그것이 평화를 불러왔다는 것이다. 공유사회의 폭력과 삶의 불안정, 궁핍한 삶을 극복한 것이 소유를 중심으로 하는 법질서라는 것이다. 미제스는 사회계약, 신, 왕, 모세, 나폴레옹 같은 점령자가 문명을 야기했다는 주장을 반대했다. 그들은 폭력의 원천이었을 뿐이다.

문명화과정의 본질은 폭력의 원칙에 맞서서 평화의 원칙이 관철되기 위한 투쟁과정이라는 것이 미제스의 통찰이다. "이 과정에서 자유주의 법사상이 어렵고 완만하게 승리했다. 어렵고 완만하게 폭력의 원칙이 밀려났다. 여전히 반격이 존재한다. 여전히 법의 역사가 처음부터 시작한다."[303] 소유가 공유로 회귀하려는 성향이 강력하다는 말이다. 이를 극복하려는 시도, 처음부터 시작하는 법의 역사의 결과는 불확실하다. 자유의 길로 가느냐의 문제는 확고한 부동의 소유가 법의 기초이고 평화의 기초라는 것을 인간들이 인식하느냐에 달려 있다.

소유와 법은 경제적인 협력을 통해서 자생적으로 생성된다고 보았다. 소유는 역사적으로나 논리적으로 국가형성 이전에 이미 존재했다. 그는 법의 생성을 인간의 경제적 거래 속에서 형성되는 비공식적인 묵계의 보증으로 이해하고 있다.

---

303) Mises(1932: 24~25)

사회질서가 혼란이 없는 이유는 제휴의 법칙이 작동하기 때문이다

미제스가 행동하는 인간을 말할 때 이는 있는 그대로의 인간, 이성을 가진 인간이다. 완전한 지식을 가진 객관적으로 합리적 인간이 아니다. 개인들이 각자 가진 세상에 관한 지식은 상이하다. 같은 대상이라고 해도 그에 관한 해석이 상이하다. 그리고 지식은 변동한다. 특히 주목할 것은 그들이 각자 가진 지식은 오류가능하다. 인간은 고립된 실체도 아니다. 고립해서는 지속가능한 윤택한 삶을 영위할 수도 없다. 어느 한 논평자가 말했듯이, "인간은 항상 부모의 자녀다. 태어날 때부터 다른 사람들이 이미 살고 있는 장소에 있기 마련이다. 그는 어느 한 문화 속에서 그리고 자신의 사고의 도구로서 습득한 언어와 함께 성장한다."

인간은 한편으로는 타인들이 전달하는 이념들을 배우거나 거부하면서 다른 한편으로는 자신이 창안하거나 타인들에게 전달하면서 성장한다. 훔볼트의 말을 빌리면(194~195쪽) 인간은 자신의 내적 문화와 자신의 바깥에 있는 사회의 문화(외적 문화)의 상호작용 속에서 성장한다. 사회는 삶의 방식을 가르치고 배우는 과정이다. 이 과정에서 인간은 성숙해진다. 인간은 기존의 사회 속에 던져져 있다. 인간은 혼자 살 수 없다. 개개인들은 타인들과 제휴가 필요하다. 이 제휴가 사회다.

인간들은 서로 제휴하여 협력한다. 제휴의 법칙이 작동한다. 인간은 노동공동체 혹은 분업적 생산을 통해서 타인들과 연합한다. 전문화와 결부된 분업은 모든 사람의 부의 증진, 삶의 개선을 위한 최고의 방법이고 욕구충족을 통해서 불만을 급진적으로 제거하기 위한 중요한 전제조건이다.

"제휴의 법칙은 인간 협동의 급진적인 심화로 귀결된 경향들을 이해할 수 있게 만든다. 우리는 사람들로 하여금 스스로를 자연이 준 한정된 생계수단을 차지하기 위해서 투쟁하는 단순한 경쟁자로 간주하지 않도록 유도했던 인센티브가 무엇인가를 안다. 우리는 사람들로 하여금 협력을 위해 서로 조화하도록 해왔고 또 영원히 조화하도록 하는 것이 무엇인가를 안다. 보다 발전된 분업 양식을 향한 길로 나아가는 단계마다 참가자들 모두의 이익에 도움이 된다. …이렇게 해서 우리는 사회적 진화의 경로를 파악할 수 있는 위치에 서게 된다."[304]

전문화된 분업적 경제, 다시 말해서 교환경제는 비 전문화되고 분업이 없는 노동조직보다 매우 소득이 높다는 것은 애덤 스미스 이후 경제학이 보여준 보편적 인식이다. 분업과 전문화 그리고 이에 따른 교환경제는 사람들이 비관적으로 보았던 대량빈곤 문제를 해소했다. 그런 경제는 번영을 무한대로 확대시킬 수 있다.

제휴의 법칙은 영역 간에도 타당하다. 인간들이 자유롭게 일자리를 찾는다면 그들은 더 많은 상품을 생산하기 위해 유리한 조건을 제공하는 지역으로 자본은 따라간다. 분업과 고용은 항상 상호적이다.

304) Mises(1968/2011: 318~319)

분업과 전문화가 가능한 상황에서 창출하는 것이 모든 사람들에게 유익하다. 제휴의 법칙은 글로벌 경제에도 타당하다. 오늘날 분업과 전문화가 국제적으로 확대된 것은 제휴의 법칙의 작동 결과다.

분업은 상호이익이요 동반성장이고 동시에 상생의 원리이다. 개인들은 거래의 상호이익을 얻을 기회를 발견하는 결과로서 등장한 것이 사회다. 사회적 결속을 발생시키고 이를 지속적으로 강화하는 힘은 분업을 통해서 상호적용을 할 때 더 큰 번영을 누릴 수 있다는 통찰에서 생겨나는 인간행동이다. 사회통합을 가능하게 하는 원리는 에코노미(economy)가 아니라 카탈락시(Catallaxy)다. 이것은 인류학에서 말하듯이, 적을 친구로 만든다는 것을 의미한다. 문명화 과정에서 인간들은 수천 년을 거쳐 모든 장애물에도 불구하고 카탈락시로서 시장질서를 등장시켰다. 인류는 시장사회를 준수하여 놀랄만한 성공의 역사를 거두었다. 이것이 미제스가 장래에서도 폭력 원칙 대신에 평화의 원칙이 실시되기를 희망한 이유다.

그러나 역사의 진로는 자동적으로 원시에서 고도의 문화를 거치는 것이 아니라는 것도 미제스는 잘 알고 있었다. 도둑질과 착취를 통해서 재화를 소유할 수 있다. 미제스가 자신의 시대에 모든 서구국가들이 사회주의의 야만성으로 침몰했거나 혹은 그런 길로 가고 있다는 것을 목격한다. 그런 발전은 잘못으로 인식하고 수정된다는 낙관주의를 미제스는 결코 버리지 않았다. 경우에 따라서는 그런 인식과 수정은 수십 년이 걸릴 수 있다는 것을 그는 알고 있었다. 결국 그는 이성을 갖춘 실체의 계몽적 인간상을 견고히 믿었다.

"사회적 협동의 보편적 원칙을 자연현상이라고 부르는 것은 허용될 수 있다. 우리가 이런 표현방식을 이용하고 이런 의식적인 사회가 인간의 본성과 일치한다고 확신한다면, 인간은 이성을 가진 인간으로 특징 지워진다고 전제한다. 이는 인간은 우주의 변화와 발전의 원칙, 즉 분화와 통합을 의식하고 자신의 위치를 개선하기 위해서 이런 원칙을 의도적으로 적용할 수 있다는 것을 의미한다."[305]

정치권은 물론이요 사회의 각계 각 층에서 사회통합을 제기하고 있다. 빈곤층 확대, 실업, 분배의 불평등, 청년실업 등으로 사회갈등이 매우 심각하다는 진단이다. 그 같은 문제를 해결하고 사회통합을 달성하기 위해서는 국가가 개입해야 한다고 주장한다. 이는 인위적 사회통합이다. 경제자유와 사회통합은 충돌하는 관계이기에 사회통합을 위해서는 경제자유를 억제하는 간섭주의가 필요하다고 주장한다.

그러나 자유시장이 사회통합의 지름길이라는 것은 미제스의 제휴의 법칙이 말해준다. 성장하는 경제만이 빈곤층 감소, 소득 증가가 가능하고 소득양극화도 줄어든다. 일자리 불안, 소득불안을 해소하는 것도 경제성장이다. 성장을 아무리 강조해도 지나치지 않은 이유다. 그런데 성장을 위해서는 규제도 줄이고, 정부지출도 줄여서 경제자유를 확대해야 한다. 자유 시장은 모두가 번영하는 포용의 사회, 안정을 담보하는 사회를 가능하게 한다는 뜻이다. 제휴의 법칙이 기능하는 시장경제의 특징으로서 주목할 것은 두 가지다. 하나는 소비

305) Mises(1952: 38)

자주권이고 다른 하나는 경쟁이다.

(1)소비자주권: 시장의 장점을 시장의 자발적 교환에 참여하는 모든 사람에게 이익을 주는 정합게임으로 설명하는 것이 일반적이다. 그런데 이런 시각을 일반균형으로 표현하고 있다. 그러나 우선 시장은 균형이 아니라 기업가정신의 활성화를 특징으로 하는 과정이라는 것을 강조한 인물이 미제스다. 그는 시장과정의 성격을 정합게임의 시각과는 전적으로 다른 시각으로 표현했다. 소비자주권을 시장경제를 이해하기 위한 핵심으로 부각시켰다.

생산을 직접 통제하고 조종하는 것은 기업가·생산자다. 그러나 이들이 최고가 아니다. 선박의 선장은 소비자이고 생산자는 선박을 조종하는 조종사일 뿐이다. 무엇을 생산하고 얼마나 고용하고 어떤 기술을 이용할 것인가? 이를 결정하는 사람은 기업인도, 농민도, 자본가도 아니다. 소비자가 그 문제를 결정한다. 소비자들에게 가장 효율적으로 봉사하는 경우에만이 부를 유지 ·축적할 수 있다. 생산요소의 소유자와 기업인들은 모두 소비자들의 부탁을 수행하는 대행자일 뿐이다. 소비자 선호가 자원이 이용될 용도를 정한다. 자유 시장에서는 소비자들의 가치가 생산요소들의 이용을 지배한다. 소비자 주권이 자원 소유자와 소비자 사이에 존재하는 이해관계의 조화를 가능하게 한다.

(2)경쟁: 경쟁을 미제스는 어떻게 이해하는가? 생물학적 경쟁은 적대관계다. 자연에는 타인의 생명과 복지에 대한 존중과 평화 같은 것

이 없다. 약자를 제거하려는 무자비한 갈등만이 존재한다. 사회적 경쟁은 가장 유리한 입장을 달성하기 위한 노력이다. 경쟁은 인간행동의 논리적 현상이다.

경쟁의 기능은 소비자들에게 최대의 욕구 충족을 보장하는 것이다. 경쟁은 미인대회, 마라톤 대회와 같은 서열을 정하는 경쟁과는 전적으로 다르다. 국내외적으로 시장이 열려있는 글로벌경제에서 기업들은 규모나 시장점유율과 무관하게 경쟁압력에 노출되어 있다. 공급축소와 가격인상을 통해서 돈벌이하려는 기업들은 그런 혁신경쟁에서 뒤처져 시장에서 밀려난다. 글로벌 경쟁 때문에 오늘날 기업의 지배력은 오래가지 못한다. 로우테크산업과 달리 마이크로소프트 같은 하이테크산업은 신기술이 지속적으로 등장하여 경쟁구도가 수시로 바뀐다. 그래서 독점규제가 굳이 필요한 게 아니다. 흥미로운 것은 담합이다. 이것도 두려울 것이 못된다. 시장 스스로가 담합문제를 효과적으로 해결하기 때문이다.

가격담합은 내·외적 이유로 유지되기 어렵다는 것은 잘 알려져 있다. 그럼에도 그 옹호자들이 그런 것을 인식하지 못한 이유는 가격을 조작할 수 있는 힘을 뜻하는 잘못된 독점개념 때문이다. 자유시장에서 어떤 판매자든 가격에 영향을 미칠 수 있기 때문에 독점·경쟁가격의 구분이 의미가 없다. 오직 자유시장가격만 있을 뿐이다. 완전경쟁· 과점· 독점시장의 구분도 실익이 없다. 진정한 독점이란 시장시스템을 위반하는 정부의 기업특혜·특권이다. 따라서 독점을 줄이는 방법은 그런 특전을 허용하지 않는 것이다. 독점규제법은 독점을 줄이는 법이라고 볼 수 없다. 효율적인 기업의 발목을 잡을 뿐이다.

경쟁을 적극적으로 정의할 수 없다. 소극적으로 정의할 수밖에 없다 경쟁제한이 없는 상태로 규정한다, 법적 장애물을 통해서 시장진입이 불가능한 경우, 다시 말하면 국가의 특혜를 통해서 독점이 형성된 경우 경쟁이 없다.

4) 국가관: 국가의 역할과 간섭주의

사회생활의 규칙들을 준수하도록 인도하는 "강요와 강제력"을 지닌 사회적 기구가 국가다. 이는 하이에크의 용어를 빌리면 조직이다. 국가의 과제로서 특정한 목적을 위해 만들어진 것이기 때문이다. 늘 "강제와 결부되어 있는 것"이 국가다.[306] 국가의 과제와 임무를 수행하기 위해서 법률이 정한 바에 따라서 강제조치를 취할 책임을 맡은 기관이 정부다. 이것도 조직이다. 조직의 기초가 되는 것이 공법이다.

그런데 만약 사람들이 서로 타인들의 재산을 존중하고 절도, 착취, 예속 등이 없는 평화로운 상황이라면 폭력의 수단으로서 국가는 불필요하다. 타인들의 자유와 소유를 침해하지 않을 모든 의무는 국가의 중앙 관리가 없이도 시민들 스스로가 해결할 것이기 때문이다. 이런 사회에는 도덕률이 지켜진다. 그러나 늘 국가는 존재했고 또 필요하다. 왜 국가가 필요한가?

306) Mises(1966/2011: 297)

정부가 없으면 불안정하다

미제스는 무정부주의를 반대한다. 그에게 무정부주의란 모든 종류의 강제조치를 배제하고 도덕률에 대한 자발적인 준수만으로 사회를 건설할 수 있다는 믿음이다. 국가, 법률, 정부가 불필요하다는 것이다. 무정부주의자들은 폭력이나 지배는 사적 개인들이나 인간그룹보다는 주로 국가에 의해서 행사된다고 믿는다. 개인이나 그룹의 폭력은 국가의 강제기구 없이도 완화될 수 있다는 것이다. 무정부주의는 국가를 철폐하면 모든 개인들이 공동체에서 평화롭게 공존할 수 있다고 믿는다.[307]

"무정부주의자들은 사회에 해로운 행동을 막기 위한 어떠한 억압과 강제 없이도 어느 누구도 시민들을 희생시키면서 특권을 누리지 않는 사회질서가 존재할 수 있다고 주장한다. 그와 같은 이상사회가 국가와 정부, 다시 말해서 억압과 강제의 사회적 장치인 경찰력 없이 잘 돌아갈 수 있다는 것이다." [308]

무정부주의는 인간의 본성에 대하여 잘못 이해하고 있다고 미제스는 비판한다. 그런 사회는 아마도 "천사와 성인들의 세상"에서만 가능할 허구라는 것이다. 자유주의를 무정부주의와 구분하고 있다.

---

307) Mises(1927/1995: 80~81)

308) Mises(1966/2011, I:296)

자유주의는 강제력이 없으면 사회의 존립이 위태로워진다고 믿는다. 평화로운 협동을 보장하기 위해서는 사회구조에 대한 구성원 일부의 끊임없는 위협을 막을 또 다른 위협, 즉 국가의 강제가 필요하다고 믿는 것이 자유주의다.

미제스는 무정부주의를 비판하면서 국가의 필요성을 설명하고 있다. 다수가 폭력적 행동의 행사나 위협을 통해 사회질서를 파괴할 소수를 막을 태세가 되어 있지 않다면, 사회는 존재할 수 없다. 이 힘이 국가나 정부에 부여되어 있는 것이다.

"국가나 정부는 강제와 강압의 사회적 장치다. 그것은 폭력행동의 독점권을 가지고 있다. …어떤 개인도 마음대로 폭력을 사용하거나 폭력으로 위협할 수 없다. 국가는 본질적으로 평화적인 인간 상호관계를 보존하기 위한 제도다. 그렇지만 평화의 유지를 위해서는 국가가 평화 파괴자들의 공격을 분쇄할 준비가 되어 있어야만 한다."[309]

미제스는 경험적 사실에서 다시 말하면 인간에 의한 사회의 파괴라는 인류학적 이유에서 무정부주의를 부정한다. 국가의 필요성에 대한 경험적 설명은 자신의 행동이론의 선험주의와 양립될 수 없다.[310] 미제스가 인식하고 있는 무정부주의는 어떤 강압기구도 존재

309) Mises(1966/2011, I:296)

310) 로스바드의 말을 빌리면, 사회계약론은 사유재산의 선험성과 양립할 수 없다. 사유재산을 국가에 넘겨주는 사람은 더 이상 자신과 자신의 재화의 소유자가 아니다. 사유재산은 행동과 불가분의 관계에 있다 사유재산이 없다고 말할 경

하지 않는 상태를 말한다. 이런 무정부주의는 고전적이다. 그러나 로버트 노직 그리고 로스바드의 무정부주의 개념은 전적으로 다르다. 무정부 상태에서도 강제와 강제집행기관도 필요하다. 고전적 자유주의와는 달리 "강제권이 독점이 아니라 분권적이다." 강제가 허용된 것이 사설재판관·경찰·감옥이다. 국가가 철폐되기 때문에 공법이 필요 없다. 사법만으로도 사회가 확립되고 유지된다고 믿는 것이 현대의 무정부론이다.[311)]

정부의 권력은 제한되어야 한다

국가는 필요하다. 억압과 폭력기구의 필요성은 인간들이 나쁜 길로 흔히 빠진다는 사실에서 생겨난다. 그들은 한편으로는 모든 참여자들의 자유로운 합의에 기초한 평화로운 협력과 그리고 다른 한편으로는 불법적이고 폭력적인 행동을 선택한다. 보편적 구속력이 있다고 인정되는 법적 틀이 정해져 있고 이 틀에서 벗어나는 행동을 통해서 야기되는 사회적 불안정을 막기 위해서는 범법자를 처벌할 국가기관이 존재해야 한다.

"타인의 생명이나 건강, 개인의 자유나 사유재산을 존중하지 않는

우 신체에 대한 소유(더 정확히 말해서 입의 소유; 내 입은 내 것)가 없다는 말이다.(Polleit, 2013: 136)

311) 민경국(2016: 358) 로스바드의 무정부론에 대해서는 필자의 저서 자유주의의 도덕관과 법사상 제III부의 제5장 "아나키즘의 자유와 법: 비판적 분석"을 참조.

사람들이 사회생활의 행동규칙에 순순히 따르도록 강제력을 사용할 수 있어야 한다. 이것이 바로 자유주의가 국가의 기능을 인정하는 것이다. 즉 재산, 자유, 평화의 보호가 그것이다."[312]

미제스에게 국가가 어떻게 생겨났는가의 문제보다는 국가의 역할이 중요하다. 소유, 자유, 평화를 보호하는 일이 국가의 역할이다. 미제스는 그 이상의 국가과제를 거부한다. 그는 최소국가를 옹호했다. 국가는 경제활동을 해서는 안 된다. 국가가 항상 갖는 독점적 지위 때문이다. 시장참여자들처럼 국가가 시장에 등장한다면, 이를 게임에 비춰 말한다면, 국가가 심판관이자 동시에 게임 참여자다. 그렇게 되면 자신의 게임 플레이어에게 유리한 방향으로나 또는 국가 자신의 희망대로 게임이 운영되도록 한다. 이는 자신의 희망을 법으로 만들어 폭력을 통해 실현하는 것과 같다. 그런 간섭은, 시장은 스스로 규제되는 질서라는 것을 망각한 것이다. 그러나 간섭은 문제의 해결은 고사하고 문제를 더욱 어렵게 만든다.

간섭주의

본래부터 자유주의가 정부에 대하여 적대적인 것이 아니다. 미제스에게 자유주의는 행동하는 인간과 사유재산의 논리적 결과다. 정부는 권력을 제한하지 않으면 이를 확장하려는 고질적인 성향이 있

---

312) Mises(1927/1995: 81)

다. 자유주의 질서가 국가에 의해서 노예화될 위험성이 상존하는 이유가 그 때문이다. 자유주의와 반대되는 체제는 사회주의와 간섭주의다. 오늘날 간섭주의가 지배한다. 과거의 사회주의는 이제 후퇴했고 오늘날 주요 위험은 간섭주의다.

개입의 목적은 시장의 결과를 수정하는 것이다. 보편적으로 누구에게나 유익하게 경제를 개선할 수 있는 정부개입은 없다. 모든 시장개입은 비생산적이다. 달성하고자 하는 목표를 달성할 수 없다. 어느 한 그룹을 위한 정책은 필연적으로 다른 그룹을 나쁘게 만든다. 시장에 맡기면 가격이 너무 높아서 수요자에게 피해가는 경우, 이를 막기 위해서 시장가격보다 낮은 가격으로 공급하도록 한다. 그러면 구매력이 적은 사람도 구매할 수는 있지만, 생산자는 손해를 보면서 판매하기 보다는 공급을 줄인다.

정부가 일단 경제에 개입하면 점점 더 사적 영역에 개입하게 되어 사회전체를 불안정하게 만든다. 간섭이 누적적으로 증가한다; 일단 간섭하면 그 간섭으로 야기된 부작용 때문에 또 다른 간섭을 부르고 그 간섭은 또 다른 부작용 때문에 또 간섭을 야기하여 결국 사회주의적 전체주의 시스템으로 끝나기 마련이다. 임대료규제는 임차자를 도와주기는커녕 공급부족으로 그들을 더욱 어렵게 만든다. 임대주택 공급의 수익성을 회복하여 공급을 늘리기 위해서 정부는 또 다른 개입이 필요하다 예를 들면 노임규제를 비롯하여 건축과 관련된 생산요소들까지도 규제해야한다.

의료, 연금, 교육, 보육, 각종 산업분야에 대한 복지정책도 무섭다.

어린애도 키워주고 학교도 보내주고 일자리도 만들어주고 병도 치료해주고 늙으면 보살피는 등 행복증진에 적극적으로 개입하는 복지국가야말로 문명의 상징이요 번영의 열쇠라는 미신도 생겨났다. 미제스는 그런 복지는 권리라는 이름으로 국가에 대한 시민들의 요구만을 늘릴 뿐 원하는 목표도 달성할 수 없다고 주장한다. 사회정의라는 이름으로 투입되는 정책들은 분배와 성장은 서로 독립적 현상이라는 존 스튜어트 밀의 오류에서 비롯된 것이다.

경제를 살린다는 명분으로 돈을 푸는 것도 문제다. 돈을 풀면 기껏해야 주가와 집값을 올리는 등 지속가능하지 못한 왜곡된 투자 붐만 야기한다. 혁신과 생산성까지 끌어올릴 수 없다. 경제의 발전을 위해서는 돈이 아니라 규제개혁이 답이다. 통화팽창, 확대예산 등 인위적인 경기부양책은 비생산적인 고용을 지속하고 퇴출될 기업을 연명시켜 경제구조와 자원배분을 왜곡시킬 뿐이다. 불황만을 더욱 더 지속시킬 아무런 효과가 없다. 미제스는 행동이론에 기초하여 돈의 힘으로 번영을 부르겠다는 정부의 노력은 경제를 위기로 몰아간다는 것을 보여주었다. 대표적 예가 1929년 대공황의 발단이다. '잃어버린 20년'으로 일컫는 일본의 불황의 발단과 그리고 장기적인 존속도 통화를 늘리고 정부지출을 확장하여 경제성장을 견인하고 경제를 활성화하겠다는 정부의 간섭의 결과였다.

미제스는 수많은 분석을 통해서 간섭주의의 목적은 시장평가를 배제하거나 무시하는 것이라는 점을 강조한다. 정부개입은 혼란을 극복하기 보다는 혼란을 더욱 악화시켜 번영을 해친다고 경고한다.

규제는 규제의 조잡함과 시장참여자의 저항 때문에 결코 바라는 효과를 발생할 수 없다고도 한다. 경제를 활력 있게 만들 수 없는 것이 정치이고 일관되게 추진할 수 없는 것이 간섭주의라는 미제스의 인식을 주지할 필요가 있다.

간섭주의에 대한 미제스의 비판은 여기에서 멈추지 않는다. 요약하면, 간섭의 결과는 다양한 양태로 나타난다. 실업, 빈곤의 심화, 잘못된 자본배분, 통화혼란, 관료의 비대화, 뇌물, 부패, 자기책임정신의 상실이다. 모든 간섭주의는 국가권력의 강화와 모든 시민들의 빈곤을 불러들인다고 집요하게 미제스는 비판한다. 간섭주의는 사회적 갈등도 해결할 수 없고 오히려 그것을 인위적으로 강화할 뿐이라고 한다.

간섭주의는 정부의 강제력에 의한 규제된 소유의 시스템이다. 제3의 길, 사회적 시장경제란 과세, 생산규제, 가격규제, 통화와 신용조작, 재분배 등을 특징으로 하는 체제 그 이상이 아니다. 그런 혼합경제는 실패하기 마련이다. 사회주의와 자본주의에서 장점을 끄집어내어 그 장점을 이용하고 나쁜 것은 배제하는 건 불가능하다. 그런 중간 길은 지속가능하지 못하다. 국가의 역할은 재산권과 자유를 보호하는 일, 그 이상을 넘어서서는 안 된다는 것이 미제스의 탁월한 인식이었다.

제3부

진화론적 자유주의와 국가

7. 데이비드 흄: 묵계
   - 진화, 정의 그리고 국가

8. 애덤 스미스: 보이지 않는 손
   - 자연적 자유, 법 그리고 국가

9. 프리드리히 하이에크: 자생적 질서
   - 자생적 질서, 법 그리고 국가

요 약

권리이론과 합리론에 기초한 자유주의는 사물을 판단 할 수 있는 또는 옳고 그름을 구별할 수 있는 인간의 지적 능력(이성)에 대한 신뢰를 전제로 한다. 그러나 이런 전제와는 달리, 인간이성에 대한 회의에서 출발하는 자유주의 패러다임이 있다. 이것이 흄, 스미스, 하이에크 등, 스코틀랜드 계몽주의 전통의 진화론적 자유주의다. 인간들이 미래에 대해 정확히 알 수 없고, 외부세계에 대해서도 아는 것이 그리 많지 않다는 것이 그들의 인간관이다. 사람들이 살아가는데 필요한 지식, 옳고 그름에 관한 효과적인 지식은 시행과 착오과정을 통해서, 다시 말하면 장구한 역사적 경험을 통해서 습득한다. 인간이성도 타고날 때부터 가지고 있는 것이 아니라 경험의 축적 결과다.

그런 인간관을 바탕으로 자유사회를 설명하려고 했던 그 세 명의 석학들이 관심을 둔 것은 사회를 가능하게 하고 정치적 권위를 정당화하는 정의의 규칙의 생성이다. 정의란 타인을 적극적으로 도와주는 상황이 아니라 타인의 신체 재산 자유가 침해받지 않는 상태다. 해치는 행동을 막는 행동규칙이 정의의 규칙이다: 예를 들면 개인의 재산을 서로 존중해야 한다, 타인의 재산을 약탈해서는 안 된다, 계약 내용을 성실히 이행하고 빚을 제때에 갚아야 한다는 것 등이다. 권리라는 것도 정의에서 비롯된 것이다.

언어나 화폐처럼 정의의 규칙은 타고난 본능이라는 의미의 자연적인 것도 아니고 인간이성에 의해서 의도적으로 만든 것도 아니며 의도하지 않게 생겨난 것으로 이해한다. 이런 생성을 흄은 묵계로, 스미스는 보이지 않는 손으로, 하이에크는 자생적 질서로 이해한다. 흄의 묵계의 결과로 형성되는 소유의 안정, 동의에 의한 이전, 그리고 약속이행과 같은 세 가지 원칙 시장경제의 법 시스템 전체 내용을 구성한다. 이는 소유의 불가침성, 계약자유, 피해에 대한 보상의무 등으로 요약되는 사법(private law)의 기초다. 정의를 실현하고 평화를 유지할 필요성에서 정부(국가)라는 조직을 만들었다는 것이 흄의 인식이다. 법을 만들기 위해서 국가가 필요한 것이 아니었다. 입법이 사회를 가능하게 한 것이 아니라 사회가 입법을 가능하게 했다고 목소리를 높인다. 국가 이전에 이미 법과 사회, 시장이 존재했다는 것이다. 정부의 과제는 자생적으로 형성된 법과 정의를 공정하게 관리하고 다리, 항구, 방파제 등, 혼자서나 타인들과의 합의를 통해서 충분히 수행할 수 없는 공공사업도 국가과제에 포함시켰다.

스미스의 관심은 시장에서 보이지 않는 손이 작동하기 위해서 필요한 법의 성격이었다. 법의 토대는 도덕적 삶의 구조라는 그의 탁월한 인식에서, 도덕규칙은 특정한 행위나 감정을 타인들이 시인하거나 부인하리라는 상상력과 경험을 기초로 하여 '자연적으로' 형성된다는 것이 스미스의 믿음이었다. 도덕규칙의 원천이 경험이라는 말이다. 어떤 종류의 행동방식 또는 감정표출은 시인되거나 부인된다는 사실이 경험을 통해 발견됨으로써 그들이 일반준칙이 된다. 자유와 번영을 지속적으로 향유하기 위해서 국가의 필요성을 역설한다. 다른 나라의 침략으로부터 또는 사회의 다른 구성원들의 침해로부터 국민의 생명, 자유, 재산을 보호할 의무가 있다. 사회 전체의 번영을 위해서 필요한 도로 운하 항구 등의 건설과 교육진흥도 국가의 과제다.

주목을 끄는 것은 인간은 구조적으로 무지하다는 전제에서 출발하는 하이에크의 사상이다. 문명은 자신이 알고 있는 것보다 더 많은 지식의 이용기회를 제공할 때 시작된다고 주장하면서, 그런 기회는 문화적 진화의 선물인 보편적 추상적 성격의 정의의 규칙과 자생적 시장질서의 가격기구라고 목소리를 높였다. 하이에크가 주목했던 것은 자유, 정의의 규칙, 사법, 법치 등 자유사회의 기초가 되는 개념들이 문화적 진화의 선물이라는 점이다. 진화는 구체적 행동규칙을 추상화하여 보편적 행동규칙으로 변화하는 과정이라는 것이 하이에크의 새로운 인식이다.

7. 데이비드 흄: 묵계
-진화, 정의 그리고 국가

18세기 법과 국가에 관한 논리를 포괄적으로 설명한 유일한 인물이 데이비드 흄(1711~1776)이었다. 나중에는 자유주의로 알려졌고 영국의 개인주의적 자유주의 전통이 된 그의 사상이 형성되던 18세기는 미신의 손과, 교회, 신권과 가부장적 국가권력의 안내가 없이는 행동할 수 없는 무능에서 인간들이 스스로 깨우치는 '계몽의 시대'였다. 이 시대에 지식인들이 고민했던 것은 사회의 기초가 되는 도덕과 법이 어떻게 형성되고 지켜지는가의 문제였다. 그들은, 도덕규칙은 신이 창조하여 인간에게 부여한 것이라는 믿음에 도전했다. 가장 강력하게 도전한 인물 가운데 하나가 흄이다. 그는 신의 창조설, 신권사상을 반대했다. 끝내 교수가 되지 못하고 '문인'으로 살아 갈 수밖에 없었던 이유도 그가 무신론자였기 때문이다.

계몽시대에 등장한 또 다른 사상적 그룹이 있었다. 주로 유럽대륙에서 번창했던 사상인데 도덕률은 인간이성에 의해서 계획되고 창조된 것이라는 영국의 정치철학자 토마스 홉스 전통의 합리주의 사상이다. 프랑스의 철학자 르네 데카르트와 함께 그는 인간이성의 지적 능력을 철저히 믿어 의심하지 않았다. 신의 자리를 인간이성으로 교체한 것이었다. 사회의 법과 도덕은 옳고 그름을 정확하게 판단할 줄 아는 합리적인 사람들의 합의를, 즉 사회계약을 통해서 고안하여 만든 것이라는 믿음이 위세를 떨치고 있었다.

흄은 합리주의 사상에도 정면으로 도전했다. 화폐, 언어, 법, 도덕, 상관습 등 인간에게 풍요로운 편익을 주는 수많은 제도들이 마치 어느 누군가의 타고난 인간이성을 통해서 설계된 것처럼 보인다고 해도 실제로 따지고 보면 결코 그렇지 않다는 것이 흄의 빼어난 인식이었다. 사회가 신의 작품도 아니요, 인간들이 사회에 앞서서 이미 가지고 있는 이성과 지식을 통해서 계획하여 만든 것도 아니라면 사회는 어떻게 생겨나고 어떻게 유지되는가? 흄이 고민했던 것이 바로 이 문제였다.

합리주의에 대한 흄의 도전은 인간이성에 대한 비관적 태도에서 출발한다. 인간들은 미래에 대해 정확히 알 수 없고, 그들 자신의 외부세계에 대해서도 아는 것이 그리 많지 않다는 것이다. 그럼에도 사람들이 평화롭게 번영을 누리면서 공존을 가능하게 하는 사회질서가 어떻게 가능한가에 관한 일관된 이론을 개발했던 것이다.

철학적 집필을 16세에 시작했을 정도로 조숙한 흄의 내납은 간단하다. 즉, 사회를 가능하게 하고 정치적 권위를 정당화하는 정의의 규칙은 본능에서 생겨난 것이라는 의미의 자연적인 것도, 신적인 것도 아니고, 이성과 디자인의 산물도 아니라는 것이다. 그것은 인간경험에서 눈에 띄지 않게 성장하는 '묵계(convention, 하이에크의 의미에서 이는 자생적이라는 뜻이다)'라는, 즉 정념과 경험을 기반으로 하는 진화의 결과라는 것이 흄의 생각이었다.

주목할 것은 어떻게 법과 사회질서가 형성되는가, 정의가 필요한 이유는 무엇인가, 왜 국가가 필요하고 국가권력의 한계는 무엇인가의 정치철학적 문제다. 이 문제에 대한 사유(思惟)의 근본바탕은 항상 도덕철학이다. 도덕철학이 없는 정치·법철학은 뿌리 없는 나무와 같다. 도덕철학은 왜 어떤 행동은 해도 되고 또 어떤 다른 행동은 해서는 안 되는가에 관한 문제를 다루기 때문이다. 그런데 도덕철학은 인간행동에서 출발한다. 그래서 흄에게 중요한 것은 인간행동을 결정하는 요인인데, 이는 두 가지다: 하나는 탐욕, 애정, 증오, 이기심 등, 흄이 말하는 정념이다. 두 번째는 자신의 목표를 추구하기 위해서는 행동대안들 그리고 주변 사람들을 포함하는 사회적 환경에 대한 지식(지각, 관념)이다.

1) 인간행동을 결정하는 요인들

흄의 철학의 핵심은 17세기 르네 데카르트 이후 우리의 사고를 지배했던 합리주의 사상을 부정하는 것이었다. 합리주의 사상은 인간은 태어날 때부터 사리(事理)를 판단할 능력(선험적 지식, 순수이성)이 있기 때문에 이를 통해서 사회를 계획하고 도덕규칙과 법을 계획하여 만들 수 있다는 믿음이다.

인간정신은 경험의 소산이다

그러나 흄은 인간에게 선험적 지식(본유적 지식)이 있다는 것을 부정하면서 인간 이해력의 원천은 경험이라는 입장을 정립했다. 인간들은 자신의 외부세계에 대한 지식을 지각과 경험을 통해 습득한다는 것이다. 불은 뜨겁다거나 갑은 친절하다는 지각, 즉 불 또는 인간에 대한 인상과 관념은 대상에 대한 반복적인 경험을 통해서 형성된다는 것이 흄의 생각이었다.[313] 사람을 움직이게 하는 것은 이성이 아니라 반복적인 경험을 통해서 형성된 버릇과 습관이라는 것이다.

흄에게 정신이란 상이한 지각들(인상과 관념)의 집적에 불과하다. 그에게는 정신과 육체의 구분도 없다. 지각들은 인간의 상상을 통해서 서로 연결·연합되어 대상들이 분류된다. 이 분류에서 중요한 역할을 하는 것이 상상력이다. 대상들이 서로 닮았다든가 그렇지 않다든가, 다른 것과 인접해 있다든가 떨어져 있다든가 등의 판단에 상상력이 동원된다.[314] 상상력은 모든 사고를 말해주는 역량이다. 관념은 상상력의 결과다. 상상력은 뒤에 가서 설명하겠지만 애덤 스미스의 동

313) 인상과 관념의 차이는 생동감의 정도다. 관념은 인상의 희미한 심상, 붉은 색을 보는 것과 붉은 색을 상상하는 것 중 전자가 효과가 강력하다. 관념은 대상이 없다고 해도 머릿속에 남아 있다. (Hume, 1740/1996: 25)

314) 위의 책 31~35. 흄의 인식론에 대해서는 Ratnapala(2012)를 참조

감원리에서 중요한 역할을 한다.

칸트에게 원인 없는 것은 생각할 수 없다. 그러나 인과성도 반복적인 경험의 소산이라는 것이 흄의 생각이었다(유명한 당구공의 예). 시공관계에 대해서도 흄은 한마디 한다. 시공개념이 있기 때문에 분리된 대상을 인식하는 것이 아니라 우리는 분리된 대상을 반복적으로 지각하기 때문에 시공의 관념을 갖게 된다는 것이다.[315]

이성은 정념의 노예다

"정념이 없이는 인간행동에 추진력이 없다"는 것이 흄이 정념을 다룰 때의 첫마디다. 인간행동은 이기심, 야망, 탐욕, 호기심, 긍지, 원한 등 정념에서 나온다. 고통과 쾌락을 느끼지 않는다면, 공포와 행복, 혐오, 희망과 근심이 없다면 인간은 식물 또는 기계나 다름없다. 인간이 근면한 이유도 고통을 줄이고 쾌락을 늘리기 위한 것에 지니지 않는다는 것이 흄의 생각이다.

흄은 사랑의 정념, 즉 모성애, 부성애, 형제애, 우정 등 이타심의 존재도 인정한다. 가족공동체는 협동의 유익함을 경험하는 최초의 장소라고 한다. 그는 모든 선의를 이기심으로 환원 될 수 있다는 것을 반대한다. 정념 중에서 가장 강력한 것이 탐욕, 자애심(self-love)이다. 타인들의 탐욕 때문에 누구든 갈망하는 것을 잃어버릴 위험성이

315) Hume(1740/1993: 57)

상존한다. 더구나 탐욕은 충족될 줄 모르고 영속적이다.[316)]

정념의 존재만이 의지를 동기화할 수 있는 반면에 이성은 정념의 노예라는 것이 흄의 유명한 인식이다.[317)] 예를 들면 상인은 가격을 정하는 데 비용을 계산한다. 자선가는 나눔을 효율적인 방법으로 결정하는 데 수학을 이용한다. 모두 이성의 역할이다. 이런 종류의 논증적 추론만으로는 결코 행동을 동기화할 수 없다는 것이 흄의 주장이다. 행동을 동기화 하는 것은 수학이 아니라 이윤이라는 정념, 성공, 고통의 완화에 대해 느끼는 쾌락과 같은 정념이다.

이성은 관찰로부터 우리가 얻는 경험적 지식이다. 예를 들면 과식은 우리를 병들게 만든다는 것을 말해준다. 그러나 나의 폭음·폭식을 막을 수 있는 것은 이성이 아니라 그로 인해 병들지도 모른다는 불안과 공포다. 따라서 이성이 아니라 정념이 의욕을 발생시킨다면 이성이 아니라 정념만으로도 의욕을 막을 수 있다. 정념은 정념으로만 억제할 수 있다는 것이 흄의 유명한 결론이다.[318)] 탐욕적 인간들이 협력적 관계를 가질 수 있는 이유는 그 관계를 통해서 더 큰 탐욕을 충족할 수 있기 때문이다. 그러나 정념이 인간행동의 유일한 동력이라고 해도 경험에 대한 추론과 성찰 등은 정념을 지시하여 행동을 간접적으로 산출

---

316) Hume(1740/1996, 45).

317) Hume(1740/1996, 160) "첫째, 오직 이성만으로는 어떤 의도적 활동의 동기가 될 수 없다. 둘째, 이성은 의지의 방향을 정할 때 결코 정념과 상반 될 수 없다."(158)

318) "따라서 이 정념은 진리 및 이성과 맞설 수 없으며 모순될 수도 없다. 이런 모순은 관념과 대상의 불일치 때문이며 이때 관념은 자신이 재현하는 대상들의 모사로 간주 된다."Hume(1740/1996: 160)

한다. 그런 추론의 기능은 덕의 원천과 유지에 중요한 역할을 한다.

우리의 지식은 오류가능하고 변동한다

요컨대, 이성은 인간행동에 간접적으로 영향을 미친다. 이성은 그래서 도구적이다. 그렇다고 해도 이성이 항상 옳은 것은 아니다. 정념이 사실에 관한 판단오류에서 생겨날 가능성을 배제할 수 없다. 예를 들면 공포심은 존재하지 않는 초자연적 대상에 대한 믿음이나 혹은 해가 없는 장난감 총에 의해서도 야기될 수 있다.[319] 흄은 대륙의 합리주의자들과 달리 이성의 힘에 대해서 회의적 입장이었다.

"…삶의 길잡이는 이성이 아니라 습관이다. 모든 사례에서 정신이 과거와 일치하는 미래를 가정하도록 결정하는 것은 관습일 뿐이다. 이 단계가 아무리 쉽게 여겨진다고 하더라도 이성은 영원히 이 단계를 해결 할 수 없을 것이다."[320]

감각경험은 미래에 대해 알 수 없고, 외부세계에 대해 무지하다는 것이 흄의 생각이었다. 라트나팔라가 확인하고 있듯이 그의 통찰은

319) 흄은 이렇게 말했다(Hume 1740/1998, 31): "내가 고통이나 쾌락을 산출하는 대상의 영향력을 잘못 파악하거나 나의 욕구를 충족할 적절한 수단을 모른다면, 다른 사람이 나를 비난하거나 안타깝게 여길 것이다. 그와 같은 실수를 나의 도덕적 성격의 결함으로 여길 사람은 아무도 없다."

320) Hume(1740/1998, 246)

지식의 오류 가능성, 지식의 변동 등에 대한 설명을 제공하는 칼 포퍼, 도널드 캠프벨, 프리드리히 하이에크 등, 현대의 진화론적 인식론의 길을 열어 놓는 대목이다. 근접성, 인과성 등과 같이 연합의 형성에서 중요한 역할을 하는 것이 경험을 기초한 상상, 추측, 판단 그리고 성찰이다. 습관이 되면 연합적 판단은 초 의식적 과정이 된다.

인간은 성취동기를 가진 기업가다

사람들은 자주 흄이 전제한 인간을 경제인으로 해석한다.[321] 경제인이란 주어진 대안들 가운데 최선을 선택하는 인간이다. 주어진 것들 내에서 행동하기 때문에 그런 인간은 수동적이고 정태적이다. 그러나 흄에게 인간은 결코 주어진 것에 만족하는 정태적 인간이 아니다. 인간은 경험적 상상을 동원하여 없는 것을 고안하거나 발견하는 행동을 한다. 언제, 어디서나 모든 인간에게 내재된 보편적 정념인 탐욕의 충족을 위해서다. 인간은 욕망을 추구하는 데 결코 수동적이지도 않다. 적극적이고 역동적이다. 경제활동은 주어진 것이 아니라 스스로 찾아서 스스로에게 부과한다. 흄은 인간을 무엇인가 성취하기 위해서 스스로 과제를 설정하는, 다시 말하면 문제를 찾아내고 만들어 내는 피조물로 여기고 있다.[322] 그의 철학에는 인간 활동의 원천

321) 예를 들면 양선숙(2010: 369): "애덤 스미스의 친구답게 흄이 가정했던 인간유형은 전형적인 호모 에코노미쿠스(Homo Economicus)였다."

322) 이에 관해서는 Hundert(1974: 141~142)

으로서 성취동기와 기업가정신이 전제되어 있다. 그런 인간은 다음과 같은 특징이 있다.

"쉽고 분명한 것은 전혀 가치가 없다. 그리고 설령 그 자체로서는 어려운 것이라고 해도 그것을 아는 데는 어려움이 없고 사유나 판단력 따위의 긴장이 없다면 거의 관심을 끌지 못한다." [323]

성취동기에는 너무 지나치게 어려움이 있다고 해도 가치가 없다. 그런 일에도 인간은 재능을 발휘하는 데 즐거움을 갖지 못한다. 성공 여부가 전적으로 우연에 좌우되기 때문이다. 그래서 인간은 중간치의 난이도를 가진 과제를 스스로 부여한다. 그런 과제의 발견과 해결만이 성취동기를 충족한다.[324] 성취동기야말로 기업가정신으로서 과학과 예술은 물론이요, 경제적 번영의 원천이라는 것이 흄의 통찰이었다.[325]

이런 인간상은 고전적 자유주의자들 특히 애덤 스미스의 핵심적 인간관이다. 모든 시대나 모든 장소 그리고 모든 인간은 보편적 정념, 즉 탐욕의 정념으로서 경제적 욕구추구에 적극적이다. 흄은 세상을 인간들이 각자의 목적을 성취하려는 경기장으로 여겼다. 자연과

323) Hume(1740/1996: 193)

324) Röpke(1977)

325) Hume(1742/1985: 제14장)

인간의 상호작용을 발전의 원동력으로 여겼다.[326)]

2) 소유원칙, 정의 그리고 정의의 조건

흄은 개인들의 탐욕과 제한적 지식에도 불구하고 어떻게 안정적인 사회질서가 가능한가를 정신이론을 기초로 하여 설명하고 있다. 존 오스틴의 주장과는 달리 사회는 신의 작품도 아니요, 합리주의자들의 인식처럼 선험적 이성과 지식을 통해서 계획하여 만든 것도 아니다. 사회질서의 기초가 되는 덕성으로서 정의의 원천은 사회계약이 아니라 진화라는 것이 흄의 인식이다. 그의 진화사상은 창발적 복잡성을 통해서 현대과학이 지원해 주는 "자생적 질서(spontaneous order)"의 관념이다. 하이에크는 진화와 자생적 질서를 쌍둥이이념이라고 말한다. 흥미로운 진화사상을 설명하기 전에 우선 주목할 것은 그가 말하는 정의다. 다음으로 정의란 무엇이고 왜 필요하냐의 문제를 다룰 것이다.

두 가지 종류의 덕성: 이타심과 정의

인간은 혼자 살수 없나. 그들이 생산적인 상호관계를 갖고 결속과 통합이 가능하기 위해서는 덕성이 필요하다. 흄은 덕성을 두 가지로

326) Hundert(1974: 141).

분류한다. 하나는 이타심과 다른 하나는 정의다. 이타적 덕성은 자신의 욕구를 억제하고 타인을 적극적으로 도와주는 행동이다. 그것은 사교적이고 품성이 좋고 인간적 성격이다. 친절하고 자비롭고 관대한 성품 등 이타심의 수많은 사례들이 존재하고 있고, 그들은 사적인 쾌락으로 환원될 수 없는 본원적인 정념을 반영한다.[327] 이타심은 친구나 가족, 친지, 직장동료 등, 특정한 사람들의 욕구에 관심을 갖는 특수한 이타심과, 공공정신 애국심 등과 같이 불특정 다수의 욕구충족을 위해 자신을 희생하는 일반적 이타심이 있다.[328] 그 공통점은 타인들의 욕구 희망 등 특수한 목적을 적극적으로 겨냥한다는 점이다.

정의란 타인을 적극적으로 도와주는 것이 아니라 타인의 신체 재산 자유를 해치지 말라는 것이다. 해치는 행동을 막는 행동규칙이 정의의 규칙이다: 예를 들면 개인의 재산을 서로 존중해야 한다; 타인의 재산을 약탈해서는 안 된다; 허위, 사기, 기만을 통해 상품을 거래해서는 안 된다는 등의 행동규칙이다. 이런 덕성은 소극적으로 타인들의 재산, 자유, 인격을 침해하는 행동을 삼가는 데 그친다. 적극적 덕성을 행사하면 타인으로부터 칭찬, 우정 등, 보상이 따르지만 정의를 지키는 경우에는 어떤 보상도 없다. 두 가지 덕성 중에서 사회질서를 위해서 중요한 것은 이타심의 덕성보다는 정의의 덕성이라는 것이 흄의 인식이다. 수백만 혹은 수천만 명이 사는 열린 거대한 사

327) Hume(1751/1957: 9, 116)흄은 모든 선의가 이기심으로 환원 될 수 있다는 것을 부인했다. 도덕을 위선으로 이해하는 맨더빌과 다르다.

328) Hume(1751/1957: 115 각주 2)

회의 기초는 정의의 덕이다.

정의는 자연법의 3원칙이다

재화를 둘러싼 분규를 방지하여 분업체제를 구성하기 위해서는 우선 비약탈적인 태도와 규칙이 필요하다. 그러나 이것만으로는 충분하지 않다 구체적으로 무엇을 누구의 소유물로 간주하여 존중해야 하는지를 알려주는 세부규칙들이 필요하다. 흄은 인성론 제3권 "도덕에 관하여"에서 자연법의 3원칙을 말하고 있다.[329] 소유의 안정, 동의에 의한 이전, 그리고 약속이행. 이 세 가지 원칙을 반영하는 근본적인 법의 준수 없이는 사회의 유지가 불가능하다.

(1)소유의 안정성을 위해서는 현재 점유물을 점유자의 것으로 존중한다는 것을 의미하는 현재 점유물 존중의 규칙, 선점 및 시효취득, 과실취득 상속 등의 규칙이 필요하다. 습득을 통해서 얻은 소유를 서로 인정할 경우에만 소유의 안정이 달성 될 수 있다. 현재 점유물 존중의 규칙에 논란의 여지는 있다. 점유물이 약탈의 결과인 것처럼 취득과정에 정당성이 없다면 현재의 소유상태도 정당성이 없다. 따라서 현재 점유물 존중의 규칙은 자의성이 있다. 그런 이유 때문에 로버트 노직은 과거 불의의 행동을 통해서 취득한 경우 그 피해자에 대한 보상을 요구하는 권리의 수정원칙을 제안하고 있다.(123~124쪽

329) Hume(1740/1998: 115)

참조)[330]

(2)동의에 의한 이전규칙은 타인의 재산을 습득하는 가장 평화로운 방법이다. 양도는 소유자의 동의와 함께 이루어지기 때문이다. 분업을 의미 있게 만들어 주는 것이 교환이다. 이 교환의 전제는 자발적 동의다. 따라서 소유의 안정성과 마찬가지로 동의에 의한 소유권 변경도 모두 자연법의 기초다.

소유의 안정성, 그리고 동의에 의한 이전 원칙과 관련된 규칙들은 이전될 재산이 당사자들 앞에 놓여 있을 경우에, 즉 교환이 동시적인 경우에 효과적으로 작동한다. 그러나 이것은 장래 재화나 원거리 재화의 교환에는 앞의 두 가지 원칙을 적용할 수 없다. 그래서 필요한 것이 제3의 원칙으로서 약속이행 원칙이다.

(3)약속이행과 관련된 규칙들이 지켜질 경우에 비로소 원거리 무역, 채무·채권의 관계, 그리고 오늘날 우리가 지불방법으로 빈번이 사용하는 분할 지불 등이 비로소 가능하다. 약속을 지키리라는 믿음과 신뢰, 이것이 시장의 발달을 가져왔다.

법 시스템 전체는 세 가지 원칙들을 확립하는 데 있다. 이는 소유의 불가침성, 계약의 자유, 피해에 대한 보상의무 등으로 요약되는 사법(private law)의 기초다. 흄이 세 가지 원칙을 강조한 것은 그 원칙들만이 물질적인 것을 타인들에게 피해를 주지 않고 취할 수 있다고 믿고, 그래서 상호이익이 되는 교환을 가능하게 하는 조건이 될 수

330) Nozick(1974/1991: 343)

있다는 이유에서다.

그러나 세 가지 원칙을 구현하는 법만을 가지고는 사회가 유지되고 번영하는데 충분하지 않다. 세상의 어느 지역에서는 강간, 노예화, 식인 등, 육체적 해를 가하거나 타인의 명예와 인격을 훼손하여 편익을 얻는 수단으로 이용되기 때문이다.[331] 폭력은 약자를 폭력자의 의지에 예속시키는 것을 의미한다. 사기나 기만도 폭력과 똑같이 폭력을 행사하는 사람의 지식과 목적에 예속되는 상황과 동일한 상황을 만든다. 하이에크는 사기 기만을 사회적으로 폭력과 동일하다고 본 이유다.[332] 사기·기만행위를 금지하는 규칙도 이미 재산의 습득과 그 이용, 계약의 규칙에 전제되어 있다. 그런 규칙들을 공동으로 지킬 경우에 자유롭게 생산하고 교환하는 시장이 형성된다. 소유와 법 그리고 자유가 삼위일체가 된다.

정의가 필요한 조건

사회통합의 장애물은 무엇이고 이를 극복하기 위한 정의의 규칙의 원천은 무엇인가? 흄은 다음 세 가지 요소를 정의의 조건으로 보고 있다. 즉 (1)인간의 물질적 욕구, (2)욕구충족을 위한 자원의 희소성, (3)동감과 같은 정념보다 더 강력한 이기심이다. 이미 잘 알려져 있듯이 이들은 미국 하버드대학교 철학교수였던 존 롤스가 자신의

331) Ratnapala(2012)

332) Hayek(1960/1996 I: 29, 229)

정의론을 개발하기 위해 정의의 여건으로 도입한 재화의 적절한 부족상태 그리고 인간상호간 무관심과 일치된다.

정의가 필요한 세 가지 조건 중 하나라도 없으면 정의의 필요성이 사라진다. 자원이 풍요롭다면 정의도 불필요하고 네 것 내 것의 구분도 불필요하다. 그러나 자연은 인간에게 숱한 욕망을 주었으면서 이를 충족할 수단은 빈약하게 만들었다.[333] 그러나 인간들은 수단의 빈약함을 수용하지 않았다. 그들은 탐욕과 이를 충족하려는 노력의 과정에서 희소성 완화의 방법을 혁신적으로 개발했다. '분업과 협동'이 그런 노력의 자생적 결과다. 성취동기를 충족하려는 끊임없는 노력을 통해서 인간들은 자신의 지적 결함을 극복하고 자신의 생산적 지적 역량도 키울 수 있었다. 흄은 분업과 협력을 통한 희소성 해소라는 장점을 이렇게 말하고 있다.

"개인들의 힘을 결합하여 우리의 능력이 증대된다. 직업의 분화를 통해서 우리의 기량이 향상된다. 그리고 상부상조를 통해 우리는 운명과 우발적 사고에 거의 노출되지 않는다. 이처럼 추가된 힘과 기량 그리고 안전성 따위를 통해 사회가 유익하게 된다."[334]

흄의 그런 믿음은 하이에크, 프리드먼과 함께 현대 자유주의를 이끈 미제스가 분업의 특징을 표현하기 위해서 사용했던 '제휴의 법칙'

333) Hume(1740/1998, 76; 1754/1958: 15)

334) 위의 책 64

에 해당된다.(242~248쪽) 그러나 그런 사회가 자동적으로 생성되는 것이 아니다. 방해하는 요소가 있는데 그것이 흄에게 인간의 정념이다. 이기심과 타인들에 대한 제한된 관용이다. 이기심의 정념이 강력하게 작용하면 상호협력이 가능하지 않다. 물론 흄은 인간에게 타인의 욕구충족을 위해 자신의 욕구를 억제하는 이타심이 있다는 것도 인정한다. 그는 가족공동체는 협동의 유익함을 경험하는 최초의 장소라고 보았다.[335] 그러나 그런 제한된 범위를 벗어나면 이기심, 질투심, 복수심, 탐욕과 같은 정념이 지배한다. 질투심, 복수심의 대상은 보편적인 것이 아니라 특정인을 대상으로 하는 것이기 때문에 탐욕만큼 유해하지 않다. 탐욕의 대상은 보편적이다.[336]

그래서 지나친 이기심 즉, 탐욕은 사회형성에 직접적으로 파괴적이다. 이기심은 희소성, 물질적 욕구와 함께 정의의 규칙이 필요한 이유다. 이는 소유에 대한 정념과 방종을 억제한다. 중요한 것은 흄이 전제하듯이 이기적인 정념에 따르는 인간들에게 생산적인 협동을 가능하게 하는 정의의 규칙들이 어떻게 생성되고 유지되는가의 도덕철학적 문제다.

도덕감정은 어디에서 나오는가?

335) 위의 책 71

336) 복수심 질투심 원한은 제한된 사람에 대해서만 느끼는 감각이다. 보편적인 탐욕만큼 유해한 것이 아니라는 것이 흄의 믿음이다.(위의 책, 71)

흄이 중시했던 것은 도덕에 대한 우리의 감정을 우리는 어디에서 얻는가, 어느 한 행동이나 소감, 성격이 유덕하거나 부덕하다면 그 이유는 무엇인가의 문제다. 이는 도덕감정의 원천에 관한 문제다. "도덕적 구별의 원천은 이성이 아니다." 이것이 흄의 인성론의 첫마디다.[337] 이는 칸트의 믿음과 정면으로 충돌한다. 앞에서 설명한 바와 같이(제2부 제4장), 칸트에게 도덕적 원칙은 이성이다. 인간은 도덕적 행위를 분별할 줄 아는 이성을 가진 동물이기 때문에 이성을 통해서 특정한 행동을 도덕적이라고 판단한다. 그러나 흄에게는 이성 자체도 경험의 소산이다.

도덕감정의 원천이 이성이 아니라면 무엇인가? 이미 앞에서 설명했듯이 정신이란 갖가지 경험에서 얻은 관념들이 연합하여 외부세계에 대한 지식을 산출하는 과정이다. 그런 과정은 선험적 또는 본유적 지식에 좌우되는 것도 아니다. 인간정신이 감각경험이외에는 아무것도 없다는 것이 흄의 믿음이다. 따라서 도덕감정의 원천에 대한 그의 대답은 간단하다. 고통과 쾌락이라는 것이 그의 대답이다. 고통을 주는 행동은 그르고, 쾌락을 주는 행동은 옳다는 것이다. 도덕 감정도 정신에 의해 수용되는 지각(감각경험)이다. 인상이나 관념들 중에 어떤 것들은 우리의 정신에 긍정적인, 또는 다른 어떤 것은 부정적인 영향을 미친다.

"결코 정신은 우리가 지각작용이라는 술어로 이해할 수 없는 어떤

337) 위의 책 25

작용으로도 발견될 수 없으며 따라서 선악을 구분하는 판단에도 지각작용이 적용된다. 어떤 성격에 찬성하고 다른 성격은 경멸하는 것은 그토록 많은 지각작용들 뿐이다."[338]

요컨대 우리는 행동이 도덕적이기 때문에 이를 보고 쾌락을 얻는 것이 아니다. 그 반대로 그것이 정신에 의해 수용되는 즐거움과 편안함, 이득과 편익을 주기 때문에 그런 행동을 도덕적이라고 여긴다. 이는 당시 상황에 비교할 때 혁명적이었다. 특정한 행동은 자연권이 허용한 것이기 때문에 또는 신이 계시한 행동이기 때문에 도덕적이라는 믿음이 지배하고 있었다. 덕의 감각을 갖는 것은 특정한 종류의 만족을 느낀다는 것뿐이다. 그러므로 바로 그 느낌이 우리의 칭찬과 찬미, 시인과 부인을 구성한다. 우리는 만족의 원인을 더 이상 논의할 수 없고, 탐구할 수도 없다. 우리는 어느 한 성격 자체가 유쾌하다는 이유로 그 성격을 유덕하다고 추정하지 않는다. 그 성격이 유쾌하다는 느낌에서 우리는 결과적으로 그 성격을 유덕하다고 느끼는 것이다. 따라서 흄의 정신이론은 주관주의의 기초라고 볼 수 있다.[339]

"어떤 행동이나 소감 또는 성격이 유덕하거나 부덕하다면 그 이유는 무엇인가? 바로 그 행동이나 소감, 성격을 지각하는 것이 특정한

338) 위의 책 26

339) 주관주의는 대상을 대상으로 보는 것이 아니라 대상에 대한 해석을 통해서 대상을 이해하는 방식이다.

종류의 쾌락이나 거북함의 원인이기 때문이다. 덕의 감각을 갖는 것은 어떤 성격을 응시하는 데에서 특정한 종류의 만족을 느낀다는 것뿐이다. 그러므로 바로 그 느낌이 우리의 칭찬과 찬미를 구성한다. 우리는 만족의 원인을 더 이상 논의 할 수 없고, 탐구 할 수도 없다. 우리는 어떤 성격이 유쾌하기 때문에 (유쾌하다는 이유로) 그 성격을 유덕하다고 추정하지 않는다. 그 성격이 바로 그와 같은 방식에 따라 유쾌하다는 느낌에서 우리는 결과적으로 그 성격을 유덕하다고 느끼는 것이다. 모든 종류의 아름다움과 취향 그리고 감각 따위에 관한 우리의 모든 판단은 이와 마찬가지다. 우리의 찬동은 이런 것들이 우리에게 전달하는 직접적인 쾌감에 담겨있다."[340]

그런데 흥미로운 것은 이익과 편익을 주는 행동은 촉진되고 고통과 비용을 초래하는 행동은 금지된다는 흄의 인식이다. 여기에서 흄은 도덕의 진화론적인 관점을 취하고 있다. 효용과 쾌락을 주는 행동은 반복되고 모방을 통해 사회에 확산된다. 고통과 비용을 주는 행동은 금지된다. 외부세계의 경험적 상황과 탐욕과 같은 정념에 의해 행동규칙이 형성된다. 금지적 성격의 행동규칙이 바로 흄의 도덕철학에서 강조하는 정의의 규칙이고 법이다.

3) 정의의 규칙과 진화사상

340) Hume(1740/1998: 45~46)

흄의 법이론과 국가이론은 도덕이론과 불가분의 관계가 있다. 그에게 사회는 사회주의의 계획경제처럼 특정의 목적을 가지고 선험적인 이성을 통해 계획하여 만든 것이 아니다. 그것은 인간행동을 결정하는 정념과 외부세계에 대한 감각경험의 소산이다. 흄에게 사회는 유럽 대륙에서 유행하던 합리주의정치이론가들이 상상했던 사회계약에 의해 확립된 것도 아니다. 그것은 수세대를 거쳐 눈에 띄지 않게 점진적으로 형성된 '묵계(默契; convention)'의 결과다.[341]

묵계란 사실상 자생적 질서와 동일한 개념이다

컨벤션(convention)을 흔히 관행 관습 인습 등으로 해석하는 것과는 달리 묵계로 번역한 인물은 흄의 인성론을 번역한 고(故) 이준호 교수다. 그는 아깝게도 젊은 나이에 세상을 떠났다. 그에 따르면 묵계란 "말없는 가운데 우연히 서로 뜻이 일치하게 맞는 것"을 의미한다.[342] 사회적 관행·관습·인습은 묵계의 결과다. 묵계를 흄은 다음과 같이 말하고 있다.

"묵계는 공동이익이라는 사후적으로 느끼는 일반적 감각일 뿐이

341) 흄은 artificial convention을 말하고 있다(Hume, 1740/1998: 57) 그러나 artificial은 인위적이라는 말이 아니라 실세로는 자생적(spontaneous)라는 뜻이다.

342) 이준호 역 흄의 『인간본성에 관한 논고 제3권 도덕에 대하여 58쪽 옮긴이 주 참조. 그러나 '우연히'라는 말은 '의도하지 않게' 또는 '자생적으로'라는 뜻으로 이해하는 것이 옳다.

다. 이익에 대한 공통감각이 약속이라는 관점을 거치지 않더라도 그 감각을 우리 사이의 묵계 또는 호응이라고 일컬어도 무방하다."[343]

계획하여 의도하거나 명령하는 어떤 인격체나 정신이 없었음에도 또는 명시적인 합의가 없었음에도 불구하고 서로의 뜻이 일치되었다는 의미에서 우연적이고 '자생적'이다. 사회계약론과 대비하여 설명한다면 사회계약론에서 사회질서의 형성을 기술하는 개념은 합의인데 반하여 진화사상은 묵계다. 합의는 의도적 인데 반하여 묵계는 우연적 자생적이다. 따라서 흄에게 인간행동은 진화적 변화에 분별없이 무턱대고 이루어지는 적응이 아니다. 그와는 반대로 인간은 상상의 심리적 성향(관습 혹은 버릇의 형성)을 이용하여 사회질서의 유지에 불가결한 제도와 규칙이 묵계를 통해서 형성된다.

물론 흄은 버릇과 습관에 의해 자생적으로 정의와 법이 형성되는 현상을 말해주는 첫 번째 사상가는 아니었다. 정의와 법은 이미 고대 로마에서 언어와 경제제도와 똑같이 본질적으로 관습에 기인한다는 생각이 지배했다. 법적 제도들은 장기적인 진화과정의 결과로서 등장한다고 믿었다. 법과 도덕의 진화와 자생적 질서 사상은 고대 로마에서 스콜라학파로 이어졌다. 그 후 흄을 가능하게 한 인물은 버나드 맨더빌이다. 법과 도덕규칙은 새로운 것을 시행하고 잘못된 것을 걸러내는 시행·착오과정을 통해 자생적으로 형성된 진화의 선물이라는 것이 그의 설명이었다. 법은 천재의 성과가 아니라 실제에서는 수많

343) Hume(1740/1998: 69)

은 세대의 경험의 결과라는 것이다.

정의의 규칙은 묵계를 통한 진화의 결과다

흄에 따르면 정의도 사실상 고통과 쾌락에서 나온다. 모든 정의의 규칙은 이기적 행동들의 상호적응을 통해서 무의도적으로 생겨난 것이라고 한다. 중요한 것은 어떻게 이기적인 행동 또는 탐욕과 같은 정념이 보편적 이익에 기여하는 정의의 규칙을 산출하는가의 문제다. '묵계'는 어떤 의도적인 합의도 없이 자생적으로 타인들과 함께 이뤄내는 행동의 일치 또는 조정이다. 서로 다른 이해관계들이 상호간 순응하여 조화롭게 된다는 뜻이다. 묵계의 기반은 사람들이 제각기 얻은 그러나 공통된 경험이다. 그 경험은 두 가지다. 첫째로 탐욕이 심하여 타인의 재산을 서로 탈취하려고 하면 필연적으로 사람들은 의지할 데 없이 쓸쓸한 처지에 빠졌다는 사실의 반복적 경험이다. 둘째로 그런 정념을 억제하여 사회를 유지함으로써 우리가 더 많이 소유하게 되어 더 큰 탐욕을 충족하게 된다는 사실의 반복적인 경험이다.

경험은 무제한적 이기심은 자멸적인 성격이 있다는 것을 알려준다. 소유에 대한 무제한 탐욕을 추구하는 것보다 탐욕을 절제하여 타인들과 협력하고 분업하는 것이 더 많은 부와 재산을 축적할 수 있다는 것을 경험한다. 경험은 사람들이 제각기 독립적으로 얻은 것이다. 그런 경험이 재산존중 규칙의 생성을 위한 발단이다.

인간들이 탐욕이나 이기심 같은 정념을 절제하는 태도는 도덕적인 이유 때문에 생겨난 것이 아니다. 그 자제를 요구하는 것은 이성도 아니다. 점유욕구 자체가 점유욕구를 자제한다는 것이 흄의 생각이다. 다시 말하면 탐욕을 절제하여 타인의 재산을 존중하는 것이 더 큰 재산을 축적할 수 있다는 관념이 등장하는 것이다. 탐욕을 추구하기 위해서 탐욕을 자제하는 버릇 또는 관습이 형성된다.[344)]

비약탈적 행동이 편익을 주고 약탈적 행동이 피해를 준다는 인식이 어떻게 사람들 사이에 일치되는가? 무제한적 탐욕은 고통(비용)을, 탐욕의 절제는 쾌락(편익)을 초래한다는 공통된 인식(경험)이 어떻게 가능한가? 이를 가능하게 하는 것이 모방과정이다. 이 과정은 다음과 같이 기술할 수 있다. 즉, 단지 누군가가 보여주는 첫 번째 본보기로서 비약탈적 태도가 등장한다. 이런 태도는 일종의 혁신이다. 지금까지와는 다른 행동이기 때문이다. 그는 이제 약탈 대신에 생산에만 종사는 것이 유익하다는 것을 경험한다.

교환행위도 마찬가지이다. 강제로 타인들의 재산을 빼앗기보다 내가 가진 덜 유용한 재화를, 나에게 유용한 재화를 가진 타인들과 교환하는 행위도 혁신이다. 서로 교환함으로써 더 큰 만족을 얻었다. 혁신을 테스트하고 역시 성공적이면 타인들도 모방하여 그들도 타인의 소유물에 대한 비약탈적 태도나 평화로운 교환행위를 모방한다.

---

344) 정념 그 자체가 스스로 억제된다. (Hume,1740/1998: 72). 양선숙(2010: 374~375쪽: "인간은 자신의 탐욕을 더 많이 만족시키기 위해서는, 즉 더 많은 물질적 재화의 향유를 위해서는 탐욕 자체를 절제해야 한다."

성공적인 태도들이 확산되어 공동의 경험과 습관, 즉 묵계가 되어 공동의 정의의 규칙이 형성된다. 행동의 혁신, 행동의 테스트, 성공적인 것의 선별, 즉 모방과 확산 등, 이들이 진화과정의 특성이다. 진화는 유력한 것을 선택하는, 아니면 부적합한 것을 도태시키는 과정이다. 공동의 행동규칙의 자생적 형성에 대하여 흄은 이렇게 말하고 있다.

"정의는 일종의 묵계나 상호간의 호응을 통해서 스스로 확립된다. 다시 말하면 모든 사람에서 공통적이라고 상정되는 이익에 대한 감각을 통해서 정의가 스스로 확립된다."[345]

경험을 통한 학습과 모방을 위해서는 상상과 추측, 판단과 같은 적극적인 정신작용이 필요한 것은 물론이다. 서로 독립적인 지역에서는 서로 모방이 없다고 해도 유사한 행동규칙이 생성된다. 모방이 없다고 해도 흄이 말하는 자연권의 3원칙이 존재하는 사회가 있을 수 있다. 이것은 생물학자들이 말하는 '수렴적 진화(convergent evolution)'다. 흄이 말하는 정의가 필요한 조건은 서로 다른 시기와 장소에서도 사적 소유와 계약의 자유에 기초한 체제가 독립적으로 발생될 수 있음을 말해준다.[346]

묵계에 의해 생성되는 것은 행동규칙만이 아니다. 흄은 화폐와 언

345) Hume(1740/1998: 79). 묵계란 서로 다른 이해관계들이 상호간 순응하여 조화롭게 된다는 뜻이다. 조정 또는 조화의 결과가 행동규칙이다. 묵계는 미리 계획하지 않고 무의도적으로 그래서 자생적으로 규칙이 형성되는 과정을 지칭한다.

346) Hayek(1976: 40)

어의 등장을 설명한다. 금과 은이 합의나 약속이 없었다고 해도 공동의 교환수단으로서 화폐가 되었다. 인간의 묵계를 통해 점진적으로 확정된다.[347] 묵계를 통해서 모든 사람은 저마다 자기 소유물의 안정성을 획득하면 곧 소유의 옳음과 책임 따위의 관념이 발생한다. 정의와 불의 관념도 생겨난다.

행동규칙의 습득을 통해서 옳고 그름을 판단할 수 있는 능력을 의미하는 인간이성이 비로소 형성된다. 소유란 사회의 법률, 즉 정의의 법 규칙들이 정하는 바에 따라 우리가 갖는 자산에 지나지 않는다. 그래서 당시 지배적이었던 자연권 사상이 주장하는 것처럼 선험적인 소유권이란 존재하지 않는다. 사회 이전에 권리가 있고 이를 보호하는 것이 정의의 역할로 여기는 것이 자연권사상이다 그러나 흄에게 권리는 정의의 규칙으로부터 도출된 개념이다. 그것은 정의의 규칙의 함수다.

흄이 살았던 당시에 그 문제를 접근하는 또 다른 지배적 방법이 사람들이 도덕규칙을 만들어서 지키기로 합의한 약속이라는 의미의 사회계약론이었다. 그러나 그는 사회계약론을 깎아 내렸다. 그것은 역사적 사실도 아니고 논리적으로도 옳지 않다고 한다. 계약관행은 약속은 지켜야 한다는 도덕을 전제하는데, 설명해야 할 그 도덕을 이미 전제하고 있기 때문이다. 사회계약을 체결하려면 계약에 참여한 사람들에게 선험적 지식도 필요하다. 다시 말하면 '예지적 이성'을 필

347) Hume(1740/1998: 70)

요로 한다.[348] 예를 들면 자유계약을 허용할 경우 개인들 각자에게 어떤 편익 또는 피해가 생겨날 것인가를 알아야 한다. 그러나 흄에게 선험적 지식은 없다. 오로지 경험뿐이다. 그리고 사회구성원이 어떤 법적 도덕적 공백에서 합의를 통해서 사회를 구성했다는 계약론적 인식은 역사적 사실도 아니다. 묵계개념은 사회계약론에 대한 반박 논리다. 사회계약론자들이 주장하듯이 어느 날 갑자기 "합의를 통해 일거에" 사회가 출현하는 것이 아니라 일련의 행동규칙이 "다자간 우연히 일치되어" 정립됨으로써 점진적으로 발생한다. 흄의 이런 사상은 나중에 애덤 스미스와 애덤 퍼거슨 등을 통해서 스코틀랜드의 진화론적 자유주의가 형성되는 중요한 계기가 되었다.

불의를 막는 정의와 법이 갖추어야 할 조건

행동규칙의 역할은 탐욕과 무제한 이기심을 억제하는 데 있다.[349] 인간의 "탐욕과 편파성은 일반적이고 불변적인 원리의 제재를 받지 않는다면 세상에 무질서를 초래할 것"이다.[350] 불의의 행동을 제약하는 행동규칙이 없으면 상호간 불신이 만연하여 아나키 상태가 생겨날 우려 때문이다. 정의가 없다면 사회는 즉각 해체될 수밖에 없고

---

348) 양선숙(2010: 373)

349) "그러나 명백하듯이, 인간이 공공의 이익이든 사적 이익이든 특정이익을 고려하여 자신의 행동방식을 조절하려들면 인간은 무한한 혼돈에 빠지고 모든 정부를 무력하게 만들 것이다." Hume((1740/1998: 151)

350) 위의 책 123

모든 개인은 야만적이고 고독한 처지에 빠질 수밖에 없다. 정의의 규칙이 그런 역할을 수행할 수 있으려면 그것은 특정한 성격을 가지고 있어야 한다.

"정의의 판결에서 정의는 특정인에 대한 대상들의 적합성 여부를 결코 고려하지 않고 더욱 포괄적인 관점에 따른다. 어떤 사람이 관대하건 수전노이건 관계없이 정의는 그를 대등하게 인정한다. …그러므로 소유가 안정되어야 한다는 일반 규칙은 특정판단을 통해서 적용되는 것이 아니라 다른 일반 규칙들을 통해서 적용되는데 이 다른 일반규칙들은 반드시 사회전체에까지 확장되어야 하며 원한이나 호의 때문에 변하는 것이 아니어야 한다."[351)]

정의의 규칙, 즉 재산을 보호하는 법 규칙은 보편성을 갖는다. 특정인의 성격, 상황, 혹은 이런 법의 특수한 결과를 고려하지 않는다. 보편성은 첫째로, 정의의 규칙은 차별적이고 선별적이어서는 안 된다는 것을 뜻한다. 누구는 약속을 어겨도 되고 누구는 약속을 지켜야 한다면 분업과 교환관계가 파괴된다. 정의가 차별적이고 선별적이면 전체 사회 구조가 망가진다.

둘째로, 질서가 형성되기 위한 정의의 규칙은 개인이나 공동체의

351) 위의 책 84~85. "나쁜 사람도 상속법에 따라 부를 상속 받는 때처럼 가치 없는 사람에게도 보상할 수 있다. 정의의 규칙을 매사에 다르게 적용하면 소유의 안정성이라는 목표는 결코 달성될 없을 것이다."(위의 책 84)

특수 목적을 고려해서는 안 된다. 개인들이 원하는 방향으로 재산을 교환할 수 없고 재산의 안정성도 파괴된다. 정의의 규칙은 탈 목적적이다. 정의 규칙은 특수한 행동결과를 얻기 위한 수단이어서는 안 된다. 셋째로, 정의의 규칙은 단기성에 대한 믿음, 먼 장래의 이득보다는 직접적인 편익을 선호하는 성향을 배제해야 한다. 사람들은 결과나 목표와 관계없이 적용되는 일반적, 고정된 규칙에 의해서만 구속되어야 한다.

흄은 인간이 지키는 보편적 성격의 고정된 규칙이 없이는 인간사회는 무한한 혼란을 초래 할 것으로 보았다. 이 말은 게임규칙이 없으면 게임이 성립할 수 없다는 뜻이다. 인간의 탐욕과 편파성이 일반적이고 불변적인 원리의 제재를 받지 않는다면 세상은 무질서를 초래 할 것이다.[352] 정의의 규칙에서 생겨나는 편익은 개별 행동의 결과가 아니라 규칙시스템 전체에서 생겨난다. 상이한 정의의 규칙들이 시스템으로서 기능한다.[353] 예를 들면 개인의 안정성과 계약의 확실성이 없이는 재산의 안정성이 확보될 수 없다. 재산의 안정성과 인격의 안정성이 없이는 계약의 확실성은 불가능하다. 사유재산이 없이는 개인의 자유는 달성할 수 없다. 이런 인식은 정의의 규칙이 개별적으로 효과를 발생하는 것이 아니라 다른 규칙들과 시스템을 형성하여 소망스러운 효과가 발생된다는 것을 보여준다. 따라서 어느 한 규칙이 정의의 규칙이 될 수 있으려면 보편성과 추상성, 확실성의 조

352) Hume(1751/1957: 123)

353) 위의 책 자애심에 관한 부록 II

건이 외에도 다른 행동규칙과 양립해야 한다.

흄은 정의의 보편적 규칙 대신에 개인의 공로가 재판 판결과 정부 정책을 지배하면 자유의 시스템 전체가 훼손된다는 것을 분명히 했다. 결과와 관계없이 도덕적인 사람한테 최대의 부와 재산을 부여하거나 내적인 도덕적 품질(성실·노력)에 따라서 보상하는 법을 집행한다면 공로의 애매함과 자기기만에서 생겨나는 공로의 불확실성은 매우 크다. 사람들의 공로를 고려하는 분배원칙은 보편적 규칙이 될 수 없고 특정인의 공로를 고려하면 사회는 파괴된다고 경고한다.[354] 그래서 공로로부터는 어떤 분명한 행동규칙도 도출할 수 없고 설사 도출했다고 해도 그런 행동규칙을 집행할 경우 그 결과는 사회의 해체다.

흄은 개인이나 공동체가 추구하는 구체적 목표와 정의의 규칙으로서 법을 엄격히 구분하고 있다. 하이에크가 자신의 논문 "흄의 법철학과 정치철학"에서 주장하듯이 이런 구분은 법철학의 중심된 것이다.[355] 시민의 자유를 말하면서 흄은 '인간의 지배'가 아니라 '법의 지배'를강조했다.

"모든 정부가 현대에서 개선된다고 하더라도 군주정부들이 완전성을 향해서 큰 발전을 했던 것 같다. 지금은 문명화된 군주들은… 인간의 정부가 아니라 법의 정부라고 인정될 수 있다. 그들은 질서 방법의 지속성에 대해서 놀라울 정도로 민감했다. 소유는 안정적이다. 산

354) Hume(1742/1985 :187)

355) Hayek(1967: Ch.7)

업은 촉진되고 예술은 번영한다."[356]

인간의 정부는 안치를, 법의 정부는 법의 지배를 말한다. 특히 주목할 것은 법의 지배는 일반·추상적 행동규칙으로 구성된 법을 통해서 통치하는 것을 의미한다는 점이다. 법 아래에서의 자유다. 이로써 흄은 자유주의 법사상의 기초를 닦았다. 흥미로운 것은, 칸트의 정언명령은 흄의 법의 지배원칙의 배후에 깔려있는 법 원칙으로부터 강력하게 영향을 받은 것이라는 점이다.

4) 시장경제의 도덕성: 상업의 덕성

소유의 안정, 동의에 의한 이전, 약속이행 등 세 가지 원칙들은 인간들의 상업적 관계로 구성된 시장의 기초가 되는 법 시스템의 핵심 요소다. 그들은 제2차 대전 후 독일 경제질서의 기초가 되었고 라인강의 기적을 불렀던 독일의 질서자유주의의 창시자 발터 오이켄이 말한 사적 소유원칙과 계약자유의 원칙 그리고 책임원칙 등 '시장을 구성하는 원칙'이다.[357] 이는 소유의 불가침성, 계약의 자유, 피해에 대한 보상의무 등으로 요약되는 사법(private law)의 기초다.

흄은 그런 원칙을 기초로 하는 시장경제가 어떻게 공익에 기여하

356) Hume(1742/1985: 94)

357) Eucken, W.(1952/1990) 질서자유주의에 관해서는 민경국(2003: 138~139)

는가, 그들이 어떻게 인간행복을 증진하는가의 문제를 다루면서 자유와 재산권의 보호가 얼마나 중요한가를 보여주었다. 흄은 정치경제학의 주제에 기여했던 『도덕·정치·경제학논집』(1742년)의 제2부, 상업과 예술을 논의하는 장소에서 그런 문제를 다루었다. 그의 핵심주제는, 상업은 물질주의와 정신적 부패를 가져오는 것이 아니라 상업의 번영은 덕성과 도덕을 증진하는 고유한 능력이 있다는 것이다.

상업사회는 도덕을 파괴하는 것이 아니라 이를 촉진한다

상업사회는 부도덕하고 인간들을 외롭게 만든다는 것이 일반적 견해다. 물질주의적 성향을 촉진한다고도 한다. 그러나 사람들은 시장, 돈, 소유를 지지한다면 물질적 발전만이 아니라 지적 도덕적 발전의 기회도 가질 수 있다는 것, 상업사회는 단순히 물질만을 추구하는 사회가 아니라는 것이 흄의 탁월한 인식이다. 웬너린드에 따르면 시장이야말로 "공정성, 사회성, 공손함, 창의와 인간성"과 같은 사회적 덕을 증진한다는 것이 흄의 인식이라고 한다.[358] 스코틀랜드 계몽운동의 역사에 관한 저서 『지식인과 사회』에서 이영석은 이렇게 쓰고 있다.

"데이비드 흄은 영국 사회에서 세련됨 예절, 교양, 사교, 법의 준수, 사적 소유 같은 관행과 제도가 나타나고 정립되는 과정을 통해

358) Wennerlind(2011: 48)

영국인의 자유를 기술했다. … 흄에 의하면 유독 영국에서 이 같은 성취가 두드러졌던 원인은… 근본적으로는 상업의 발달에 토대를 두고 있기 때문이다."[359]

흄은 인간행동의 동기를 심리학적으로 관찰한다. 그에 따르면 상업사회는 인간행복의 정념에 가장 크게 기여하는 노동이라는 도덕심을 북돋아준다고 한다. "행복은 인간의 최대 목적인데 예술이 고안되고 과학이 생겨나고 법이 등장하는 것도 그런 목적을 위해서라는 것"이 흄의 통찰이다.[360] 노동은 성취감을 촉진하고 개인의 성품과 태도를 정제하여 행복증진에 기여한다는 그의 인식도 흥미롭다. "창의와 창조를 촉진하고 술주정이나 게으름 등과 같은 파괴적 성향을 억제하는 것이 노동"이라는 그의 노동관도 중요하다.[361] 앞에서 설명한 바와 같이 흄은 노동의 성취동기야말로 인간 활동의 원천으로 여기고 있다.

노동자의 노동에 대한 흄의 인식은 매우 중요한 의미가 있다. 첫째로 노동자는 합리적인 삶을 이끌 수 없다는 견해에 대한 반박이다. 둘째로 노동은 인간의 창조적 활동으로 이해하고 있다. 셋째로 노동을 덕과 문명화된 존재와 연결시키고 있다. 흄이 이런 주장을 내세운 배경은 18세기 영국의 구빈법이 전제한 노동자관을 시정하기 위한

359) 이영석(2014: 265)

360) Wennerlind(2011: 49) Hume(1742/1985: 148)

361) Wennerlind(2011: 49) Hume 위의 책 270

것이었다.[362] 노동자는 자신의 삶을 합리적으로 이끌어 갈 능력이 없기 때문에 나라가 나서서 돌봐야 한다는 생각에서 나온 것이 온정주의적 구빈법이다.

사람들은 "도덕과 사회통합의 위협"이라는 이유로 상업사회의 "개인주의 정신, 경쟁, 이윤추구를 우려"했지만 흄은 걱정하지 않았다. 그 대신에 "경제적 번영이야말로 사회적 덕성의 증진에 중요하다"라는 결론을 내리면서 "노동과 지식 그리고 인간성은 서로 얽혀져 있는 것"이 상업사회라고 했다.[363] 상업사회에 얽혀있는 그 세 가지는 개인의 삶에만 유익한 것이 아니라 그들의 편익이 공공에도 확산된다는 것이다.[364] 경제적 번영을 경유하여 시장경제는 도덕을 증진한다는 그의 인식은 벤자민 프리드먼(B. Friedman)의 주장보다 260년을 앞섰다. 잘 알려져 있듯이, 경제적 번영은 너그러움 관용 열린 마음 그리고 공동체정신을 촉진한다는 것이 프리드먼의 인식이었다.[365]

어떻게 노동과 지식 그리고 인도주의가 서로 연결되어 있는가? 노동은 사람들의 관심을 과학과 문예로 이끈다. 그래서 그들의 기질도 완화하고 태도를 정제한다고 흄은 주장한다.[366] 그들은 상업사회에서 결코 소외감도 느끼지 않는다. 상업사회에서 사람들은 야만적인 민족처럼 고립하여 흩어져 사는 것이 아니다. 그들은 도시로 몰려

362) Coats(1960: 39)

363) Wennerlind(2011: 49~50) Hume(1742/1985: 271)

364) Hume(1742/1985: 271)

365) Friedman(2006) 민경국(2007: 70~71)

366) 이하의 설명에 관해서는 Hume(1742/1985: 170, 271)

가 지식을 주고받기를 좋아하고 자신들의 재치와 교양을 보여주기를 좋아한다는 것이 흄이 시장을 관찰한 결과다. 따라서 상업사회는 인간의 사회성을 높여준다. 사람들은 서로 대화하고 서로의 기쁨과 즐거움을 함께 하기 때문에 인도주의적 심성의 증가를 느끼지 않을 수 없다는 인식도 시장사회의 강점이다. 사람들의 "증가된 사회성과 지적인 섬세함은 안정되고 활력 있는 사회질서의 핵심으로 이해될 수 있는 취향과 품격을 높여준다"는 흄의 주장도 새겨들을 필요가 있다.[367] 노동자에 대한 흄의 긍정적이고 낙관적인 주장은 뒤에서 설명하겠지만 분업으로 인한 노동자의 소외와 편협성을 말했던 애덤 스미스의 비관적인 입장과 전혀 다르다.

빈곤문제를 효과적으로 해결하는 것이 상업사회다

흄은 완전한 평등에는 관심이 없었다. 모든 사람들이 삶의 모든 필수품과 편의품 대부분을 충분히 소유하면서 자신의 노동의 결실을 향유해야 한다고 주장하지만 평등은 국가권력을 증대시키고 과도한 조세부담을 초래한다고 흄은 경고한다.[368] 귀족·봉건사회처럼 극단적인 불평등에 대해서도 흄은 일침을 가한다. 부가 소수의 손에 장악되면 그들이 모든 권력을 손에 쥐고 특히 공모하여 조세부담을 빈자

367) 이에 관해서는 Wennerlind(2011: 51) 참조

368) Hume (1742/1985: 265) 평등분배를 실현할 경우 부유한 사람의 행복은 가난한 사람의 행복 증진보다 훨씬 더 크게 줄어든다고 한다.

에게 전담시켜 결국 빈자들의 노동을 위축시킬 우려가 있다고도 한다.[369)]

그러나 다행스럽게도 "상업사회는 가장 극단적인 불평등을 견제하여 공정성을 증진하는 경향이 있다"는 것이 흄의 탁월한 인식이었다.[370)] 그는 사치는 악이고 가난은 금욕이라는 의미의 미덕이라는 도덕주의를 거부했다. 그에게 가난이란 한낱 곤궁, 궁핍일 뿐이다. 빈곤문제 대한 흄의 낙관적인 인식은 애덤 스미스가 이어받아 더욱 더 심화하여 발전시켰다. 그에 따르면, 상업사회는 보편적 풍요를 불러온다. 누구나 과거의 시대보다 훨씬 개선된 삶의 수준을 누린다. 의식주의 기본적 욕구를 충족시키는 것을 넘어서 인간관계가 더 인간적으로 형성된다.

국제무역

흄이 살던 때는 무역규제로 악명 높았던 중상주의 시기였다. 그러나 그는 자유무역에 대한 중상주의적 관점을 비판하면서 자유로운 무역을 예찬했다.

"일반적으로 사람들은 이웃나라의 번영을 의심의 눈초리로 보고 모든 무역국들을 경쟁자로 취급하거나 다른 나라를 희생하지 않고는

369) Hume(1742/1985: 265, 328)

370) 이에 관해서는 Wennerlind(2011: 51~52)를 참조

번영하는 것이 불가능하다고 여기는 것이 상식이다. …(그러나) 어느 한 나라의 부와 상업이 증가하면 이웃을 해치는 대신에 그들의 상업과 부를 증진한다. 이웃나라가 무지와 야만에 묻혀 있다면 무역을 하기도 노동을 발휘하기도 매우 불리하다."[371]

우선 자유무역에는 국가들 사이의 공정성과 평등의 감각을 증진하는 메커니즘이 내장되어 있다는 것이 그의 흥미로운 인식이다. 어느 나라가 풍부한 산업으로 다양한 상품을 생산하여 수출하면 주변 국가들은 이 재화를 얻기 위해 노력한다. 외국재화가 들어오면 국내 화폐가 빠져나갈 것을 걱정하지만 그러나 기술을 도입하면 가시적으로 유익하다 것이다.[372]

흥미로운 것은 흄의 그런 인식의 바탕에는 혁신과 그리고 성공적인 것의 "모방"을 통한 확산을 핵심으로 하는 진화론적 관점이 숨어 있다.[373] 인간의 창조성과 혁신능력에는 근본적으로 한계는 없다. 우리가 지금까지 누린 모든 삶의 개선은 기술과 장사하는 방식, 새로운 상품 등 외국인들의 창조와 혁신을 모방한 데서 나온 것이다.[374] 모방과 경쟁을 통해서 새로이 발견한 기술들이 확산된다. 혁신과 모방은 "산업을 불붙이는 데" 매우 중요하다. 그것은 한나라의 "기술을 개선

371) Hume(1742/1985: 328)

372) Hume(1742/1985: 329)

373) 위의 책 264, Wennerlind(2011: 50~51)

374) Hume(1740/1998: 221)

하고 제조업의 기반을 튼튼하게 하는 데 중요한 역할을 한다"는 흄의 인식이야말로 시장진화의 핵심이다.[375] 그의 이 같은 생각은 영국사회가 거의 모든 생활영역에서 개방된 사회임을 반영한 것이다. 개인적인 창의와 혁신은 대중적 현상이었다. 실용적인 기예와 미술부문에 있어서나 영국도자기와 가구의 황금기였다. 화가, 음악가 그리고 새로운 형태의 문학도 등장했다.[376]

창조·혁신·모방과정은 "예측할 수 없고" 그 과정의 속도는 느리다. 그러나 사람들이 "지식과 기술을 추구하면 실제로 새로운 길을 개척할 기회"가 그만큼 커진다. 국제무역이 중요한 이유는 "세계적으로 서로 연결되어 기술발전을 위한 아이디어를 제공하는 사람들의 수가 늘어나기 때문"이라는 흄의 인식은 탁월하다. 비록 무역참여자들은 상업적인 경쟁자들이지만 사실상 "협조적인 개선과정"에 참여하여 결국 모든 나라들은 번영의 몫을 함께 할 기회를 확장하고 "상업의 역동성은 글로벌한 경제적 번영을 가져온다"는 흄의 믿음은[377] 250년이 지난 오늘날에도 타당하다.

소비문화와 사회

흥미로운 것은 사치에 관한 흄의 인식이다. 18세기 사치품으로 여

375) Wennerlind(2011: 51)

376) 당시 영국의 발전 상황에 관한 간단한 설명에 대해서는 퍼스펠트(1990: 43)

377) Wennerlind(2011: 51~52)

겼던 것은 포도주 음악 정원 등이었다. 사치는 도덕적으로 부패되었고 국가의 존립에 위험하다는 생각이 지배했다. 흄은 처음에는 사치를 비판했다가[378] 나중에는 생각을 바꾸어 사치는 가장 폭력적인 정념을 충족시키는 이상 그것은 개인의 노동을 촉진하기 위한 가장 효율적인 방법이라고 치켜세웠다.[379] 사치재에 대한 취향, 그 재화를 획득할 능력과 기회는 경제발전을 부추기고 봉건사회에서 상업사회로의 전환을 용이하게 한다. 사치재의 소비를 막는 것은 자유의 유린이다 사치는 상업을 풍요롭게 만들고 상업과 사치는 빈곤을 줄이고 삶의 개선을 위한 가용자원의 증가를 부른다.[380]

흄의 그런 생각은 『꿀벌의 우화』(1714)에서 물질추구 이기심 탐욕 향락이야 말로 번영의 길이라는 주장을 폈던 유명한 버나드 맨더빌로부터 영향을 받은 것이다. 맨더빌이 그에게 미친 영향은 매우 컸다. 앞에서 설명한 바와 같이 진화사상, 그리고 이기심과 탐욕의 관점도 그의 영향에서 비롯된 것이다. 흄의 주요 관심은 도덕성 자체가 아니라 복지였다. 그는 사치와 관련하여 당시 지배적인 생각을 바꾸는 데 중요한 역할을 했던 것은 분명하다. 그는 사치를 도덕으로부터 해방시켰다. 도덕적으로 생각할 필요 없이 사치의 중요성을 인정했다.

378) Hume(1740/1998: 221):"낭비 사치 우유부단 변덕스러움 등은 부덕한 데 그 까닭은 단지 이런 성질들이 우리를 파멸로 이끌며 우리가 일하거나 행동하도록 할 수 없다는 것뿐이다."

379) 이에 관해서는 Marshall(2000: 634)

380) 세상의 모든 것은 노동에 의해 구매 될 수 있고 정념은 노동의 유일한 원인이기 때문에 사람들이 민첩하게 노력 할 유일한 방법은 "근면과 욕심 그리고 기술과 사치로 정념들을 북돋는" 것이다.Hume(1742/1985: 262~63)

5) 국가의 과제와 국가권력

국가이전에 정의와 법 그리고 이들을 포괄하는 사회가 이미 형성된 것이다. 사람들은 경험, 이성, 교육을 통해서 비로소 그런 제도의 중요성을 인식했다. 진화는 법과 도덕의 보편화 과정이었다. 법과 사회의 존재에 대한 흄의 인식은 법실증주의와 다르다. 사회계약론처럼 법실증주의는 법과 사회는 입법을 통해서 비로소 가능하다는 입장이다. 국가 없이는 사회도 가능하지 않다는 것이다. 홉스의 만인에 대한 만인의 투쟁, 또는 약탈과 폭력이 질서의 대안이라는 것이다. 흄이 자생적 질서를 중시한다면 국가가 불필요하다. 사람들은 누구나 자생적으로 형성된 정의의 규칙을 자발적으로 지킬 것이기 때문이다. 그럼에도 왜 국가가 필요한가, 국가의 과제는 무엇인가의 문제가 제기된다.

국가가 왜 필요한가?

인류의 역사에서 국가는 최근의 현상이다. 주권국가로서 우리가 알고 있는 것은 더욱 더 최근이다 이미 잘 알려져 있듯이 주권국가는 '30년 전쟁'을 종식시킨 1648년 웨스트팔리아 평화조약의 산물이다. 정치사회가 필요한 이유를 흄은 다음과 같이 말하고 있다.

"모든 사람들이 각자 정의와 공정을 지킬 강력한 관심을 늘 인지할 충분한 재주가 있고, 당장의 쾌락과 편익과는 반대로 보편적 그리고 장기적 관심과 이익을 지킬 강한 정신을 가지고 있다면, 정부나 정치사회와 같은 것이 결코 없었을 것이다."[381]

대부분의 사람들은 묵계를 통해서 형성된 정의를 준수하는 것이 장기적 이익이라는 것을 인정하지만 개중에는 단기적 이익에 굴복하여 도덕률을 위반하는 사람도 있다. 원래 정의라는 관념은 친구처럼 아는 사람들로 구성된 사회에서는 적합한 개념이 아니다. 우정, 너그러움, 사랑과 같은 자연적 본능의 이타심으로 족하다.

그러나 이타심은 낯선 사람들로 구성된 사회, 칼 포퍼가 말하는 '익명의 사회', 프리드리히 하이에크가 말하는 '확장된 사회'의 기초로서는 부적합하다. 그런 사회를 위해서는 단기적인 이익에 기여하는 무제한적 탐욕을 억제하는 것이 중요하다는 인식이 확산되었다. 장기적인 이익을 위한 길은 정의의 확립이라는 것을 인식했다. 그럼에도 사람들이 단기적인 이익의 유혹에 빠지는 이유는 무엇인가? "정의를 준수하여 장기에 등장하는 이익은 희미하고 당장의 이익은 생생하고 그래서 강한 힘으로 사람들에게 다가오기 때문"이라는 것이 흄이 인성론의 제3권에서 기술한 정부기원의 논리다.[382]

"인간의 감정은 대상의 실재적인 내재적 가치보다는 인간에게 느

381) Hume(1751/1958: 34~35)

382) Hume(1740/1998: 126); 1742/1985: 38)

러나는 형색에 비례한다. 늘 가깝고 인접한 것의 편을 드는 우리의 정념의 유혹에 굴복한다. 이런 이유 때문에 인간은 정의(의 규칙) 준수에 크게 좌우되는 사회의 질서를 유지하기 보다는 눈앞의 사소한 이익을 선택한다. 모든 인간은 어느 정도 이와 같은 약점이 있으므로 필연적으로 사회에서 공정성을 위반하는 일이 매우 잦을 수밖에 없고 이런 일 때문에 인간의 거래(commerce)는 매우 위험하고 불확실하게 된다."

사람들 중에는 심성이 유약하고 사악한 면이 있기 때문에 당장의 사소한 이익에 굴복하고 타인들의 자유와 재산을 침해한다. 인간의 '거대한 취약성은 치료할 수 없다'는 것이 흄의 인간관이다. 흄은 정부의 기원에 관하여 다음과 같이 말하고 있다.

"모든 사람들은 평화와 질서를 유지하기 위해서 정의가, 또 사회를 유지하기 위해서는 평화와 질서가 필요하다는 것을 잘 알고 있다. 그러나 그런 분명하고도 강력한 필요성에도 불구하고 인간본성은 유약하고 사악하니 어쩌나! …인간은 중요하고 크지만 멀리에 있는 이익보다 당장의 시시한 (이익: 필자)에 유혹된다. 인간의 취약성은 치료가 불가하다."[383)]

인간의 치료 불가능한 취약성 때문에 정부가 없는 사회를 단념할

383) Hume(1742/1985: 38)

수밖에 없다. 개인의 자유와 재산을 보호하고 경제적 번영을 안겨줄 수 있는 정부를 세우는 것이 불가피하다.

국가의 과제

사람들은 평화를 유지하고 정의를 실행하기 위해서 특정인들로 구성된 집단의 필요성을 지각했던 것이다. 그 집단이 정부다. 흄의 세계에서는 법을 만들기 위해서 국가가 필요한 것이 아니었다. 입법이 사회를 가능하게 한 것이 아니라 사회가 입법을 가능하게 했기 때문이다. 국가 이전에 이미 법과 사회, 시장이 존재했다. 그가 생각하는 국가는 자생적으로 형성된 정의와 법 그리고 이에 따라 형성된 자유시장을 보호할 책임을 부담한다. 정의를 관리할 책임이 국가의 제일 과제다. 그런 과제가 없이는 "평화도 안전도 그리고 상호간의 생산적 관계도" 성립될 수 없다.

정부기관은 '정의의 분배' 이외에는 다른 어떤 목적도 없다는 것이 흄의 국가관이다.[384] 정부의 과제는 자생적으로 형성된 법과 정의를 공정하게 관리하는 일이다. 정부의 역할은 상업, 학문과 예술의 발전을 촉진하기 위해서 개인의 재산, 자유를 그리고 마침내는 시장과 돈을 보호하는 일이다. 정부의 위대성은 시장과 상업을 보호하는 데 있다는 것이다.

흄의 주장은 당시 가격규제, 보호주의, 선정된 기업의 특혜 등, 간

384) Hume(1742/1985: 37)

섭주의가 지배했던 영국에는 혁명적이었다. 그의 주장은 영국정부가 할 일은 간섭주의를 중단하고 규제를 개혁하는 것을 의미했기 때문이었다. 그의 사상의 핵심은 정부간섭으로부터 해방될 경우에 비로소 개인들은 투자하고 무역하는 등, 마음 놓고 생업에 종사할 수 있다는 것이다. 그는 정부의 적극적인 역할을 반대한 것은 아니다. 스미스처럼 그도 역시 다리, 항구를 건설하는 것, 방파제를 쌓고 수로를 만드는 것, 해군장비, 군대 훈련 등, 당시 흄은 정부가 개인들이 조정 문제 때문에 혼자서나 타인들과의 합의를 통해서 충분히 수행할 수 없는 공공사업에도 종사하고 있다는 것을 알고 있었다.

"따라서 그들은 다리를 세우고 항구를 개방하며 성벽을 돋우고 운하를 건설하며 함대를 갖추고 군대를 훈련시킨다. 모든 인간적인 약점에 얽매인 사람들로 구성되었지만 상상할 수 있는 가장 세련되고 가장 정교한 발명품 가운데 하나인 정부의 배려를 통해 온 천하가 하나의 공동체로 되는데 이 공동체는 인간적인 모든 약점을 어느 정도 극복 한 것이다."[385]

자유로운 정부는 권력분립을 인정하고 모든 사람들에게 알려진

385) Hume(1740/1998: 131) 정부역할에 관한 로크의 고전적 주장이 아직도 영향력이 강했다. "중립적이고 솔직한 법관들, 이들은 공정한 법에 의해 분쟁을 해결한다. 공동체의 힘을 이용하기 위해서는 그런 법을 집행하는 것, 침범으로부터 공동체를 보호하고 외부의 손상을 막는 것, 이 모든 것은 평화 안정 그리고 공익이외에는 다른 목적이 없다." Locke(1690/2012: 131/114)

일반적이고 평등한 법에 따라서 행동하는 정부다. 인간이성의 한계 때문에 정치조직에서 적극적인 선을 기대할 수 없다. 가장 위대한 정치적 가치들, 즉 평화 자유 정의는 본질적으로 소극적이다. 적극적인 선이라기보다는 피해로부터의 보호이다. 적극적인 정의를 지상에 확립하기를 원하는 야심은 그런 가치에 대한 위협이다. 정부가 적극적인 선을 실현하는 것, 이것은 사회에 가장 이익이 되는 것처럼 보일지 모르지만 실제에서는 파괴적이다.

흄은 정치에서는 누구나 악인으로 생각해야 한다는 것을 알고 있었다. 실제에서는 옳지 않은 것도 참이 되는 곳이 정치다. 모든 사람은 악이라고 여기는 것이 정치이론이 전제해야 할 공준이다.[386] 흄이 강조한 것은 늘 정부를 경계하고 모든 자의적 권력을 제거하는 것이 필요하다는 점이었다. 일반적이고 고정된 법을 통해서 모든 사람의 재산과 생명을 보호해야 하고 법이 명시적으로 정한 것 이외에는 어떤 행동도 죄라고 말해서는 안 된다는 것이 흄의 충고였다.[387] 지배자에 복종할 시민들의 도덕적 의무는 정의의 규칙을 집행할 필요성에서 생긴다. 이는 무조건적 의무는 아니다. 정의를 위반하여 시민을 억압하는 지배자는 그가 폭력에 의해 권력을 유지한다고 해도 복종을 요구할 도덕적 권리가 없다. 정치적 권위가 다양한 기관에 분산된 경우 각 기관은 다른 기관에 의한 침해를 저항한다.

386) Hume(1742/1985: 42~43)

387) 위의 책 96

8. 애덤 스미스: 보이지 않는 손

- 자연적 자유, 법 그리고 국가

애덤 스미스(1729~1790)는 경제학자로서, 자유시장의 '보이지 않는 손'의 옹호자로서 우리에게 익숙한 인물이다. 흥미로운 것은 그의 국부론에 대한 지배적인 해석이다. 이에 따르면 이기적인 개인들의 행동이 시장을 매개로 하여 모든 사람에게 유익한 결과를 발생한다는 것이다. 이런 해석은 시장에 대한 도덕적인 공백을 뜻한다. 그러나 그런 해석은 틀렸다. 스미스는 국부론을 도덕적 의미로 논의하고 정당화하고 있다는 사실을 간과하거나 무시한 해석이다.

국부론에서 스미스는 시장과 분업은 정의와 자유에도 좌우되고 동시에 자유와 정의를 산출하고 특히 시장은 가난한 사람들을 위한 체제라는 등, 도덕적 의미로 시장을 해석하고 있다. 게다가 스미스는 잘 알려져 있듯이 경제학자이기 전에 데이비드 흄과 함께 스코틀랜드 계몽주의 전통을 확립한 중요한 도덕 철학자였다는 사실에 주목할 필요가 있다. 그의 사상의 특징은 도덕감정과 경제적 합리성의 통합, 다시 말하면 도덕질서와 시장질서의 통합이었다. 시장질서가 보이지 않는 손이 작용하고 자생적으로 질서가 형성되어 빈곤, 번영, 그리고 고용 등, 경제문제를 스스로 해결할 수 있기 위해서는 이에 합당한 도덕질서가 뒷받침되어야 한다. 시장과 도덕사이에는 공진화 관계가 있다. 시장이 진화하면 이에 따라 도덕도 진화하고 역으로 도덕이 성장하고 진화하면 시장의 분업도 다양해지고 확산되고 심화된다는 것이다.

스미스의 사상의 출발점은 인간들이 자유분방하게 행동한다고 해도 혼란이 아니라 번영을 가능하게 하는 사회질서가 어떻게 가능한가의 문제의식이었다. 그 대답은 보이지 않는 손이다. 스미스가 그 같은 문제제기를 하게 된 경제사적 또는 사회사적 배경이 흥미롭다. 18세기에는 신분과 직분을 기초로 한 봉건적 신분사회가 해체되어 갔다. 당시에는 사람들이 작은 마을에서 신분에 따라 직업을 가지면서 살았다. 얼굴과 얼굴을 마주하는 폐쇄된 질서, 일종의 마을 공동체에서 살았다. 그런 공동체사회가 해체되고 열린사회로의 거대한 전환이 이루어지고 있었다.

17세기 초이래 마을공동체가 밖으로 열려 국내는 물론 대외적으로도 사회가 열렸다. 자유분방한 상업 활동이 일상적이었고 돈놀이, 금융도 활성화되는 시기였다. 정치를 제외하고 거의 모든 생활영역에서 개방된 사회였다 오늘날의 의미로 보면 세계화가 진척되어 갔다. 개인이 발견되었고 개인적인 창의와 혁신은 대중적 현상이 되고 있었다. 18세기 초 상업과 해군은 덴마크를 능가했으며 암스테르담 대신에 런던이 유럽의 조선과 금융의 첫 번째 중심지가 되었다.

이런 시대적 흐름을 두려워하는 사상들이 등장했다. 그 대표적인 것이 토마스 홉스 전통이다. 이는 경제와 사회, 심지어 신앙에까지 국가개입을 중시하는 절대국가 사상이다. 절대국가가 없이 거대한 역사적 전환을 내버려 두면 만인에 대한 만인의 투쟁이 도래할 것을 우려하는 사상이다. 그런 사상의 경제적 표현이 중상주의였다. 국내는 경제규제를 하고 대외적으로는 보호무역을 중시하는 사상이다. 상업사회의 등장을 방치하면 필연적으로 빈곤과 혼란이 초래한다는 것이다. 국가 개입 없이는 평화와 번영을 약속하는 사회질서가 불가능하다는 것이다. 스미스는 도덕, 법 그리고 시장을 구성요소로 하는 자연적 자유의 시스템을 확립하여 중상주의에 도전했다. 법과 국가에 관한 스미스의 생각은 무엇인가? 친구요 스승이었던 흄과 마찬가지로 스미스도 도덕철학에서 출발한다. 법과 국가에 관한 생각의 바탕은 그의 유명한 동감의 원리이다.

1) 인간행동과 도덕성

학생시절부터 재치가 넘쳤고 매사에 집중력이 강했던 스미스가 다룬 것은 사람들이 서로 조화롭게 생산적인 관계를 가질 수 있게 하는 도덕(행동규칙)을 경험적으로 설명하는 것이다. 이런 면에서 공리주의나 또는 칸트주의처럼 옳은 행동을 판단하기 위한 도덕적 규범적 기준을 찾는 것이 아니었다. 스미스는 도덕이라고 부르는 관행에 대한 이해를 제공하는 것이었다. 데이비드 흄처럼 그도 역시 도덕철학의 중심을 인성론이라고 여겼다.

인간은 도덕적으로 적정한 행동을 찾는다

인간들은 사회적 삶에서 마음에 내키는 대로 행동하거나 감정(사랑 애정 분노 증오)을 멋대로 표출하는 것이 아니다. 그들은 타인들의 호응 또는 시인을 의미하는 동감을 얻은 수 있는 행동, 즉, '적정한' 행동을 찾으려고 애쓴다. 어떻게 애쓰는가를 설명하기 위한 출발점으로서 스미스는 어린 아이에서부터 출발하고 있다.

우리는 태어날 때부터 도덕을 가지고 태어난 것이 아니라 오직 본능적 욕구만을 가지고 태어났다. 유아는 자신이 요구하는 것이 적정한지, 요구하는 방법이 옳은지에 관한 개념이 없다. 요구가 심해서 창피한 감정이나 후회스럽다는 생각이 없다. 자제력도 없다. 젖먹이가 성장하면서 부모가 자기에게 주었던 너그러운 편애를 친구들로부터는 받을 수 없다는 것을 발견한다.[388] 이런 발견에서부터 어린애는 자제할 줄을 배운다. 친구들의 호의를 얻고 그들의 증오와 경멸을 피하기를 원한다. 동감을 얻지 못하면 불쾌하게 생각한다.

어떤 사람이 농담을 한 후 주위를 둘러보니 자기 농담에 웃어주는

388) Smith(1976/2009, III. iv. 22: 267) 마지막 숫자는 한글판 쪽수다. 그 다음 22는 문단 번호다. 소문자 수는 편수이고 아라비아 수는 장을 말한다.

사람이 아무도 없다면 창피하고 기분이 나쁘고 섭섭함을 느낀다. 반대로 예상외로 동석자들이 농담을 즐길 경우 그는 그들의 감정과 일치한다는 사실을 기뻐하고 즐긴다. 다른 사람들이 우리의 감정과 함께 하지 않는다는 것을 알면 섭섭하고 고독하고 때로는 창피한 감정을 갖는다. 그런 경우 상상력을 동원하여 우리는 규칙적으로 시행과 착오를 거쳐 동감을 얻을 수 있는 행동을 찾아낸다. 따라서 동감에서 중요한 역할을 하는 것이 정신작용의 핵심인 상상력이다.

동감적 행동을 찾기 위한 상상력의 역할

스미스는 경험들을 연결하여 세상을 인지하는 데 중요한 역할을 하는 흄의 '상상력' 개념의 핵심을 심화·확대했다. 스미스는 상상력을 "자연의 세계에서 정신적 영역을 창조할 수 있는 능력"으로 정의했다.[389] 상상력이 어떻게 작동하여 도덕규칙의 생성에 기여하는가? '물리적 세상과 정신적 세상의 인지된 요소들의 연결'을 가능하게 하는 것이 상상력이다. 상상력을 동원하여 혼란스런 '세상에서 질서와 일관성 그리고 사람들의 호응'을 찾는다.[390]

---

389) Haakonssen(2002: xii). 그는 스코틀랜드 계몽주의 전통의 자연법사상의 전문가이면서 동시에 애덤 스미스의 도덕감정론을 편집한 법철학자다. 그의 편집자서문을 참조

390) "세상의 질서, 일관성 그리고 타인들의 호응을 자생적으로 찾는 일이다. 이들을 찾으면 즐겁고 찾지 못하면 좌절과 놀라움을 피할 수 없다. 지연되면 불안감을 갖는다."(Haakonssen, 2002: xii~xiii)

따라서 상상력은 세상을 보는 일종의 인지 틀이라고 볼 수 있다. 하이에크는 그 틀을 '분류도구'라고 부르고 있다. 신경들의 복잡한 연결로 구성된 분류도구를 통해서 외부세계에서 들어오는 자극들을 분류하고 해석하여 세상에 관한 지식을 습득한다.[391] 하콘센에 따르면 스미스는 상상하려는 노력을 두 가지 의미로 사용하고 있다. 하나는 인간들, 즉 자신과 타인들과 관련된 상상이다. 다른 하나는 사물과 사건들에 관한 상상이다.[392] 전자의 경우 타인들의 호응을 얻고자 하는 희망으로서 도덕적 의미를 찾는 경우다. 이것이 동감의 원리와 관련된 상상이다. 실천적 상상을 통해서 우리는 도덕적 세상을 창출한다.

두 번째 의미로서 사물에 대한 상상은 이론적인 것인데 이는 모든 기예와 과학의 기초다. 상상을 통해서 우리를 둘러싼 사물과 사건에 질서를 부여하여 이들을 이해하고 그 이해를 통해서 우리는 각자 자신의 삶을 스스로 안내할 수 있다.[393] 경험은 증거로서 기능할 뿐이다. 그것은 질서 있는 믿음의 체계에 적합할 경우에만 이해될 수 있다. 스미스에게 예술, 기술, 과학 등은 질서에 대한 욕구를 충족하기 위해서 상상이 창출한 것이다.

주목할 것은 도덕을 생성시키는 동감적 상상이다. 동감이란 관찰자가 첫째로 행위자의 입장을 알아내고, 둘째로 그 입장을 평가하는

391) Hayek(1952/2003: 105)

392) Haakonsson(2002: xiii)

393) 스미스에 대한 하콘센의 해석이 독특하다. 그에 의하면 예술작품, 기술은 상상의 질서의 산물이요, 철학과 과학도 끊임없이 변하는 경험 속에서 질서를 창출하려는 상상의 시도라는 것이 스미스의 입장이라고 한다. Haakonsson(2002: xiii)

것, 즉 시인 또는 부인하는 것이다. 반대로 다른 사람도 자신을 나의 처지에 놓고 느끼게 될 것을 상상한다. 동감이란 '역지사지(易地思之)'다. 중요한 것은 우리는 타인의 정신에 접근하기가 곤란하기 때문에 상상력이 필요하다는 점이다. 그래서 "동감은 상상을 특징으로 하는 행위다."[394] 그러나 상상이 쉬운 것은 아니다. 가족, 친구, 이웃 등, 얼굴을 마주하는 소규모 사회에서는 용이하게 타인들을 상상할 수 있다. 은밀한 관계에서 멀어질수록 상상이 구체적이라기보다는 추상적이다.[395]

사람들은 동감적 행동을 통해서 그들의 행동을 상호 조정한다

어쨌든 동감적 이해는 관찰된 행동의 근거, 즉 왜 그런 행동을 했을까를 상상하여 관찰자의 지각에서 질서를 창출하는 것이다. 따라서 도덕적 존재로서 타인들이란 결국 우리가 상상하여 만든 창조물이라는 것이 스미스의 생각이다. 도덕적 행위자로서 우리 자신의 존재도 타인들의 창조적 상상의 결과다. 그들도 우리의 창조적 결과다. 핵심은 우리는 타인들과의 관계를 통해서 비로소 우리 자신의 정체성을 알게 된다는 뜻이다.[396] 우리가 타인들을 관찰한다면 타인들도

394) Haakonsson(2002: xiv)"우리가 접근할 수 있는 것은 타인의 행동을 비롯하여 그가 겪는 관찰가능한 상황일 뿐이다."

395) 친숙성이 정도에 따른 동감력의 변화에 대해서는 민경국(2007: 304~312)

396) Haakonsson(2002: xiv)

우리를 관찰하다.

동감적 이해에서 중요한 것은 타인들이 우리를 어떻게 평가하는가의 문제다. 우리와 우리의 동료들은 우리끼리의 관계, 우리와 제3자의 관계 그리고 외부환경과 우리의 관계에 관하여 상이한 생각을 가지고 있다. 사회가 형성·유지되려면 다양한 생각들이 조정되어야 한다.

상이한 생각과 판단들이 서로 조정되어 잠재적인 갈등이 극복되는 상태, 이것이 우리가 갈망하는 질서다. 그런 갈망 때문에 사람들은 어떻게 행동하는 것이 적합하고 타인들과 어떻게 관계를 갖는 것이 적절한가에 관한 견해를 형성한다. 상상을 통해서 그들은 서로 타인들의 평가를 미리 예상하려고 노력한다. 이와 같이 동감을 통해서 사회의 한 구성원으로서 자신을 볼 줄을 배운다. 그래서 사회는 자신을 비춰보는 거울이라고 스미스는 말한다.[397] 스미스의 생각은 인간이성(옳고 그름을 판단할 수 있는 능력)은 사회 이전에 존재하는 것이 아니라 사회 속에서 배운다는 것을 말해준다. 사람들은 동감적 상상력을 이용하여 자신과 타인들에 관한 입장을 형성하고 이에 맞추어 행동한다.

그러나 적응이 항상 성공하는 것은 아니다. 상호동감을 통한 공동의 입장을 찾아 상호간의 행동을 조정하는 것은 실패할 수 있다. 사람들은 편견과 편파성이 없고 지혜로운 이상적인 관찰자를 상정하여

397) Smith(1976/2009, III. i. 3: 210~211) 흄도 "인간들의 마음은 서로를 비춰보는 거울"이라고 말한다. Hume(1740/1996: 112-113) "스미스가 이를 인용하고 있다. (Smith(1976/2009, III. i. 3: 211, 각주 1)

그가 우리와 우리의 행동을 어떻게 판단할 것인가를 상상하려고 한다. 스미스는 공정한 관찰자의 이상을 가지고 인간의 도덕적 종교적 존재인 양심을 설명하고 있다. 예를 들면 "우리 마음속에 든 신의 목소리", "가슴에 손을 얹고" 등은 양심의 표현이 수행하는 상상력의 기능이다.

2) 동감의 원리와 도덕규칙의 생성

스미스는 인간의 정신작용의 설명, 특히 하나의 정신과 다른 정신들의 상호작용에 관한 설명을 통해서 도덕적 삶의 구조를 밝혀내고 있다. 우리의 도덕규칙은 특정 행위나 감정을 시인하거나 부인하는 상상력과 경험을 기초로 하여 '자연적으로' 형성된다는 것이 스미스의 탁월한 인식이다. 도덕규칙의 원천이 경험이라는 말이다. 어떤 종류의 행동방식 또는 감정표출은 시인되거나 부인된다는 사실이 경험을 통해 발견됨으로써 일반준칙이 된다.

"(도덕의 일반준칙; 민경국)이 세워지는 궁극적인 기초는 우리의 도덕적 역량에 관한 경험, 즉 특정한 경우에 우리의 자연적인 공로와 적정성에 대한 감각이 시인되거나 부인되거나하는 것의 경험이다."(강조는 민경국)[398]

398) Smith(1976/2009, III. iv 8: 295)

우리의 도덕적 삶의 핵심은 적정성이다.[399] 사람들이 표출하는 격정의 정도가 관찰자의 시인을 얻어야 한다. 사람들이 자신이나 타인들을 판단할 때 그 판단은 예를 들면 과도한 이기심, 이타심, 분노 등에서처럼 주어진 상황에 비추어 볼 때 동기나 행동이 적정하냐의 문제와 관련되어 있다는 점이다. 그런데 무엇이 적정하냐에 호응이 없으면 다른 관찰자 또는 이상적인 공정한 관찰자를 상정한다. 이 상정 자체도 상호동감을 요구한다. 적정성에 관한 관점을 찾았을 때 우리는 타인들로부터 동감을 얻을 수 있는 행동, 동감을 얻을 수 없는 행동, 해도 되는 행동, 해서는 안 될 행동 등으로 행동을 분류한다. 도덕규칙은 지켜야 할 의무감을 내포하고 있다. 의무감의 원천은 도덕규칙을 위반했을 때 공정한 관찰자의 불쾌감, 즉 양심의 가책에 대한 공포심이다. 의무감은 계약에서 중시하는 약속이행의무, 타인의 생명 재산에 대한 불가침 의무 등이다.

네 가지 종류의 덕성: 신중, 이타심, 정의, 자제력

동감적 상상과 경험을 통해서 형성된 도덕규칙들을 적극적 덕과 소극적 덕으로 구분한다. 적극적 덕은 신중(愼重)과 이타심이다, 침해(injury)하지 않는다는 의미에서 소극적 덕은 정의의 규칙과 관련되어 있다.

(1)절약, 근면, 주의, 심사숙고 같은 신중의 도덕은 개인 자신의 행

399) Smith(1976/2009, I.ii, 서론: 41)

복 증진을 위한 덕성이다. 신중한 행동은 누구나 높이 평가하고 지당한 것이라고 여긴다.[400] 그러나 그런 도덕은 어떤 삶이 좋은가를 말하지 않고 오로지 행동할 때 신중해야 한다는 것만을 말해줄 뿐이다. '개별성과 인간 삶의 불확실성 때문에' 좋은 삶에 대한 보편적 생각을 제시하는 것은 불가능하다.[401]

우리는 우리 자신의 건강, 삶, 경제적 복지에 대해 스스로 보살필 의무가 있다. 국가와의 관계에서도 국가에 의지하지 않는 것이 개인의 의무다. 국가가 개인의 경제를 감시 감독하는 것은 자만이고 무례한 일이다. 자본형성은 자신의 삶을 개선하려는 끊임없는 노력, 개개인의 절약과 모범적 행동 탓이다.

(2)선행은 고마움, 기타 사교적인 덕의 규칙이다. 자신의 욕구를 억제하고 타인의 행복을 증진하는 동기다. 가장 행복하고 인간적인 사회는 사랑, 고마움, 우정, 상호 간의 존중에서 서로 지원하는 사회다. 그러나 대규모 사회에서 선행의 규칙을 실행하기 곤란하다. 첫째로 내 권리 보다 타인의 권리를 덜 평가하는 인간성향 때문이다. 둘째로 우리가 선행을 하려면 사람들이 무엇을 필요로 하는지를 알아야 하는데 알 수 없기 때문이다.

그래서 가족, 이웃, 친구 등, 직접적인 관계를 가진 사람들을 넘어서 알지 못하는 사람들에게까지 이타심을 확대할 수 없다. 이타심은 가족, 이웃, 친구 같은 소규모 사회에서 빈번히 목격될 수 있는 동기

400) Smith(1976/2009, VI. ii 5: 403)

401) Haakonsson(2002: ix)

인 이유도 그 때문이다. 따라서 스미스에게 우주적 이타심은 좌절과 비참함의 원천일 뿐이다. "위대하고 자비롭고 전지한 존재가 우주 전체를 지도하는 경우가 아니기" 때문이다.[402] 따라서 "미약한 능력과 편협한 이해력을 가진" 인간이 할 수 있는 유일한 것은 "자기 자신의 행복, 자기 가족, 자신의 친구와 그리고 기껏야 자기 나라의 행복을 돌보는 것"이다.[403]

남을 적극적으로 도와주지 않는 것은 남에게 '피해'를 주는 악을 행한 것이 아니기 때문에 폭력에 의해(강제로) 집행 할 수 없다.[404] 관찰자는 우정, 감사, 자선의 위반에 미워하거나 혐오하지만 분노를 야기하지 않는다. 도움을 받은 사람에게 감사할 줄 모른다고 처벌할 수 없다. 자비로운 행동은 자유로울 때 가장 잘 실현되고 강제하려고 한다면 이는 자유를 침해한다. 따라서 스미스에게 복지국가를 위한 과세, 평등분배를 위한 규제는 온당한 강제가 아니다.

⑶스미스는 좋은 삶이 무엇인가를 말하지 않는다. 그러나 모든 삶에서 나쁜 것이 있다는 것이다. 그것이 타인의 신체·재산·명예에 피해를 주는 행동이다. 이것이 불의다. 정의는 타인에게 피해를 주는 행동을 하지 않는 것이다. 타인을 도와주지는 않지만 해를 주지 않는다. 따라서 누구나 가만히만 있어도 그는 정의로운 행동을 하는 것이다. 이타심을 행사하면 그 수혜자나 관찰자는 자선가에게 고마움과

402) Smith(1976/2009: VI.ii 3/2: 447)

403) Smith(1976/2009: VI.ii. 3/6: 450)

404) Smith(1976/2009: II. ii 3: 147)

즐거움을 보여주지만 그러나 어느 한 개인이 타인에게 해를 주는 행동을 하지 않았다고 그에게 감사의 마음을 갖는 것은 아니다.

그러나 불의의 행동을 한 사람에 대해서는 누구나 분노한다. 공정한 관찰자의 시인을 얻지 못한다. 그리고 분노는 정의를 지키는 보호장치다. 약자와 죄 없는 사람을 지키는 안전장치다.[405] 이것이 보복과 형벌 또는 손해배상과 같은 행동의 도덕적 기초다. 피해를 주는 행동을 하지 않는 덕은 보편성이 있다. 우리는 타인들에 대하여 아는 바가 없다고 해도 그에게 해가 되는 것이 무엇인지를 알 수 있는 능력이 있다. 그러나 적극적인 덕성은 서로 알고 지내는 사람들의 관계를 넘어서면 행동을 안내할 수 있는 능력은 소극적인 정의의 규칙 보다 훨씬 더 불확실하다. 낯선 사람들과의 관계에서 이타심이 부족하다고 비난할 수 없다. 그들이 처한 상황과 그들이 추구하는 삶을 구체적으로 알 수 없기 때문이다. 그러나 지나친 자기애는 비난받아 마땅하다.[406] 그렇다고 법적 처벌의 대상이 될 수는 없다. 생명·인격·재산에 대한 침해 때문에 야기되는 분노에 대한 적정성 규칙이 진화하여

---

405) "분노는 정의를 지키는 보호 장치이고 죄 없는 사람을 지키는 안전장치다." (Smith, 1976/2009: II ii 4: 149)

406) "한 개인은 자신의 이익을 얻기 위해서 다른 사람을 침해하거나 상해할 정도로, 비록 자신이 얻을 이익이 다른 사람에게 가해질 침해나 손해보다 훨씬 크다고 하더라도, 자신을 다른 어떤 개인보다도 소중하게 여겨서는 안 된다. …내부의 공정한 관찰자는 즉각적으로 다음과 같이 말해준다. 즉, 그는 그 이웃들보다 우위에 있을 이유가 전혀 없으며 만약 그가 부정한 행위를 함으로써 자신을 다른 사람보다 소중하게 생각한다면, 그는 자신을 다른 사람들의 경멸과 의분의 대상으로 만든다." Smith, 1976/2009: III. iii 6: 255)

자생적으로 재산권 질서가 형성된다. 그 질서 내에서 처벌 순위는 행위의 유해성에 비례한다.

"신체와 생명에 해악을 가한 경우 보복과 처벌, 타인의 재산권과 소유물을 침해하는 경우 보복과 처벌, 다른 사람과의 약속과 교환으로부터 기대하는 것을 침해 당했을 때 보복과 처벌, 이들은 처벌과 보복의 강도의 순서에 따라 나열한 것이다."[407]

적극적 덕성은 사람들에게 보편적으로 적용할 규칙을 작성하기가 불가능하다. 얼마나 누구에게 선의를 베푸는 것이 적합한가를 정할 수 없기 때문이다.[408] 소극적 덕성만이 규칙을 구속력이 있게 정할 수 있다. 정의의 규칙만이 체계적으로 다룰 수 있는 법학의 주제가 될 수 있는 것도 그래서다. 인간 사회에서 정의의 소극적 덕이 중요한 이유는 첫째로 인간은 누구나 피해를 줄 수 있고 피해를 당할 수 있다는 사실 때문이다. 두 번째로 서로에 대하여 알지 못하는 낯선 사람들 간의 행동을 규제할 수 있는 능력에는 한계가 있기 때문이다. 그래서 정의는 거대한 사회, 익명의 사회의 기초가 되는 행동규칙이다. 정의의 테두리 내에서 적극적 덕성을 행사하는 것은 자유롭

407) Smith(1976/2009 II. ii 2/ 2: 159)

408) 스미스는 적극적인 덕성을 집행할 규칙을 만드는 것은 결의론(casuistry)과 동일하다고 비판한다. 법학과 비교하면서 결의론에 대한 스미스의 비판에 관해서는 (Smith, 1976/2009: Vii vi, 8: 636)참조 결의론에서는 모든 준칙을 지킴으로서 칭찬받을 자격을 얻는다. 법학에서는 모든 준칙을 지킴으로써 처벌로부터 자유롭다.

다. 누구에게 얼마만큼 이타심을 행사할 것인가는 개인들에게 맡긴다. 스미스는 이타심과 대비하면서 공리주의적 입장에서 다음과 같이 말하고 있다.

"자혜는 비유하자면, 건물을 지탱하는 기초가 아니라 건물을 아름답게 꾸미는 장식이므로 그 실천을 권고하는 것으로 충분하고 그것을 강제할 필요는 없는 것이다. 반면에 정의는 모든 건물을 지탱하는 주요 기둥이다 만약 그것이 제거되면 위대하고 거대한 인간사회라는 구조물은 틀림없이 한 순간에 산산이 부서지고 말 것이다."[409]

⑷자기제어: 완전한 신중, 엄격한 정의, 적절한 이타심의 준칙들에 따라서 행동하는 사람은 완전히 도덕적인 사람이라고 할 수 있다. 그러나 그런 준칙들을 이해한다고 해서 실제로 그런 방식으로 행동하는 것은 아니다. 격정에 의해 오도될 수 있고 그들을 위반할 유혹도 있다. 그래서 스미스는 필요한 것이 자기제어, 즉 격정을 참아내는 자제력이라는 네 번째의 도덕률을 제시한다.[410] 자기제어를 위해서는 때로는 불굴의 꿋꿋함, 남자다운 강인성, 절제, 체면, 겸허 등과 같은 미덕이 필요하다.[411]

---

409) Smith(1976/2009 II. ii 3/4: 163)

410) Smith(1976/2009: VI .iii./1: 447)

411) Smith(1976/2009: VI .iii./3: 452) "만일 (어느 한 사람이) 자유와 정의를 위해, 고통을 받는다면 그를 박해하는 자들의 불의에 대한 강렬한 분개, 그의 자혜로운 의도들에 대한 가장 강력한 동감적 찬사, 이런 모든 것들이 매우 열광적이고 황홀한

자기제어는 이를 통해서 얻는 이득과는 독립적인 가치가 있다. 존중과 찬사를 받을만한 가치가 있다. 예를 들면 위험 속에서도 평정심을 잃지 않고 가장 중립적인 관찰자의 입장에서 행동하는 것은 찬사를 받을 자격이 있다. 우리가 주목할 것은 스미스에게 정의는 다른 덕목과 전혀 다른 특수한 가치로 취급하고 있다는 점이다.

완전한 신중의 규칙, 엄격한 정의의 규칙, 적절한 자혜 그리고 자기제어와 같은 덕성은 오로지 물질추구를 위한 것이 아니다.[412] 개인이 '성숙해지고 진정으로 지혜로우면' 부와 권세는 소소한 몇 가지 편리품을 생산하는 기계에 지나지 않는다는 것이 스미스의 인식이다.[413] 현명하고 유덕한 사람은 물질주의적이 아니다. 스미스에 따르면 "총명하고 도덕적인 사람은 항상 자신의 사익은 자신이 속한 사회계층이나 사회단체의 공익을 위해 희생되어야 한다고 생각한다"는 것이다.[414]

존경심을 갖도록 할 것이다." Smith (1976/2009: VI .iii./5: 453)

412) Devine(1977: 403)

413) "부와 권세는 실제로 그러하듯이 육체에 약간의 소소한 편리품들을 생산하기 위해서 고안된 거대하고 힘에 겨운 기계들로 보이게 된다. -그 기계들은 우리의 모든 조심에도 불구하고 그것은 언제든지 산산이 부서져서 자신들의 불행한 소유자를 뭉개버릴 준비가 되어 있다. 부와 권세는 거대한 건조물과 같다. -그들은 여름의 소나기는 막아 줄 수 있지만 겨울의 폭풍을 막아주지 못한다. 그러면서 항상 전만큼 때로는 전보다도 더 많이 불안과 두려움과 비애에 그리고 질병과 위험 사망에 노출되도록 내버려둔다."Smith (1976/2009, IV.1/8: 342-343). Devine(1977: 403)에서 재인용.

414) Smith (1976/2009: VI.ii.3/3: 447). 자세한 설명에 대해서는 Devine(1977: 403)를 참조

보이지 않는 손을 통한 행동규칙의 진화

도덕과 사회규범은 이성에 의해서 창출된 것이 아니라 수많은 사람들의 동감적 상상과 경험의 결과로서 진화한 것이다. 도덕적 판단의 원천은 경험이다. 타인들의 시인과 부인, 자신의 시인과 부인, 이런 것에 관한 경험이 우리 자신을 판단하는 공정한 관찰자의 관점을 만든다. 공동으로 지키는 도덕률의 형성과정은 공평한 관찰자라는 도덕 기준을 창출한다. 그 결과가 대규모 사회의 기초가 되는 정의의 규칙이다. 도덕시스템은 의도적으로 이성에 의해 계획적으로 만들어지는 것이 아니다. 인간들이 동감욕을 충족하기 위해서 행동하는 과정에서 무의도적으로 서로 동감하는 행동과 행동규칙이 형성된다. 도덕규칙들은 공동의 기대시스템과 감정을 산출·유지한다.

기대를 충족하지 못하는 행동은 비난과 비판이 뒤따른다. 사회의 규모가 클수록 동감적 경험과 상상이 추상화된다. 그 결과 행동규칙들이 보편화된다. 상호동감 과정에서 사람들은 이유나 논거들을 대고 훈계하기도, 요구하기도, 호소하기도 한다. 상호동감 과정에서 협상, 교섭, 절충이 형성된다. 요컨대, 도덕감정론의 핵심은 행동규칙이 상호동감의 욕구에 의해 어떻게 형성되는가를 다루는 진화론적 윤리학이다.

'애덤 스미스 문제'는 애덤 스미스에 대한 곡해에서 비롯되었다

스미스의 사상을 경제적 효율성을 강조하는 (수리적 계량적) 완전경쟁 모델로 이해하는 것이 일반적이다.[415] 사람들은 이기심에서 행동하는 개인들이 '보이지 않는 손'에 의해서 어떻게 사회를 보다 더 잘 살게 만들 수 있는가를 수리적 방법으로 보여줌으로써 스미스의 유산을 충실히 이행할 수 있다고 믿었다. 무엇보다도 스미스는 다음의 문장을 인용하여 국부론은 이기적 인간에 의존한다고 해석했다.

"우리가 매일 식사를 마련할 수 있는 것은 푸줏간 주인과 양조장 주인, 빵집 주인의 자비심 때문이 아니라, 그들 자신의 이익을 위한 그들의 고려 때문이다. 우리는 그들의 자비심이 아니라 그들의 자애심에 호소하며, 그들에게 우리 자신의 필요를 말하지 않고 그들 자신에게 유리함을 말한다."[416]

스미스의 경제학은 효용 극대화의 인간과 양립한다는 해석이다. 이는 공익은 사익에 좌우된다는 맨더빌의 시장관과 같다.[417] 따라서 국부론은 도덕감정론에 기술된 윤리체계와 정면으로 충돌한다는 주

415) 예를 들면 최근 발간한 최근 전경련 산하 자유와창의교육원에서 발간한 『스마트 시장경제(2016, 박영사)의 핵심은 이기적인 개인들의 행동들이 시장을 매개로 하여 모든 사람들에게 유익한 결과를 발생한다는 내용이다. 스미스의 '보이지 않는 손'의 원리도 빼놓지 않고 있다, 팜플렛 '시장경제: 펀더멘탈 10가지'에서 말하는 것처럼 시장경제를 성장의 자동화된 거대한 기계로 이해한다.

416) Smith(1776/ 2015, I, ii .2: 19)

417) 맨더빌은 『꿀벌우화』에서 자유로운 인간의 이기적인 활동이 공공의 복지를 증진한다는 자유주의적 경제 사상을 주장하였다. 그러나 그런 해석은 스미스를 반도덕주의자로 보는 치명적인 오류를 범하고 있다.

장이 나온 것이다. 왜냐하면 도덕감정론은 다음과 같은 말로 시작하고 있기 때문이다.[418)]

"아무리 인간이 이기적이라고 상정한다고 해도 그의 본성에는 분명히 어떤 원칙이 있는데 그 원칙은 다른 사람들의 행운에 대해 관심을 갖게 하고 그걸 보는 기쁨 이외에는 아무것도 얻지 못한다고 해도 그에게 필요한 행복을 갖게 한다."

사람들은 국부론은 이기심 즉 탐욕에, 그리고 도덕감정론은 동감, 즉 이타심에 의존했다는 의미로 해석했다. 그래서 도덕감정론은 '애덤'이 썼고 국부론은 '스미스'가 썼다는 식으로 풍자했다. 또는 스미스가 도덕감정론을 쓴 후에 자신의 사상을 바꾸었다고 주장하는 사람들도 있었다. 국부론과 도덕감정론 간의 모순을 경제사상사에서 "애덤 스미스의 문제"라고 불렀다.[419)] 그러나 두 저서 사이에는 결코 모순이 존재하지 않는다. 스미스는 국부론에서 말하는 이기심은 타인을 전혀 고려하지 않고 심지어 해치면서까지 사익을 추구하는 동기를 뜻하는 '무제한적 이기심'이 아니다. 그는 오히려 무제한 이기심을 조롱한다. 그의 이론은 '절제한 이기심' 을 깔고 있다. 스미스는 도덕감정론에서 이기심을 자연적이면서도 도덕적으로 가치 있는 것이라고 적극적으로 옹호하고 있다. 그 대표적인 예가 신중의 도덕

418) Smith,(1976/2009, I.i : 3)

419) 애덤 스미스의 문제에 대한 상세한 논의에 대해서는 Otteson(2000)을 참조.

이다. 이는 자신의 삶을 위한 절약, 근면, 주의, 심사숙고 같은 버릇들 같은 매우 중요한 덕성이다. 스미스의 입장은 유덕한 행동을 오로지 이타심만으로 보는 그의 은사였던 허치슨과 다르다. 그리고 이기심을 악으로 보지만 공익을 가져다준다고 주장했던 맨더빌과도 다르다. 데이비드 흄의 탐욕이나 이기심의 정념과도 다르다.

스미스는 국부론, 도덕감정론, 자연법을 종합하여 "자연적 자유의 시스템"이라고 부르는 자유주의 사상체계를 개발했다. 시장경제가 시장에서 자유로이 행동할 수 있으려면, 또는 보이지 않는 손이 작동할 수 있으려면, 사람들이 타인의 자유와 재산을 침해하는 행동을 억제하는 행동규칙이 전제되어야 한다는 것을 강조했다. 행동규칙과 이를 기초로 형성되는 시장경제를 각각 '규칙 질서'와 '행동 질서'로 이해한다면 이 두 가지 질서는 상호의존적이다. 게임과 비유하면 전자는 게임규칙이고 후자는 규칙의 테두리 내에서 벌어지는 게임을 말한다.

따라서 도덕감정론에서만 개인의 행동이 동감의 원리에 의해서 결정된다는 전제를 깔고 있는 것이 아니라 국부론도 그런 전제를 깔고 있다. 동감이라고 해서 이타심을 뜻하는 것이 아니다. 동감이란 도덕적 판단을 내리는 심리적인 복잡한 메커니즘을 뜻한다. 행동의 적정성, 감정의 적정성을 찾는 정신적 과정이다. 따라서 경제학 대(對) 도덕, 혹은 무제한적 이기심 대 이타심 등 식빈된 대립적 개념으로는 스미스를 제대로 이해할 수 없고, 나아가서 시장경제를 옳게 파악하기가 가능하지 않다.

3) 정의와 자연적 자유의 시스템

정의 개념은 주로 그리스에서 나온 것이다. 예를 들면 아리스토텔레스는 정의를 다음과 같이 규정하고 있다: 분배정의와 수정적 정의. 국가는 부와 소득을 공로에 따라 분배해야 한다는 것이 분배정의다. 그러나 이는 정치적 특혜다. 노동가치론과 같이 어느 한 행동(생산 활동, 노동투입)이 소비자들에게 어떤 결과를 초래하는가의 문제와는 독립적으로 그 행동의 도덕성에 따라 분배하는 것이 공로원칙이다.[420] 공로원칙은 앞에서 언급한 바와 같이 흄이 강력히 반대하던 분배정의다. 보편적 적용이 불가능하다는 이유에서다. 성과에 관계없이 분배를 결정할 경우 예를들면 10시간을 노력했음에도 맛없는 빵을 만든 사람이 맛있는 빵을 만들었지만 3시간 일한 사람보다 더 높은 임금을 받게 되는 것만큼 부당한 분배는 없다. 공로원칙에 따라 분배를 정한다면 업무와 노동의 질이 저하되어 불량제품과 부실용역이 일상화된다.

상업적 거래와 관련된 모든 법은 보상적 그리고 수정적 정의와 관련되어 있다. 정의는 개인이 타인의 불의로 잃어버린 것을 회복하는 것을 목적으로 한다. 이런 의미의 수정적 정의는 두 가지다. 하나는 고용 판매와 같은 자발적 상업적 활동과 관련되어 있다. 시민법이 자발적 거래를 다룬다. 다른 하나는 비자발적 거래를 다루는 형법이다. 생명, 명예, 재산, 자유의 침해와 관련되어 있다.

420) 공로원칙에 대해서는 민경국(2007: 201~206)

토마스 아퀴나스는 정의를 어려운 처지에 있는 사람을 도와주는 것과 각 개인이 자기 몫을 받는 것으로 구분한다. 자기 몫이 무엇이고 어떻게 결정되는가의 문제가 해결되지 않는 한 후자의 정의의 개념은 의미가 없다. 정의의 또 다른 개념은 공리주의다. 이는 정의를 개인 이익의 합으로 여기는 사상이다. 어느 한 행동이 최대다수의 행복을 가져다준다면 이는 정의로운 행동이다. 벤담에게 공동체의 이익이란 공동체를 구성한 개인들의 이익의 합이다. 스미스에게 정의란 무엇인가?

정의는 불의가 없는 상태다

스미스는 정의를 다음과 같이 규정하고 있다.

"정의에 반하는 것은 침해다. 그것은 …자연적으로 승인받지 못하는 동기로부터 특정인에게 현실적이고 적극적인 피해를 가하는 것을 의미한다. 그것은 분개의 적절한 대상, 나아가 분개의 자연적 귀결인 처벌의 적절한 대상이 된다. 인간은 불의에 의해 자행된 해악을 보복하기 위하여 사용되는 폭력에는 공감을 느끼고 이를 시인한다."[421]

421) Smith(1976/2009 II ii 1/5: 150). 어느 한 개인이 "상해·살해당하거나 혹은 자유를 침해당함으로써 자신의 신체에서, 그를 분노나 처벌의 대상자로 잘못 말하거나 그를 도둑놈 또는 강도라고 부름으로써 혹은 그의 실제 가치를 평가절하하거나 그의 품위를 떨어트림으로써 그의 명예에서" 부당하게 취급당할 수 있다. Smith(1896, 5)

스미스에게 '침해'란 금전적 외부효과를 의미하는 것은 아니다. 어느 한 사람이나 그룹의 수요증가로 가격이 인상되어 수요자들의 지출을 늘리는 결과를 초래하는 경우와 같은 것을 피해로 보는 것이 아니다. 수요자들이 골목상권보다는 백화점을 선호하여 골목상권 매출액이 감소한다고 해도 그 감소를 침해라고 말할 수 없다. 스미스에게 피해란 기술적 피해를 의미한다. 타인들의 오염방출로 우리의 재산이나 생명에 직접 영향을 미치는 경우이다. 이는 가격에 전가될 수 없는, 오히려 가격의 생성조건이 없는 상황이다.

스미스는 "정의의 목적은 피해로부터의 안정이다"라고 말하고 있다. 따라서 정의는 스미스에게 어려운 사람들을 도와준다거나 제 몫을 받는 것을 뜻하는 토마스 아퀴나스의 정의개념도 아니고 공로에 따른 분배를 말하는 아리스토텔레스의 분배정의도 아니다. 스미스에게 정의는 과거에 저지른 불의에 대한 배상을 요구하는 인류의 자연적 감정이다. 그런 의미에서 정의는 과거 회고적이다. 그렇기 때문에 현재의 재산분배를 반드시 수락할 수 있는 것이 아니다. 그러나 공리주의는 있는 그대로의 현실에서 시작한다. 있는 그대로의 재산분배는 정의로운 것으로 여겨야 한다. 스미스는 이런 정의를 강력히 부정한다.

스미스의 정의사회에서 타인들에게 해를 가하지 않고 삶을 영위하고 소유를 습득하고 보유하고 이전한다면 정의롭다. 신체, 재산, 명예를 손상시키는 행위로 실제로 피해를 입혔을 경우 이는 불의다. 이 침해는 정부의 민·형법적으로 적극적인 강제를 통해서 수정해야 할 적절한 대상이다. 스미스가 말하는 정의는 자본주의의 정의다. 이런 정의관이 없으면 정부가 희망하는 재산분배가 무엇이든 정부는 소유를 존중하지 못하고 그래서 소유는 불안정하다. 재산을 빼앗긴 사람은 부당하게 취급받았다고 느끼지 않을 수 없다. 왜냐하면, 정의의 규칙을 위반하지 않고 번 것임에도 부당한 대우를 받은 결과이기 때문이다. 자유사회라면 그리고 칸트의 말을 빌리면 자율적인 인간이라고 한다면 그런 불의에 예속되어서는 안 된다. 그 재산은 소유자에게 되돌려주어야 한다.

스미스는 분배정의를 다루지 않았다. 18세기 상황에서 경제발전이 더 중요했을 뿐만 아니라 경제적 자유가 확대되면 빈곤문제도 해결될 수 있다고 믿었기 때문이다.[422] 무역특혜, 사업특혜 등, 차별정책으로 얼룩진 중상주의 정책이 지배하는 경우에 실현될 불평등과 비교할 때 시장경제가 보다 큰 평등분배를 실현할 수 있다고 믿었다. 정의는 인격과 재산의 안정을 구체화한 것이다. 이런 정의를 넘어서 국가가 경제에 개입하는 것은 불의다. 스미스는 자연적 자유를 정의의 제일 원칙으로 여긴다. "다만 일부 계층의 이익을 증진하기 위해서 다른 계층의 이익을 어느 정도 해치는 것은 모든 계층의 국민들에 대한 국왕의 의무인 정의와 대우의 평등을 명백히 위반한 것이다."[423]

스미스는 국부론의 여러 곳에서 자연적 자유의 위반은 불의라는 것을 분명히 하고 있다. 예를 들면 동업조합의 배타적 특권, 도세제

422) Buchanan(1976: 5)

423) Smith(1776/2015, IV.viii/30: 806)

도, 진입제한[424] 등은 주민들에게 자신의 노동과 자본을 자신들이 판단하여 자기에게 가장 유리한 방식으로 사용하는 것을 가로막는다. 이는 가장 신성한 권리에 대한 명백한 침해라고 스미스는 목소리를 높인다.[425] 최저임금제, 골목상권 보호를 위한 대형백화점규제, 중소기업을 보호를 위한 대기업 진입규제 등을 통해서 경제주체들이 자신에게 가장 유리하다고 판단되는 방식으로 노동과 자본을 이용하는 것을 가로막는 정책은 자연적 자유의 침해요 이는 치명적 불의다.

특혜를 주거나 행동을 제한하는 모든 제도가 철폐되면 "자연적 자유의 단순 시스템"이 확립된다.[426] 규제를 풀어서 자유시장에 맡길 경우 노동자의 삶을 개선하면서 어떻게 국부(國富)가 증가되는가를 보여주는 스미스였다. 정의는 사회적 행동을 규제한다. 이를 통해서 다른 사람들과 함께할 수 있는 방향으로 이기심이 완화된다. 누구나 정의의 법을 위반하지 않는 한 완전히 자유롭게 자기의 방식대로 자신의 이익을 추구할 수 있으며 자신의 노동 자본을 바탕으로 다른 누구와도 완전히 자유롭게 경쟁할 수 있다. 공정한 게임규칙을 위반하는 것을 관찰자는 받아들이지 않는다. 타인을 방해하고 경쟁자들을 내동댕이치는 사람은 관찰자의 승인을 얻지 못한다.

스미스는 정부의 고질적인 지식의 문제 때문에 성공적으로 경제

424) Buchanan(1976: 5), Smith(1776/2015. I. viii. 28; 81) "동업조합의 배타적 특권, 도제제도 그리고 기타 특정 직종에서의 경쟁자수를 그 직종에 진입하고자 원하는 사람의 수보다 적은 수로 제한하는 모든 법률은 자연적 자유를 침해한다."

425) Smith(1776/2015, IV, vii 44: 715)

426)Smith(1776/2015, IV, ix, 51: 848

에 개입할 수 없다고 주장한다. 그러니까 스미스는 특정 부문을 위한 정부의 장려책이나 특정 산업분무에 대한 특정한 억제정책 등 간섭주의는 실패할 수밖에 없다는 것을 힘주어 강조한다.

"(정부의 간섭; 민경국)은 의도하는 큰 목적을 파괴하게 된다. 그것은 참된 풍요와 번영을 향한 그 사회의 발전을 촉진시키기는커녕 오히려 저지하며 또한 사회의 토지, 노동의 연간생산물의 진정한 가치를 증대시키기는커녕 오히려 감소시킬 것이다."[427]

스미스는 인식론적 관점에서 간섭주의를 비판한다. 입법자는 인간 개개인들의 행동을 알 수 없기 때문에 입법을 통해서 그들의 행동을 정치적 목표에 합당하게 통제하기가 불가능하다는 것이다.[428]

"간섭주의자는 거대한 사회를 구성하는 서로 다른 구성원들을 마치 장기판 위에서 손으로 말들을 배열하는 것만큼이나 아주 쉽게 배열할 수 있다고 생각하는 것 같다. 인간사회라는 거대한 장기판에는 모든 말 하나하나가 자기 자신의 운동원리를 가지고 있는데 이것은 입법기관이 그들에게 부과하는 것과 전혀 다른 것이다."

법질서와 시장경제는 상호 간 의존되어 있다

427) Smith(1776/2015, IV, ix, 50: 847)

428) Smith(1976/2009: VI..ii.2.17: 443)

스미스의 자연적 자유의 시스템에 대하여 예나 지금이나 오해가 많다. 스미스는 법이 없이도 시장은 잘 돌아간다고 믿고 법을 없애야 한다고 주장했다고, 그래서 그의 주장은 틀렸다고 사람들은 목소리를 높였다. 시장은 과잉생산, 위기, 권력집중, 대량실업, 빈곤 등을 야기하기 때문에 경제문제를 제거할 법이 필요함에도 스미스는 이를 포기했다고 조롱했다.[429] 자유방임은 일종의 조롱이 섞인 말이다. 요컨대 법이 없으면 만인의 만인에 대한 투쟁상태가 필연이라는 것이다. 그 논리는 사유재산을 악마로 취급하고 경쟁을 전쟁으로 여기는 칼 마르크스처럼 자본주의를 극복하거나 한국 헌법 제119조 제2항처럼 '사회적 시장경제'라는 체제의 이름으로 자본주의를 수정하려고 한다.[430] 그러나 스미스는 법과 도덕이 없이도 '보이지 않는 손'이 작동한다고 주장할 만큼 순박하고 어리석은 학자가 아니었다. 시장에서 상이한 사람들의 서로 충돌하는 이해관계들이 조화롭게 조정될 조건을 제시했다. 그 조건이 정의로운 법질서다. 이를 분명히 한 인물은 독일의 법철학자 메스트메커다.[431]

"스미스는 자유의 시스템과 법질서의 틀을 동일한 사회적 과정의

---

429) 이상의 설명에 관한 것은 독일의 법철학자 메스트메커를 참조(Mestmaecker, 1978: 154)

430) 한국헌법 119조 2항 "국가는 균형 있는 국민경제의 성장 및 안정과 적정한 소득의 분배를 유지하고 시장의 지배와 경제력의 남용을 방지하며 경제주체 간의 조화를 통한 경제의 민주화를 위해 경제에 관한 규제와 조정을 할 수 있다." 의무조항은 아니지만 반(反) 자본주의의 좌파에게 유리한 조항이다.

431) Mestmaecker(1978: 155)

두 가지 국면으로 본다. …스미스에게 법의 역할에 대한 문제로 만족하지 않는다. 더 중요한 것은 어떤 종류의 법 규칙을 스미스가 말하고 있는가를 확인하는 것이 필요하다. 그에게 자연적 자유의 시스템은 정의의 완전한 관리를 말한다.”

사람들의 상이한, 심지어 충돌하는 이해관계들의 조화를 가능하게 하는 제도적 조건을 찾는 것이 스미스의 중요한 과제였다. 그런 제도적 장치가 국가를 통한 정의의 “완전하고 정규적인” 관리였다. 후세의 수많은 학자들이 스미스와 함께 했다. 우선, 보이지 않는 손 대신에 칸트는 자연의 감춰진 기획, 바스티아는 경제적 조화 그리고 하이에크는 자생적 질서로 표현했다. 그들은, 그런 개념은 소유의 안정성과 약속이행의 확신이 정의의 법에 의해서 뒷받침되지 못하면 쓸모없는 개념일 뿐만 아니라 상업과 제조업이 번영할 수 없다는 스미스의 믿음을 계승했던 인물들이다. 정의의 규칙의 구체적 표현이 민법과 형법을 포함하는 사법이다.[432)]

법은 통치자의 명령이 아니다

간섭주의와 사회주의를 옹호하는 사람들은 경제문제를 해결하기 위해서는 국가가 법을 만들어야 한다고 주장한다. 흥미로운 것은 만약 반(反) 시장론자들이 경제문제를 해결하기 위한 법을 만든다면 그

432) Smith(1776/2015, V, iii, 7: 1134)

법은 어떤 성격의 법인가의 문제다. 그 법의 속성은 메스트메커가 확인하고 있듯이, 명령이다.[433] 주지하다시피 명령은 명령자가 달성하고자 하는 목적을 내포하고 있고 복종자는 그 목표를 위한 수단이다. 그런 법은 인간을 목표가 아니라 수단으로 취급하는, 그래서 인간의 자율성과 독립성을 해친다(칸트). 명령으로서의 법의 대표적인 예는 고용정책, 성장정책 등과 같은 특정한 목적과 결부된 입법이다. 최소임금제법, 골목상권을 보호하기 위한 대형백화점 영업규제 등도 한 통속이다.

법을 명령으로 이해하는 경우, 국가와 시민 간의 관계는 명령과 복종의 관계다. 시장에 대한 비판자들은 국가만이 법을 창출할 권리가 있고 시민은 그 법을 지켜야 한다고 목소리를 높인다. 그렇지 않으면 혼란과 영구적인 전쟁만이 기다릴 뿐이라는 이유에서다. 법을 명령으로 인식하는 것은 독재시스템을 정당화했던 법실증주의가 아니던가! 실증주의자들에게 법과 자유의 관계는 대립적이다. 모든 법의 역할은 자유의 제약이다. 그러니까 법이란 시장참여자들의 발목을 잡는 일종의 족쇄다.

법을 명령으로 인식하는 명령 법학파에게는 법과 정의의 구분도 없다. 법의 내용에는 관계없이 무슨 법이든 국법에 충실한 것이 정의요 도덕이다. 이는 토마스 홉스에 대한 스미스의 비판에서 분명히 드러난다. 홉스의 사상의 특징은 "무엇이 정의이고 무엇이 불의인지, 무엇이 옳은 것이고 무엇이 틀린 것인지에 대한 유일하고 최종적인

433) Mestmaecker(1978: 153~154)

표준이 시민정부의 법"이라고 여긴다는 점이다.[434] 국가권력에 예속시켜 정부의 지시와 명령에 따르면 양심적이고 그렇지 않으면 비양심적이라는 의미로 인간의 양심을 해석한다.

법은 보편적 성격의 행동규칙이다

그런 법 개념에 도전했던 인물이 스미스다. 그에게 법이란 집단목표를 달성하는 수단이 아니다. "계획하는 이성의 도구" 또는 "국가간섭을 위한 도구"도 아니다.[435] 그에게 법은 규칙으로서의 법이다. 탈목적적이고 사람들을 차별하지 않는, 추상적이고 보편적인 행동규칙이다. 명령은 명령을 하는 특정한 집단이나 개인을 전제하는 데 반하여 법은 법을 만든 특정한 사람을 전제할 필요가 없다.[436] 왜냐하면 인간행동을 안내하고 조종하는 보편적 규칙은 불특정 다수의 동감적 경험을 기초로 하여 형성되기 때문이다.

그런 행동규칙의 형성에서 중요한 역할을 하는 것이 공정한 관찰자다. 보편적 법은 "사적 영역을 획정하여 소유권과 같은 권리가 등장하는 조건"이다.[437] "조직"의 기초가 되는 명령으로서의 법과는 달

434) Smith(1976/2009. VII..iii.2.1: 611-612). 간단히 말해서 홉스는 "옳고 그름에 대한 기준을 정부의 법률에 대한 복종과 불복종"에 두고 있다는 점이다. (Mestmaecker, 1978: 157)

435) Mestmaecker(1978: 159)

436) Hayek(1960/1996 I: 254~255)

437) Hayek(1960/1996 I: 256)

리 규칙으로서의 법과 정의는 "자생적 질서"를, 다시 말하면 보이지 않는 손의 작동을 위한 기초다. 그런 법은 개인의 자유를 보호하는 과제를 가지고 있다. 따라서 스미스에게 자유, 질서, 법은 갈등관계가 아니라 서로를 전제하는 조화로운 관계다.

결론적으로 말해서 스미스가 말하는 자연적 자유의 시스템은 모든 법의 철폐를 의미하는 것도 아니요, 모든 법으로부터 자유로운 영역이라는 뜻도 아니다. 명령을 통해서 경제과정의 결과를 수정한는 것을 포기해야 한다는 것이었다.

4) 자유사회와 국가의 과제

스미스에게 인간은 지적으로만 연약할 뿐만이 아니다. 연약한 인간의 마음속에는 장기적 이익 대신에 당장의 이익을 위해서 이웃들을 해치고 그들의 선택할 자유를 침해하는 성향이 잠복되어 있다(302쪽 흄의 생각과 비교할만하다). 사람들은 타인들의 명예를 훼손하고 신체를 해친다. 재산을 침해하고 계약도 위반한다. 경쟁하는 과정에서 경쟁 상대방의 발목을 잡거나 밀어내려고 한다. 이는 자신의 뜻에 따르도록 타인들을 강요하는 행동이다. 그러나 스미스의 세상에서 불의(不義)의 행동은 공정한 관찰자의 승인을 얻지 못한다. 불의는 다른 수단을 통해서 통제되어야 한다. 불의의 강제를 막기 위해서는 또 다른 강제가 필요하다. 그 수단이 국가다.

"정의의 위반은 인간들이 서로 간에 결코 용인할 수 없는 것이기 때문에 행정장관에게 이 미덕의 실천을 강제하기 위해서 국가권력을 사용해야 할 필요가 생각되었다. 이런 예방조치가 없으면 한 사회는 유혈과 무질서가 난무하는 장소로 변하게 되는데 이런 곳에서는 모든 사람들은 자신이 침해받았다고 생각할 때마다 자기 손으로 복수하려고 한다. …(이 때에: 민경국) 수반될 혼란을 방지하기 위해서… 국가의 행정장관은… 정의를 확립하는 것을 자신의 직무로 삼는다."[438]

이웃이 이웃에게 준 피해를 통제해서 정의와 평화를 유지하기 위해서 필요한 것이 국가다. 시민사회의 제도를 통해서 빈자도 부자나 권세가로부터 받은 피해를 보상받을 수 있다. 귀족의 신분사회나 자의적인 독재국가에서는 볼 수 없는 제도다.

스미스는 자유방임자가 아니었다

정의가 지배하는 자연적 자유의 체계 내에서 자본주의의 위대한 첫 번째 제도는 국가다.[439] 이는 세 가지 과제가 있다.

(1)사회를 다른 독립사회의 폭력과 침략으로부터 보호할 의무가 있다. 이런 의무를 수행하기 위해서는 상비군이 필요하다. 조세를 통해서 필요한 비용을 조달한다. 이 비용은 사회가 안전보상이라는 가

438) Smith(1976/2009; VII. iv. 36: 657)

439) Smith(1776/2015, IV, ix, 51: 848)

치를 향유하기 위해 투입할 가치가 있다고 여기는 비용이다. 그러나 자유사회의 "궁극적인 대외적 안전보장은 국가가 일방적으로 만들어 낼 수 있는 것이 아니라 항상 대다수 사람의 군인정신에 달려있다." 고 한다. 군인정신은 필요한 군대의 규모를 줄일 뿐만 아니라 "국가의 헌법을 무시하는 태도를 막아주는 역할"을 한다. 그러나 군인정신은 주어진 것이 아니다. 군사교육을 통해서 군인 정신을 촉진할 의무가 있다.[440]

(2)정부의 두 번째 기능은 생명 자유 재산에 대한 피해로부터 시민을 보호하는 일이다. 이는 사회의 구성원을 다른 구성원들의 불의와 억압으로부터 보호할 의무다. 권리, 계약의 다툼을 해결하기 위해서는 엄정한 사법행정과 법원이 필요하다. 법원도 세금을 통해서 운영된다.

물리적 보호와 안전을 위해서 필요한 것은 경찰이다. 안보를 위해서는 군인정신이 필요하듯이 정의의 법을 지키고 통치자의 권위를 존중하는 시민 정신도 필요하다는 것이 스미스의 생각이었다.[441] 준법정신을 기대할 수 있으려면 무엇보다도 법이 법다워야 한다. 특정부문을 위한 정부의 장려책이나 특정한 산업분문을 억제하는 정책 등과 같은 차별 또는 특혜는 법다운 법이 될 수 없다. 공정한 재판도 준법정신의 촉진에 기여한다. 그래서 사법부가 정의롭게 행동하려면 행정부와 분리·독립적이어야 한다. 개인의 자유, 개인의 안전감은 공

440) Smith(1776/2015, V.i. 3. b./59: 963~964)

441) Devine(1977: 405~406)

평무사한 재판에 달려있다.[442)]

(3)세 번째 기능은 일정한 공공사업 공공시설의 건설 유지와 같이 전체의 번영을 위해서 필요한 제도를 개인이나 소수의 사람이 창출할 수 있다고 기대할 수 없는 경우다.[443)] 이 경우는 엄격한 심사가 필요한데, 두 가지로 구분할 수 있다. 하나는 도로 운하 항구 등의 건설과, 주화의 주조와 같이 상업을 촉진시키기 위한 것과 다른 하나는 교육을 진흥시키기 위한 것이다.[444)]

입법을 왜곡시키는 이익집단

각 계층의 정치적 영향에 대한 스미스의 분석에 따른다면 지주와 노동자의 정치적 영향은 미미하다는 것이다. 지주는 게으르기 때문에 규제의 효과를 알지 못하고 노동자는 교육도 부족하고 단순 노동에 종사하기 때문에 규제의 효과를 알지 못한다.[445)] 따라서 정치적 논의에서 그 두 계층의 목소리는 들리지 않아 이해관계는 빈번히 무시된다. 그러나 제3계급으로서 상인, 기업가, 공장장은 다르다. 그들은 일생동안 계획과 목표를 추구하다보니 규제의 효과를 잘 알 수 있는 위치에 있다.

---

442) Smith(1776/2015 V.i. 2./890~91)

443) Smith(1776/2015 IV, ix, 51./848)

444) Smith(1776/2015 V.i. 2./891~93)

445) Smith(1776/2015: I.xi 4. 10/321)

그러나 스미스가 염려하는 것은 그 계층의 사람들이 공익보다는 사업상의 이익을 우선시한다는 점이다. 지적인 우월성을 이용하여 자신들의 이익을 얻으려고 정부에 영향력을 행사한다는 것이다. 이는 현대적 의미의 지대추구다. 지대란 생산적인 경쟁에서 얻는 이익보다 규제를 통해서 경쟁을 제한하여 얻는 이윤이 더 큰 경우를 말한다. 따라서 그 계층의 사람들이 제안하는 어떤 새로운 상업적 법률·규제들에 대하여 큰 경계심을 가지고 주목해야 한다고 스미스는 목소리를 높인다.[446]

흥미롭게도 스미스는 입법자의 입법에 매우 비관적이다. 사회적 권력과 부가 정치에 미치는 과도한 영향 때문에 권력을 가진 개별 그룹의 이익을 위해서 입법이 왜곡되고, 이는 자연적 정의가 요구하는 것으로부터 치명적 이탈이다. 이는 결국 자연적 자유의 침해요 폭정이다.[447] 예를 들면 독점적 지위를 향유하기 위한 제조업의 동업조합을 허용하는 입법, 시장진입을 가로막아 무역에서 독점을 누리고자 하는 욕심 등이 그것이다.[448]

그러나 스미스는 이런 정치이론을 개발하여 법의 왜곡현상을 다루었을 뿐 자연적 자유의 체제를 어떻게 달성할 수 있는가를 보여주지 않았다. 이런 점에서 정치와 입법과정을 상세히 분석하여 법의 타락 과정을 밝혀냈던 19세기 프랑스의 정치철학자 프레데릭 바스티

446) Smith(1776/2015: I.xi 4. 10/322~323)

447) Smith(1976/2009, VII. iv 36/658)

448) Smith(1776/2015: IV.ii 21/560 IV. iii 3/600)

아와 동일하다(제1부 제2장). 그는 이익단체는 그럴듯한 이유를 들어 정치와 결탁하고 이를 통해서 지대를 추구하려고 한다고 비판했다. 사회그룹의 권력과 국가기능 사이의 갈등을 대상으로 정치이론을 개발하여 법 이론을 보충하고 있다.

의무교육과 그리고 학교설립을 국가과제로 여겼던 이유가 교육을 통해서 분업의 피해를 제거하고 국민의 정치적 통제를 통해서 입법의 왜곡을 막으려고 했던 것이었다. 스미스는 분업시스템으로 인한 "노동자의 지적 능력을 왜곡시켜 나라의 중대하고 광범위한 이해관계를 전혀 판단할 수 없게 만드는 상황"[449]을 극복하고자 했다. 분업에 대한 스미스의 그 같은 비판은 상업사회를 강력하게 비판했던 루소와 대비된다. 루소는 분업을 통한 상호의존성은 자유가 아니라 예속이라고 보았다. 그에게 분업은 일종의 노예나 다름이 없었다. 반면에 스미스는 분업은 번영을 부르지만 분업이 초래할 위험성을 강조했다. 분업이 증가함에 따라서 부의 증가도 확실하지만 반복적인 공장의 작업은 틀에 박힌 지루함을 야기하여 사람들이 정체되고 우둔해진다는 이유로 국가지원으로 보통교육을 실시할 것을 주장했다. 분업 때문에 우둔해진 사람들은 정부의 활동에 대한 판단도 흐려진다고 우려하면서 국가지원 교육의 필요성을 역설했다. 그러나 조세를 통한 교육은 자유주의자들의 거센 비판으로부터 자유롭지 못하다. 훔볼트도 분업의 피해를 알고 있었지만 국가에게 보통교육까지시도 허용하지 않았다. 정부에게 교육을 맡기는 경우 그 결과가 획일적

449) Smith(1776/2015: V.i.3.절 2항 50/958)

이기 때문이다.

분업으로 인한 노동자의 지적 편협성 주장도 옳지 않다. 현대사회에서 볼 수 있는 것처럼 생산기술의 발전에 따른 노동시간의 단축은 오늘날 여가시간의 확대로 이어졌다. 전대미문의 기술발전도 분업이 심화된 결과다. 여가시간의 확대는 배울 시간의 증가로 이어졌다. 게다가 TV, 신문, 잡지 그리고 인터넷의 발달로 온라인상에서 다양한 것들을 배울 수 있는 기회도 그 어느 때보다도 커졌다. 다양한 학습기회의 증가도 분업의 덕택이다. 따라서 분업의 증가로 인간이 우둔해지는 것이 아니라 더욱 더 현명해진다. 뿐만 아니라 자본주의는 소외를 초래한다는 주장도 옳지 않다. 취미그룹을 비롯하여 교회, 마약퇴치, 정부와 독립적인 환경 정화활동 등 나중에 설명할 알렉시스 토크빌이 보여주고 있듯이 누구나 가입할 수 있는 소규모 공동체의 존재는 인간을 소외시킨다는 스미스의 소외론도 옳지 않음을 입증한다.

국가에는 적극적 과제도 있다

불길이 번지는 것을 막기 위해서 방화벽을 쌓게 하는 법률, 은행에 대한 감독조치는 자연적 자유를 침해하는 것이지만 사회전체의 안전을 위협하는 자유의 행사는 막아야 한다는 것이 스미스의 믿음이었다.[450] 이런 정책은 타인에게 주는 피해라는 개념의 확대로 해석할 수 있고, 그래서 정의의 최소국가관과 양립된다고 볼 수 있다.

450) Smith(1776/2015 II.ii..94/397)

스미스는 부녀자 노동, 유년 노동의 문제도 지적하고 있다. 그가 중요하게 여긴 것은 사회제도는 사회적으로 가장 취약한 구성원들에게 인간다운 존립을 보장하는 것이었다. 그는 이런 요구에 가장 적합한 것이 정의를 통한 자연적 자유의 체제다. 이를 지탱하는 정의는 "약자를 보호하고 난폭한 사람을 억제하는" 그리고 "인간사회의 위대한 파수꾼"이다. 국부론은 이기심이라는 화강암을 초석으로 하여 지은 궁전'이라는 스티글러의 주장은 틀렸다. 이기심이 아니라 정의라는 화강암으로 지은 궁전이 국부론이다.[451)]

5) 잊혀져갔던 애덤 스미스의 국가관

자본주의는 정의의 개념이 있고 정의를 실현할 제도가 있다는 것은 스미스를 통해서 분명해졌다. 정의는 자생적으로 형성된다. 그것은 인간의 이성에 의해서 형성된 것도 아니고, 그렇다고 해서 순전히 이기적 욕구와 탐욕이라는 정념을 충족하려는 동기의 소산이 아니라 사람들이 동감적 행동을 찾으려는 시행과 착오과정의 무의도적인 결과다. 이런 정의가 뒷받침될 때 시장경제도 서로 상이한 목적을 추구하는 개인들의 행동들이 자생적으로 조정된다. 요컨대 보이 않는 손을 통해서 고용, 소득증가, 빈곤 등과 같은 경제문제들이 스스로 해결

---

451) Smith(1976/2009 II. ii 3/4: 164), 안재욱(2018: 266)에서 스미스의 정의 문제를 정확히 다루고 있지만 이를 좀 더 상세히 설명했어야 한다.

된다. 정의는 명예, 신체, 소유에 대한 타인들의 위해가 없는 상태다.

그러나 국가가 없이는 사람들은 타인들의 명예를 훼손하고 신체를 해친다. 재산을 침해하고 계약도 위반한다. 경쟁 상대방의 발목을 잡거나 밀어내려고 한다. 인간들은 지적으로 연약할 뿐만 아니라 장기적 이익 대신에 당장의 이익을 위해서 이웃들을 해치고 그들의 선택할 자유를 침해하는 성향이 잠복되어 있다. 그래서 필요한 것이 국가다. 국가는 사회의 구성원을 다른 구성원들의 불의와 억압으로부터 보호하고, 사회를 외국의 폭력과 침략으로부터 보호할 의무가 있다. 그 밖에도 도로, 운하, 항구 등의 건설, 보통교육의 공급, 방화벽을 쌓게 하는 법률, 은행에 대한 감독조치 등도 국가의 과제다.

이런 자연적 자유의 체제가 확립되면 안정, 효율성, 이타심, 우정이나 사랑과 같은 선(善) 등을 정부의 강제행사 없이도 사회에서 자유로이 추구할 수 있다. 정부의 강제가 없이도 공동체에 대한 헌신, 애국심 등도 표출할 수 있다.

19세기 초까지만 해도 스미스의 체제가 확산되었지만 국가의 과제를 늘리는 방향으로 정의의 개념을 비롯하여 자유의 개념까지도 변화하게 된다. 우선 존 스튜어트 밀은 잘 알려져 있듯이 정부개입의 정당성으로서 피해의 개념을 스미스보다 넓게 규정한다. 부정적 외부효과와 같은 물리적인 것을 넘어서 심리적 피해, 그리고 대형 백화점의 등장으로 골목상권의 매출감소와 같은 금전적 피해에 이르기까지 피해개념을 확대했다. 이로써 인간관계에서 생겨나는 모든 부정적인 영향을 '피해'로 규정하게 되었다. 그 결과는 시장경제에 대한 간섭의 증대, 즉 국가권력의 확장이다.

이뿐만 아니라 토마스 힐 그린은 불의의 강제가 없는 상태를 의미하는 소극적 자유개념을 적극적 개념으로 바꿔버렸다. 그의 견해에 따르면 진정한 자유는 사회구성원들의 동등한 최대의 힘이다. 계약의 자유는 모든 사람이 똑같이 '공동의 선'에 기여할 최대의 힘을 위한 수단으로서만이 가치가 있다는 것이다. 이런 논리는 노동자를 위한다는 명분으로 해고 억제, 비정규직 규제, 노임 통제, 해고수당 등 노동시장의 계약의 자유를 제약하는 방향으로 작동했다. 적극적 개념은 힘의 불균형을 해소하기 위해서는 약자를 보호하고 강자를 규제한 결과, 국가의 역할과 권력이 확대된다. 적극적 자유 개념에 따라 경제를 규제하려는 이념이 2010년대 이후 한국사회에서 뜨거운 정치적 논쟁을 불러왔던 경제민주화다.[452]

자유개념의 변화가 가져온 일반적 효과는 정의의 개념의 확장으로 이어져 공정성도 소극적 의미에서 적극적 개념으로 확대되었다. 정의를 실현하기 위해서 정당한 국가 활동을 확대할 필요가 있다. 적극적인 공정성 개념은 재산의 국가소유 또는 소득·재산의 재분배를 의미한다. 그 결과, 정당성이 없는 국가개입은 있을 수 없다. 적극적 복지의 요구로 영국 미국 독일을 비롯하여 지구촌 대부분이 사회주의로 향했다. 영국에서는 페이비언 사회주의, 미국에서는 진보주의, 그리고 독일은 민족사회주의가 등장하여 정치적으로 헤게모니를 장악했다. 다시 말하면 20세기 국가권력이 극대로 확장되었다. 자율적

452) 민경국(2017: 281~315)

인 사적 영역이 급진적으로 축소되었다.[453] 모든 인간이 국가의 노예가 되었다.

데이비드 흄과 애덤 스미스 등 18세기 스코틀랜드 계몽주의가 19세기를 지나서 20세기 중반 본격적으로 부활하기 시작했다. 그 부활에 결정적인 역할을 한 인물이 사회주의는 불가능할뿐더러 그것은 노예의 길이라고 선언하면서 등장한 오스트리아 출신인 프리드리히 하이에크였다.

453) 이에 관한 자세한 설명에 관해서는(민경국, 2011)

9. 프리드리히 하이에크: 자생적 질서

-자생적 질서, 자유, 그리고 법치

20세기는 자유주의와 시장경제에 대한 불신이 대단히 컸던 시기였다. 자유시장은 빈곤, 실업, 위기 등, 경제문제를 해결하기는 고사하고 오히려 문제를 야기하는 체제라는 믿음이 지배했다. 생산수단의 사적 소유를 철폐한 계획경제를 통해서 이런 체제를 극복해야 한다고 주장하는 진영이 있었다. 다른 진영에서는 자본주의는 개혁을 필요로 하는 체제라는 인식이 지배했다. 그래서 케인스주의와 복지국가가 인기를 끌고 있었다. 사적 소유와 사적 자율을 대폭 억제해야만 질서가 유지될 수 있다는 것이다.

어떤 형태의 사회주의든 사적 소유와 경제적 자유를 제한하는 국가는 인류를 '노예의 길'로 안내할 뿐이라고, 인류가 평화롭게 번영을 누리면서 공존할 수 있는 유일한 길은 자유, 법의 지배, 그리고 제한적 민주주의를 특징으로 하는 자유주의라고 선언하면서 등장한 인물이 오스트리아의 귀족 집안에서 태어난 하이에크(Friedrich A.v.

Hayek: 1899~1992)였다.

하이에크가 고민했던 문제는 첫째로 인간이성이 이상사회를 만들어 낼 수 있는 능력이 있는가의 문제였다. 두 번째로 인위적으로 사회질서를 계획하지 않고서도 서로 다른 인간들이 번영 속에서 자유롭고 평화롭게 공존할 수 있는 사회질서가 어떻게 가능한가의 문제였다. 첫 번째 문제는 지식이론과 관련된 인식론적 문제다. 두 번째 문제는 스스로 형성되는 질서, 즉 자생적 질서(spontaneous order) 이론과 관련되어 있다.

그 두 문제는 별도의 문제라기보다는 서로 밀접하게 연관되어 있다. 하이에크는 두 이론을 기초로 하여 계획경제와 국가 간섭은 가능하지도 않고, 필요하지도 않다는 것을 설명하면서, 법과 정의 그리고 국가의 역할을 도출하고 있다. 따라서 우선 하이에크가 개발한 인식론을 다룰 것이다.

1) 인간이성의 한계

많은 철학자들은 흔히 인성이 이기적이냐 이타적이냐를 따져서 세상에 관한 논리를 전개한다. 그러나 하이에크는 이와는 다르다. 그는 인간이성의 구조적 한계라는 관점에서 세상을 바라본다.[454] 인간

---

454) Hayek(1973: 9~11). 지식의 문제를 핵심적 요소로 파악한 인물은 많다. 예를 들면 포퍼(K. R. Popper)는 아메바에서 아인슈타인에 이르기까지 지식의 성장은 동

이 자신의 외부환경을 이해하고 옳고 그름을 판단할 능력(이성)은 제한되어 있다는 것이다. 그는 '나는 모른다는 사실을 나는 안다'고 말한 소크라테스를 인용하면서 다음과 같이 주장했다.

"무지의 인식은 지혜의 출발점이라는 소크라테스의 격언은 사회를 이해하는데 중요한 의미를 갖는다. …사람이 자신의 목표를 달성하는데 도움이 되는 많은 것에 대한 인간의 필연적 무지를 알아야 한다. 사회생활, 특히 문명이라고 부르는 보다 발전된 상태에서의 사회생활의 이점은 개인은 자신이 알고 있는 것보다 더 많은 지식으로부터 혜택을 받는다는 사실이다. …그리고 자신이 지니지 않은 지식의 덕택으로 무지의 경계선을 넘어설 때 비로소 문명이 시작된다고 볼 수 있다."[455)]

인간이성의 한계와 관련하여 그는 또 다시 다음과 같이 말했다.

"행동규칙들은 우리의 구조적 무지를 처리하기 위한 수단이다. 모든 상이한 목적들의 상대적인 중요성에 관하여 일치된 상태에 있는

일하다고 말함으로써 인간과 동물의 유사성을 지식습득과정으로 파악했다. 생물학 분야에서 노벨상을 받은 로렌츠(K. Lorenz)는 "삶을 지식 습득과정(Leben als erkenntnisgewinnender Prozeß)"이라고까지 파악할 정도로 생물이나 인간에게 중요한 것을 지식의 문제로 여겼다. (Riedl, 1987)

455) 『자유의 헌법』 제2장 '자유문명의 창조력'이라는 주제에서 한 말이다(Hayek, 1960/1997 1: 50~51)

전지전능한 인간에게는 행동규칙이 필요 없을 것이다. 이런 사실을 무시한 채, 도덕 및 법질서를 연구한다면, 그런 모든 연구는 핵심적인 문제를 소홀히 하게 된다."[456]

왜 인간은 세상을 잘 알지 못할까? 이런 문제를 다루는 분야가 진화론에 기초한 하이에크의 인식론이다. 이 글에서는 인간이성과 지식이 왜 구조적으로 한계가 있는가의 문제를 다루는 데, 필요한 정도만 설명할 것이다.[457]

왜 인간은 세상사를 잘 알 수 없나?

인간들이 자신의 삶의 목표를 추구하기 위해서는 그들의 외부세계(재화의 세계, 인간들의 태도 성격 능력 특성 등)에 대한 지식을 필요로 한다. 그들은 외부세계의 상황 전부를 상세히 아는 것이 아니라 자신에 고유한 상황과 관련해서만 알 수 있을 뿐이다. 게다가 흥미롭게도 인간은 있는 대로 볼 수 있는 것도 아니다. 분류 틀(이념 또는 인식틀)을 통해서 비로소 세상을 인지한다. 그것이 없이는 세상이 보이지 않는

456) 하이에크는 1976년 저서 『법 입법 그리고 자유』의 제2권 〈사회정의의 환상〉에서 한 말이다. (Hayek,1976/1996: 29)

457) 하이에크가 21세에 썼던 『감각적 질서』가 진화론적 인식론이다. 인식론은 인간이 자신의 자연적 혹은 사회적 세계를 어떻게 인지하는가를, 즉 알려는 행동(앎의 행동)에 관한 연구 분야다. 진화론적 인식론에 대한 설명에 대해서는 민경국(2016: 20~12)

다. 물론 그 틀은 개인들마다 제각각 다르다. 삶의 경험이 다르기 때문이다. 외부세계에 관한 개인들이 가진 지식은 그 틀을 통해서 세상을 독자적으로 분류하고 능동·창조적으로 해석한 결과다.

그래서 개인들이 각각 가진 지식은 부분·선별·지역적이다. 오류가능한 것도 지식의 또 다른 성격이다. 개인들은 경험과정 속에서 지식의 오류를 찾아내고 이를 수정한다. 우리가 알고 있는 것은 오로지 부분적이기 때문에 우리는 무엇을 모르는지조차 모를 정도로 우리의 무지는 무한대다. 인간이 구조적으로 무지한 이유를 하이에크는 다른 차원에 의해서도 설명하고 있다. 즉 인간정신은 스스로를 구체적으로 설명할 수 없다는 인식이다.

"우리가 두뇌의 작동을 일반적인 용어로 이해할 수 있다고 하더라도 우리는 결코 동일한 두뇌를 가지고 특정한 상황에서 그것의 작동에 관한 상세한 설명에 도달할 수 없다. 그 작동의 결과가 무엇이 될 것인지도 결코 예측할 수 없다. 이를 달성하기 위해서는 보다 더 복잡한 두뇌를 요구한다. 비록 그것이 동일한 원리에 따라 형성되었다고 하더라도 말이다."[458)]

두뇌는 스스로를 완전히 알 수 없는데 하물며 수백만 수천만 명의 정신들의 상호작용을 구체적으로 설명하는 것은 원천적으로 불가능하다. 외부세계에 대한 인지·해석과정으로서 정신과정은 말로 표현

458) Hayek(1952/2000: 320)

할 수 없는 초 의식적 규칙에 의해 안내되고 있다.[459] 인간정신은 자신의 작동을 지배하는 가장 기본적인 규칙을 이해하기가 불가능하다. 그 결과 인간이성의 구조적 그 한계는 다음과 같다. ⑴수많은 타인들의 계획, 목적 그리고 그들의 행동을 전부 알 수 없다. ⑵자신의 행동이 제3자들에게 미치는 모든 영향과 이들의 반응을 알 수 없다. ⑶이런 상호작용에서 실제로 생겨날 전체 질서를 알 수 없다. 그래서 인간들은 "구조적인 무지"의 늪에서 살고 있다. 하이에크에게 인간정신의 한계 또는 지식의 문제는 자유주의 철학의 핵심요소다. 그 한계는 인간에게 나쁜 것이 아니라 인간 그 자체다. 모든 것을 전부 아는 인간이 존재한다면 이는 인간이 아니다.

계획경제가 실패한 이유는 인센티브 문제가 아니라 지식의 한계 때문이다

인간이성의 구조적 무지라는 인식론적 개념을 가지고 하이에크가 정면으로 도전했던 이념은 인간이 사회의 밖에 서서 전체 사회에 관한 관점에서 사회를 이해하고 이를 재구성할 수 있는 능력이 있다고 믿는 합리주의다. 그런 능력을 통해서 인간은 언어 법 화폐 도덕 등 유익한 모든 사회제도를 계획·고안할 수 있다는 믿음이다 이런 사조

459) 민경국(2016: 30) "어감에서처럼 언어의 잘못된 사용을 확인할 수 있지만 왜 언어학적으로 잘못인지를 설명할 필요는 없다. 또는 문법을 모르면서도 그 규칙을 위반하여 말할 경우에 그 잘못을 지적한다."

(思潮)는 철학자 르네 데카르트와 장 자크 루소, 토마스 홉스 등의 전통으로서 프랑스혁명의 기초가 되었고, 사회주의의 이론적 토대가 되어 19세기 중반 이후 지구촌을 지배했다.

하이에크가 그 같은 이념들을 반대하는 이유는 사회를 설계하고 통제하는 데 필요한 모든 사실들을 인간정신이 알 수 있다는 미신 때문이다. 마치 엔지니어가 관련 건물이나 기계를 제작하는데 필요한 자재, 자재의 성격·규격, 필요시기와 수량 등, 모든 데이터를 알고 있기라도 한 것처럼 말이다. 그러나 인간이 타인들의 생각, 견해, 선호 등과 그들이 제각각 처한 상황에 관한 구체적인 지식을 갖는 것은 영구적 한계에 부딪친다. 하이에크에게 인간이성은 사회와 독립된 변수가 아니다. 그 반대로 그것은 사회적 산물 즉, 문명과 진화의 산물이다. 그래서 인간은 문명을 창조할 수 있는 정신의 소유자라는 믿음은 틀렸다. 인간은 자신의 정신에 의해 만든 패턴을 세상에 부여하는 존재가 아니라 그 반대로 그의 정신 자체가 환경에 적응하기 위한 노력의 결과다.[460]

"인간정신 자체는 사회와 문명의 산물이다. 문명의 안에서 성장해 온 것이다. 그리고 자신을 형성한 경험을 알지 못한다. 그런데 그 경험은 정신을 구성하는 버릇, 인습, 언어, 그리고 도덕적 믿음에 내재되어 정신을 도와준다. 게다가 어느 한 개인의 정신이 의식적으로 이용할 수 있는 지식이란 극히 일부분에 불과하다는 점을 고려해야 한다."

460) Hayek(1978: 20; 1960/1998: 54)

문명이 창출한 것이 이성이라고 한다면 이성은 자신을 창출한 문명을 극복할 수도 없고 세상을 바라볼 수 있는 원점을 확인할 수도 없다. 이성이 사회적 산물이라고 한다면 이성이 출현한 사회적 과정은 자유로워야 한다. 사회적 과정을 통제하고 지시하면 이성의 힘은 물론이요 지식의 축적도 정지된다. 지식은 이성의 산물이 아니라 자유와 실험의 산물이다. 지식은 수많은 개인들에게 분산되어 있다. 지식은 개인의 지식으로만 존재한다. 사회전체의 지식이란 은유 이상이 아니다. 모든 개인들이 지닌 지식의 통합된 전체로는 어디에도 존재하지 않는다. 어느 누구도 그런 분산된 지식을 전부 수집·이용하는 것이 불가능하다.

자유가 소중한 이유는 인간이성의 한계 때문이다

전지전능한 인간이 사는 세상에는 자유가 불필요하다. 사람들이 그런 인간의 계획을 따르는 것으로 충분하다. 그것이 불가능하다면 개인들이 불완전한대로 제각각 가진 지식을 스스로 이용하고 새로이 지식을 습득하고 테스트할 자유를 허용하는 수밖에 없다. 문명화된 사회란 모든 개인들의 부분적이고 불완전한 지식을 자신들의 목적을 위해 사용하도록 자유를 허용하는 사회다. 그들은 사회 속에서 새로운 지식을 습득하고 테스트한다. 지금까지 알지 못했던 또는 이용하지 못했던 사실들을 찾아내어 이용한다. 이런 과정에서 이성도 개발될 수 있고 문명도 발전한다.

흔히 사람들은 자유를 허용하면 만인에 대한 만인의 투쟁이 발생하여 빈곤, 대량실업, 양극화 등, 사회적 혼란이 야기된다고 우려하는 사람들이 많다. 그러나 그런 우려는 자유로움에서 오는 혼란이 아니라 자생적으로 형성되는 질서의 존재를 모르기 때문에 생겨난다. 그 질서가 자생적 질서다. 이는 어떤 질서이고 어떻게 해서 그런 질서가 생겨나는가의 문제는 하이에크가 해결하고자 했던 핵심문제다.

2) 진화와 자생적 질서

우리는 전혀 알지도 못하는 수많은 익명의 사람들의 행동에 의존하여 우리의 계획과 목표를 수행한다. 사람들은 낯모르는 의사에게 몸을, 은행에게는 거금을 맡긴다. 서로를 잘 모르면서도 마음 놓고 거래를 할 수 있다. 거대한 사회에서 우리는 소수의 사람을 제외하고는 거의 알지 못하는 익명의 사람들과 거래관계를 가질 수 있다. 이것이 문명화된 사회의 특징이다. 도대체 어떻게 그런 일이 가능한가? 이 문제를 설명하기 위해서 하이에크는 자생적 질서이론을 개발했다.

사회는 계획된 조직이 아니라 자생적 질서다

다른 사람의 협조 없이는 아무도 혼자 살 수가 없다. 상이한 목적을 추구하는 사람들이 서로 협력하기 위해서는 그들 사이의 행동조정이 이루어져야 한다. 서로 상이한 이해관계들이 서로 수렴되어야 한다. 행동조정이 이루어지지 않으면 목적을 달성할 수 없다. 어느 한 개인의 행동이 타인들의 행동과 조정되기 위해서는 그는 그들의 행동에 대한 기대를 형성할 수 있어야 한다. 그들의 목표 선호, 반응 방식, 생각, 성향 등을 알아야 한다. 이는 얼굴과 얼굴을 마주하는 소규모사회에서는 쉽게 습득할 수 있다. 그러나 수백만 명, 또는 수천만 명이 사는 사회에서는 그런 습득에 근원적인 한계가 있다. 협력에 필요한 지식은 각처에 분산하여 생업에 종사하는 사람들의 머릿속에 들어 있기 때문이다.

그래서 그런 지식을 전달하는 메커니즘이 필요하다.[461] 계획된 질서에서는 외부의 실체, 즉 계획을 담당하는 계획담당자가 이런 일을 행한다. 그러나 계획담당자가 이런 일을 성공적으로 수행하기는 불가능하다. 자생적 질서에는 이런 일을 성공적으로 행하는 것이 두 가지가 있다. 하나가 가격기구다. 다른 하나가 행동규칙이다. 시장경제에는 수십 만 가지의 가격들이 존재한다. 이런 가격들은 수십만, 또는 수천만, 아니 수억의 인간들이 각자 가지고 있는 생각과 지식을 반영한다. 암묵적 지식까지도 반영된다.

가격이 주는 정보에 의존하여 인간들은 타인의 행동에 대한 기대

461) 우리가 주목해야 할 것은 개인들이 각자의 계획을 성공적으로 달성하기 위해서는 그들의 계획이 타인들의 계획과 서로 조정되어야 한다는 것이다. 이를 위해서는 무엇보다도 필요한 것이 개개인들이 구체적인 상황에서 타인들의 행동에 대한 기대를 형성할 수 있고, 이 기대가 적중할 수 있는 가능성이 높아야 한다. 이런 상태가 바로 "질서"이다. (Hayek: 1973, 36).

를 형성한다. 가격의 안내가 없이는 인간들의 행동조정이 불가능하다. 자생적 질서가 중요한 이유는 그것은 개인이 갖지 못하는 지식까지도 그로 하여금 이용할 수 있게 한다는 점이다. 이것이야 말로 문명화된 사회가 아니고 무엇인가! 자생적 질서는 내부적으로 복잡해지고 국내는 물론 범세계적으로까지 확대되는 이유다.

인간들에게 상호간의 행동에 대한 기대의 형성을 가능하게 하는 것이 또 있다. 그것이 행동규칙이다. 이것도 가격과 유사하게 각처에 흩어져 존재하는 지식을 모아서 개별 경제주체들에게 알려준다. 예의범절, 직업윤리, 종교윤리, 상관행·관습, 약속이행, 인격·소유존중 등은 주로 해서는 안 될 행동이 무엇인가를 알려준다. 그런 행동규칙은 달성할 목적도 들어 있지 않다. 그리고 모든 사람에게도 똑같이 적용된다. 이들은 수많은 세대를 거쳐 오면서 인간들이 겪은 경험과 지식을 반영한 것이다. 행동규칙들을 "지식의 저장고"라는 것은 이 때문이다. 그리고 이런 지식은 오랜 사용으로 보증된 지식이다.[462] 그렇기 때문에 하이에크는 전수 받은 행동규칙에 대하여 경외감을 가져야 한다고 충고한다.[463] 이런 것들이 존재하기 때문에 타인들의 행동에 대한 인간의 기대형성이 가능하다. 이 때문에 개개인은 타인과 교환관계를 가질 수 있고 이로써 행동들이 상호 조정된다.

행동규칙들은 반드시 언어로 표현되어 있을 필요가 없다. 행동을 보면 이것이 정의롭지 않은 행동이라는 것을 알지만 이런 판단의 기

462) Kasper/Streit(1998: 192)

463) Hayek(1973: 193)

초가 되는 규칙을 알지 못하는 정의감, 법이 아닌 줄 알지만 왜 법이 아닌가를 말을 수 없는 법 감정 등이 암묵적 행동규칙이다. 말의 뜻을 구분할 수 있지만 그러나 그 차이를 말로 표현할 수 없는 어감과 똑같다. 문법규칙을 모르면서도 서로 이해가 가능하게 말을 할 수 있다. 행동차원 이전에 이미 우리는 세상을 인지하고 해석하는 정신과정도 수많은 초 의식적 규칙들의 결합에 의해 지배되고 있다. 두뇌는 의식적인 정보이용보다 훨씬 더 많고 훨씬 더 포괄적으로 저장된 지식을 동원할 수 있는 이유가 두뇌의 무의식적 과정 때문이다. 이는 인류에게 진화적 선별에서 매우 유익한 역할을 했다.

행동규칙의 원천은 문화적 진화다

자생적 질서의 기초가 되는 행동규칙은 인간들의 지속적인 상호작용 속에서 문화와 이성이 개발되는 과정의 산물이다. 인간들은 만인의 민인에 대한 투쟁을 특징으로 하는 규칙이 없는 무질서속에서 살지 않았다. 토마스 홉스가 기술한 원시적 개인주의는 신화일 뿐이다. 인류사회는 원시공동체에서 오늘날 우리가 살고 있는 거대 사회로 확장되었다. 이 과정은 생물학적 진화와 문화적 진화과정으로 구분된다. 이 두 과정에 대한 하이에크의 사상은 독보적이다.

(1)자연적 질서로서 원시공동체: 인류의 초기단계인 원시사회에서 인간들은 어떻게 그리고 어떤 질서를 유지했는가? 원시사회의 대표

적인 질서형태는 수렵·채취 군단 또는 부족사회와 같이 소규모 사회, 얼굴과 얼굴을 맞대고 사는 사회였다. 15~40명 정도의 성인들로 구성된 수렵·채취 군단 생활은 유인원적 영장동물과 매우 흡사하다.[464] 이 규모는 놀라울 정도로 표준적이었다. 그룹들은 장소를 바꾸어 가면서 수렵·채취를 통해 생활을 영위했다.

원시사회의 질서원리는 무엇인가? 수렵·채취 군단과 부족사회의 사회생활을 지배했던 질서원리는 침팬지 정치와 매우 흡사하다. 초기 인간들과 침팬지는 동일한 생태학적 보금자리를 공유했다.[465] 지배와 복종의 원리가 압도적인 질서원리였다. 그룹 결속에 의해서만 존립할 수 있었다. 이것은 계층적 질서를 의미한다. 원시인들은 개인주의자가 아니라 집단주의자였다. 연대규범이 도덕시스템이었다. 뭉치면 살고 흩어지면 죽는 것이었다.

나누어 먹기 원리가 지배했다. 사적 영역과 공공 영역의 구분이 전혀 없었다. 함께 일하고 함께 나누어 갖는 삶이 주축을 이루었다. 그룹 규모가 그룹의 존립에 결정적인 역할을 했다. 인류는 그런 사회 속에서 3백만 내지 4백만 년 동안 살았다.[466] 연대 규범시스템은 오랜 기간 동안 인간들의 상호작용을 지배했기 때문에 인간의 본능 속에 깊이 고착되었고, 따라서 아직도 오늘날의 인간들의 감정 속에 정착되어 있다. 하이에크는 이러한 감정을 '원시부족의 정신태도'라고

464) Hayek(1979/1996: 260)

465) Radnizky(1987: 62)

466) Hayek(1979/ 1996: 260~261) Radnitzky(1984: 14)

말하고 있다.[467] 본능적인 태도, 가치 및 행동형태들은 지금까지 유전적으로 세대 간 전수되는 것으로 간주되고 있다.

(2)자생적 질서로서 문화적 진화: 도덕규범으로서 집단주의 및 연대 시스템을 주축으로 하는 사회질서는 인구의 증가, 자원의 희소성의 증가 그리고 이들 요인에 의해 야기되는 기술적인 외부 불경제 등과 같은 환경변화에 적응할 수 없었다. 따라서 3백만 내지 4백만 년 동안 지속되어 온 소규모 사회의 도덕 규범시스템을 극복하는 것이 인류 문명의 새로운 과제였다. 이러한 과제를 극복하기 위해서 어떠한 변화가 어떻게 가능했는가?

하이에크에 의하면 거대한 사회로의 진화는 소규모 사회의 도덕체계와 나란히 새로운 도덕 시스템의 생성에 의해 가능했다는 것이다. 문화적 여과과정을 통해 목적 지향적인 규범시스템이 점차 추상화 및 보편화되어 왔다는 것이다. 추상적인 행동규범시스템을 실시한 그룹들이 원시 사회의 도덕 시스템을 적용하는 그룹보다도 인구성장에서 더 성공적이었다. 새로운 도덕체계는 연대가 아니라 정직성 규범 시스템이다. 이는 계약의 충실성, 사적 소유의 존중, 솔직성 등과 같이 데이비드 흄이 정의로운 행동 준칙으로 표현했던 도덕률을 의미한다. 이러한 추상적인 도덕률에 의해 지배되는 사회의 인간들은 원시사회의 인간들과는 전혀 다른 생활 모습을 보여 준다.[468]

467) Hayek(1976/1996: 268)

468) 위의 책 261; Radnitzky(1987: 69~74)

첫째 연대모럴에 의해 지배되는 원시사회에서는 구성원들이 공동으로 노력하고, 기쁨과 불행을 같이하며, 또한 위험을 공동으로 대처함으로써 구성원들이 통합되었다. 추장의 명령에 의해 개개인들의 행동이 공동의 목적을 위해 조종·통제된다. 그러나 추상적인 행동규범에 의해 지배되는 사회에서는 개개인들이 스스로 자신의 목적을 설정하고 이를 위해 자신의 지식과 수단을 투입한다. 이러한 사회에서는 공동의 목적 대신에 다양한 개별적인 목표 설정을 허용하는 다원적인 사회다.

둘째로 부족사회에서는 구성원들끼리, 즉 서로 낯익은 사람들끼리 선물을 교환한다. '품앗이'라고 부르는 상호성도 역시 아는 사람들끼리의 일종의 교환행위다. 그러나 추상적인 행동규범에 의해 지배되는 거대한 사회로 전환되면서 서로 모르는 사람끼리 교환이 이루어진다. 교환의 인적, 시간적 및 장소적 범위가 점차 확대되어 오늘날과 같이 세계적 범위로까지 확대되었다.

본능적인 감정을 중시하는 사람들은 바로 소규모 그룹의 인간관계들 및 가치들을 낭만적으로 해석하여 이들을 찬사한다. 루소와 그 후계자인 마르크스가 그런 전통의 계승자다. 사회적 정의 또는 복지국가의 기본적인 도덕체계도 소규모 사회의 도덕 즉 자연적 질서의 원시적 본능을 거대한 사회에 적용하려는 의도적 노력이다. 즉 본능과 이성이 결합한 결과가 사회주의를 비롯한 각종 간섭주의다. 이는 특정의 구체적 목적을 달성하기 위해 국가가 간섭하는 조직질서다.

문화적 진화는 그룹선별이다

인류는 원시사회를 거쳐 오늘날과 같은 거대한 사회가 되었다. 하이에크는 문화적 진화의 특성으로서 그룹선별을 중시한다. 그에 의하면 행동규범들이 형성되고 확산된 이유를, 이들을 지켰던 그룹들이 다른 그룹들 보다 더 번창하고 성장되었던 사실 및 이들을 실천한 그룹이 성공적이라는 사실에서 찾고 있다.[469] 그는 문화적 진화는 알려져 있지 않은 그리고 완전히 우연한 이유 때문에 수용된 관행들과 도덕규범들로부터 그룹들이 얻은 서로 다른 편익에 의해 조종되는 여과과정으로 인식한다. 문화적인 행동규범들은 이들로부터 개개인들이 얻는 편익이 그룹선별에 주는 편익의 결과로 간주되고 있다. 행동규범들이 살아서 확산된 것은 이들을 실시한 그룹들이 그렇지 않았던 그룹보다 성공적이었고 그래서 이 그룹들을 흡수한 결과라는 것이 하이에크의 통찰이다.

하이에크가 그룹선별론을 도입했다는 이유로 많은 사람들은 그의 진화론을 방법론적 집단주의로 해석하면서, 이는 그 자신의 사상적 기초가 되는 개인주의와 충돌한다고 비판했다.[470] 그러나 이런 비판은 타당하지 않다. 하이에크는 규칙질서와 규칙들로부터 생성되는

469) Hayek(1979/1997: 245쪽 이하) 하이에크는 이 책의 에필로그에서 '인간가치의 세 가지 근원'을 다루고 있다.

470) Vanberg(1986) 필자도 2007년 저서에서 하이에크의 사상의 비일관성을 지적했다. (민경국, 2007: 256).이를 수정하고자 한다. 그룹선별론은 결코 방법론적 집단주의가 아니다.

행동질서의 구분을 중시한다. 행동질서는 소득, 고용, 생산성 등, 그룹의 생산과 존립에 매우 중요하다. 다양한 행동규칙들은 이들로부터 창출되는 행동질서의 효율성에 의해서 진화적으로 선택되거나 도태된다. 따라서 하이에크는 두 차원을 구분하고 있다: 첫째로 규칙에 따르는 행동과 그리고 둘째로 이런 행동을 통해서 형성되는 포괄적인 행동질서. 펠트만(H. Feldmann)은 이 두 가지의 상호작용과 관련하여 다음과 같이 말하고 있다.[471]

"행동질서는 행동규칙들이 얼마나 잘 환경에 적응되어 있는가, 그리고 그룹구성원들에게 사회전체에 분산된 지식의 효율적 이용을 어느 정도로 가능하게 하는가의 여부에 좌우되어 효율적이면서 부의 증가를 가져올 수 있다. 행동질서가 다른 그룹의 그것보다 상대적으로 더 효율적이면 그 구성원들은 자신들의 욕구를 더 잘 충족하여 인구증식의 기회가 클 것이다. 동일한 이유로 다른 그룹의 구성원들도 이에 매력을 갖고 그 그룹에 동참할 것이다. 그래서 그 그룹은 다른 그룹보다 더 빨리 성장할 것이다."

그런 편익을 주는 행동규칙이 선택되는 과정은 장구한 역사 속에서 이루어지는 시행과 착오과정이다, 이 과정에서 선택되는 규칙들이 왜 효율적이고 도태된 것들이 어떤 성격이었는가를 알 필요가 없

471) Feldmann(2005: 16)

다.[472] 그 선별 메커니즘을 하이에크는 다음과 같이 설명한다.

"정신은 규칙을 만들기보다는 행동규칙들로, 다시 말하면 정신이 만들지는 않았지만 개인들의 행동들을 지배하는 규칙들의 복합체로 구성되어 있는데, 행동들을 지배하게 된 이유는 그것들에 순응했던 행동들이 그것들과 경합했던 개인들 및 그룹들의 행동들보다 더 성공적이었음이 입증되었기 때문이다."[473]

이와 같이 하이에크는 개인의 행동을 통해서 그룹선별 메커니즘을 설명하고 있다. 그의 설명은 방법론적 개인주의와 충분히 양립한다. 흥미로운 것은 문화적 진화의 그룹선별과정에서 형성되는 행동규칙의 성격이다. 인구가 증가하고 희소성이 강화되면서 행동규칙들은 점차 더 추상적이고, 점차 더 보편적인 행동규칙들이 등장했다. 특정한 목적을 달성하는 명령이나 지시 등이 점차 사라졌다. 금지, 터부가 제거되거나 철폐되었다.

이로써 점차 개인들의 사적영역을 넓히면서 그들은 그룹의 침해로부터 점차 더 많이 보호되고 개인의 자유가 펼쳐지면서 문명이 발전될 수 있었다. 근원적으로 새로이 등장한 것은 개인의 재산권제한

472) 하이에크는 『치명적 자만』에서 다음과 같이 쓰고 있다. "규칙들이 상황에 더 잘 적응된 이유는 사람들이 그들의 기능을 다 잘 이해했기 때문이 아니다. 그들을 점차 적응하도록 만들었던 방식으로 그들을 우연히 변화시키게 되었던 그룹들이 번영했기 때문이다. 이런 진화는 단선적인 것이 아니다. 지속적인 시행과 착오과정의 결과다."

473) Hayek(1973: 18)

철폐, 계약이행 의무, 동종사업간의 경쟁, 다양한 가격차이 도입, 이자를 받고 돈을 빌려주는 제도 등이다.[474]

그런 제도는 처음에는 관습에 어긋나는 금기의 대상이었다. 관습을 어기고 새 길을 개척한 사람들은 자신에게 이익이 되기 때문에 그렇게 한 것인데 무의도적으로 수많은 사람들에게도 이익이 되는 시장질서의 거대사회로 펼쳐지는 초석을 세웠던 것이다. 하이에크가 주목했던 것은 자유, 정의로운 행동규칙, 사법, 법치 등 자유사회의 기초가 되는 개념들은 문화적 진화의 선물이라는 점이다. 진화는 구체적 행동규칙을 추상화하여 보편적 행동규칙으로 변화하는 과정이라는 것이다.

3) 자유와 법

하이에크의 제일차적 관심은 자유시장, 넓게 말해서 자유사회의 등장을 위한 법적 틀, 다시 말하면 개인들과 기업들이 스스로 목표를 정하고 지식을 동원하여 그들 상호간에 행동이 효율적으로 조정될 수 있는 조건으로서의 법이다. 시장에서 자생적으로 질서가 형성될 조건이다. 따라서 주목할 것은 그는 법과 자유를 어떻게 이해하고 있고 그 두 가치 사회적 가치들은 서로 어떤 관계가 있는가의 문제다.

하이에크에게 자유는 지배적 가치다. 어떤 가치와도 바꿀 수 없다.

474) Hayek(1979/1996: 261)

오히려 자유는 성장, 분배, 복지, 효율성과 같은 가치들을 위한 기초다. "자유는 다른 가치들이 융성하게 자라나기 위한 토양이다."[475] 누구나 각자 자신의 가치를 가지고 있다는 것을 인정하지 않는 사회는 인간의 존엄성을 존중할 줄 모르며 진정한 자유를 알지 못한다."[476] 자유를 인간의 존엄성과 연결하고 있다. 존엄성을 지키기 위한 것이 자유이다. 하이에크는 자유의 중요성을 타고날 때부터 가지고 있다고 전제하는 자연권에서 도출하지 않는다. 오히려 그는 인간은 본능적으로 자유를 싫어한다고 주장한다. 그에게 자연권이란 없다. 자유는 사회적 산물이다. 그것은 인위적으로 고안해낸 가치도 아니다. 그 원천이 이성도 아니다. 자유는 본능과 이성의 중간에 있는 가치라고 볼 수 있다. 그것은 문화적 진화의 결과다. 사회 속에서 자유영역을 형성하는 행동규칙의 생성에서 비롯된 것이다.

자유는 법과 독립적이지도 않다. 하이에크는 로크의 격언에 따라 '법이 없는 곳에 자유도 없다고 한다. 자유는 타인들의 폭력과 방해가 없는 상태이기 때문이다.' 법이 없으면 자유로울 수 없다. 말하자면 법의 목적은 자유를 없애거나 제한하는 것이 아니라 자유를 보존하고 자유를 확대하는 데 있다.

법은 보편성, 추상성 그리고 확실성을 갖춘 행동규칙이다

475) 하이에크의 이런 주장과 관련문헌에 관해서는 민경국 (2007: 365 그리고 각주 34)
476) Hayek(1960/1997 I:140)

법의 지배원칙이란 무엇인가? 하이에크는 이는 법 개념과 밀접한 관련이 있는 문제제기다. 법의 지배를 다음과 같은 규정한다.[477)]

"법의 지배는 법이 어떠해야 하는가에 관한 원칙이며 법이 지녀야 하는 일반적 속성에 관한 것이다. 이것은 오늘날 법치 개념이 모든 통치행위에서 나타나는 단순한 적법성의 요구와 혼돈하기 때문에 중요한 것이다."

물론 법은 적법성을 갖추어야 한다. 그러나 이것만으로 충분한 것이 아니다. 만일 어떤 법이 정부에게 원하는 대로 행동할 수 있는 무제한의 권력을 부여한다면 정부가 수행한 모든 것은 적법하다고 결론을 내릴 수 있는데 이는 온당치 못하다. 법의 지배의 정치적 이상에서 법은 특수한 법 개념 또는 법 원칙을 전제로 한다는 것을 직시할 필요가 있다. 법원칙은 법이 법다우려면 그것이 구현해야 할 속성, 또는 원칙을 뜻한다. 이들은 보편성, 평등성, 확실성을 갖추고 있어야 하고 동시에 그것은 정의로워야 한다.[478)] 이런 원칙을 지키는 법을 집행할 때 이용되는 강제만이 정당하다는 것이다. 국가는 그 이외에는 강제행사를 해서는 안 된다.

(1)일반성(generality principle): 이는 규칙성이 있어야 한다는 원칙

477) Hayek(1960/1997 II 19)

478) Hayek(1960/1997 II 28~29)

에 해당된다. 일반적으로 적용할 규칙이 없으면 이슈가 생길 때마다 매번 임시방편으로 결정을 내려야 한다. 세월호법, 5.18 민주화법, 특별소비세 등과 같이 필요한 때마다 법을 정할 경우, 법의 일관성이 없다. 또 법은 모든 사람들을 똑같이 취급해야 한다는 평등성을 의미한다. 법적 특혜, 금융·조세특혜 등 특혜는 금지된다. 국가에 의해 지정된 특별한 사람 또는 집단이나 산업의 법적 특혜가 없는 상황이다. 법의 평등은 아직 알려져 있지 않은 사람들의 기회도 똑같이 개선하는 것을 목적으로 한다. 후세대의 부담을 요구하는 국가의 채무는 보편성 원칙에 어긋난다. 알려진 사람에게 편익이나 피해를 주는 것은 평등성을 위반한 것이다. 자의적인 정부를 반대하고, 법 앞의 평등을 보호하기 위한 것이다.

돈이 있는 사람에게는 죄가 없고 돈 없는 사람에게는 죄가 있다는 유전무죄 무전유죄, 전임 관료를 우대하는 전관예우 등도 평등을 의미하는 법치의 위반이다. 평등성은 특정 개인이나 그룹을 끄집어내어 그들에게 특수한 권리와 의무를 부여했던 신분사회를 무너뜨리는 데 중요한 역할을 했다. 흔히 현대사회와 관련하여 신분사회에서 계약사회로의 전환이라고 말한다. 이는 정확한 표현이 아니라는 것이 하이에크의 인식이다. 신분의 지배 대신에 평등한 법의 지배로 교체된 것이 현대사회라는 것이다. 신분의 반대가 결코 계약이 아니다.[479]

479) Hayek(1960/1997 I:261) 발전하는 사회의 움직임은 지금까지 신분에서 계약으로 나아가는 운동이었다는 헨리 메인(H. Maine)의 주장은 전적으로 옳은 것은 아니다.

현 정부가(내가) 하면 로맨스 다른 정부(남)가 하면 불륜이라는 것도 법치의 위반이다. 법치의 평등이 지배하기 위해서는 나는 다른 사람들과 다르기 때문에 나는 무슨 짓을 해도 된다는 믿음을 버려야 한다.[480]

(2)추상성(abstractness): 법은 "개인, 장소, 대상들에 대한 언급을 포함하지 않는다." 다시 말하면 장소, 시간, 행동동기 등 구체적 상황과 독립적이어야 한다. 그래서 법은 그런 것들을 간추려내야 한다는 의미에서 추상적이어야 한다.

특정한 상황에 관한 지식은 개개인들이 스스로 사용하도록 내버려둔다. 추상적 규칙이야말로 불특정 다수의 사례와 불특정 다수의 사람들에게 적용이 가능하다. 그렇지 않으면 그것은 사람들의 행동을 효과적으로 가이드 할 수 없다. 오로지 한 사례에만 적용되는 특별법은 법이 아니다. 법을 통해 달성하고자 하는 목적이 없어야 한다. 법이 탈 목적적이다. 대신에 법을 통해서 보호할 대상이 있는데 이것이 자유 또는 개인의 재산과 인격이라는 가치다. 그런 가치를 보호·확립

480) 누군가가 쓴 흥미로운 글 한 토막을 페이스 북에서 발견했다 일부를 인용하면 "주체사상에 수령론이라는 게 있다. 위대한 수령 동지는 보통사람과 다르기에 무얼 하셔도 지당하다는 거다. 사치해도 되고, 바람 피워도 되고, 살인해도 되고 … 주체사상에 쩔은 이 자들은 자신이 수령님 아류 정도 된다고 착각하고 있다. 그래서 거침없이 내로남불한다. 안희정과 김기식 뿐이 아니다. 청와대에 있는 딴 주사파들도 파보면 만만치 않을 거다. 수령은 나쁜 짓을 해도 무오류라고 배웠으니까!"

하는 법은 그런 가치를 침해하는 특정한 행동을 금지하는 내용으로 구성되어 있다. 금지될 행동은 자유, 재산, 인격을 침해하는 행동이다. 금지되지 않은 행동(네가티붐: negativum)은 얼마든지 허용된다.

추상성의 반대는 구체성이다. 구체적인 내용을 구성하는 것은 달성하고자 하는 목적, 달성할 시점과 상황 등이다. 예를 들면 분배, 자원배분, 고용보호 등, 달성하고자 하는 구체적인 목적이 내포되어 있다. 이런 것은 법이 아니라 명령이다. 이런 행동규칙은 허락된 행동 이외에는 다른 행동을 해서는 안 된다는 의미에서 적극적이다. 이런 행동은 자유를 제한하기 때문에, 다시 말하면 정해진 행동만을 해야 하기 때문에 혁신도 없다. 개인 자신이 가진 지식을 이용할 수도 없고 새로운 지식을 습득하고 개발하고 실험할 자유도 없고 동기도 소멸된다.

(3)확실성(certainty): 법에 의해 금지되는 행동은 당사자들이 알 수 있고 확인할 수 있는 상황과 관련되어야 한다. 확실성의 조건을 갖추고 있을 경우에만이 개개인들은 타인들의 기대를 형성할 수 있다. 행동규칙은 그 적용에 있어서 소급적이어서는 안 된다는 원칙도 이러한 조건에 포함된다. 그런 속성은 법의 안정성을 확보하기 위한 조건이다.

잦은 변동이나 갑작스런 법 변동도 법적 불안을 조성한다. 불확실하거나 다의적인 법적 개념은 사적영역을 보호하기 어렵다. 안정적인 법적 틀 내에서 개인들은 마음 놓고 장기적으로 삶의 계획을 세울 수 있고 또 그들은 자신들의 계획들을 효율적으로 상호간 조정할 수 있다. 특히 법원의 판결을 예측할 수 있을 정도로 법은 확실해야 한다. 법이 불확실할수록 소송사건이 증가한다. 그렇다고 법원판결의 기반이 되는 모든 규칙들을 말로 표현될 수 있어야 한다거나 사전에 말로 표현되어 있어야 하다는 것을 말하는 것이 아니다. 왜냐 하면 정의감 또는 법 감정처럼 암묵적인 행동규칙들이 존재하기 때문이다.[481)]

하이에크의 법의 지배를 구성하는 세 가지 원칙은 론 풀러가 법이 '적법성'을 갖기 위한 8가지 원칙으로서 제시한 것과 동일하다. 일반성, 법을 널리 알리기, 소급입법금지, 법의 명확성, 서로 모순없는 입법, 실행 가능한 법, 법의 안정성, 법집행의 일치성이다.[482)] 그런 성격을 가진 법은 개인들에게 자신의 계획과 행동의 방향을 잡아주는 일종의 차트이다. 이는 적극적으로 행동방향을 잡아주는 것이 아니라 해서는 안 될 행동을 밝혀준다. 법은 개인들이 자신을 둘러싼 환경에 관한 지식을 전달하는 역할을 한다. 시장의 가격처럼 말이다. 법은 실체적 목적과 독립적이기 때문에 다목적 수단이라고 보아도 무방하다. 목수의 원칙은 그가 병원을 건축하든 주택을 건축하든 관계가 없다. 법은 론 풀러가 거래를 용이하게 하는 상호작용의 언어라고 부르는 이유다.

481) Hayek(1960/1997 II: 25)

482) 풀러의 법사상에 관한 논의에 대해서는 민경국(2016: 319~339)

정의로운 법이 될 기준은 정의로운 행동규칙이다

법이 정의롭기 위해서는 앞에서 설명한 보편성(일반성), 추상성, 확실성 이외에도 충족해야 할 또 다른 조건이 있다. 이것이 정의다. 정의는 법의 기초다. 법은 정의로워야 한다. 정의는 첫째로 인간행동과 관련되어 있다. 둘째로 정의는 소극적 개념이다. 셋째로 정의를 수호하는 것이 법이다. 마지막 네 번째로 보편화 가능성 테스트다.[483] 이런 조건들은 어느 한 공공정책의 정당성을 테스트하기 위한 기준이다.

(1)인간행동과 정의: 정의는 인간행위나 이를 지배하는 규칙 이외의 것, 예를 들면 특정한 상황이나 행동과정의 결과에 적용하는 것은 절대로 잘못이라는 것이 하이에크의 인식이다. 시장경제의 특정한 분배결과를 놓고 정의롭다거나 정의롭지 않다고 평가할 수 없다는 것이다. 개인이 버는 소득은 그들 각자의 노력, 재주, 운 등에 의해 결정될 뿐, 시장에는 그것을 나누어주는 인간이 없다는 이유에서다. 시장의 분배결과는 누군가에 의한 계획의 결과가 아니라 자생적이다. 분배정의는 다른 사람들을 위해서 누군가를 희생해야 하기 때문에 불의의 정책이다. 자유사회가 파괴된다.

하이에크는 "경쟁이 이루어지는 조건에 의해서만 경쟁결과의 가치도 판단할 수 있다"고 한다. 예를 들면 강제나 허위 등과 같은 불의의 행위 또는 국가의 특혜나 차별입법 같은 불의의 정책을 통해서 번

483) Dorn(1981: 377)

돈은 불의다. 입법정책과 공공정책을 판단할 기준은 교환적 정의이지, 분배정의나 사회적 후생 또는 효율성이 아니다.[484)]

⑵정의의 네가티브 컨셉: 하이에크에게 자유, 평화와 함께 정의도 위대한 네가티브의 개념이다. 폭력, 강제와 같은 불의와 재산침해 등을 막는 역할을 하는 것이 정의다. 정의는 어떤 특정한 결과나 상황을 정해놓고 그 방향으로 사람들이 행동하도록 통제하는 것이 아니다. 해서는 안 될 행동만을, 불의의 행동만을 이유여하를 막론하고 금지한다. 특정한 결과를 달성하기 위해서 경쟁을 규정하거나 시장을 통제하는 정책은 정의로운 정책이 아니다.

불의를 막기 위해서는 차별 없이 국가를 포함하여 모든 사람들의 불의의 행동을 금지하는 정의로운 행동규칙이 필요하다. 이는 개인들에게 타인의 재산과 자유를 침해해서는 안 될 소극적 의무를 부과한다. 국가도 마찬가지로 시민들의 자유와 재산권을 침해하지 않을 소극적 의무가 있다.

⑶정의를 수호하는 것이 법: 법이 정의를 수행하려면 그것은 오로지 개인의 자유와 재산권을 보호하는 데만 종사해야 한다. 이해관계를 절충하는 것, 농어민 노동자 또는 기타 이른바 '약자'의 권익을 보

484) 사회적 후생 기준도 존재하기가 어렵다. 개인들의 후생이라는 가치는 그들 각자의 주관적 판단에서 나온 것이기 때문에 그들의 후생을 의미 있게 종합할 수 없다. 사회적 후생기준을 공공정책에 적용하면 자유가 파괴되고 어떤 실익도 없다. (Dorn, 191: 377)

호하거나 대기업에게 할인점 특혜를 부여하는 것, 시장진입의 인허가 등은 법의 역할은 아니다. 분배의 격차를 줄이는 것도 법의 역할이 아니다. 흔히 소유라는 말을 자주 만난다. 그 개념은 광범위하다. 타인들에 대한 다양한 요구와 기대를 비롯하여 자유, 생명, 재산을 포함한다. 소유와 정의는 서로 분리할 수 없는 가치다. 소유는 무엇을 할 수 있는 권리다. 그런 소유를 침해하는 것은 정의롭지 않다.[485] '소유가 없는 곳에서는 정의도 없다'는 로크의 유명한 말은 불의와 정의가 소유와 연계되어 있다는 것을 말해준다.

법을 통해서 보호할 기대들은 어느 한 개인이 합리적으로 취하리라고 예상하는 다양한 행동과 그리고 그가 받으리라고 기대 할 수 있는 보상을 지칭한다.[486] 이 같은 '정당한 기대'는 법에 의해서 창출한 것이 아니라 오히려 법의 기초다. 그러나 예를 들면 농산물 수입으로 줄어든 국내 농민의 소득, 대형백화점의 존재로 줄어든 골목 상권의 수입은 보호받을 정당한 기대는 아니다. 외국상품의 수입과 대형백화점의 설립과 경영은 타인들의 재산권이나 자유를 침해한 불의의 행동이 아니기 때문이다. 오히려 상품수입과 백화점설립은 정당한 자유의 행사다.

(4)보편화 가능성 테스트: 어느 한 행동규칙(예를 들면 법규칙)이 정

485) Hayek(1988: 33)

486) Hayek(1976/1997:86~87) 특정한 사람에게서 사거나 사지 않거나 그에게 서비스를 제공하거나 제공하지 않는 것은 우리의 자유이기 때문이다.

의로운 행동규칙이 될 수 있으려면 보편성(일반성), 추상성, 확실성, 탈 목적성 갖추고 있을 뿐만이 아니다. 그 적용대상이 인간행동이나 행동규칙이다. 정의로운 행동규칙은 불의를 금지하는 소극적 성격을 갖추어야 한다. 마지막으로 어느 한 행동규칙이 정의로운 행동규칙이 될 수 있으려면 보편화 가능성의 테스트를 거쳐야 한다는 것을 요구한다.[487] 보편화란 특수한 상황에 법을 적용할 경우 그것은 일반적으로 수락된 기존의 규칙시스템과 부합되어야 한다는 것을 말한다. 그런 테스트가 필요한 이유는 하나의 법 규칙은 독립적으로 효과를 발생시키는 것이 아니라 다른 기존의 행동규칙과 상호작용을 통해서 효과가 등장하기 때문이다.

일반적으로 수락된 규칙시스템을 통해서 보호되는 것이 자유와 이를 기반으로 하는 자생적 질서라고 한다면 법 규칙은 개별적으로 작용하여 자생적 질서를 야기하는 것이 아니다. 그것은 여타의 행동규칙들과 결합하여 행동질서에 영향을 미친다. 법 규칙은 다른 규칙들과 임의로 결합될 수 없다. 이들과 양립할 경우에만이 자생적 질서를 야기한다. 보편화 가능성 테스트를 통과할 수 있는 법 규칙은 목적과 독립적이어야 한다.

따라서 개인들은 시장에서 상대적인 경제적 지위를 차지할 권리가 있다고 주장하는 것은 기존의 사법질서(private law order)와 양립할 수 없다. 기득권 보호요구는 모든 사람에게 똑 같이 적용될 수 있는 규칙으로 정당화 될 수 없기 때문이다. 즉 그런 요구는 보편화가

487) Hayek(1976/1997: 66; 1967: 168)

가능하지 않다. 법의 판단 기준으로서 보편화 가능성 테스트는 네가티브 테스트다. 정의의 규칙이 될 수 없는 것을, 정의의 규칙이 아닌 것을 골라내는 작업이다 이런 소극적 테스트를 통해서 불의를 제거할 수 있다. 법의 판단 기준은 소극적 성격이라는 점에서 그것은 칼 포퍼(K. Popper)의 과학 철학과 매우 유사하다. 잘 알려져 있듯이, 포퍼의 과학철학에서 자연의 법칙은 무엇이 발생하는가가 아니라 발생하지 않는 것이 무엇인가를 말해준다. 그의 철학에서 이론의 테스트란 지속적인 반증 노력이다. 정의의 테스트는 특수이익의 비중을 따지거나 특정계층의 이익을 보호하는 것도 아니고, 부자라는 이유로 이를 차별하는 것도 아니다. 정의롭다고 여기는 특정의 분배 상황을 달성하는 것도 아니다. 정의롭지 않은 행동규칙을 제거하는 것이다.

법은 정의로워야 한다는 원칙에서 정의의 모든 특성들은 대부분 법의 성격을 말해주는 일반성, 추상성 그리고 확실성의 원칙에 수용되어 있다. 법과 정의는 하나다. 그리고 법은 자유를 보호하는 역할을 한다. 그래서 정의, 법 그리고 자유는 삼위일체다. 보편적인 정의로운 행동규칙에 해당되는 법이 우리가 민법(재산권법, 계약법, 책임법 등)과 형법으로 알고 있는 것들이다. 민법과 형법은 모두 개인을 보호하는 영역(자유영역)을 확립한다. 이들은 바로 정의관에 입각해서 형성된 것이다.

자생적 질서로서 시장경제는 어떤 특정한 목적을 달성하기 위한 수단이 아니기 때문에 시장경제를 이용하여 특정한 목적을 달성하기 위한 법은 법의 지배원칙과 양립할 수 없다. 예를 들면 특정한 산업이나 특정한 계층을 보호하기 위한 법, 분배정의를 위한 법, 가격이나 생산을 규제하는 법, 특정한 지역을 보호하기 위한 법, 특정한 규모를 가진 기업에 대한 차별, 이런 법은 정의로운 행동규칙이 아니다. 이런 것들은 "처분적 법(Maβnahmengesetz)"이다. 경쟁을 도구화하기 위한 정책 등이 모두 처분적 법이다. 처분적 법은 정의의 관점이 아니라 편의에 의해 만든 법이다. 법을 판단하기 위해서 흔히 사용되는 비용-편익 분석이 처분적 법률의 판단기준이다. 처분적 법의 적용은 개인의 자유와 재산의 침해이다. 그 결과, 시장경제의 묘미로서 지식의 사용과 지식의 창출을 방해한다.

마지막으로 중요한 것은 다원적인 사회에서 구체적인 목적에 관하여 결코 합의가 이루어 질수 없다는 것이다. 시민들은 항상 구체적 목적에 관하여 서로 다른 견해를 갖고 있기 때문이다. 그렇기 때문에 필요한 것은 그들의 견해들을 조정되는 절차가 필요하다. 자유사회에서 그 절차가 모든 사람들에게 똑 같이 적용되는 일반적인 정의로운 행동규칙이다. 정부의 역할은 정의로운 행동규칙으로서의 법을 강제적으로 집행하는 데 있다.

4) 법의 지배와 국가의 과제

시민사회에 대한 정부의 자의적인 개입, 국가 활동의 증가를 막으려는 것이 로크, 흄, 스미스 등 고전적 자유주의자들의 목적이었다.

이것이 계몽주의의 과제였다. 그들이 하이에크를 비롯하여 미제스, 뷰캐넌, 노직 등 현대의 자유주의자들의 정신에 영향을 미친 것도 정부활동의 증가를 억제하는 문제였다. 고전적 자유주의가 몰락한 19세기 후반 이래 복지국가가 등장했다. 자본주의는 건강, 복지, 고용, 분배문제를 해결할 수 없기 때문에 정부가 온정적으로 나서야 한다는 것이었다. 그러나 자선적인 정부의 목적이 장기적으로 부정적인 영향을 미치라는 우려가 지배했다.

반(反) 자유주의자들은 특정한 정책이 바람직한가의 여부는 원칙의 문제가 아니라 편의라는 이유를 들어 개인의 자유의 상실을 기꺼이 인정한다. 하이에크는 자유는 효율성을 위해서 교체될 수 없으며 자유를 제약하면 분산된 지식의 사용이 제약되어 번영이 지체된다고 누누이 주장했다. 경제활동의 자유는 모든 정부활동의 부재가 아니다. 국가의 경제활동이 상대적으로 적지만, 해로운 일을 하는 정부는 경제의 자생력을 보조하는데 그치는 정부보다도 훨씬 더 시장의 힘을 왜곡시킨다는 것이 하이에크의 인식이었다.

"국가 활동규모가 아니라 질적 성격이 중요하다. 시장경제가 제대로 기능하려면 국가의 몇 가지 활동이 필요하다. 또한 국가의 기능을 보조하는 또 다른 활동도 필요하다."[488)]

따라서 하이에크에게 최소국가는 낯선 개념이다. 국가활동이 적

488) Hayek(1960/1997 II: 47)

다고 해서 늘 좋은 것은 아니다. 국가활동의 규모가 아니라 질이 중요하다. 그래서 개인의 선택에 맡길 사회·경제적 영역과 집단적 결정이 지배할 영역을 결정하기 위한 기준이 중요하다.

정부가 무엇을 해야 하는가의 기준은 법의 지배다

정부역할의 문제는 데이비드 흄, 애덤 스미스, 칸트, 훔볼트 등에 의해서 자유주의 기초가 세워진 이래 반복적으로 등장한 문제였다. 그들은 사적 영역과 공적 영역을 엄격히 구분했다. 그러나 금세기 세 가지 지적인 힘은 그 구분을 흔들어 놓았다. 첫째로 민주적 과정은 모든 정치활동을 정당화했고 정부에게 어떤 제한도 있어서는 안 된다는 믿음이다. 둘째로 개인은 무지몽매하고 스스로의 삶을 살아 갈 능력이 없는 데 반하여 정치인은 전지전능하다는 믿음이다. 하이에크가 정곡을 찌르듯이 이런 믿음은 구성주의적 합리주의의 치명적 자만이다. 셋째로 정치와 경제를 구분하고 시장 사람은 제 것 챙기는 이기적 인간이고 정치인은 공익을 위하는 인간이라는 순박한 믿음이다. 낭만적인 국가관이다. 국가공무원도 민간인의 행동에 영향을 미치는 것과 동일한 동기를 가진 것으로 이해될 수 있다.

민주적 시스템에서도 선출직이든 아니든 정부의 관리들은 전지전능하지도 않고 공익을 추구한다고 볼 수도 없다. 모든 인간은 아는 것이 별로 없고 다수라고 해도 무지를 극복할 수 없다는 점에서 그리고 누구나 제 것 챙기기에 급급하다는 점에서는 사람들은 평등하다.

이런 문제를 고려해서 국가의 정당한 활동을 판단하고 사적 영역과 공공영역의 구분을 위한 기준을 찾아야 할 것이다.

하이에크의 해법은 첫째로 자생적 질서의 개념이다. 개인들이 자신의 목적을 위해서 자신의 지식을 자유로이 이용하는 시장과정은 중앙의 명령에 의해서 산출되는 것보다 훨씬 복잡하고 효율적인 질서, 즉 자생적 질서를 야기한다. 자생적 질서야 말로 치명적 자만에서 비롯된 국가권력을 판단하기 위한 기준이다. 그런데 주목할 것은 자생적 질서의 기초가 되는 법원칙인 법치다. 이는 정부의 행동을 보편적이고 추상적인 정의의 규칙에 의해서 제한해야 한다는 원칙이다. 따라서 법치는 국가권력의 정당성, 국가영역과 사적영역을 구분하기 위한 중요한 기준이다.

국가의 두 가지 기능

하이에크는 법치의 원칙에 따라 국가의 기능을 강제기능과 서비스기능으로 구분하고 있다. 서비스 기능은 강제기능의 테두리 내에서 행사되는 기능이다. 이 기능도 자의적인 것이 아니다. 서비스 기능도 차별이 없고 예측가능하고 특정한 인물이나 계층, 이익집단을 지정한 것이 아니라는 의미에서 비인격적이어야 한다. 제안된 행동진로를 정부가 수행하는 것이 제아무리 편의적이라고 해도 그것이 정의로운 행동규칙을 위반한다면 이는 국가가 수행할 수 없다. 정부와 기업이 동일한 재화를 상이한 개인들에게 상이한 가격으로 판매한다거나 편애하는 그룹에게 거래의 접근을 제한하면, 또는 특정한 활동에 독점권을 부여하는 것은 법치의 위반이고 그런 국가 활동은 정당성이 없다. 일반적으로 말해서 국가활동은 특수한 목적에 봉사하는 것이어서는 안 된다. 가스나 전력, 철도 등 독점적인 서비스 공급은 법치위반이다.

법의 지배 원칙에 따른 관점에서 볼 때 우선 사회주의는 효율성 고려와 관계없이 받아들일 수 없다. 왜냐하면 집단계획에 따른 생산지시는 개인의 보호된 영역의 침범을 초래하기 때문에 그것은 법치의 위반이다. 정부는 보편적 규칙이 아닌 명령과 지시를 통해서 문제를 처리하고 경제의 모든 부분에 독점을 확립한다. 법치의 위반은 사회주의뿐만이 아니다. 갖가지 간섭주의도 법치와 정면으로 충돌한다. 중요한 것은 법치와 양립하는 것은 시장경제라는 점이다.

(1)강제기능: 정의의 규칙을 집행하는 기능이다. 우리가 정부라고 부르는 조직은 이러한 행동규칙의 준수를 확립하기 위해 필수 불가결하다. 정의의 규칙을 의미하는 법 규칙의 목적은 개개인들의 '보호영역'을 확정하여 다양한 개개인들의 행동이 충돌하는 것을 될 수 있는 대로 막는 데 있다. 현대사회는 역동적이고, 또한 이에 따라 사회적 기술적인 변화도 역동적이다. 이러한 역동적인 변화에 대해 기존의 규칙체계를 개선·보완해야 한다. 이러한 과제는 입법부나 사법부의 과제다.

국가는 경쟁질서에서 정책적인 과제를 가지고 있다. 시장참여자들이 다른 시장참여자들에게 강제를 행사하는 경우나 잠재적인 시장 진입을 방해하는 경우, 국가는 이러한 행위를 막아서 자유로운 경쟁을 확립할 과제를 가지고 있다. 외적을 막기 위한 국방과 그리고 조세는 국가의 강제기능에 속한다. 강제적인 병역의무에서 중요한 것은 특수한 경우를 제외하고는 면제가 있어서는 안 된다는 것이다.

(2)봉사기능: 비강제적 서비스기능이라고 해도 그 활동은 자의적이어서는 안 된다. 그 조건으로서 하이에크는 다음과 같이 세 가지를 들고 있다.[489] 첫째로 비강제적 서비스의 공급권을 독점적으로 정부에 부여해서는 안 된다. 시장을 통한 서비스공급을 금지해서는 안 된다. 둘째로 단일 세율 원칙의 조세를 통한 재정지원이 중요하다. 조세를 재분배의 수단으로 사용해서는 안 된다. 셋째로 단순히 특정 그룹의 욕구 충족이 아니라 전체로서 공동체의 집단적 욕구를 충족하는 것이다. 요컨대 이런 서비스들은 시장의 카탈락시가 보다 효과적으로 작동하기 위한 조건이다. 그들은 시장을 특정한 방향으로 움직이도록 고안되어서는 안 된다. 하이에크는 서비스과제로서 다음과 같은 예를 들고 있다.

- 인구조사, 토지등기 통계, 도량형
- 도로, 공원, 시민의 문화시설
- 최소의 생활보호

하이에크는 비강제적 국가활동의 위험성을 잘 알고 있었다. 그들

489) Hayek(1978a: 114)

이 강제적이고 차별적일 수 있다는 점이다. 예를 들면 어떤 사업에서 정부가 독점을 주장하거나 사적 기업에 불리한 관행을 자행할 수 있다. 어쨌든 하이에크의 정부에 관한 어젠다는 자의적이라는 점이다. 첫째로 국가의 강제기능과 서비스기능의 구분이 확실하지 않다. 왜냐하면 공공재 공급을 위해서 국가는 조세를 통해서 자금을 조달한다면 이는 강제나 다름이 없다. 그래서 조세를 통해서 자금조달을 하는 모든 국가 활동은 강제적이다. 단일 세율이라고 해도 마찬가지다. 자금조달 차원에서 법치는 자유를 제약한다. 둘째로 무엇을 비강제적 서비스로 할 것인가에 대한 판단을 하이에크 스스로 비판하는 비용-편익분석에 초점을 맞추고 있다. 이런 판단도 자의적이다.

하이에크가 제시한 정부 어젠더 목록에는 모든 자유주의자들이 수용할 없는 내용도 포함되어 있다. 예를 들면 특수한 예술에 대한 보조금, 공원, 시민의 문화시설은 엄격한 자유주의자들은 반대한다. 그들은 어떤 소비자들을 우대하고 다른 소비자들에게는 관심이 없기 때문이다. 그런 서비스의 접근이 제한되어 있지 않다는 사실이 훌륭한 충분조건이 될 수 없다. 오히려 조세를 통한 그런 재화의 공급은 차별적이고 그래서 법치에도 어긋난다고 볼 수 있다.

최소생활보호는 하이에크에게 중요한 국가의 서비스다. 그에 의하면 전통적인 가족연대가 연약해지고 이로써 가족에 의한 보험 장치가 약해졌기 때문에, 이러한 소득보장을 국가가 담당해야 한나고 한다. 이런 서비스에 필요한 재정은 비례세 제도를 통해서 실현된다. 물론 시민들의 자발적 기부금을 통한 빈곤퇴치도 가능하다.

하이에크는 건강·안전규제, 주택건설과 공장조건을 지배하는 규칙, 독극물·화약·총포의 이용에 대한 통제, 전염병의 확산을 막기 위한 농부의 가축 폐사 등도 국가의 중요한 과제다. 정의와는 관련이 없는, 그러나 사회적 안전을 위한 규제로서 인정된다. 이는 건축물방화벽 설치를 규제하는 국가의 과제는 애덤 스미스의 자연적 자유의 시스템에는 저촉되지만 사회적 안전을 위한 규제로서 인정되는 것과 같다.

5) 진화사상에서 국가의 역할

자유주의의 원칙인 정의로운 행동규칙의 진화적 생성과정에 대한, 그런 행동규칙의 법적 의미로서 법의 지배원칙에 대한 하이에크의 생각, 그리고 하이에크가 구상한 국가의 두 가지 역할을 설명했다. 하이에크에게 진화사상은 자유인의 열린사회의 기초가 되는 원칙의 생성에 관한 것이다. 어느 누구도 전체를 알 수 없는 복잡한 자생적 질서는 인위적으로 계획한 질서가 아니라 사람들이 의도치 않게 자생적으로 형성된 보편적 추상적 행동규칙을 지킨 결과다.

국가의 두 가지 역할 중에서 서비스기능을 주목할 필요가 있다. 정치적으로 남용될 위험성 때문이다. 예를 들면 공항건설이나 또는 행정수도 건설은 특정지역에 유리한 건설임에도 이 공동체 전체의 욕구라고 하여 다수의 지지를 얻을 수 있다. 하이에크가 제안한 서비스

기능의 범위는 정치적으로 남용될 위험이 상존한다. 봉사기능을 위한 물적 자원의 동원 문제도 있다. 누가 재정을 부담하는가? 그것은 납세자다. 그런데 국가가 공급하는 서비스의 대부분은 어떤 사람들은 좋아하고 어떤 다른 사람들은 싫어한다. 아니면 전혀 무관심한 사람들도 있다. 선호가 대단히 이질적이라는 것이다. 그렇지만 이들 모두에게 강제로 조세를 부과하는 경우 이는 재분배의 효과가 발생한다. 이런 강제는 정당한 강제일 수 없다. 이런 강제를 용납할 수 있는 강제라고 말한다면, 자유주의자가 무엇을 반대할 것인가! 정부가 하는 일 전부를 인정하는 결과다.

따라서 주목할 것은 정부가 요구하는 권위를 제한된 규모의 자원을 통제하는데 엄격히 제한하지 않으면 봉사기능을 명분으로 정부의 권위와 봉사기능은 확대되고 반면에 원래 정의의 규칙에 의해 보호받을 사적 영역은 축소된다는 것이다. 이를 엄격히 통제하지 않으면 개인들이 정의의 규칙의 테두리 내에서 자유로이 사용할 자원의 규모가 줄어든다. 극단적인 경우 정부가 사회의 모든 인적 그리고 물적 자원을 요구한다면 그것은 전체주의나 다름이 없다. 이런 경우에는 국가와 사회의 구분이 의미가 없다. 따라서 중요한 것은 정부가 통제할 수 있는 자원의 몫과 이용을 엄격히 제한해야 한다. 이를 통제하기 위한 장치로서 하이에크는 권력분립의 헌법을 제안하고 있다. 이 문제는 제4부 제13장에서 다룰 것이다.

제4부

헌정론적 자유주의와 국가

10. 샤를르 몽테스키외: 권력분립
- 자유, 권력분립 그리고 자유의 헌법

11. 알렉시스 토크빌: 위험한 민주주의
- 자유, 평등 그리고 자유의 헌법

12. 제임스 뷰캐넌: 사회계약론과 헌법
- 자유, 헌법실패, 그리고 자유의 헌법

13. 프리드리히 하이에크: 진화론과 헌법
- 자유, 제한적 민주주의와 자유의 헌법

요 약

앞에서 논의한 세 가지 자유주의 패러다임은 국가권력의 도덕적 한계를 설정하는 자유, 정의, 법의 성격, 법의 지배 등 중요한 가치들이야말로 자유와 번영을 약속하는 나라다운 나라를 이끌어 간다는 것을 보여주고 있다. 다른 한편, 그 패러다임은 홉스와 플라톤의 국가, 사회주의, 복지국가 등은 통치자들의 자의적 권력행사로 문명화를 가져온 재산권 존중 책임윤리, 자립심 등, 중요한 도덕을 파괴한다는 것을 설득력 있게 설명하고 있다.

자유와 재산을 침해하는 행동들, 즉 불의를 막는다는 의미에서 국가는 정의로울 수 있지만 그러나 시민들의 삶을 책임진다는 의미에서 온정적 이타적일 수는 없다. 온정·이타적으로 행동하려면 재분배 정책이 필연이기 때문이다. 이런 정책은 어느 한편의 재산을 조세의 형태로 빼앗아서 다른 계층에 이전하는 행위이다. 이를 정의롭다고 말하는 것은 말의 오·남용이다.

그러나 지금까지 우리가 논의한 자유주의 국가론은 정치제도나 입법절차를 다루지 않은 결함이 있다. 물론 스미스, 바스티아는 사회 그룹의 권력과 국가기능 사이의 갈등을 대상으로 하는 정치이론을 개발하여 법 이론을 보충했다.

그러나 그런 보충만으로는 어떻게 자유주의의 가치들을 실현할 수 있는가를 말해주지 않는다. 흥미롭게도 고전적 자유주의자들 중에는 정치질서의 기초가 되는 헌법을 통해서 자유를 실현하려고 했던 인물들이 있다. 그런 지적 운동의 결과가 자유주의 헌정론이다. 이는 어떻게 국가권력을 제한하여 자유와 정의를 실현할 수 있는가를 다룬다. 국가권력을 제한하고 절제된 정부를 확립하기 위해서는 정치적 지혜가 필요하다.

그런 지혜를 보여준 첫 번째 인물이 영국의 헌법적 전통을 부러워했던 몽테스키외다. 그는 당시 프랑스를 지배하고 있던 세 가지 사회세력(귀족 왕 그리고 평민)으로 구성된 프랑스 사회가 안정과 번영을 향유하기 위해서는 이들을 입법, 행정, 사법에 참여하는 등 민주와 귀족정치를 혼합한, 그래서 혼합 헌법적 권력분립의 헌법이 필요하다고 역설했다. 이것으로 국가권력이 제한되어 자유가 보호될 수 있는 이유는 상대적으로 균등하게 권력이 세 가지로 나누어져 있고 상이한 사회세력들이 이 권력분립에 참여하여 그들 간에 끊임없이 서로 견제하려는 힘 때문이다.

프랑스의 귀족 몰락으로 영국의 혼합헌법 가능성이 상실되었고, 프랑스의 미래는 미국이라는 인식에서 미국사회를 연구했던 인물이 토크빌이었다. 그는 어떻게 미국이 급진 개인주의, 다수의 횡포, 관료의 획일성 등, 자유를 억압하는 요인들을 완화하여 자유와 번영의 가능성을 확보하게 되었는가를 규명했다. 권력분립, 연방제도 그리고 사법심사제 등 미국의 정치적 헌법 이외에도 '비정치적 헌법'으로서 사회·문화적 메커니즘을 그는 주목했다. 미국인의 사회성과 정치적으로 독립된 각종 시민단체의 형성 그리고 종교의 역할이 그 메커니즘이다.

국가의 신비를 벗기면서 국가권력이 어떻게 비대화하여 개인의 자유를 제한하는가를 분석한 결과를 토대로 하여 자유와 번영을 약속하는 헌법을 규명한 인물은 노벨경제학상을 수상한 두 경제학자 제임스 뷰캐넌과 프리드리히 하이에크다. 그들은 국가권력의 비대화의 원인을 민주주의를 제한하지 못한 헌법의 탓으로 돌리고 있다. 뷰캐넌은 계약론적 기준인 합의를 통해서 민주적 권력을 제한하기 위해서 재정헌법 통화헌법을 마련한다. 이에 반하여 하이에크는 진화를 통해서 형성된 '정의로운 행동규칙' 이라는 법적 원칙을 실현할 헌법을 마련하고 있다. 특히 하이에크는 국가권력의 비대화와 법의 타락 원인을 잘못된 권력분립에서 찾고 있다. 이를 극복하기 위해서 하이에크는 양원제를 핵심으로 하는 이상적인 헌법 모델을 제안하고 있다. 헌정론의 개발을 통해서 자유주의가 자기 완료적 이념체계가 된 것이다.

10. 샤를르 몽테스키외: 권력분립
- 자유, 권력분립 그리고 자유의 헌법

권력의 제한과 분할, 권력구조와 관련된 문제가 정치체제의 핵심 문제 가운데 하나다. 최상의 정치체제는 무엇인가의 문제는 정치철학자들의 핵심문제였다. 이 문제를 다룬 인물이 프랑스의 정치철학자 샤를르 몽테스키외(Ch. Montesquieu; 1689~1755)다. 여러 나라의 법과 제도를 다루면서[490] 그는 개인의 자유와 번영을 위한 정치체제로서 권력분립을 제시했다. 법조계의 부유한 귀족집안에서 태어나 법학으로 훈련 된 그는 케인스가 프랑스의 '애덤 스미스'라고 지칭할 만큼 그의 저서를 통해서 당시 유럽인들에게 자유, 정의, 법질서와 경제체제의 연계성을 갈파했던 인물이었다.

법학, 자연과학, 역사 등 학문연구를 중시했던 몽테스키외가 목격한 18세기 정치현실은 절대적 권력을 쥐고 있던 군주제(프랑스, 스페

490) Montesquieu(1748/2016) 몽테스키의 한글판 『법의 정신』 하제홍 옮김, 동서문화사. 익명으로 출간했다. 14년 동안 준비한 베스트셀러로서 22판 발간되었다.

인, 독일)였다. 군주가 유일한 지배자였다. 그의 권력은 법과 헌법에도 구속되어 있지 않았고 무제한이었다. 군주의 자의적 권력행사, 족벌경제, 그리고 재산권과 자유의 침해 등으로 지배는 예측할 수 없이 억압적이었다. 당시 지배적인 경제사상은 중상주의였다. 이는 경제적 자유는 만인에 대한 만인의 투쟁을 야기하기 때문에 강력한 국가가 나서야만 평화가 가능하다는 간섭주의사상이다. 무역도 수출하는 쪽은 이득이고 수입하는 쪽은 손해라는 뜻을 말하는 영합게임이기 때문에 수입은 억제하고 수출은 지원하는 강력한 보호주의를 요구했다. 그런 사상이 17세기에서 18세기 프랑스혁명 때까지(1689~1789) 거의 100년 동안 프랑스 사회 전반을 지배했다. 개인은 국가의 수단이었다. 인간은 국부의 증가를 위한 인구증식의 수단에 불과했다. 그런 사상이 지배하여 자유는 설자리가 없었다.

영국은 유럽대륙과는 달랐다. 권리청원(1628년)과 권리장전(1689년)을 계기로 주권이 국왕으로부터 의회로 옮겨짐으로써 런던의회는 지배의 일부를 확보했다. 왕의 절대지배가 종식되고 지배권력의 행사는 법과 규칙에 의해 제한해야 하다는 헌정주의의 길로 가는 단계였다. 군주는 더 이상 혼자 통치 할 수 없었고 다른 권력자를 인정해야 했다. 영국적 현실과 비교할 때 프랑스의 정치는 참담했던 것이다. 몽테스키외의 고민은 어떻게 프랑스의 전제권력을 제한하는가의 문제였다. 그는 전제적 왕권을 제한했던 영국에 눈길을 돌렸다. 오랫동안 영국에 체류했던 그는 영국을 표본으로 하여 프랑스에 필요한 헌정질서를 규명하려고 했다.

몽테스키외에게 흥미로운 것은 왜 어떻게 정치권력은 제한되어야 하는가의 문제다. 이의 해결을 위한 이상적인 헌법모델을 구상할 때 그가 늘 전제한 것은 정치권력은 이미 주어진 정신적 문화적 환경에 의해 규정된다는 점이다.[491] 따라서 정치권력의 구조는 기존의 민족정신에 기인한 것이고 이것이 정치이전의 조건을 형성한다고 믿었다.

권력의 내적인 제한을 위해서 몽테스키외는 첫째로 존 로크의 권력분립을 이용하여 상이한, 그러나 서로 연관된 권력을 상호 견제하는 제도적 장치를 마련했다. 둘째로 그는 중간 권력들을 주권자의 권력과 국민 사이의 중개적 기관으로 활용하는 정치모형을 구상했다. 마지막으로 민주제와 군주제를 혼합한 헌법, 혼합헌법이념을 이용하여 헌법적 군주의 모습을 개발했다. 이런 헌정질서의 구상이 필요한 이유를 인간관에서 찾았다. 그가 인간을 어떻게 보았는가의 문제를 우선 다루는 것이 그래서 합당하다고 여긴다.

1) 인간이란 도대체 무엇인가?

몽테스키외에게 법이란 사물의 본성에서 유래하는 필연적인 관계다. 이런 인식은 대단히 넓은 의미의 법 개념이다. 동물에게도 인간

491) 법의 정신이란 어떤 실체적 의미가 아니라 법 연구의 방법론을 의미한다. 즉 법의 정신이란 법의 형성에 미치는 모든 영향들을 말한다: 주민종교, 주민성향, 부, 상업, 풍습, 기후, 지리 등, 사회와 법에 영향을 미치는 요인들과 법률의 상호관계들이 법의 정신을 이룬다.

에게도 법이 있다.[492] 본성이 착한가, 또는 악한가에 따라 인간의 법도 다르다. 그래서 인간관은 모든 사회이론의 기초라는 것이 그의 지론이었다. 자유가 왜 중요한가의 문제도 인간의 본성으로부터 해결책을 찾는다.

몽테스키외는 인간을 어떻게 보고 있는가? 그는 인간은 서로 정복하려는 욕망을 갖고 있다고 주장하는 토마스 홉스의 인간관은 불합리하다고 비판한다. 정부가 없는 상태라고 해서 자연 상태를 인간들이 서로 공격하는 모습으로 그리는 것은 잘못이라고 한다. 인간은 투쟁을 싫어하고 이를 두려워하고 타인보다 늘 약하다고 느끼는 열등감에 젖어있다는 것이 몽테스키외가 자연상태의 인간을 보는 관점이다. 투쟁에 대한 공포심, 열등감과 같은 심약함 때문에 국가가 없다고 해도 평화가 지배한다고 한다. 두려워서 서로 회피한다. 이렇다 할 생산적인 관계도 없다. 사람들은 서로 공격하기를 원하지 않고 천성적으로 평화를 원한다는 뜻에서 평화가 "제일의 자연법칙"이라고 한다.[493] 타인들과 함께 사회생활을 누리고 싶어 하는 욕구도 자연법칙의 하나다.

요컨대, 기본적으로 인간이란 온화하고 공포심이 많은, 그래서 지속적인 평화를 필요로 하는 실체다. 그러나 인간이 권력을 갖게 되면 사정은 완전히 다르다는 것이 몽테스키외의 믿음이다. 인간은 권력

492) Montesquieu(1748/2016: 1/1:25) 1/1:25에서 처음 1은 편, 그 다음에 있는 1은 장, 그리고 25는 쪽수를 표시함.

493) Montesquieu(1748/2016: 1/2; 28) 겁먹고 타인과 경쟁할 수 없다는 느낌을 갖는 것이 인간이라는 것이다.

을 남용하기 마련이라는 이유에서다. 권력자는 한계에 다다를 때까지 권력을 행사하는 것이 그의 속성이라는 것이다.[494] 인간들 사이의 평등은 소멸되고 전쟁 상태가 시작된다. 홉스의 '만인에 대한 만인의 투쟁 상태'는 원초적인 것이 아니라 사회에서 형성되는 지배와 피지배의 결과다. 개인들은 권력을 축적하려고 충동을 받는다.

인간은 이성적 동물이라고 해도 이기심, 자만심, 질투, 권력욕 때문에 무절제한 행동을 부른다. 그래서 필요한 것이 시민법과 형법이다. 정치의 영역에서 그런 행동은 가장 위험스런 결과를 초래한다. 권력을 가진 모든 사람은 이를 남용하고 될 수 있는 대로 그 권력을 확장하려고 한다. 그러나 몽테스키외는 비관하지 않는다. 권력을 남용하는 성향은 법과 헌법을 통해서 완화시킬 수 있다는 이유에서다. 몽테스키외가 법과 헌법이 매우 중요하다고 믿었던 이유다.

2) 자유, 법 그리고 민주주의

몽테스키외의 인간관은 홉스의 반사회적 인간과 루소의 이타심의 낭만적 인간의 중간에 위치한 인간을 전제로 하고 있다. 파스칼의 말을 빌리면 인간은 악마도 아니고 천사도 아니다. 그런 인간에게 자유는 어떤 의미이고 법과 헌법은 어떤 역할을 하는가?

494) 위의 책(11/4: 178)

자유는 공포로부터의 자유다

몽테스키외의 사상에서 자유는 최고의 가치다. 그의 헌정론이 자유주의인 이유다. 그에게 중요한 것은 정치적 자유다. 이는 정부권력의 남용으로부터의 개인의 보호라는 의미다.[495] 정치적 자유를 폭력, 사기, 강제가 없는 상태로 규정하지 않고 공포, 두려움이 없는 상태로 정의하고 있다. 이는 정신적 평온과 심리적 안정이 달성된 상태다.[496] 앞에서 설명한 바와 같이 인간은 천성적으로 공포심이 많다. 이런 심성이 투쟁이나 갈등을 싫어하고 안전 평온 평화를 좋아하게 된 이유다.

몽테스키외의 자유개념이 그처럼 독특하다. 예를 들면 스미스는 자유를 피해가 없는 상태로, 하이에크는 강제나 기만이 없는 상태로 규정한다. 그렇다고 해서 몽테스키외의 자유개념이 그들의 자유개념과 상충되는 것은 아니다. 공포가 없어야 사람들은 타인들과 자유로이 관계를 형성할 수 있다. 인간들 사이에 공포가 없어야 평화롭고 평온한 사회가 가능하다. 그런 사회 속에서 개인들은 학습과정을 통해서 삶에 필요한 지식을 습득할 수 있다. 인간관계에서 공포를 야기하는 것은 강제, 폭력, 공격, 사기 등 나의 신체와 재산을 침해하는 요인

495) 그는 정치적 자유와 철학적 자유로 두 가지 자유를 구분한 것에 대하여서 Krause (2005: 88)을 참조

496) 몽테스키외는 자유를 공포나 두려움(freedom from fear)이 없는 상태로 규정한다. 이런 자유를 갖기 위해서는 정부는 어느 한 시민이 타인들을 두려워하지 않도록 해야 한다. 시민의 평온은 권력을 가진 사람들의 공포는 물론 동료시민들의 공포로부터의 자유에 달려있다. 몽테스키외의 심리적 자유에 관해서는 Callanan(2014: 592)

들이다. 이런 요인들은 사회에서 권력을 취득한 동료시민들 그리고 정치에서 권력을 취득한 정부사람들(간단히 말해서 국가)로부터 나온다.

몽테스키외는 독재에 대한 이해에서도 자유의 심리학적 차원을 강조한다. 즉, 공포는 독재정부의 원리다. 독재는 공포를 생산하고 동시에 공포를 먹고 산다. 공화정의 작동원리는 덕이고, 군주제의 그것은 명예인 것처럼 공포는 독재정부의 작동원리다. 인간들이 공포를 경험하는 것은 고질적인 악이다. 공포가 있으면 이성도 위축되고 인간이 비굴해지기 때문이다. 옳고 그름도, 좋고 나쁨도 구분하지 못한다. 인간은 자긍심도 없는 비굴한 야수로 추락한다. 공포 속에서는 사회는 위선과 거짓, 야유와 증오만이 지배한다.

법은 공포로부터 자유를 보호하는 수호신

개인이 공포가 없는 자유를 향유할 수 있으려면 타인들의 폭력 강제 공격으로부터 개인을 보호해줄 장치가 있어야 한다. 개인으로부터 야기되는 공포심을 막는 것이 시민법이다. 국가의 강제와 횡포로부터 시민들을 보호하는 것이 헌법이다. 따라서 자유는 법과 불가분의 관계가 있다. 요컨대 바라는 바를 전부 행하는 것이 자유가 아니다. 자유는 무제한이 아니다. 원하는 것이면 무엇이든 행할 자유도 잘못된 자유다. 누구에게나 모든 것을 허용하면 자유는 있을 수 없다. 법의 테두리 내에서 자유롭다. 그래서 자유는 '법 아래에서의 자유'다. 자유는 법이 허용하는 하는 한 모든 것을 할 수 있는 권리다.

그래서 자유는 "정치적" 자유다.[497] 허용된 행동영역은 특정한 행동을 금지하고 난 나머지를 뜻한다. 자유란 다음과 같이 말할 수 있다.

- 법이 허용하는 모든 것을 행할 권리다.
- 법이 허용하지 않은 것을 행해서는 안 된다.
- 법이 허용한다고 해서 반드시 이를 행할 필요는 없다.

법이 금지하는 것을 어느 한 시민이 할 수 있다면, 그에게는 더 이상 자유가 없다. 다른 사람도 마찬가지로 이런 힘을 가지고 있기 때문이다. 법이 정하지도 않은 일을 행하도록, 법이 허용한 일을 하지 못하도록 아무도 타인을 강제하는 일이 없어야 한다. 이게 헌법의 역할이다. 국가가 자의적으로 강제를 행사하는 것을 막는다. 우리는 그래서 국가로부터 자유롭다.

자유는 법이 사람으로 하여금 명하지 않는 일을 하도록 강제되지 않는 곳에 존재한다. 이런 상태에서는 오로지 시민법에 의해 지배된다. 우리는 시민법 아래에서 생활하기 때문에 자유로운 것이다.[498] 그도 그럴 것이 법 아래에서 사는 사람들은 타인들의 자의를 더 이상 두려워 할 필요가 없기 때문이다. 공포심을 가질 이유도 없다. 안심하고 경제활동을 할 수 있다. 법은 모든 사람의 행동반경을 제한한다. 동포시민들의 행동반경은 물론 권력자의 그것도 제한한다.

국가로부터 개인의 자유를 보호하는 원칙이 법의 지배

497) Montesquieu(1748/2016: 11/3: 178)

498) 위의 책(26/20: 520)

몽테스키외에서 입법자가 정한 것이면 모든 법은 정당하기라도 한 것처럼 실증주의적으로 해석해서는 안 된다. 법의 힘은 모든 사람에게 보편적으로 적용 할 수 있을 때 가능하다. 따라서 그는 차별 없는 법의 평등을 중시한다. 정치적 자유의 국가모델에서 중심된 특성은 "법의 지배"다. 자유로운 정부의 기본적 특성은 이미 선포된 고정된 보편적 법에 의해 통치하는 법 아래에서의 정부다. 이것은 자의적인 정치적 권력에 의한 피해로부터 시민들을 보호할 뿐만 아니라 그것은 포악한 공권력의 공포로부터 시민들을 해방시킨다.

어느 누구도 부자간의 관계를 제외하고는 다른 어느 누구에게도 법적으로 예속되어 있지 않다. 우리는 시민법(즉, 민법과 형법) 아래에서 살고 있기 때문에 자유롭다. 시민법은 어느 누구도 침범할 수 없는 사적 영역을 확립하기 때문이다. 오늘날 우리가 사법이라고 부르는 시민법은 '소유의 수호신'이다. 사적 영역은 자신의 논리에 따라서 작동하도록 허용해야 한다. 정치적 규제의 원칙에 따라서 부담을 주어서는 안 된다.

"공익을 위해서 사익을 포기하는 것은 오류다. …키케로는 국가가 재산을 보호하기 위해 세워진 것이기 때문에 토지 균분법은 불의의 법이라고 목소리를 높였다. …공공의 이익이 문제가 될 경우에 공공이익이란 결코 개인에게서 재산을 빼앗고 정치적 법이나 규제를 통해서 재산의 최소 부분이라도 삭제하는 일이 있어서는 안 된다."[499]

---

499) 위의 책(26/15: 517)

이런 관점에서 볼 때 법의 지배에서 벗어나 정치적 규제가 만연하면 생산 활동을 할 의욕이 상실되고 그래서 경제는 빈곤화를 초래한다. 인색과 탐욕을 줄인다는 명분으로 토지소유권을 뺏거나 제한하는 법률은 오히려 인색과 탐욕을 조장한다.[500]

경제적 자유는 상업을 발전시켰다

몽테스키외는 영국을 예로 하여 그의 『법의 정신』 제20편과 제21편에서 경제적 자유의 중요성을 설명했다.[501] 17세기 중엽 이후 영국은 시민법의 확립으로 상업이 고도로 발전했지만 이와 대조적으로 프랑스는 중상주의로 경제가 혼란상태에 있었다. 그는 자유의 헌법을 가진 영국을 선망하면서 섬나라로서 영국의 평화와 번영을 자유무역과 자유거래의 결과로 인식했다. 영국을 부유하게 만든 것은 평화와 자유였다. 판매할 재화를 가공할 원료도 있다. 수입할 필요도 있다. 영국은 자신의 정부 형태에서 집약적이고 지속적인 무역관계를 가진 교역 국가이다. 몽테스키외는 "한 나라의 번영은 비옥한 땅 때문이 아니라 자유 때문"이라고 믿었다.

자유무역에 대해서도 몽테스키외는 한마디 했다. 그것은 평화의 길이라는 것이다.[502] 나라들끼리의 분업과 거래는 상호간 생산적인

500) 위의 책(5/14: 82~83)

501) 위의 책(20편-21편: 351~411쪽)

502) 위의 책(20/2: 351)

의존관계를 형성한다는 이유에서다. 평화로 이끄는 것이 상업의 자연적 효과다. 상업에 대한 애착이 없으면[503] 부의 축적은 로마인들처럼 정복사업을 통하는 수밖에 다른 방도가 없다.[504]

상업은 상이한 민족들의 서로에 관한 지식을 넓혀 준다.[505] 서로 거래하는 두 국민은 서로 의존하게 된다. 한쪽이 사는 것으로 이익을 얻는다면 다른 쪽은 파는 것으로 이익을 본다. 상업정신은 인간들에게 계약의 이행 때 정직성, 성실성과 같은 도덕 감정을 만들어 낸다. 이런 감정은 한편으로는 모든 약탈 행위와 대립되고 다른 한편으로는 자기 이익을 희생시키고 타인의 이익을 위하는 도덕적 덕성과도 대립된다.[506] 상업정신은 절약정신, 절제의 도덕, 근면, 심려의 정신, 자율적 질서를 불러온다는 주장도 몽테스키외는 잊지 않았다. 부의 원천은 돈도 아니고 재산도 아니다, 그것은 노동이다. 인간은 아무 것도 없기 때문에 가난한 것이 아니라 일하지 않기 때문에 가난하다. 토지를 갖는 것보다 기술을 습득하는 것이 더 좋다.

---

503) 위의 책(21/14: 392) "그러나 사실 로마인은 상업에 대한 것을 거의 생각하지 않았던 것이다.-로마인은 유럽 아시아 아프리카로써 일 대 제국을 건설했다 국민들의 미약함과 법의 포악이 이 거대한 집합체의 모든 부분을 결합시켰다."

504) 몽테스키외는 『법의 정신』이전에 쓴 1734년 『로마성쇠원인론』에서 정복 사업을 통한 번영 때문에 로마가 멸망했다는 지론을 펼치고 있다. 로마인은 생산적 활동을 통한 부의 축적이 아니기 때문에 공동체적 시민의식이 실종되고 도덕성도 타락했다는 것이다. 15년 후의 저서 『법의 정신』에서도 정복을 통한 로마인들의 제국 건설과 상업을 무시하는 그들의 태도를 상세히 읽을 수 있다.

505) Montesquieu(1748/2016: 20/1: 351)

506) 위의 책(20/2: 35~352)

그러나 몽테스키외가 강조한 상업정신을 불러온 것은 청교도적 정신이라는 점을 인식하는데 우리는 150년 후에 등장한 막스 베버의 유명한 '프로테스탄트 윤리와 자본주의'를 기다려야 했다. 베버는 "자본주의를 지탱한 청교도야말로 번영을 불러온 서구문명의 핵심"이라고 주장했다.[507] 상업은 가장 파괴적인 편견의 구제책이다. 우리가 유쾌한 행실을 보는 곳은 어디든 상업이 번창하고 상업이 있는 곳은 어디든 우리는 즐거운 예의범절을 만난다는 것은 일반 원칙이기 때문이다.[508] 상업은 어디에서나 모든 나라의 예의들에 관한 지식을 확산시킨다. 예의범절을 서로 비교하고 이런 비교에서 가장 큰 장점이 생겨난다.

상업이 영국에게 안겨준 물질·도덕적 번영은 자유를 보장하는 법치에서 비롯된 것이었다. 자유와 법치의 경제적 의미에 관한 몽테스키외의 이런 인식은 로스토프쩨프(M. Rostovtzeff)의 인식과 흡사하다. 그는 로마제국의 사회와 경제에서 로마의 흥망성쇠는 경제적 자유로 설명한다. 경제적으로 번영하던 로마의 고전 시기는 완전한 경제적 자유의 시기였다. 그러나 국가사회주의가 급속히 진전되면서 법 앞의 평등이 창조했던 자유는 파괴되었고, 콘스탄틴누스 황제에 이르러 절정에 달했다. 로마공화국의 역사적 업적은 법의 지배, 법 앞에 평등, 차별정책의 금지를 선언한 법이었다. 보통법의 발전과 사법체계의 법의 진화사상 등, 현대적 법사상의 초석을 닦았던 것이 당시

507) 민경국(2014: 154)

508) Montesquieu(1748/2016: 20/1: 351)

로마의 정신이었다.

그러나 중상주의가 지배하는 프랑스처럼 법의 지배에서 벗어나, 정부가 특정인에 법적 특혜를 부여하는 경우, 이는 상업을 위축시킨다는 것을 몽테스키외는 눈으로 확인했다. 이윤은 소수에게 집중되어 불평등이 야기된다. 따라서 가혹하고 폭력적인 정부는 상업과 양립할 수 없다. 규제를 통해서 상업에 과하는 부담이 적을수록 한 나라에 주는 이익은 그만큼 더 성장한다. 상업의 규제는 정치적으로 연결된 힘 있는 자들이 사회의 나머지들을 희생시켜 이익을 취득하는 수단이다. 이로써 사람들은 타인들이 더 큰 정부권력을 이용할 것을 두려워하지 않을 수 없다. 이런 공포심이야 말로 자유의 유린이고 비인도적이다.

흥미로운 것은 빈곤의 문제다. 그 원인이 정치에 있다는 것이 몽테스키외의 인식이다. 그것은 정치의 가혹함 때문에 야기되었다는 것이다. 빈곤은 노예의 결과라는 것이다. 노예사회에서는 사람들한테 어떠한 덕성도 볼 수 없다.[509] 조세는 자유를 향유하는 대가다. 그러나 세금은 될 수 있는 대로 낮아야 한다. 너무 높으면 일할 의욕을 위축시킨다. 인두세가 정의롭지만 상품에 부과하는 간접세가 보다 친시장적이고 더 큰 자유를 준다. 직접 인간에 부과하는 것이 아니고 사람들이 부담의 심리가 가장 적기 때문이다.[510] 생활수준의 불평등에서 생겨나는 사치는 덕의 파괴다. 그래서 이를 금지하는 것이 타당

---

509) 위의 책(20/3: 352) 편리한 생활을 경멸하고 또 그것을 모르기 때문에 국민이 빈곤하다. 빈곤이 자유의 일부이기 때문에 위대한 일을 할 수 있다.

510) 위의 책(13/12~15: 141~243)

하다고 한다.[511]

민주주의는 결코 자유를 보장하지 않는다

국민전체가 주권자인 민주정체나 혹은 주권이 소수에게 있는 귀족정체도 몽테스키외에게는 결코 자유로운 국가는 아니다. 자유와 민주주의는 동일하지 않다. 민주주의에서 국민이 직접 지배하고 법을 만들고 국민이 행정을 담당하고 재판관을 대신해서 재판한다면 민주주의도 부패하고 정치적 자유도 없다. 이것이 루소의 주권재민에 대한 몽테스키외의 비판이다. 민주정치에서는 국민이 자기가 바라는 바를 그대로 행해지고 것 같이 보인다. 그래서 민주정부가 가장 자유롭다고 여겼다. 주권자인 국민이 하고 싶은 것을 행하는 것이 민주주의가 이해하는 자유다. 그러나 몽테스키외는 이런 자유는 잘못된 자유라고 분명히 말하고 있다.[512] 민주주의는 인민의 권력과 자유를 혼돈했다는 것이 그의 탁월한 인식이다.

민주주의만으로는 자유를 보장할 수 없다. 사람들이 뇌물을 받고 부패할 때 공화국의 불행은 시작된다. 사람들은 공적 업무에는 관심이 없고 탐욕만이 그들의 열정을 지배한다.[513] 독재정부의 원칙은 공포다. 정치권력에 한계가 없기 때문이다. 정치적 자유는 제한된 정체

---

511) 위의 책(7/1: 120~121)

512) 위의 책(11/3: 178)

513) 위의 책(2/2: 36)

에서만 가능하다.[514] 정부가 모든 권력의 유일한 원천인 때 자유가 가장 위태로워진다는 것이다.

시민들이 자유롭게 삶을 살아가기 위해서는 정치권력을 제한해야 한다는 것이 몽테스키외의 믿음이었다. 권력제한은 자유의 전제조건이다. 권력이 남용될 수 없으려면 권력이 권력을 억제해야 한다.[515] 절제된 정부를 확립하기 위해서는 정치적 지혜가 필요하다고 강조하면서 해결책을 제시한다. 그 핵심은 제각각 독립적이지만 서로 없어서는 안 되는 상이한 기능을 수행하는 다양한 조직들을 가진 정치체제를 창출하는 것이었다. 그런 체제를 통해서 자유가 보호될 수 있는 이유는 상이한 권력기관들 사이에 상대적으로 균등하게 권력이 나누어져 있기 때문이다. 법과 규칙을 설정하여 권력의 남용을 배제할 수 있는 정부형태에서만이 자유가 가능하다고 몽테스키외는 목소리를 높였다.

3) 권력분립과 자유사회의 헌정질서

국가의 권력제한은 자유의 전제조건이자 동시에 공포가 없는 안정과 평화의 전제조건이다. 왜 권력을 제한해야 하는가? 모든 사람은 권력의 제한이 없으면 권력을 남용한다. 몽테스키외는 권력을 소

514) 위의 책(5/14: 80~82)

515) 위의 책(11/3: 178)

유한 사람의 도덕적 고결성을 믿지 않는다. 권력을 가진 모든 사람은 그것을 남용하기 마련이라는 것은 우리의 영원한 경험이다. 권력자는 끝까지 간다.[516] 그것이 민주정체든, 귀족정체든, 군주정체에서든 권세가는 모두가 다 그렇다.

칸트는 자신의 『영구평화론』에서 "권력의 소유는 변함없이 자유로운 이성의 판단을 해친다"고 권력을 부정적으로 말한다. 권력을 원죄라고 불평하는 것은 정치사상만큼이나 오래된 것이다. 가장 선한 사람까지도 무책임한 권력의 지위에 오르면 가장 악한 사람으로 바뀔 수밖에 없다. "역사상 가장 위대한 독재자들 중 많은 수가 가장 공정한 방식으로 통치를 시작했다. 그러나 사실 이 부자연한 권력은 심장과 오성을 모두 부패시켰다"는 에드먼드 버크, "무제한적이고 균형 잡히지 않은 권력은 항상 남용된다"는 존 애덤스, "인간의 수중에 있는 모든 권력은 남용되기 쉽다"는 제임스 매디슨의 말도 계제에 상기할 필요가 있다.

그래서 필요한 것이 권력을 제한할 제도적 안정장치다. 주권재민의 민주주의, 귀족주의도 권력의 제한이 없으면 부자유한 사회다. 자유는 절제된 정부에서만이 가능하다. 권력을 남용하지 않을 경우에만 자유가 존립할 수 있다. 어떻게 권력을 제한해야 하는가? 자유를 국가헌법의 직접적인 목적으로 여기는 나라는 영국이다.[517] 몽테스

516) 위의 책(11/4: 178)

517) 몽테스키외는 일반적 국가 목적과 특수 국가 목적을 구분한다. (Montesquieu, 1748/2016: 10/5) 일반적 목적은 자기 유지, 자신의 존재 확립이다. 그에 의하면 국가는 고유한 목적이 있다. 예를 보면 : 로마는 권력확대, 스파르타는 전쟁, 이스

키외는 자유를 구현한, 그래서 본받을 만하다고 믿었던 영국의 헌법을 표본으로 하여 권력분립의 헌법 구조를 이념형적으로 설계했다. 몽테스키외가 프랑스를 염두에 두고 설계한 헌법모델의 특징은 첫째로 국가권력을 입법권, 집행권, 사법권으로 나누는 것이다. 둘째로 당시 프랑스를 지배하고 있던 사회세력을 군주, 귀족, 국민으로 분류하고 이들을 정치적 결정에 참여할 기회를 헌법적으로 확립하는 것이다. 세 번째로 그런 기회를 확립하기 위해서 각 사회세력으로 구성된 권력기관을 형성하는 것이다. 국민의회와 국민법원, 귀족의회와 귀족재판, 그리고 왕과 왕의 보조기관,[518] 안정적인 헌정질서를 위해서 사회적 세력을 입법, 사법, 행정에 참여시켜 견제와 균형을 달성하려는 것이다.

분배적 성격의 권력분립 헌법

몽테스키외를 면밀히 읽어보면[519] 입법, 사법, 행정에서 세 가지 권력은 부분적으로만 분리되어 있을 뿐, 사회세력들에게 세 가지 권력을 나누어 주는 분배헌법이라는 것을 알 수 있다. 예를들면 대표자 선출은 국민이, 조세권은 국민의회가, 법을 집행할 권리는 왕에게 있

라엘은 종교, 마르세이유는 상업이 목적이고, 중국은 공공복리가 국가의 고유한 목적으로 여기고 있다.

518) 위의 논문, 426쪽

519) 위의 책(11/6: 179~189)

다. 소송 제기권은 귀족의회가 독점적으로 가지고 있다. 이것이 엄격한 권력분립이다[520] 이는 주지하다시피 칸트의 사상이다. 그는 입법권, 집행권 그리고 재판권을 말하면서 입법자 노릇을 하는 정부는 독재라고 말한다. 반대로 입법자가 동시에 집행자(정부)가 될 수 없는 이유는 정부는 법 아래에 있기 때문이다.

그러나 몽테스키외의 헌법모델은 국민의회와 귀족의회가 입법권으로서, 예를들면 법을 제안하고 법을 작성하고 개정·폐기하는 권한을 행사하면서 동시에 행정권으로서 법집행을 통제할 권리와 장관을 통제하고, 장관의 책임을 물을 권한을 행사한다. 이는 미국의 매사추세츠 권리선언(1780) 제30조에 규정된 엄격한 권력분립은 아니다.[521] 엄격한 권력분립을 지키지 않으면, 하이에크가 개탄하듯이 오늘날처럼 의회의 권력집중을 초래한다. 그러나 이런 권력집중을 막기 위해서 아마도 몽테스키외가 동일한 권력을 사회의 각 세력에게 분배하는 권력분배 초점을 맞추고 있다. 예를 들면 입법권과 행정권을 국민의회, 귀족의회, 그리고 왕 간에 나누고 있다.

이런 헌법에서는 어떤 입법 활동도 그들의 동의가 없이는 생겨나지 않는다. 입법이 대단히 엄격하다. 입법과 관련하여 국민의회가 힘이 가장 크고, 군주의 힘이 가장 약하다. 귀족의회는 국민과 군주의

---

520) 몽테스키외는 권력분립(séparation)이라는 말을 전혀 쓰지 않았다. 대신에 권력 분배(distribution;)라는 말을 사용했다. 위의 책 (12/1: 210), (11/7: 189), (11/9: 190)

521) "이 나라의 정부에서 입법부는 행정권과 사법 권력을, 혹은 이들 중 어느 것도 결코 행사하지 않는다. 사법부는 입법과 행정권 그 어떤 것도 행사하지 않는다. 결국 인간의 지배가 아니라 법의 지배이다." Riklin(1989: 432)에서 재인용

양대 세력을 서로 중재하는 역할을 할 수 있다. 집행권력도 국민의회 귀족의회 그리고 장관들의 지지를 받는 군주의 손에 들어 있다. 여기에서 군주가 물론 가장 강한 참여자다. 집행권과 관련하여 의회는 법과 재정에 의해서 군주를 구속하여 군주의 자의적 권력행사를 예방한다. 의회는 칸트의 말을 빌리면 정부를 법 아래에 놓는다. 그리고 의회는 정부에 대하여 법집행을 통제하고 장관이 법에 이탈하지 못하도록 또는 법을 제대로 집행하도록 하고 위반할 때에는 책임을 묻는 등 처벌하는 억압적인 영향력을 행사한다.

독일의 정치철학자 리클린의 설명에 의존하여 몽테스키외의 헌정론을 재구성한다면(423쪽 부록: 권력분립론의 혼합헌법 참조), 특히 몽테스키외의 모델은 특정한 사회세력을 희생시키는 권력집중이 없다.[522] 국민, 귀족, 왕 등 유일한 사회세력에 의한 권력 독점도 없다. 절대적인 군주, 순수한 귀족주의 그리고 순수한 민주주의는 몽테스키외의 국가모델이 아니다. 국민, 귀족, 군주가 서로 세 가지 권력을 나누어 갖는다. 그래서 권력분립이 권력분배의 성격을 갖고 있다. 시민과 귀족의 다양한 관점과 이해관계를 혼합하지 않고 서로 독립적으로 표현할 수 있는 장점이 있다.[523]

혼합된 헌정질서가 안정적인가?

522) 필자는 몽테스키외의 법의 정신의 제11편 제6장에서 기술된 헌법모델을 리클린의 논문(Riklin, 1989)과 함께 철저히 분석하여 상세한 논문을 집필했다. 필자의 이 글은 그 논문을 바탕으로 하여 쓴 것이다.

523) Riklin(1989: 435)

누가 지배하느냐에 따라서 세 가지 순수한 국가모델이 나온다. 절대적인 군주, 순수한 귀족주의 그리고 순수한 민주주의다. 다른 말로하면 일인지배, 과두지배, 민주지배다. 그러나 이들은 몽테스키외의 국가모델이 아니다. 몽테스키외의 헌정모델에서 국민은 대표자를 통해서 입법과 행정에, 그리고 배심제를 통해서 국민재판에 참여한다. 귀족은 귀족의회를 통해서 입법, 행정, 사법에 가담한다. 왕은 장관과 같은 보조기관을 통해서 입법과 행정에 참여한다. 그러나 독특하게도 왕은 사법권에서 완전히 배제되어있다. 왕은 재판으로부터도 독립되어 있다. 그의 인격은 불가침이다. 그러나 법 비토권, 세법 비토권, 의회의 회기를 정할 권리 등을 통해서 입법권과, 그리고 군통수권 법을 집행할 권리 등을 통해서 행정권을 행사한다. (423쪽 부록: 몽테스키외의 권력분립론의 혼합헌법 참조)

이와 같이 몽테스키외의 헌정질서에서는 국민, 귀족, 군주 등 세 가지 사회세력이 입법, 사법, 행정에 제각기 통치자로서 등장하여 국가권력을 행사한다. 그의 정치질서는 왕의 일인지배, 귀족의회의 과두지배, 그리고 선거민의 민주적 의회를 특징으로 하는 민주지배의 요소들이 혼합된 것이다. 그 지배 속에 독립적인 사회세력들이 진입되어 있다. 그래서 몽테스키외가 구상하는 자유사회는 '혼합된 헌정질서'다. 혼합헌법이라고 해서 반드시 그 특징이 신분적-세습적인 요소가 있어야 할 필요는 없다. 현대 서구 문명의 민주주의도 역시 사실상 민주주의 요소, 과두제적 그리고 독점적 요소와 연결되어 있다. 분권적 대표민주주의는 새로운 형태의 혼합헌법이다.

혼합헌법은 몽테스키외 이전이나 18세기에 흔히 볼 수 있는 제도였다.[524] 그런 체제는 폭동이 일상적인 무정부, 과두체제 그리고 폭정으로 전락되어 개인의 자유를 유린하는 파멸을 막아내고, 안정적인 사회를 가능하게 정부형태로 여겨졌다. 혼합된 헌법이야말로 혼합되지 않은 것과 비교할 때 세 가지 결정적인 장점이 있다는 것이 옹호자들의 주장이다.[525] 첫째로 그것은 권력을 제한하고 통제할 수 있다는 것이다. 모든 정치세력이 대항력의 존재로 평형을 유지할 수 있다는 이유에서다. 둘째로 혼합된 정치체제에서는 모든 헌법기관들이 협력하지 않을 수 없다. 세 번째는 앞의 두 가지 장점에서 도출된 것인데 이는 정치질서가 안정적이라는 것이다. 그 대표적인 예가 구약성서에 등장하는 이스라엘, 스파르타, 아테네, 베네치아, 플로렌스, 제네바 그리고 영국, 미국 등이 혼합형 정부형태였다.[526]

몽테스키외는 안정을 보장하는 혼합된 국가형태를 특히 영국에서 보았던 것이다. 그의 자유주의 국가모델은 혼합헌법의 모든 특징을 가지고 있다. 우선 그의 정치체제에서 대표적인 지배체제, 예를 들면 의회와 왕의 구성을 보면 왕의 일인지배, 귀족의회의 과두지배, 그리고 선거민의 직접선거로 선출된 인물로 구성된 그래서 민주적이라고 부르는 국민의회가 혼합헌법을 구성한다. 국민법원과 귀족법원으로

524) Riklin(1989: 436). 아리스토텔레스를 비롯하여 토마스 아퀴나스, 존 로크, 에드먼드 버크, 존 아담스 등 정치철학자들이 혼합헌법을 이상적 국가모델로 여겼다.

525) Ottmann(2002: 61~62)

526) Riklin(1989: 436)

구성된 사법질서에서도 판결과 관련하여 혼합 체제를 볼 수 있다. 이 혼합체제에서 배심재판인 국민법원은 법조문에 충실한 판결을, 귀족법원은 법을 완화하는 판결을 할 수 있다. 고정된 법에 따른 그런 판결이 가능한 정치체제는 공화정체(민주제 군주제)라는 것이 몽테스키외의 인식이다.[527] 공화정체에서는 시민의 재산과 명예와 생명이 문제가 될 경우에는 그에게 불리하게 법을 해석하는 것은 용납되지 않는다.

어떤 국가권력을 다수, 소수, 혹은 일인에 부여하는 것이 적합한가에 대한 문제에서 몽테스키외는 "효율성" 평가에 따르고 있다.[528] 직접적인 국민입법은 거대한 국가에서는 물리적으로 불가능할 뿐더러 관련문제에서 "국민 전체의 합의"를 보기도 불가능하다는 것이 직접민주제에 대한 몽테스키외의 인식이다.[529] 공공선택론의 인식이 보여주는 것처럼 모든 국민이 참여하는 직접민주 대신에 간접민주, 즉 대의제민주주의가 효율적이다. 대의제가 원칙은 아니다. 일반국민은 행정업무를 다루기에는 절대적으로 무능하다. 몽테스키외에 따르면 의회의 대표체제에서 다수가 법을 만들고 법의 정확한 집행을 감시하는 데에는 적합하다고 한다. 대표자의 이점은 "정무를 논의할 능력"이 있는데 반하여 국민은 그런 능력이 없다고 한다. 이런 무능이 루소가 제안하는 주권재민의 "민주정치가 가진 큰 결함"이라고 한다.

---

527) Montesquieu(1748/2016: 6/3: 99).

528) 리클린은 과제의 부여를 주관적 평가에 따르고 있다고 말하고 있지만(Riklin, 1989: 436), 효율성평가로 이해하는 것이 옳다.

529) Montesquieu(1748/2016: 11/6: 182)

대표제야말로 "법을 제정하고 제정된 법이 잘 집행되고 있는지"를 감시하는 일에는 잘 해낼 수 있다고 한다.[530] 모든 국민이 참여하여 정치적 이슈를 다루어야 한다고 주장하는 현대 좌파의 숙의 민주주의는 몽테스키외의 주장에 따르면 문제해결에 적합하지 않다.[531]

국민은 "대표자를 선출하는 일"은 잘 할 수 있다고 한다. "일반적으로 자기가 선택하는 사람이 다른 여러 사람보다 식견이 있는지 없는지를 잘 알 수 있다"는 이유에서다.[532] 더구나 출생, 재산, 명예에 의해서 뛰어난 인물이 있는데 이런 사람들을 일반사람과 똑 같이 취급하면 자유를 보호하는데 도움이 될 수 없다고 한다. 귀족집단도 입법권은 가질 필요가 있다는 인식에서 귀족·엘리트주의를 예찬하는 몽테스키외의 모습을 볼 수 있다. 귀족단체의 입법과제에서 적극적으로 법을 제정하는 것이라기보다는 세법이나 입법에 대한 비토권을 행사한다. 적극적 입법권은 귀족의 이권을 챙기고 부패할 우려 때문이다.[533] (425쪽 부록 참조)

집행권(행정권)의 행사에서는 개인이 의회의 다수보다 더 적합하다는 이유에서 그것은 군주가 가지고 있어야 한다는 것이 몽테스키외의 생각이다. 집행권은 성격상 순간순간에 필요하고 그래서 단기적이고 또한 그것은 급한 결정과 관련되어 있다는 것이다.[534] 이와 같이

530) 위의 책(11/6: 182~183)

531) 숙의민주주의에 대해서는 민경국(2014: 105~136)

532) Montesquieu(1748/2016: 11/6: 183)

533) 위의 책(11/6: 183)

534) 위의 책(11/6: 184)

권력의 할당(분배)은 철저히 효율성 관점에서 다루고 있다.

권력남용 억제와 자유의 보호가 권력분립과 혼합헌법의 목적이다

입법, 사법, 행정의 권력분립과 신분적-세습적 특성을 가진 혼합헌법(군주 귀족 민주지배)이 융합되어 있는 몽테스키외의 헌법은 권력집중을 막아서 권력의 남용을 막고, 이를 통해서 자유를 보호하는데 있다. 법에 구속되는 조건, 권력의 균형 조건, 사회세력과 권력기관의 균형 조건들이 혼합헌법과 권력분립에서 동일하게 작용한다(균형된 헌법).[535)]

몽테스키외의 생각은 당시 지배적인 영국의 상황에 의해 강력한 영향을 받았다는 것이 리클린의 해석이다. 영국에서는 의회와 사법권을 통해서 왕의 권력 행사가 제약되었다. 그의 헌정질서는 왕의 권력을 집행권에 국한한 영국 모델을 표준으로 하고 있다. 그는 민주적 성격을 가진 헌법적 군주제의 옹호자다. 다시 말하면 군주, 귀족, 그리고 소유자 부르주아(국민) 사이에 권력을 사회적으로 분할하는 것을 기초로 한다.

왕권은 의회를 통해서 그리고 사법부의 독립을 통해서 제한되고 있다. 그의 헌법은 군주적, 귀족적 그리고 민주적 요소가 혼합된 헌법이다. 이런 헌법이야말로 정치적 권력행사의 자의성을 제한하여 "정치와 사회의 조화"를 보장한다는 것이 몽테스키외의 인식이었다. 국

---

535) Riklin(1989: 437)

가권력을 제한하고 자유를 보장하는 헌법이라는 것이다. 민주주의의 성격은 몽테스키외에게 국민이 입법권을 가지고 있다는 사실이다. 그 집행은 국가 업무를 수행하기에 적합한 정부와 자문기관의 선출을 통해서 행사된다. 왕의 법집행을 효과적으로 통제할 수 있기 위해서 정당하게 선출된 대표자는 그 통제를 감시 감독해야 한다. 이런 권한은 공익 실현을 위한 의무와 결부되어 있다는 것이 일반적 해석이다.

집행권은 군주에게 있어야 하고 입법권은 입법부가 갖는다. 법을 정하는 사람들이 집행권까지 갖게 되면 자유가 없어질 위험 때문이다. 비토권이 집행권에 속하는 것은 입법권의 제한을 위해서다. 그렇지 않으면 입법권은 모든 권력을 자기에게 배당하고 다른 모든 권력을 없애 버린다. 몽테스키외는 자유의 옹호자였다. 권력남용이 가능하지 않는 정부형태만이 자유롭다. 모든 계층들이 통치에 가담하여 권력이 상호간 제한되는 경우에만이 자유를 실현할 수 있다. 그는 영국의 표본에 따라 기획된 헌법적 군주제를 통해서 절대주의를 제거하기를 원했다.[536]

루소와 몽테스키외

스위스 제네바에서 태어난 프랑스의 정치철학자 장 자크 루소는 데카르트와 홉스 등, 프랑스계몽주의의 전통을 확립한 인물이다. 몽테스키외의 사상을 더욱 잘 이해할 수 있기 위해서 그를 루소와 비교

536) Riklin(1989: 437~438)

하는 것이 필요하다. 루소의 이상은 주권재민사상이다.[537] 왕이 갖고 있던 권력의 전체를 국민에게 준 것이다. 국민이 주권자다. 주권은 양도가 불가하다. 주권을 대표할 수 없다. 이런 인식에서 직접민주주의가 루소의 이상적 민주주의다. 자유는 나눌 수 있지만 권력의 나눔은 불가능하다는 것이다. 그래서 권력분립은 당치도 않다. 지배자와 피지배자가 동일하다. 법을 만들고 집행하는 권리가 주권자인 국민에게 있다.

주권자 다수의 결정은 오류가 없다. 그 결정이 일반의지다. 그리고 그것이 진리요 법과 정의다. 개개인은 일반의지라는 최고의 관리 하에 있고, 스스로 정한 것이기 때문에 일반의지를 지킴으로써 자유롭다. 민주주의는 그래서 자유다. 공동체에 목소리를 낼 자유다. 이런 자유개념은 고대의 자유개념이다.[538] 누군가 일반의지에 대하여 반대하는 것은 자유의 침해로 여긴다. 자유를 위해서 국가는 강제를 적용한다. 다른 말로 하면 강제로 자유롭게 만든다. 그러나 이는 시대착오적 개념이다.

루소와는 달리 몽테스키외는 사회계약론을 반대한다. 그에게는 사회는 계약 또는 집단적 의사결정을 통해서 만든 인간의 의도적인 구조는 아니다. 그는 스코틀랜드 계몽주의 전통의 인물이었다. 그의 견해에 따르면 인간은 사회적 동물이다. 그들 간의 올바른 관계의 형성은 자연법칙을 통해서 이미 예정되었다는 것이다. 법과 정의는 인

537) 민경국(1993: 41~46)

538) Gray(1995: 3~4)

간의 공동체 형성을 가능하게 하는 제도라는 것이 몽테스키외의 인식이다. 그는 군주의 지배를 제한하고 그의 지배를 사회적 이해관계와 사회 정치적 변동에 적응하고자 했다.

그러나 루소는 그런 변화와 사회적 대립을 저주했다. 그에게 정당한 정치권력의 기초는 모든 사람의 일반의지에 기초하는 것이지 군주적 원칙에 기초한 것이 아니다. 그의 사회계약은 모두가 주인이면서 동시에 하인인 사회를 가능하게 한다. 이는 그들을 법의 주체이자 객체로 만든다. 이런 기초 민주주의의 구조를 통해서만 자유와 평등이 실현될 수 있다고 루소는 믿었다. 그러나 민주주의에서 국민이 직접 지배하고 법을 만들고 국민이 행정을 담당하고 재판관을 대신해서 재판한다면 민주주의도 부패하고 정치적 자유도 없다. 그래서 몽테스키외는 권력분립을 반대하는 루소의 주권재민을 싫어했다. 주권재민 사상이 얼마나 위험한가는 기존질서의 무자비한 파괴와 자유의 파괴를 불러왔던 프랑스혁명이 또렷하게 말해준다.[539)]

몽테스키외는 루소와는 다른 생각을 가지고 있었다. 즉 그에 따르면 주권을 가지는 국민은 자기가 능히 할 수 있는 일은 모두 자기가 행해야 한다. 그리고 자기가 할 수 없는 일은 대리자를 통해서 하도록 해야 한다. 대부분의 시민들은 선거에 참가하는 데에는 충분한 능력을 가지면서도 선출되기에는 능력이 없는 것과 마찬가지로 국민은 행정을 담당할 사람들을 부르는 데는 충분한 능력이 있지만 스스로

---

539) 귀족정체는 비록 절제된 정부라고 해도 입법과 행정권이 같은 손에 있다는 점에서 주권재민의 민주주의와 마찬가지로 자유를 보장할 수 없다.

관리하는 데는 적합하지 않다. 몽테스키외가 대의제 국가를 선호하는 이유다.

자유로운 국가에서는 자유의 의지를 인정받은 사람은 누구나 스스로를 통해 지배되어야 하기 때문에 전체로서 국민은 입법권을 가져야 한다. 그러나 직접민주주의는 대규모 국가에서는 불가능하고 소규모 국가에서는 수많은 불편이 있다.[540] 따라서 국민은 자신이 할 수 없는 일을 대표자에게 맡겨야 한다.

몽테스키외는 대의제의 장점은 대표자들이 상이한 문제들에서 중재하고 협상할 수 있는 능력을 가지고 있다는 사실에서 찾고 있다. 일반국민보다는 대표자들이 정무를 논할 능력이 있다는 것이다. 국민은 이에 적합하지 않다.[541] 이런 점에서 보면 그는 엘리트주의 또는 귀족주의적 색깔로부터 자유롭지 못하다. 그래서 그는 루소와는 달리 엄격하게 유권자의 지시에 구속받는 엄격한 명령적 위임을 반대한다. 또 사람들은 자기네 도시가 무엇을 필요로 하는가를 다른 누구보다 더 잘 안다. 또 자기의 이웃 사람을 다른 동포보다도 더 잘 판단 할 수 있다. 그러므로 입법단체의 구성원은 주민전체로부터 전국적으로 선출되어서는 안 된다.[542] 몽테스키외의 그 같은 주장은 흥미롭게도 지식의 문제와 관련되어 있다.

몽테스키외는 고대 아테네의 민주주의(과두민주제)를 보면서 내린 결

540) Montesquieu(1748/2016:11/6: 182)

541) 위의 책(11/6,182)

542) 위의 책(11/6,182)

론은 입법권을 오로지 국민에게만이 전가할 수 없다는 점이다. 능력 있는 사람들을 단순한 사람들과 똑같이 취급할 수 없다는 것이다. 그래서 그는 귀족의 세습적 특권의 유지를 옹호하고 있다. "귀족이 국민 대중과 함께 섞여 있고 그들이 다른 모든 사람들과 똑같이 한 표를 갖는다면, 공동의 자유는 그들에게 노예를 의미한다."[543] 입법권은 귀족과 국민에 의해서 각각 선출된 집단으로 구성되는데 두 집단은 특수한 견해와 관심을 가지고 협상과 자문 그리고 특히 견제를 한다.

몽테스키외가 대의제의 필요성을 강조하는 것은 엄격한 윤리적 이유가 아니다 단순히 편의성 때문이다. 민주주의라고 말할 때 공동체의 모든 구성원이 정치적 권력의 행사에 참여할 권리를 반드시 가질 필요가 없다.[544] 민주정체의 원리는 사람들이 평등정신을 잃을 때뿐만 아니라 지나친 평등 정신이 확산되어 있는 경우에도 부패한다. 그래서 국사를 수행하는 데 적합한 공무원이나 관청을 선택할 과제와 권리를 국민에게 부여하는 것이라는 것이 몽테스키외의 인식이다.

4) 몽테스키외와 현대적 삼권분립

몽테스키외는 프랑스의 위대한 자유주의 옹호자였다. 그에게 자유는 사람들이 하고 싶은 것이 무엇이든 이를 행하는 것이 아니다.

---

543) 위의 책(11/6: 183)

544) 위의 책(2/2:32)

오히려 자유는 법의 테두리 내에서 평온한 안정적인 공동의 삶을 살아가는 상태다. 법이 있는 사회에서는 자유란 사람이 해도 되는 것을 행할 수 있는 것이다. 해도 되는 행동이나 해서는 안 되는 것을 강요하지 않는다. 그러나 그가 말하는 법의 개념은 주민종교, 주민의 성향, 부, 상업, 풍습 기후 지리 등을 통해서 형성된 법이다. 풍토적 자연법이다. 이에 따라서 법을 분류한다면 유목민의 법체계, 농경사회의 집단주의의 법체계, 상법인의 법체계 등이다. 특히 중요한 것은 계약 거래와 관련된 자유의 법체계다. 입법은 재판에서 법관의 자의성이 개재할 수 없도록 명확해야 한다고 역설했다. 그는 입법을 정의로운 행동규칙이라는 의미의 법을 만드는 것으로 이해하지는 않았다.

몽테스키외는 독재 정부를 원시적이라고 기술하고 있다. 권력의 남용을 가능하게 하지 않는 정부 형태아래에서만이 인간들은 자유롭다. 그가 이를 배운 것은 영국의 헌법으로부터였다. 몽테스키외는 자유와 법의 관계, 법의 지배 그리고 국가권력의 제한 등 영국헌법에 깔려있는 영국전통을 익혔다. 그가 구상한 권력분립은 영국전통을 따르지 않았다고 해도 영국의 정치적 견해를 따랐다. 입법부는 법을 제정하는 입법과제가 있다,[545] 법관들이 특정의 소송에 그 법을 적용한다. 집행부가 이행하는 것은 법원의 판결이다.

18세기 영국에는 입법은 정의로운 행동규칙으로서 법을 만드는

545) 입법, 입법부라는 개념이 등장하게 된 배경은 삼권분립 사상의 등장이다. (Hayek, 1973: 128)

것으로 이해되었다. 예를 들면 존 로크는 입법권은 특정한 방법으로 행사되어야 하며 그 권한을 행사하는 사람은 오로지 보편적 규칙들만을 제정해야 한다고 주장했다. 통치자는 물론이요 그 밖의 모든 사람들도 동일하게 구속되며 지위, 재산, 성격, 학위, 출생 장소에 따라 소송의 절차과정으로부터 면제되지 아니한다. 법의 지배는 입법부가 모든 개인들과 정부를 동등하게 구속하는 정의로운 행동규칙만을 제정할 수 있게 하는 것이다. 책임론은 사실상 정부를 운영하는 소수의 사람들에 대하여 의회가 책임지는 것이다. 의회는 효율적으로 운용할 수 없기 때문에 정부에게 행정권을 위임한다. 효율성과 책임은 의회가 정부를 감독이나 감시기관으로서 관계를 갖는다.

그러나 18세기 대륙에서는 장 자크 루소의 민주주의 사상과 19세기 영국에서는 제레미 벤담의 법실증주의로 인하여 입법부가 정한 것이면 모두 법이라고 부르게 되었다. 그리고 삼권분립에서도 입법이 보편적 행동규칙을 의미하는 것이 아니라 정부에 대한 명령으로서의 법을 입법부가 정한다. 집행부는 입법부의 결의를 이행하는 것이다. 이는 규칙의 집행을 의미하는 것이 아니라 입법부가 내린 명령을 집행한다. 이제는 입법부가 정한 법이 사법부로 가고 사법부가 이를 기초로 하여 재판을 하고 이 판결을 집행하는 것이 행정부였지만 오늘날에는 입법부가 정한 것을 집행하는 것이 행정부다. 이것이 오늘날 삼권분립이다.

그러나 오늘날 권력분립은 자유를 확립하기 위한 제도적 수단이 아니라. 개인의 자유를 체계적으로 유린하는 제도가 되어버렸다. 개인의 자유는 권력분립을 통해 가장 잘 확립될 수 있다는 존 로크와 몽테스키외의 믿음은 오늘날 더 이상 통용되지 못하고 있다. 그들의 믿음을 회복하기 위해서 제4부 제13장에서 다룰 하이에크가 등장할 때까지 지성사는 몽테스키외 이후 200여년을 기다려야했다.

부록: 권력분립론의 혼합헌법

다음은 몽테스크외가 『법의 정신』 제11편 제6장에서 설명한 혼합헌법을 재구성한 것이다. 혼합헌법의 구성 요소는 세 가지다. (A)입법, 사법, 행정을 담당할 권력기관, (B)각 기관이 수행할 권한, 그리고 (C)국가 기관들에 대한 권한 분배다.[546]

(A)입법 사법 행정을 담당할 권력기관:[547]

◂선거민: 재산이 없는 사람은 투표권이 없다. 재산이 없는 사람의 의지는 믿을 수 없다는 이유에서다.

◂국민의회: 귀족이외의 시민들의 대표자들로 구성된다. 국민의회는 개별 시민이 스스로 해결할 수 없는 모든 문제를 다룬다.

◂귀족의회: 두 번째 의회 세습귀족으로 구성된다.

◂국민법원: 주기적으로 새로이 구성되어 열리는 배심법원이다.

◂귀족재판은 귀족의회의 위원회에서 다룬다.

◂군주는 선출군주가 아니라 세습군주다.

◂장관은 군주의 자문관이자 보조기관이다. 장관은 군주가 임명한다.

(B)국가기관들이 수행할 18가지 권한

(1)국민의 대표자선출권 (2)입법권: 법을 제안하고 법을 작성하고

---

546) 이 부록은 Riklin(1989: 426~427)에 의존하여 작성한 것이다.

547) Riklin(1988: 426)

개정·폐기 권한. 다른 기관 의 동의를 얻어 법을 통과할 권리 (3)법 비토권 (4)구금법을 제정할 권리 (5)매년 조세를 정할 권리 (6)세법비토권 (7)매년 군대를 조정할 권한 (8)군통수권 (9)법을 집행할 권리 (10)대외정책과 안정정책을 실시할 권리(안전보장과 침략의 예방) (11)의회의 회기를 정할 권리 (12)음모나 간첩의 경우 의심스러운 시민을 제한된 기간 체포할 권리, 의회의 지지가 필요 (13)법집행을 통제할 권리 (14)장관을 통제하고, 장관의 책임을 물을 권한 (15)법에 충실한 재판을 할 권한 (16)법을 완화하는 판결을 할 권한 완화할 뿐이지 강화할 권한은 없음 (17)정치적 범죄의 경우 소송을 제기할 권한 (18)정치적 범죄의 경우 판결할 권한[548]

(C)국민, 귀족, 군주에 대한 권력분배

〈표-2〉: 권력분배(출처: Riklin, 1989: 427)

사회세력	권력기관		
	입법	행정	사법
국민	국민의회 2, 3, 4, 5 7	국민의회 13, 14	국민의회 17 국민법원 15
귀족	귀족의회 2, 3, 4, 6, 7	귀족의회 13, 14	귀족의회 18 귀족법원 15, 16
왕	왕 3, 6, 11	왕과 장관 8, 9, 10, 12	-

※ 표의 숫자는 (B)에 기술된 국가기관이 수행할 권한

(가)국민은 대표자들을 주기적으로 선출: 간접민주주의. 국민의회는 법제정, 법의 개폐. 행정 감시·통제. 귀족에 속하지 않은 사람에

548) 위의 논문 (427)

대한 형사·민사재판의 주요부분은 국민재판에 위임(배심재판). 국민의회는 정치범에 대한 소송제기 의무.

(나)귀족: 귀족의회는 입법권과 집행권의 부분에서 국민의회와 동일한 권한. 다만 세법을 제정할 권한은 없고 세법관련 비토권만 있음. 귀족의 사법기능: 귀족의회는 국민의회가 소송한 정치범을 판결, 귀족의회로 구성된 귀족법원은 귀족에 대한 사법권, 귀족법원은 국민법원의 공정성을 위해 법의 과잉적용을 완화하는 과제. 일반적으로 말해서 귀족은 국민과 왕에 대해 일종의 온건한 중간자 역할을 수행.

(다)군주: 군주의 입법권에 해당되는 것이 법안제안권, 비토권(세법을 포함하여 법제정을 막거나 법제정을 허용하는 권한), 의회를 소집하고 개회기간을 정할 권한. 의회는 스스로 회의를 소집할 권한은 없음. 왕은 의회가 끊임없이 회의를 열어 정부의 통치를 방해하지 않도록 하기 위함.(장기 의회의 경험과 모순) 왕의 일반행정권, 왕의 사법권은 완전히 배제되고 왕은 재판으로부터 독립되어 있다. 그의 인격은 불가침이다.[549]

549) Riklin(1989: 426)

11. 알렉시스 토크빌: 위험한 민주주의
- 자유, 평등 그리고 자유의 헌정질서

1776년 애덤 스미스가 자신의 경제철학적 인식을 『국부론』으로 개발했을 때 새로운 시대가 암시되었다. 그 책은 수십 년간 지속된 경제적 사회적 변화를 몰고 온 산업혁명의 문을 활짝 열었다. 영국의 식민지로부터 분리·독립을 안겨주었던 미국혁명은 개인의 자유와 경제적 자유를 보장하는 미국헌법을 출산했다. 혁명의 결과로 전 세계적으로 귀감이 되는 그 헌법이 계기가 되어 미국은 안정적이고 자유로운 사회질서가 창출되었고 그 여파로 19세기 이후 지속적으로 번영을 누리고 있었다. 이런 발전에 길을 닦은 것은 애덤 스미스의 영향이 아닐 수 없다.

역사는 항상 반동이 생겨나기 마련이다. 18세기 말 또 다른 혁명이 있었다. 프랑스혁명이 그것이다. 장 자크 루소의 국민주권 사상으로부터 영향을 받은 혁명은 미국과는 전혀 다른 길로 접어들었다. 특권층의 지배는 종결됐고 시민들의 신분·권리의 평등과 영업의 자유를 실현했다 그러나 귀족과 교회재산의 광범위한 국가수용으로 재산권 존중에 심각한 타격을 주었다.

게다가 개인과 중앙집권국가 사이에 존재했던 중간집단들이 혁명기간에 희생되었다. 자발적으로 형성되고 성장된 중간집단을 통해서 중앙의 권력을 약화시킬 매개물이 없었다. 그 결과 자코뱅과 같은 정치무리들이 백지에다가 그림을 그리듯이 합리주의적인 계획에 따라 사회를 급진적으로 전면적으로 개혁하려고 했지만 번번이 실패했다. 국가 관료기구가 급진적으로 비대해졌다. 프랑스는 중앙집권적 전체주의 길로 나아갔다. 프랑스혁명은 로베스삐에르 등을 거쳐 1917년 러시아혁명에 이르기까지 전체주의를 전 세상에 배양했다.

이런 시대적 배경에서 등장한 인물이 귀족출신의 가정에서 태어난 토크빌(Alexis de Tocqueville 1805~1859)이다. 프랑스가 그런 실패를 극복하고 자유롭고 번영된 나라가 되기 위해서는 '프랑스는 어디로 가야하나'의 문제는 당시 지식인들의 고민거리였다. 벤치마킹할 수 있는 나라는 어디인가? 영국의 혼합헌법과 같이 이제는 귀족정치와 민주정치 통합의 개연성이 상실되었다.

토크빌은 눈길을 미국으로 돌렸다. 그가 보기에 미국은 타고난 보편적인 평등권과 양도 불가능한 생명·자유·행복추구권의 독립선언으로 출발하여 성공한 나라였다. 게다가 미국은 일인 독재, 과두제, 절대주의, 신분사회, 거대한 관료조직 등 극복해야 할 수많은 문제를 안고 있는 유럽의 과거가 아니라 민주화가 비로소 시작된 그러나 분

열과 갈등으로 점철된 유럽의 미래였다.[550]

미국사회와 민주주의를 배우기 위해서 젊은 토크빌은 미국의 거의 전지역을 9개월 동안 여행하고 난 후 여러 해 동안 연구를 거듭하고 쓴 것이 『미국의 민주주의(1848)』다. 그는 미국의 건국초기를 면밀히 검토하고 현재의 정치구조와 미국사회의 고유성을 찾아내어 프랑스가 귀족의 지배에서 민주주의로 전환하는데 도움을 줄 통찰을 얻으려는 희망에서 쓴 것이다.

그러나 토크빌에 대한 오해가 많다. 노벨경제학상 수상자인 조시프 스티글리츠는 "불평등이 경제회복을 막고 있다"는 제목의 글에서 불평등이 수많은 문제의 원천이라고 말하면서 "평등주의 성향이 미국사회 본질적 특징이라고 인식했던 토크빌이 다시 태어나 세상을 본다면 놀랄 것"이라고 쓰고 있다.[551] 또 다른 일각에서는 토크빌은 "현대세계에서 자유와 평등을 동시에 추구하는 데 일관성을 부여하려고 노력했다"고 주장하기도 한다.[552]

그러나 토크빌은 결코 민주주의 예찬론자도 아니고 결과평등(기회평등, 분배평등)을 옹호하지도 않았다. 그는 스스로 이렇게 말하고 있다. 즉 "나는 열정적으로 자유를 사랑한다. 민주주의를 사랑하는 것

550) 토크빌은 제12판 저자서문에서 다음과 같이 쓰고 있다. (Tocqueville,1848/1995: 56) "왕정하의 프랑스에게는 호기심에 지나지 않았던 미국의 제도가 공화정하의 프랑스에게는 연구의 대상이 되어야 한다."

551) Stiglitz(2013)

552) Zunz(2002: 564). 이용재는 토크빌을 민주주의 시대에 개인주의는 고립과 탐닉을 낳고 급기야 민주적 독재를 초래하기 때문에 이런 폐단을 치유하기 위해서 공화주의를 대안으로 제시했다고 한다. (이용재 2012)

이 아니라 법의 존중을, 적법성을 사랑한다"라고. 그는 철저히 고전적 자유주자, 특히 그는 스코틀랜드 계몽주의 전통을 숭배한 자유주의자였다는 것을 아는 사람은 극히 드물다. 그에게 자유는 연구되어야 하고 실현되어야 할 가치였다. 따라서 그가 생각한 자유사회의 구성원리를 설명하면서 자유사회를 실현할 그의 헌정론적 사상을 재구성할 것이다.

1) 자유가 왜 최고의 가치인가?

'미국의 민주주의'라는 토크빌의 책 제목 때문에 대부분의 독자들은 민주주의 분석에 초점을 맞추었다. 그러나 여러 가지 방법으로 봐서도 그에게 핵심은 자유다.[553] 자유를 이해하고 유지하기 위해서 이 책보다 더 좋은 가이드가 없다. "나의 유일한 열정은 자유와 인간의 존엄에 대한 사랑이다." 그에게 자유는 중요한 가치다. 그의 사회철학의 궁극적 목적은 자유를 가능하게 하는 사회질서를 확립하는 데 필요한 지식을 제공하는 것이었다.

그런 열정으로 토크빌은 미국사회를 분석했던 것이다. 자유는 연구되어야 하고 실현되어야 할 가치라고 여겼지만 역사를 훑어보면 그 가치를 달성한 곳이 아주 드물다. 자유를 억압하는 모든 힘과 맞서서 이를 보호하기 위해서는 가장 비상한 "자기통제, 자기부정, 총

553) Galles(2005)

명한 지혜, 그리고 매력적인 비전"이 필요하다.

자유란 무엇인가?

토크빌에게 자유는 개인의 독립성과 안정을 보호하기 위해 보장된 권리다발이다. 개인에게 자유는 삶을 살아가는 형태다. 자유는 책임의식과 관용을 포함하고 내부로부터 공동체를 규제하는 도덕적인 질서원칙이다. 그에게 자유는 두 가지 종류가 있다. 하나는 정치적 자유다.[554] 공적 문제에서 타인들과 공동으로 행동할 자유다. 이는 참정권과 공무담임권이다. 이는 고대의 자유개념이다. 정치적 삶에 적극적으로 그리고 책임 있게 참여하지 않으면 과잉된 관료를 효과적으로 통제할 수 없다. 적극적인 참여 없이는 최대의 기회균등 법적 균등도 없다.

두 번째 종류의 자유는 개인적 자유다. 예를 들면 투자할 자유, 계약·무역의 자유 등과 같은 경제적 자유가 그에 해당된다. 그밖에도 언론·결사·종교자유 등 오늘날 시민적 자유라고 부르는 자유도 개인의 자유다. 개인들은 사적 삶속에서 독립된 존재로서 자유롭게 생각하고 행동할 자유가 있다. 이것이 근대적 자유 개념이다.

경제적 시각에서 토크빌은 자유를 애덤 스미스의 자본주의 배후에 있는 힘으로 이해했다. 빈곤층을 위해 국가가 분배를 실현하는 사회는 개인들을 목적이 아닌 수단으로 취급하는 결과를 초래한다. 따

554) 토크빌의 정치적 자유는 몽테스키외가 말하는 정치적 자유와 혼동해서는 안 된다.

라서 재분배를 위한 프로그램을 지원하기 위해서 과세를 하는 것은 도덕적으로 옳지 않다. 조세는 인간을 목적 자체로서가 아니라 수단으로 취급하는 힘의 사용이기 때문이다.

두 자유의 제도적 합성을 토크빌은 미국에서, 루소는 고대 폴리스에서 찾았다. 자유가 가능하려면 개인의 의지 혹은 집단적인 공동체의 의지가 어떤 폭력을 통해서도 자신의 문제를 접근하는 데 방해받아서는 안 된다. 자유의 중요한 요소는 국가권력의 자의로부터 개인의 행동 영역을 보호하는 것이다.

자유는 방종이 아니라 규칙과 결부되어 있다

토크빌에게 개인의 자유는 개인이 사회로부터의 해방도, 사회의 포기도 아니다. 인간은 사회와의 맥락에서 자유롭다. 사회 속에서 배우고 행동한다. 따라서 개인은 무제한적으로 자유로운(방종) 것도 아니고 무제한적으로 이기적이지도 않다.(456~457쪽) 자유는 규칙과 결부되어 있다. 이는 서병훈 교수가 적절히 지적하듯 "규율 속의 자유"라는,[555] 하이에크가 말하는 "규칙과 결부된 자유"[556]라는 뜻이다. (223~224쪽, 359~362쪽 참조)

그 규칙은 종교에서 나오거나 사회를 통해서 자생적으로 형성된

555) 서병훈(2011: 78쪽 이하)"토크빌은 '질서 속에 규율이 있는 자유'를 말하고 있는 것이다. '더러운 자유주의자'들이 운위하는 평등제일주의 멋대로의 자유가 아니다."

556) Hayek(1973: 147)

것이다. 미국의 개인주의는 종교정신과 자유정신의 조합이다. 오랜 역사적 과정을 거쳐 자유로이 개발하여 전수한 종교나 전통, 법과 권리 등, 자생적으로 형성된 것들을 존중하는 미국인들의 모습이 토크빌의 눈에 들어왔다. 그런 것들은 자유를 침해하는 것이 아니라 자유의 산물이요 자유사회를 유지하기 위해서 필수적이라는 것이 토크빌의 인식이다. 그의 인식은 모든 규칙은 자유의 제약이라는 벤담의 공리주의와 다르다.

토크빌의 인식은 데이비드 흄, 애덤 스미스에서 비롯하여 현대에는 하이에크로 이어진다. 경험적으로 볼 때 고삐 풀린 개인은 없다. 인간은 규칙을 준수하는 동물이다. 불확실한 세상에서 인간들이 타인과 생산적인 관계를 가지면서 살아가는 방법이 규칙을 따르는 행동이다. 이런 규칙준수 행위야말로 무제한적 이기심과 방종을 의식적으로나 무의식적으로 제약한다.

자유와 민주주의에 대한 토크빌의 이해

토크빌은 민주주의를 세 가지 의미로 이해했다 첫째로 서로 다른 사람들을 동등하게 취급하는 평등이다. 이는 서로 상이한 사람을 똑같게 만드는 것이다. 결과 평등을 말한다. 이런 평등개념은 실제로는 서로 다름에도 동일한 소득을 분배하기 때문에 사실상 사람들을 불평등하게 취급한다. 서로 다른 사람들에게 평등은 불평등이 된다. 이는 플라톤의 말이다.

둘째는 서로 상이한 사람들을 평등한 지위에 올려놓는다는 의미의 평등이다. 이는 법 앞의 평등을 말한다. 그러나 특정한 목적을 위해서 시장 참여자들을 차별적으로 국가가 대우하는 경우, 이는 법 앞의 평등을 위반한 것이다. 이런 위반의 전형이 선택적으로 강제를 행사하여 정부가 시장에 개입하는 인·허가제도다. 성별, 출신, 경제적 위치 등을 구분하지 않고(신분평등) 법적 정치적 권리를 적용하는 것이야 말로 법 앞의 평등이다. 이 때 법은 입법부가 정한 모든 것이 아니라 보편· 추상성을 갖춘 정의로운 행동규칙(하이에크)을 말한다.

통치자는 민주주의에서 특수한 계급이익을 따르지 않는다. 통치자는 보편적 이익에 따라 통치한다. 차별·특혜에 따른 입법이 금지된다. 모두에게 동일한 자유권을 부여한다. 이런 이유 때문에 민주질서는 모든 시민들에게 평등과 자유의 실현을 가능하게 한다. 토크빌이 중시했던 것은 이런 평등이었다. 이는 사실상 민주주의가 아니라 평등한 자유다. 그러나 유감스럽게도 그는 빈번히 민주와 평등한 자유를 혼돈했다. 세 번째로 다수의 지배를 민주주의로 표현한다. 지금까지 왕이 소유하고 있던 모든 권력을 국민이라는 집단에 부여한다는 것을 의미하는 국민주권사상이다. 왕권이 절대적인 것처럼 국민주권도 절대적이다.

토크빌의 관점에서 볼 때 민주주의는 다양한 강점이 있다. 민주주의는 다수의 복지에 봉사한다. 정부는 민주주의에서 특정한 계층이익을 추구하는 것이 아니라 보편적 이익을 지향한다. 개별 계층은 사회·정치적 영역에서 배제되지 않는다. 모든 사람들은 누구나 보편적 선거권이 있다. 누구나 정치적 의사결정에 참여할 수 있다. 누구나 연합의 자유를 향유할 수 있다. 이 속에서 시민정신이 개발된다.

토크빌이 지적한 것처럼 미국으로부터 받은 인상은 사회적 조건의 평등이다.[557] 신분계층에 기초한 프랑스의 귀족주의에 익숙했던 그에게 신분적 평등은 매우 인상적이었다. 프랑스는 미국과 비교할 때 모든 계층이 재산 형성에서 동일한 가능성이 없는 사회다. 귀족만이 토지소유가 가능했기 때문이다. 민주주의는 수평적 사회다. 특권 없는, 신분의 평등이 보장된 사회다. 누구나 정치에 참여할 수 있다. 누구나 토지소유 자격이 있고 누구나 무역과 거래에 참여할 수 있다.[558]

미국사회를 지배했던 사회조건으로서 신분상의 평등 그리고 누구나 차별 없이 정치적 경제적 자유를 향유할 수 있다는 것은 고전적 자유주의의 핵심이었다. 신분상 동일한 조건에도 불구하고 사회구성원들의 능력, 재주, 운, 경제상황 등, 다양한 요인들 때문에 그들이 차지하는 소득은 차이가 있다. 어떤 사람은 더 많이, 다른 어떤 사람은 적게 갖는다. 이런 경제적 격차는 귀족주의와 같은 신분이라는 자연적인 원천에서 나온 것이 아니라 사람들이 가진 능력 재주 저축 예측할 수 없었던 상황, 행운 등과 같은 부존자원이 개인에 따라 상이하

557) 위의 책, 59: "내가 미국에 머무는 동안 나의 관심을 끈 신기한 일들 가운데 국민들 사이의 생활상태의 전반적인 평등만큼 강렬하게 놀라게 한 것은 없다."

558) 그러나 토크빌은 법 앞에 평등을 민주주의 개념 속에 포함시키지 않고 있다 "나는 열정적으로 자유를 사랑한다. 법 앞에서의 존중, 적법성을 사랑하지 민주주의를 사랑하지 않는다." 그런 식으로 보는 것이 옳다. 여기에서 토크빌은 혼동이 빠져있다.

기 때문이다. 자유의 상태에서 개인들이 투자·생산·교환의 결과로서 경제적 위치는 사람마다 상이하다.

누구나 신분상 특권계층이 없다. 누구든 동일하게 자유롭다. 이것이 평등한 자유다. 누구나 이런 자유 속에서 자신의 능력과 노력을 투입한다. 사회적 조건의 평등 또는 보편적 평등에 대한 애정이 형성된다. 이런 애정은 사회통합의 잠재력으로 연결되어 시간이 경과함에 따라 빈곤자와 부자사이에 생겨난 자연적인 격차 또는 명령자와 복종자의 균열을 해소하는 결과가 초래했다.

토크빌이 우려한 것은 민주주의가 평등한 자유, 즉 형식적 평등을 넘어서 실질적 평등을 초래할 위험성이었다. 실질적 평등은 사회주의가 추구하는 평등주의이고 이는 자유와 정면으로 충돌하여 노예의 길로 우리를 이끌기 때문이다. 이는 같은 시기에 살았던 프레데릭 바스티아와 같은 생각이었을 것이다.

개인의 자유는 문명화의 길

미국문명에 관한 분석에서 토크빌은 문명의 발전을 가져온 요인들을 분석했다. 그 요인들은 상업, 자유, 종교다. 이들은 미국의 위대한 혁명의 핵심이다. 당시 유럽, 프랑스 사람들은 상업이 불러온 문명이 자유정신을 위태롭게 하고 약화시킨다는 이유로 상업을 억제하려는 운동이 벌어지고 있었다. 1848년 혁명기에 사회주의가 추한 머리를 내밀고 등장했다. 토크빌에게 분배적 평등을 중시하는 사회주의는 노예를 의미했다. 당시 사회주의 지적 운동이 고개를 들기 시작했던 때다. 시스몽디, 콩트, 생 시몬 등, 마르크스 이전의 프랑스 사회주의자들이 중심이 된 운동이었다. 그들은 인간이성은 이상사회를 만들 수 있는 능력이 있다는 믿음을 뜻하는 '구성주의적 합리주의'를 신봉하는 자들이었다.

그러나 당시에 그 같은 부정적인 상업관(觀)에 정면으로 도전했던 인물이 토크빌이었다. 상업정신은 사람들에게 자유의 정신을 부여했고 동시에 그것은 자유의 기초가 되는 도덕률의 발전을 이끌었다. 인간의 지적 품격을 높이는 데 중요한 역할을 했던 것도 자유가 불러온 상업정신이었다는 것이 토크빌의 통찰이다. 이것이 그가 상업적 번영에 각별한 관심을 부여했던 이유다.[559] 미국의 상인은 자국 내에서의 경쟁뿐만 아니라 외국과의 경쟁을 성공적으로 견디고 있다. 그 이유는 전쟁의 영웅주의를 상업에 적용한 "상업적 영웅주의" 때문이다.[560]

토크빌은 미국에는 왜 큰 혁명이 드문가를 묻는다.[561] 그의 흥미로운 답을 요약하면, 상업의 존재 때문이라고 한다. 상업은 평화를 중시한다는 것이다. 상업은 모든 폭력적 열정을 반대하고 타협을 좋아하고 분노를 참아내는 인내심을 기르고 행동과 사고의 유연함을 촉진시킨다는 것이 토크빌의 상업예찬론이다. 상업은 사람들을 타인들과 독립적이게 만들고 인격에게 숭고한 의미를 부여한다. 스스로를

559) Tocqueville(1848/1995: 516~522)

560) 위의 책 519

561) 위의 책 818

타인들에게 유익하게 만드는 것을 의무이자 자신의 관심으로 여기게 하는 것도 상업이라는 것이다.[562)]

좋은 정부란 우리가 바라는 것을 할 수 있게 하고 우리가 소유하고 있는 것을 평화롭게 이용할 수 있게 하는 정부다. 소득의 급격한 증대와 빈곤의 해소 등, 성장하고 번영하는 미국사회의 힘의 원천도 자유시장과 분권화, 제한된 정부를 핵심으로 하는 자유주의라고 토크빌은 목소리를 높였다.[563)]

자유가 사람들에게 안락함, 물질적인 보상 그리고 번창함을 언제나 안겨주는 것은 아니고 단기적으로 부정적인 결과를 초래한다. 이것이 사람들이 자유를 싫어하는 이유다. 그러나 이런 근시안적 시각에 대하여 자유 자체의 매력이나 아름다움, 그리고 그 자체의 가치를 떠나 자유로부터 무엇을 기대하는 수단적 가치를 중시하는 사람은 진정한 자유주의자가 아니라고 토크빌은 강조한다. 자유를 편의로 설명할 수 있는 성질의 것이 아니라 스스로 느껴야 할 그 무엇인데, 이는 인간의 존엄성이라는 것이 그의 믿음이다.

자유의 편익을 통해서 자유의 수용여부를 판단하는 편의주의가 지배할 때 자유는 쉽게 파괴된다는 것이다. 국가는 자유와 존엄성을 보호하기 위한 수단일 뿐 그 이상이 아니다. 자의적인 국가개입은 혼란을 초래할 뿐이다. 과거에는 국민의 동의 없이는 조세 없다는 원칙이 지배했지만 그러나 오늘날에는 그렇지 않다고 토크빌은 한탄한다.

562) 위의 책 822

563) 민경국(2014: 71)

2) 민주주의의 세 가지 위험

민주화가 정치적 화두가 되었던 시기에 자유주의를 수호하겠다고 나선 토크빌은 민주주의가 초래할 위험성을 말하고 있다. 그 위험성은 세 가지인데 이들은 각각 민주주의의 세 가지 의미와 결부되어 있다. 앞에서 설명한 바와 같이 첫째로 신분평등 둘째로 다수의 지배와 그리고 마지막 세 번째로 결과평등이다. 이에 따라서 각각 야기된 것이 (1)극단적 개인주의 (2)다수의 횡포 그리고 (3)평등주의다.

급진 개인주의

현대사회에서는 과거 사회형태의 특징이었던 신분제한이 없어졌다. 귀족사회의 특징인 위아래가 없어진 것이다. 군주와 귀족, 평민의 신분제에서 발전된 주인과 하인 사이의 결속은 깨지고 누구나 독립적으로 행동하고 직업 활동을 스스로 선택 할 수 있게 되었다. 여기에서 토크빌은 개인주의를 위한 기초를 보고 있다. 이것이 토크빌에게 위험스럽게 보였다.

"개인주의는 성숙하고 평온한 감정으로서 이것은 사회의 각 구성원들로 하여금 스스로를 그의 대다수의 동료들과 유대관계를 단절시키게 하고 또한 그의 가족들과 친구들과도 단절하게 만들며 그 결과 그가 자신의 조그마한 동심원을 형성한 이후에는 기꺼이 사회를 떠나버린다."[564]

개인주의를 고립주의의 의미로 사용하고 있다. 시민들의 상호의존성의 단절을 말한다. 개인주의는 개탄스럽고 그래서 거부해야 할 태도였다. 이는 기존의 귀족적 전통사회가 붕괴하고 평등사회로 전환되어 등장할 현상으로 보았다. 역사적 문화적 연고관계도 없다. 유대감, 우정, 사랑도 고갈되어 있다. 공유된 전통과 문화, 공동으로 지키는 행동규칙도 없다. 공적인 덕목은 고갈되어 공적인 것은 남의 것인 양 취급하는 것이다.[565]

급진적 개인주의를 원자적 개인주의라는 의미로 사용하여 오늘날 자유주의를 비판하는 단서로 이용한다. 이런 비판에 영향을 미친 것은 토크빌이었다. 정치적 무관심을 불러온다는 것이 그가 본 민주주의의 위험성이다. 정치적 무관심은 국가권력에 대한 대항력의 상실로 이어져 정치적 독재를 부른다는 것이다. 개인의 정치적 무관심, 무력감, 정치적 의미의 상실 등을 불러와서 국가권력에 순종·굴복·아부하는 등, 우리는 스스로를 "노예상태"로 인도한다고 토크빌은 경고한다.[566] 급진적 개인주의는 전체주의의 길이라는 것이다.

다른 한편 전제정치도 인간들이 서로 연결되는 것보다 고립되어 있기를 바란다. 자기 자신 이외에는 어느 누구도 타인들에게 동정심

564) Tocqueville(1848/1995: 667~8) 한글판 번역을 필자가 정정했다

565) 위의 책 667

566) 위의 책 890

우정 협력관계를 갖지 않기를, 시민들이 서로 고립되기를 바라는 것이 독재자다. 따라서 전제정치가 만들어 내는 악덕은 평등에 의해서 생기는 악덕과 일치한다.[567]

토크빌은 복지국가가 저주받을 것이라고 예측했다. 복지국가에는 시민들의 위에 서서 행복을 보장해주는 척하면서 그들의 운명을 감시하는 온정적인 거대한 권력이 숨어 있다.[568] 국가권력은 사람들을 어린애 취급하고 행복을 명분으로 사람들의 삶의 방향을 지시하고 재산의 세습을 규제한다. 인간을 가치 없는 일개 행위자 또는 언제든 조작이 가능한 숫자에 불과한 것으로 취급한다.

자유주의가 중시하는 신분평등이 초래하는 것이 인간의 원자화 고립화라면 이는 문제가 크다. 자유주의가 독재를 부르기 때문이다. 그러나 그 같은 의미의 개인주의를 하이에크는 가짜 개인주의라고 말한다.[569] 경제학에서 말하는 호모 에코노미쿠스다. 뒤에 가서 설명하겠지만(451~457쪽) 토크빌이 미국사회에서 새로운, 진짜 개인주의를 발견한 것이다. 사회 속에서 배우면서 성장하는 인간이다. 이는 외롭지도 고립되어 있지도 않다. 인간은 혼자 살 수 없기에 가족, 마을, 종교공동체, 취미그룹, 친목·자선단체 등 정치와 독립적인 다양

567) 위의 책 671

568) "보호하는 거대한 권력이 군림하게 되는데 이 권력은 이들을 만족스럽게 해주고 또 이들의 운명을 감시해 주려고 나선다. 이 권력은 절대적이며 세심하며 절도가 있으며 신중하고 그리고 유순하다. 만약 그 목적이 인간으로 하여금 성인으로서의 능력을 준비하게 하는 데 있다면, 그것은 양친의 권위와 마찬가지일 것이다." Tocqueville(1848/1995: 889)

569) Hayek(1848/1995) 이 책의 제1장 개인주의: 진짜와 가짜(한글판 허와 실)

한 연합을 형성한다. 그 속에서 생산적 대화와 안정적인 관계가 형성된다. 이는 급진적 개인주의를 막기 위한 사회문화적 메커니즘이다.

민주주의와 다수의 폭력

과거에는 귀족과 소수의 사람들만이 정치에 참여할 수 있었다. 그러나 민주정치에서는 누구에게나 정치적 참여가 허용된다. 왕의 통치권이 국민에게로 돌아온 것이다. 주민의 계층들은 정치적 영역으로부터 배제되지 않는다. 누구나 참정권이 있다. 이와 같이 정치적 자유의 평등이 보장되는 등 민주체제는 여러 가지 장점이 있지만, 다수의 지배 논리에서 비롯된 결함이 많은 위험한 체제라고 한다. 다수의 지배가 절대적이고 민주정치의 본질이다. "민주국가에서 다수에 대항할 수 있는 것은 아무것도 없다."[570] 다수의 바깥에는 아무것도 없다. 다수의 권력은 행동뿐만 아니라 사람들의 의지나 사상까지도 통제하고 심지어 토론이나 언론까지도 통제한다. 국민주권은 자동적으로 모든 사람들의 자유를 확립·유지하지 않는다.[571]

다수의 지배는 이성이나 정의에 기초한 것이 아니라, 다시 말하면 다수가 내용적 다수가 아니라 단순히 숫자일 뿐이라는 것이 토크빌의 생각이다. 민주주의에서 두 사람을 세 사람에게 종속시키는 데에는 이성이나 정의란 없다. 그래서 민주주의에서 다수의 절대 권력이

570) Tocqueville (1849/1995: 331)

571) 민주주의 폐단에 관한 토크빌의 생각에 관해서는 이용재(2012: 357쪽 이하) 참조.

최대의 위험이다. 자유로운 제도를 붕괴시키고 소수파를 궁지에 몰아넣어 소수파로 하여금 물리적 힘에 호소하게 만드는 것이 다수의 지배다. 다수의 입장에 대해 소수파가 반대하기도 어렵다. 다수파의 분노, 욕설, 비꼬기, 위협 등 때문이다. 그래서 생명, 재산, 자유에 대한 권리가 있지만 심리적 두려움 때문에 행사할 수 없다. 나는 다수파로부터 배제되어 있다. 너는 우리가 아니라 그들이다.[572] 다수파의 정책에 대한 비판의 자유도 소수에게는 의미가 없다.

"어느 한 개인이나 당파가 부당한 대우를 받으면 누구에게 호소할 수 있을까? 여론에 호소하면 여론도 다수로 이루어진다. 입법부에 호소하자면 입법부도 다수를 대표하여 묵시적으로 다수에 복종한다. 행정부에 호소한다면 행정권도 다수에 의해서 임명되며 다수의 수중에서 소극적 도구의 역할을 한다. …배심원은 다수에게 사법사건을 청취할 권리를 부여한 것에 지나지 않는다. 일부의 주들에서는 재판관까지도 다수에 의해 선출된다. 그러나 당신이 불평하는 조치들이 아무리 부당하고 불합리하다고 해도 당신은 가능한 한 그것에 복종

572) 권력자는 "'네가 나처럼 생각하지 않으면 너는 죽는다'라고 말하는 것이 아니라 '너는 나처럼 자유롭게 생각할 수 있고 생명 재산 그리고 모든 것을 누릴 수 있다. 그러나 오늘부터 너는 우리가 아니라 남이다. 너는 시민권이 있어. 그러나 그것은 너에게 더 이상 쓸모가 없다. 네가 시민들로부터 선출되고 싶으면 그들은 너에게 표를 거부할 것이기 때문이다. 네가 존경받고 싶으면, 그들은 너에게 존경을 거부하는 것처럼 행동한다. 네가 계속해서 사람들한테서 산다면 인간적으로 교제할 권리를 상실한다. 네가 죄가 없다고 믿는 사람은 너를 떠날 것이다. 그렇지 않으면 사람들은 그를 회피한다. 평화로 향해가거라. 나는 너를 살려준다. 그러나 죽는 것보다 더 나쁘다."(위의 책 342)

해야 한다."[573]

폭정의 핵심은 다수가 방해받지 않고 입법과 행정을 담당하고 법관을 정하는 등 국가 권력을 통솔할 수 있는 위험이 커진다. 미국에서 언젠가 "자유가 소멸하면 이에 대한 책임은 다수의 전능 때문이라고" 말해도 무방하다고 토크빌은 주장한다.[574] 다수가 정치체제와 여론을 지배하면 다수의 폭정이 성장하기 마련이다. 다수의 폭정이 위험한 것은 그것이 정치영역에서 스스로 성장하기 때문이다. 따라서 결과적으로 다수의 폭력에서 개인의 자유가 더 이상 펼칠 수 없는 상황이 전개된다. 자유의 열정적인 추종자인 토크빌은 통치영역에서 국민의 다수가 모든 것을 행할 권리가 있다는 원칙을 역겹게 생각했다. 모든 국가권력은 다수의 의지에서 도출해야 한다는 원칙은 정당성이 없다는 것이다.

토크빌은 만약 미국에 자유로운 제도가 붕괴된다면 그 원인은 다수의 절대권력 때문일 것이라고 미래를 예측한다.[575] 그는 다수의 권력의 위험성을 말했던 제임스 매디슨을 인용하고 있다. 즉 통치의 목적은 정의이고 이것이 문명사회의 목적인데, 이를 달성하는 과정에서 자유가 상실될 우려를 강력이 주장한 인물이다.

토크빌은 입법부의 폭정이야말로 정말로 두려워해야 할 요소이며 그 다음이 행정권의 폭정이라고 한다.[576] 입법부 권한의 절대성에서

573) 위의 책 338

574) 위의 칙 347~348

575) 위의 책 347

576) 위의 책 348~349

비롯된 다수의 만능은 빈번한 입법과 법 개정을 초래하고 이를 집행하는 행정의 불안정을 초래한다.[577] 그 결과는 경제의 불안과 침체다. 따라서 토크빌은 다수의 절대적 권력을 제한할 장치의 필요성을 역설하고 있다.

"내 의견으로는 합중국의 현 민주제도의 주요한 폐단은 …그 제도의 취약성에 있는 것이 아니라 막강한 그 세력에 있다. 그 나라가 누리는 지나친 자유보다는 폭정을 막기 위한 충분한 보장책이 마련되어 있지 않은 상태가 내가 보기에는 더 경계할 대상이다."[578]

미국사회의 결함은 극단적인 자유가 아니라 폭력을 막아낼 안정장치가 없다는 점이다. 민주사회의 문제는 국민주권과 다수결 원칙이 절대적이어야 하는가가 아니라 어떻게 절대적 권력을 실제로 제한할 수 있는가의 문제다. 왜냐하면 권력은 확장·남용이 본질이기 때문이다.

결과에 대한 평등주의는 노예로 가는 길

토크빌은 사회의 평등화 경향은 움직일 수 없는 섭리적인 사실이

577) 위의 책 334

578) 위의 책 338

라고 한다.[579] 역사책을 훑어보면 생활조건의 평등을 증진시키지 않는 것은 거의 없다고 한다.[580] 귀족은 사다리에서 걸어 내려갔고 평민은 올라갔다. 그들의 위치는 서로 접근할 것이라고 한다. 그러나 평등을 실질적 평등, 즉 분배평등 또는 기회평등을 뜻한다면 문제가 달라진다. 그는 그 같은 평등주의를 발전의 엔진으로 여기는 것을 반대했다. 그가 프랑스 혁명을 반대했던 것도 실질적 평등이라는 의미의 평등주의로 이끌어간 민주주의 때문이었다. 그는 자유와 평등을 혼합한 제3의 길도 믿지 않았다. 자유와 평등은 서로 다른 가치, 서로 동거할 수 없는 가치이기 때문이다. 자유와 평등사이에는 서로 갈등만이 있을 뿐 합치가 없다고 믿었다. 평등은 자유에 대해 적대적이라고 생각했다. 그래서 서두에서 언급한 바와 같이 토크빌이 평등주의자라는 스티글리츠의 주장은 틀렸다. 토크빌은 평등보다 자유를 우선시했다. 평등은 결국에는 노예로 끝난다는 것이 그의 확신이었다. 평등주의는 최악의 폭정을 불러오고 사적 소유의 정당성을 무시한다. 그래서 그것은 국가의 침해를 막는 마지막 보루를 파괴한다고 목소리를 높였다.

많은 사람들은 평등을 확립할 경우에 얻으리라고 희망하는 편익

579) 위의 책 63. "따라서 평등원칙의 점진적인 전개는 섭리적인 사실이다. 그 원칙에는 다음과 같은 사실들의 모든 중요한 특징들이 담겨져 있다. 즉 그것은 보편적이고 지속적이며 끊임없이 인간의 모든 간섭을 회피한다."

580) 위의 책 62. "700년 전 프랑스의 영토는 소수의 사람에게 나누어져 있었고 그들 가문은 토지의 소유자들이자 동시에 주민의 지배자들이었다. 통치권은 세대에서 세대로 가계 세습되었다. 인간이 인간에게 행사할 수 있는 유일한 수단이 힘이었으며 토지재산이 유일한 권력의 원천이었다."

들은 알지만 그것이 수반하는 위험성을 지적한 사람을 드물다. 주의력이 깊고 통찰력이 뛰어난 사람만이 평등이 우리를 위협하고 있는 그 위험을 인식할 수 있는데, 그러나 그들은 보통 그것을 지적하기를 싫어한다.[581] 평등주의가 심각한 문제가 있음에도 왜 사람들은 자유보다 평등을 더 사랑하는가? 평등과 자유가 제각기 주는 장단점에 대한 상이한 인지 때문이라는 것이 토크빌의 답이다.

"자유에서 얻어지는 이득은 시간이 경과해야만 나타난다. 그래서 언제나 그것이 발생하는 근본원인을 잘못 이해하기 쉽다. 평등에 의한 이익은 즉각적이다. 그래서 그것은 언제나 그 원천에서 추적할 수 있다. …평등주의가 산출하는 악은 서서히 노출된다."[582]

흥미롭게도 토크빌의 생각은 그와 동시대의 천재로 알려진 프레데릭 바스티아의 "보이는 것과 보이지 않는 것"의 논리와 다르지 않다. 이미 앞에서 설명했듯이 바스티아는 국가정책이 가져오는 보이는 효과에만 집착하고 보이지 않는 것은 무시하는 경제학을 사이비 경제학이라고 말한다.[583](87~88쪽 참조) 바스티아의 논리는 합리적인 경제정책의 장애가 무엇인가를, 특히 왜 경제적 자유가 필요한가를 말해준다 평등주의에 대한 토크빌의 공포심은 그의 저서 미국 민주

581) 위의 책 665

582) 위의 책 665

583) Bastiat(1964/1997: 17~19)

주의 곳곳에서 표현하고 있다. 민주주의 사상이 정치에 미치는 영향을 논의한 제4부 제1장에서 그는 다음과 같이 말하고 있다.[584)]

"무정부상태는 민주주의 시대에 두려워해야 할 첫 번째의 해악이 못되고 가장 하찮은 해악에 불과하다고 생각한다. 왜냐하면 평등의 원리는 두 가지 경향을 야기하는데 그 하나는 인간으로 하여금 곧바로 독립상태로 이끌면서 무질서상태로 몰아넣은 것이고 또 다른 하나는 노예상태로의 길을 열어놓기 때문인데, 이 노예상태로의 길은 시간이 오래 걸리고 잘 모르게 나타난 것이긴 하지만 확실한 것이다."

평등에 대한 사람들의 열정은 열렬하고 지칠 줄 모른다. 그래서 심지어 자유 속에서 평등을 부르짖는다. 그들은 평등을 얻을 수 없으면 노예 속에서도 평등을 요구한다고 한다.[585)] 노예상태가 불평등 또는 귀족주의보다 좋다는 뜻이다. 노예라고 해도 평등하기만 하면 좋다고 믿는 것이 평등주의라고 토크빌은 개탄한다.

토크빌에 뒤이어 지난 세기에 사회학자 랄프 다렌도르프, 철학자 로버트 노직 그리고 경제학자 프리드리히 하이에크 등 많은 사람들이 자유와 평등(조건의 평등 혹은 결과의 평등)의 관계를 비판적으로 검토하면서 그들은 서로 충돌한다는 결론에 도달했다. 예를 들면 하이에크는 평등을 추구하는 사회주의는 토크빌의 말대로 "노예의 길"이라고 주장했다. 법 앞의 평등과 실질적 평등을 동시에 성취할 수 없

584) Tocqueville(1848/1995: 859)

585) 위의 책 667

다. 자유가 요구하는 법 앞의 평등은 실질적 불평등을 낳는다.

"보다 균등한 또는 공정한 분배를 얻기 위한 강제의 사용을 반대한다고 해서 그러한 분배를 바람직한 것으로 여기지 않는다는 것을 뜻하지 않는다. 자유사회를 유지하기 위해서는 특정목적의 바람직함이 강제사용의 충분한 이유가 될 수 없다."[586]

토크빌에게 불평등은 발전의 추진력이다. 부를 생산하고 창출할 인센티브를 제공하는 것이 불평등이라고 한다. 이는 혁신을 위한 경이로운 힘이다. 자생적으로 형성되는 불평등에 관한 토크빌의 생각은 두 가지다. 첫째로 사유재산, 결혼, 가족, 유산상속과 같은 제도는 인간의 깊은 정서와 감정에 뿌리 박혀 있다. 인간은 그런 제도와 독립적일 수 없다. 그런 제도의 철폐는 인간존엄의 파괴다.

둘째로 평등은 민주주의를 창출하기에는 유익하지만 위험이 매우 크다. 인간의 마음속에 평등에 대한 강렬한 취향이 있지만 그것은 약자로 하여금 강자를 자기 수준으로 끌어 내리려는 힘이 있다는 것이 토크빌의 탁월한 통찰이다. 따라서 우리가 주목할 것은 사회적 과정의 결과를 수정하는 평등이 아니라 절차적 평등이다. 이것이야말로 귀족사회의 신분적 차별이 없는 경제적 자유의 평등이다.

복지는 자선단체 또는 시민사회가 다룰 문제이지 국가가 다룰 문제는 아니라고 토크빌은 주장한다. 전자가 다룰 때에는 주는 사람과 받는 사람 사이에 도덕적 끈이 형성된다. 그들 사이에 결속과 유대감

586) Hayek(1960/1996: 153)

이 형성된다. 주고받는 것이 비밀리에 시행된다. 반면에 국가의 복지는 도움을 받을 권리의 소유를 전제한다. 시혜가 아니라 권리는 하나의 규칙이다. 어느 한 사람의 권리는 타인들에게는 그 권리를 충족해야 할 의무가 있다. 그 의무는 적극적이다. 그런 권리가 지배하는 사회에는 사람들이 가난하게 될 인센티브가 형성된다. 범죄나 악에 빠지거나 일하기 싫어한다. 자신의 처지를 개선할 용기가 상실된다. 토크빌의 이런 예리한 비판은 현대사회에 적용될 수 있는 엄연한 사실로 인정해도 된다.

3) 헌법을 통한 자유의 보호

무제한의 권력은 본래 사악하고 위험하다는 점은 자유주의자들이 늘 강조했던 것이다. 토크빌도 그런 위험성을 보았다. 인간에게 무제한의 권력을 분별 있게 행사할 능력이 없다는 것이다. "절대적 지배를 행사할 수 있는 권리와 수단"이 귀족정치나 민주정치건 공화정이건 어느 권력에 부여되든지 간에 거기에는 "폭정의 씨앗"이 숨겨있다.[587)]

민주주의는 급진개인주의, 민주주의 독재 그리고 다수의 횡포를 초래했다. 그 결과는 치명적이다. 자유의 억압 그리고 노예상태로 우리를 이끌어간다는 것이 민주주의에 대한 토크빌의 경고였다. 그런 민주주의의 치명적 결과는 경제적으로 우리 모두는 궁핍에 허덕일

587) Tocqueville(1848/1995: 337)

뿐이라는 점이다. 따라서 중요한 것은 민주주의의 위험을 막아서 자유와 권리를 보호할 사회적 정치적 장치가 필요하다. 헌법이라고 부르는 그 장치를 토크빌은 어떻게 다루고 있는가?

사회 · 문화적 보호 메커니즘

토크빌이 이해한 개인주의는 동료 대중으로부터 스스로를 멀리하고 가족과 친구와 함께 스스로를 분리하려는 감정이다. 개인주의는 시간이 지남에 따라 위협적이다. 시민들에게 상호의존성을 단절시킨다.[588] 이런 인간상을 토크빌은 반대한다. 첫째로 인간은 본래 반(反)사회성을 특징으로 한 피조물이 아니다. 둘째 사회성을 강화하는 장치로서 종교의 역할을 강조한다.

셋째로 공공연합, 즉 시민사회의 형성도 원자적 인간을 부정하고 사회적 인간을 강조할 중요한 이유다. 따라서 인간은 극단적 개인주의를 극복한 진짜 개인주의를 특징으로 한다. 토크빌은 미국사회에서 그런 '새로운 개인주의'를 발견했다. 그에게 인간은 분열되어 존재할 수 없고 사회 속에서 배우면서 성장하는 인간은 외롭지도 고립되어 있지도 않다는 것이 미국인을 본 토크빌의 확증이었다. 인간은 혼자 살 수 없기에 다양한 연합을 형성하고 그 속에서 생산적 대화와 안정적인 관계가 형성되고 우리의 정신과 도덕도 개선한다는 것이다. 그런 과정에서 조잡한 이기심도 계몽된 이기심으로 변화된다는 것이다.

588) 위의 책 667~668

〈표-3〉: 가짜 개인주의 vs. 진짜 개인주의

가짜 개인주의	진짜 개인주의
구성주의적 합리주의	진화론적 합리주의
데카르트, 벤담, 밀, 롤즈	흄, 스미스, 몽테스키외, 하이에크
고립된, 이기적, 합리적 인간관	사회적, 진화적 인간관
명령지시에 의한 인위적질서(조직)	정의의 규칙을 통한 자생적 질서
미래를 미리 정해놓는다	미래는 열려있다.
프랑스 계몽주의 전통	스코틀랜드 계몽주의 전통

토크빌의 이런 저런 생각을 담은 것이 『미국의 민주주의』 제2권 제2부인데, 민주주의가 미국인의 감정에 미친 영향을 논하면서 가짜 개인주의를 극복하는 사회문화적 메커니즘을 설명하고 있다.[589] 그 메커니즘의 핵심 내용을 요약할 것이다.

(1)사회적 인간: 훨씬 현실적인 인간은 원자적이 아니다. 데이비드 흄, 애덤 스미스 등 스코틀랜드계몽주의자들이 발견했듯이 인간은 극도로 합리적이지도 않고 효용극대화도 아니다. 인간은 제도적, 사회적 환경의 산물이다. 개인들이 가진 진정한 이해관계는 인간역량의 개발과 이용과정에서 형성된다. 선호, 취향 등은 정치적, 사회적 과정에서 비로소 형성된다. 특히 종교, 도덕, 문화는 인간들의 선호를 형성하는 데 중요한 역할을 하고, 이들이야 말로 자아와 자신의 삶의 목적을, 좁게는 이해관계를 형성하는 데 결정적인 역할을 한다.

사람들은 상호의존적이다. 평등한 자유는 인간들의 상호의존성을 가능하게 하는 요소다. 상호의존관계의 유익한 결속을 유지하는 사

589) 위의 책, 제2권 제2부 제5장에서부터 11장까지 참조

람들에게만이 시장에서 성공할 수 있다는 것도 토크빌은 잊지 않았다.[590] 가족, 공적인 삶, 도덕단체, 종교단체, 교회, 상공단체 등 정치와 독립적으로 형성된 자발적 연합에 의해 촉진되는 생산적인 상호의존성이야말로 혁신과 기업가정신의 원천이다. 어느 한 논평자의 말대로 "깊은 연합적 결속과 건전한 상호의존이 없으면 상업정신도 위축되고 장사하는 사람들이 일상생활에서 함께 하는 버릇을, 타인들과 결속하는 버릇을 배우지 못하면 문명 그 자체를 위태롭게 한다."

토크빌이 미국에서 발견한 개인주의는 애덤 스미스에 가장 근접한 인간관을 전제하고 있다. 인간은 사회 속에서 성장한다. 인간들이 고립적일 수 없는 이유는 상업문화를 뒷받침하는 필수적 법과 제도뿐만 아니라 도덕적 문화적 요소와 결부되어 있기 때문이다. 토크빌에게 법이나 제도 중 그 어느 것도 압도적 자리를 차지하지 않는다. 사람들의 사회적 습속과 관습은 상업의 성격을 위해 매우 중요하다. 우리로 하여금 경제생활을 유지할 수 있게 하는 깊은 기반이다.

애덤 스미스나 토크빌에게 가족, 공공서비스, 자발적 연합, 유익한 상호의존성 속에서 모두 상업에 필요한 관습이나 습관을 개발할 수 있다. 그러나 장사하는 사람들이 일상생활에서 함께 할 상관습이나 습관을 배우지 못하면, 논평자가 말했듯이 "가족 밖의 어느 누구도 그런 사람을 도와주지 않는다. 이런 공백을 채우기 위해서 그들은 강력한 사람이나 국가에 의존한다. 이는 자유의 상실과 독재를 부를 뿐

590) 위의 책 , 676: "정치적 목적과는 아무런 관계가 없이 -아메리카인들은 끊임없이 결사를 조직한다."

이다.”

(2)종교관과 진짜 개인주의: 토크빌은 자유 사회의 안정과 유지를 위한 종교의 유용성을 인정하면서 기독교를 극단적 개인주의 성향을 완화하기 위한 수단으로 이해하고 있다. 기독교 복음서는 “정치적 강령”의 역할을 하는 코란과는 달리 “신과 인간 및 인간 상호간의 일반적 관계에 관해서만 이야기하고 있다”는 이유에서다.[591]

기독교는 타인들에 대한 의무감을 내면화하고 극단적 개인주의 행동에 대항하여 싸우는 “민주화 시대의 중요한 동맹자”라는 것이 토크빌의 견해다. 기독교는 첫째로 공적 활동을 위한 충분한 공감을 보장하고 “마을 공동체와 사회를 고려하도록” 인간행동을 조종한다. 둘째로 기독교는 개인들로 하여금 자신들의 지적 한계를 의식하게 하고 개인의 “자기과장과 신격화”를 막는 중요한 역할을 한다.[592] 세 번째로 기독교는 시장사회의 발전을 야기한 중요한 정신적 요소를 육성하는 역할을 했다. 미국의 일반인들에게 기독교 신앙은 매우 중요했다. 그들은 기독교로부터 자제력, 자기 책임, 근면과 절약, 노동윤리를 배웠다.[593]

사회를 위해 뜻을 같이 하는 사람들끼리 모여 소규모 조직을 만드

591) 위의 책 585

592) Wilke(2010: 14), Kessler(1977: 142)

593) Vorländer(1997: 113~114). 막스 베버가 갈파했듯이 자본주의 윤리가 자본주의 발전을 더욱 더 촉발시켰다. 생산적 활동을 미덕으로 여긴다.

는 버릇, 공동의 일에 참여하는 버릇, 낙관과 자신감, 이런 것들이 무제한적 이기심을 억제하는 도덕과 도덕적 사회화 과정을 창출했다. 토크빌이 미국을 여행하면서 미국사회는 "누구나 돈벌이를 위해 일하고," "노동을 영광으로" 생각하는 것을 목격했다.[594)]

⑶결사단체: 개개인의 시민이 개인의 국가에 의존하지 않고 우리끼리 공적 문제를 해결하겠다는 공동체정신을 구현한 것이 "공공결사",[595)] 즉 오늘날의 시민사회다. 시민과 국가사이에 존재하는 민간조직의 형성을 통해서 국가의 비대화를 막을 수 있다. 토크빌이 평등한 미국사회에서 발견한 것은 다양한 종류의 시민사회와 미국인들의 공공정신이다 모든 사람들이 참가할 수 있는 상공단체, 도덕단체 등이다 정부에 손을 벌리지 않고 뜻을 같이하는 사람들끼리 기부를 통해서 공공복지를 실행하거나 도서관 건립, 학교세우기, 병원을 짓기 등을 위해서 결사를 구성한다.

"어떤 새로운 사업을 시작할 때 프랑스에서는 정부기관을, 영국에서는 귀족을 보는데 반하여 아메리카합중국에서는 어떤 민간단체를 틀림없이 발견하게 된다."[596)]

신분적 평등 또는 법 앞의 평등이라는 의미에서 "지상에서 가장

594) 민경국(2014: 70)

595) Tocqueville(1848/1995: 676)

596) 위의 책 676

민주적인 국가는" 혼자서 해결할 수 없는 욕구충족의 목표를 "공동으로 추구할 수 있는 기술을 완벽하게 발휘하고" 있다. 이는 결코 우연한 결과라기보다는 자유의 결과다. 그런 결사단체의 존재야말로 자유사회의 진정한 모습이다. 자유는 인간을 이기적으로 만드는 것이 아니라 유덕하게 만든다. 어느 한 논평자의 주장처럼 "독립적인 시민사회가 없이는 전반적으로 자유의 상실을 초래한다. 자유는 분권화를 통해서 가능하다." 이런 분권화의 구현이 국가와 독립적인 제3섹터의 존재이다. 분권화는 입법, 사법, 행정의 공식적인 권력분립 또는 공식적인 지방분권화만을 의미하는 것이 아니다. 정치적으로 독립적인 다양한 결사들의 존재를 통한 국가권력의 제한 또는 국가 과제의 축소, 이것은 비공식 권력분립에 속하지만, 공식적 권력분리보다 효과적으로 자유를 보호하는 장치이다. 공식적 권력분립은 형식에 지나지 않을 수도 있기 때문에 효과가 적다.[597]

미국의 공공정신을 예찬한 토크빌 사상을 계승하고 미국사회의 기부문화와 자본주의 정신을 일깨우기 위해 1984년에 설립한 것이 '토크빌 소사이어티'다. 1년 1만 달러 이상을 기부하는 회원이 빌 게이츠를 비롯하여 수만 명으로 구성된 거대한 자선단체다.

토크빌과 스코틀랜드계몽주의

597) 제3섹터의 중요성에 관한 논의에 대해서는 민경국(2007: 417), 그리고 민경국(2013)

토크빌은 여러 가지 관점에서 데이비드 흄, 애덤 스미스 등 스코틀랜드계몽주의에 가깝다. 주목할 것은 인간관이다. 필자가 토크빌에 대해서 다른 장소에서 설명한 바와 같이[598] 토크빌이 미국 방문에서 놀랐던 것은 선조들이 오랜 역사적 과정을 거쳐 자유로이 개발하여 전수한 종교나 전통, 법과 권리 등, 그런 자생적으로 형성된 것들을 존중하는 미국인들의 모습이었다. 그런 것들은 자유를 침해하는 게 아니라 자유의 산물이요, 자유사회를 유지하기 위해서 필수적이라는 것이 토크빌의 인식이다.

미국인들의 낙관, 자신감, 공동체감 등이 무제한적 이기심을 억제하는 도덕과 도덕적 사회화 과정을 창출했고, 이것이 시민정신을 고양시켜 이기적이고 '원자적' 인간을 극복했다는 게 토크빌의 미국문명 해석이다. 그가 직시했던 건 그런 문명을 가능하게 한 미국인들의 자유의 사랑과 존중이었다. 삶을 스스로 책임지고 국가나 남의 도움을 받으려고 하지 말라는 가르침이 미국의 개인주의 핵심이라는 토크빌의 설명도 탁월하다. 미국인들은 공동체 정신도 없고 오직 물질만 챙기는 이기적 인간이 결코 아니라는 것을 입증하는 사례들을 볼 때마다 자신의 눈을 의심한 게 한두 번이 아니라고 실토한다.

흥미롭게도 토크빌은 공동체 정신으로 무장된 계몽된 이기심, 전통과 종교, 관습과 같은 자생적 질서, 제한된 정부 등으로 자신의 사상을 개발하고 있다. 이는 이기심과 합리성, 원자적 인간을 전제한 프랑스(대륙) 전통의 자유주의와는 다르다는 것을 직시할 필요가 있

598) 민경국(2014: 69~72)

다. 그 대신에 애덤 스미스 등, 영국 전통의 자유주의를 계승·발전시키는 데 매우 큰 기여를 했다.

자유의 정치·제도적 보호메커니즘

독재를 막아서 자유를 보호하기 위한 메커니즘을 정치적 그리고 제도적 차원에서 찾을 수 있다. 첫째는 정치적 무관심에서 등장하는 민주적 독재를 막기 위한 제도로서 마을 공동체 또는 타운 자치제도다. 두 번째는 다수의 독재를 막기 위한 제도적 장치다.

(1)독재를 막기 위한 자치제도: 토크빌은 민주 사회에서 행정독재의 위험을 보았다. 이것은 특히 시민들의 정치적 무관심에서 나온 것이다. 그런 무관심은 개인의 권리와 자유에 대한 시민들의 경시풍조에서 나오는데 그것은 다원적인 정치문화의 붕괴를 불러온다.[599] 이것이 그가 정치적 제도적 구조를 창출해야 한다고 주장했던 이유다.[600] 그런 구조의 목적은 국민이 정치적 이해관계 또는 정치적 선호를 의식적으로 인지하고, 확실하고 구체적으로 그런 선호를 형성하도록 도움을 주는 데 있다. 예를 들면 자유 또는 권리의 중요성에 대

599) Tocqueville(1848/1995: 898~899): "민주국가에서 개인의 권리는 아무런 양심의 가책이나 후회가 없이 침해되는 일이 많다.…민주국가에서 "국민에게 극히 적은 양 밖에 남아 있지 않은 이 개인의 권리를 유지 방어하는 일이 아주 절실히 요청되는 바로 이때, 그것에 별로 애착을 느끼지 않고 있는 것이다."

600) 위의 책 899"따라서 인간의 자유와 존엄의 진정한 동반자들이 정치권력의 개인적 권리침해를 막기 위해 경계심을 가져야 할 때는 바로 현재의 민주주의 시대이다."

한 학습을 가능하게 하는 제도적 틀이다. 그러나 그런 중요성을 시민은 이론적 교육을 통해서 얻는 것이 아니라는 것이다. 오히려 시민은 사회경제적 삶과 정치적 참여를 통해서 권리와 자유의 중요성을 배웠던 것이다. 이것이 토크빌의 경험주의적 견해다. 그런 제도가 미국 특유의 타운 제도(township)와 집회라고 토크빌은 강조한다. 이는 중앙정부와 전적으로 독립적이다.

"자치제도들은 자유로운 민족들의 세력을 형성한다. 타운 집회가 자유에 대하여 갖는 관계는 초등학교들이 학문에 대하여 가지는 관계와 같다. 타운 집회에서는 자유가 주민들의 손이 닿는 범위에 들어 있게 되며 그런 집회는 사람들에게 자유를 어떻게 사용하는가, 그리고 어떻게 누리는가를 가르쳐준다. …자치제도가 없이는 자유정신을 가질 수 없다." [601]

타운과 같은 자치적 마을공동체는 인간들에게 자유의 정신을 전달하고 동시에 그들에게 자유의 평화로운 이용을 가능하게 한다. 분권화된 정부구조에서 시민들은 자신의 행동결과를 직접 추적하고 자신의 행동에 대한 책임의식을 개발한다.[602] 자치의 자주성은 주권재민 원칙의 자연스런 결과라는 것도 토크빌의 탁월한 경험주의 인식이다. 미국의 민주공화정을 유지시켜주는 주요 원인도 "법률 보다는 관습

601) 위의 책 121

602) 위의 책 125

이 큰 기여를 했다"는 토크빌의 인식도 그의 경험주의 소산이다.[603)]

주지하다시피, 기술된 공동체 자유는 20세기 사회주의의 참여개념과는 전적으로 다르다는 것을 직시할 필요가 있다. 이것은 인위적으로 만든 것이다. 그것은 지방관료와 연합하여 나누어 먹는 제도다. 이것이 구성주의적 합리주의의 치명적 결함이다. 그러나 "타운 정신은 내면화된 특정한 정치문화"를 의미한다. 이것은 정치적 사회적 삶에 참여하기 위한 "고정된 버릇과 선호, 사고·행동방식"이다.[604)] 그 원천은 인위적이 아니라 자생적이다. 주민들이 자신의 목적을 추구하는 과정에서 그런 문화적 가치들이 의도 없이 생성되고 내면화하여 타운 자치의 분권적 구조가 형성된 것이다. 결과적으로 독재가 들어설 토대의 형성을 애초부터 차단하게 된 것이다. 자치제도의 존재 이유는 다음과 같은 보편적으로 인정되고 있는 원칙이라는 것도 토크빌의 탁월한 경험주의적 인식이다.[605)]

"모든 사람들은 자기 자신의 개인적인 이익에 관한 최선의 유일한 판단자이며 어떤 사람의 행동이 공동의 이익에 배치되지 않거나 공동의 이익이 그 사람의 도움을 요구하지 않는 한, 사회에는 그 사람의 행동을 규제할 권리가 없다."

603) 위의 책 401

604) Wilke(2010: 15)

605) 위의 책 125

(2)다수의 폭정을 막을 법의 정신: 법률 위헌심사, 사법부의 독립 등 다수의 폭력을 막을 수 있는 장치는 다양하게 진화되어 왔다. 그들 중에서 토크빌이 중시한 것은 법의 정신이다. 그밖에도 공적 삶의 문제를 촉진하기 위해서 형성된 자유로운 정치적 연합 등을 들 수 있다.[606] 그런 장치들 중에서 주목을 할 것은 '법의 정신'이다.

앞에서 설명한 바와 같이 사람들에게는 평등에 대한 열정이 존재하고, 이를 바탕으로 민주적 의사결정을 통해서 열정적인 개혁이 수반된다. 입법과 법 개정이 빈번하다. 이런 과정에서 다수의 독재가 초래된다. 따라서 중요한 것은 이런 행동을 막아서 입법자가 열정의 노예가 되지 않고 다수를 대표할 수 있는 방법이다.

그 방법이 '법의 정신'이라고 한다.[607] 법의 정신이란 몽테스키외가 규정한 것처럼(393쪽, 각주 491) '한 사회의 법의 내용을 결정하는 요인'과는 다르다. 토크빌에게 법의 정신이란 질서 또는 규칙성, 질서정연한 사고를 뜻한다. 사회적 문제를 공정하게 처리해야 한다는 심성, 정의의 실현 정신 등을 뜻한다. 예를 들면 입법과 관련하여 법치의 적용(특혜, 차별이 없는 입법)도 법의 정신을 구성하는 중요한 내용이다. 이런 법의 정신이야말로 하이에크가 말하는 헌법적 원칙으로서 정의로운 행동규칙과 같다.(524쪽)

토크빌은 그런 정신을 통해서 입법의 횡포, 대중민주주의의 횡포

---

606) 위의 책 351~367

607) 위의 책 352. 정확이 말해서 "법관의 정신"을 말한다. 이에 관해서는 Wilke(2010: 16)을 참고할만 하다.

를 막을 수 있다고 믿고 있다. 법의 정신과 민주정신의 연결이 매우 유익하다고 믿었다.[608] 법률가정신을 배심제도를 통해 시민들에게 배양하고, 그들도 사회적 문제를 공정하게 처리해야 한다는 심성을 형성하고, 그들에게 책임감을 교육하고, 교육을 통해서 시민들이 다수의 폭력 앞에서 소수를 보호하는 정의감을 가질 수 있다.[609]

⑶국가권력을 제한하는 연방헌법: 토크빌은 미국 민주주의의 제8장에서 연방헌법을 다루고 있다. 그는 헌법의 두 가지 목적에 비추어 미국의 헌법을 검토하고 있다. 첫째는 다수의 폭정을 완화하고 둘째로 도덕적으로 책임 있는 자유를 보호하는 것이다. 미국헌법을 제정한 사람들은 다수의 지배는 제한해야 한다는 원칙에 기초하여 공화주의헌법을 만들었다는 것을 인정한다.

토크빌은 입법, 사법 그리고 행정 등, 삼권의 견제와 균형, 분권적 연방주의, 지방자치, 그리고 강하고 독립적인 사법부 등, 제도적 메커니즘을 뜻하는 영국적 전통의 '헌법주의'가 미국헌법에 구현되어 있다는 것이다. 그들은 모두 개인의 자유를 보호하고 정부권력을 제한하기 위한 헌법적 장치다. 국가권력을 제한하는 제도로서 토크빌이 중시했던 헌법장치는 흥미롭게도 하이에크가 주헌법들의 권리장

608) 위의 책 356: "법률업이라는 직업은 …폭력을 통하지 않고서 민주주의 요소들과 접합할 수 있고 또한 그 요소들과 유익하게 항구적으로 결합할 수 있는 유일한 요소다."

609) 위의 책 360~367

전들을 비롯하여 권력분립, 사법심사제 등,[610] 미국헌법이 민주정부라도 정부의 권력은 제한해야 한다는 헌법주의에 기여했던 헌법적 장치와 동일하다.

4) 토크빌의 자유주의와 헌정사상

토크빌의 저서 미국민주주의는 "좋은 정부란 우리가 바라는 것을 할 수 있게 하고 우리가 소유하고 있는 것을 평화롭게 이용할 수 있게 하는 정부"라는 선언문이다. 소득의 급격한 증대와 빈곤의 해소 등, 성장하고 번영하는 미국사회의 힘의 원천은 자유시장과 분권화, 제한된 정부를 핵심으로 하는 자유주의라는 것이다.

토크빌은 미국의 자유주의에서 인류 번영의 강력한 힘을 보았다. 자유를 사랑하는 미국이 세상에서 가장 밝은 희망이라고, 그래서 인류의 미래는 미국에 달려 있다는 말로서 미국여행의 끝을 맺는다.

할아버지와 부모가 폭정의 제물이 되는 등, 독재체제에 대한 소름끼치는 일을 겪은 토크빌이 프랑스 사회가 갈 길은 무제한적 민주주의가 아니라 자유주의를 보호하는 제한된 민주주의라고 선언하면서 모국에 필요한 것은 자유주의에 대한 비전이라고 믿었다. 26세의 젊은 토크빌이 미국에 도착하자마자 목격한 것은 신분에 따른 법적 특권, 차별이 없는 수평적 사회였다. 그가 본 것은 신분사회도 아니었

---

610) Hayek(1960/1997: 307~339)

고 계약사회로 표현할 수 없는 신분평등의 사회였다. 어느 누구도 어느 집단도 다른 사람의 신분을 결정할 권리가 있어서는 안 된다는 것이 미국의 정의였다. 토크빌은 특권이나 신분적 차별이 없다는 의미의 평등이 지배하는 사회가 진정으로 자유주의의 참모습이라는 확신을 갖게 되었다.

미국 기업들이 자유로이 이윤 추구에 몰두하는 모습이 통제와 간섭의 경제만을 보아온 그 프랑스인에게 처음에는 신기했다. 그가 미국의 자유경제에서 발견한 것은 미국인들의 기업가정신이었다. 모험심과 혁신을 통해 자신의 삶의 조건을 개선하려는 부단한 노력, 거래를 통해서 자신의 부를 증진하기 위해 분주하게 활동하는 모습이 젊은 토크빌에게는 참으로 아름답고 숭고하게 보였다. 상업은 인간을 독립적으로 만들고 인격에게 숭고한 의미를 부여하는 것, 스스로를 타인들에게 유익하게 만드는 것을 의무이자 자신의 관심으로 여기는 것도 상업이라는 것이 시장에 대한 그의 윤리적 인식이다. 자유로운 미국사회에서 신분상의 평등이 존재하기에 일을 사랑하는 사람이라면 누구나 삶을 개선할 수 있었고 부자도 될 수 있었다.

자유가 얼마나 소중하고 가치가 있는가를 우리에게 알려주는 데 그친 것이 아니다. 토크빌은 공동체 정신으로 무장된 계몽된 이기심, 전통과 종교, 관습과 같은 자생적 질서, 제한된 정부 등 자유를 실현하기 위한 헌정질서도 가르쳐 주었다. 그의 사상의 영향은 처음에는 대단히 컸지만 19세기 말 이후에는 잊혀갔다. 사람들은 비스마르크의 등장으로 미국이 미래를 장악하리라는 그의 예측이 빗나갔다고 여기고 독일이 주도권을 장악했다고 믿었기 때문이다. 비스마르크는 사회주의를 수용하고 현대적인 복지국가를 최초로 확립하여 세계의 눈은 독일의 리더십을 바라보고 있었다.

20세기에 들어오면서 인류를 구원하리라는 믿음으로 사회주의는 전 세계로 뻗어갔다. 자유주의는 몰락했다. 토크빌의 사상은 흔적도 없이 사라지고 말았다. 그러나 사회주의는 공산주의, 파시즘, 나치즘 등 가혹한 폭정을 불러왔다. 그 이념은 20세기 동안 수천만 명의 목숨을 앗아갔다. 복지국가는 조세와 규제로 수억의 인구를 빈곤과 부자유로 속박했다.

이런 상황에서 프랑스의 사회학자 레이몽 아롱은 다수에게 권력을 무제한으로 허용하는 민주주의에 대한 진단과 해법으로서 토크빌 헌정사상의 탁월성을 새롭게 조명한다. 사회주의는 노예의 길이라고 예측하여 적중시킨 하이에크가 20세기 중반에 등장하여 자유를 사랑하는 미국이 인류의 희망이라고 예측한 토크빌을 잠에서 깨운다. 하이에크는 현대사회에서 삼권분립은 실패했다고 선언하면서 자유를 보호하기 위해서는 헌법은 어떤 모습인가를 규명한다. 하이에크의 사상을 다루기 우선 1986년 노벨경제학상을 수상한 제임스 뷰캐넌의 헌정사상을 다루는 것이 의미가 있다.

12. 제임스 뷰캐넌: 계약론적 헌법경제학
- 시장경제, 헌법실패, 그리고 국가헌법

국가를 경제학적으로 분석하는 신정치경제학이 헌법에 관심을 갖게 된 계기는 20세기 중반 이후의 경제상황 때문이었다, 서방국가에서 정부의 지출이 점차 증대해갔다. 20세기 초만 해도 국민소득 대비 정부지출이 15% 내외이던 것이 점차 증가하여 20세기 중반에는 40%를 거처 1980년대에는 50%를 상회하는 등, 국가가 비대해졌다. 복지국가 실현을 위해서였다. 정부의 규제도 대폭 증가되어 생산·무역·금융·노동부문을 비롯하여 모든 분야에서 경제적 자유가 대폭 줄어들었다.

그 결과는 인플레이션, 실업, 저성장, 분배의 왜곡 등 경제가 침체의 늪에 빠졌다. 이는 시장실패에 기인한 것이 아니라 정부실패 탓이었다. 신정치경제학이 고민했던 것은 정부실패의 원인이었다. 그 원인을 헌법이라는 제도의 문제에서 찾았다. 헌법이란 집단적 의사결정의 기초다. 예산을 줄이고 세금을 낮추는 것이 번영의 길임에도 정부가 이를 거역하고 부채와 지출을 늘리는 정책이 지배한다면 이는 헌법이 잘못된 탓이다. 잘못된 헌법아래에서는 정책 당국은 자신의 이익 증진에는 기여하지만 모든 사람들에게 이익이 되는 의사결정이 될 수 없다. 이런 경우에 정치가들이 미련하다든가 무지하다든가 등 비판하는 것은 큰 의미가 없다. 왜냐하면 자신의 이익과 관련하여 합리적으로 행동하기 때문이다. 오히려 제도적 헌법규칙의 적합한 개혁이 필요하다.

어떤 헌법규칙이 적합한가? 적합한 헌법은 정치가들이 자신의 이익을 추구한다고 해도 그들이 필연적으로 모든 사람의 삶을 개선하는 헌법이다. 그런 헌법아래에서는 정치적인 분야에서 "보이지 않는 손"이 작동한다. 헌법을 통해서 자의적인 권력행사를 막을 수 있다. 헌법이 적절하기 위해서는, 다시 말하면 국가의 실패를 막기 위해서 어떤 내용의 헌법이어야 하는가? 이 문제를 다루는 것이 헌법경제학이다. 이는 신정치경제학의 연구 분야와 상이한 연구 분야다. 헌법경제학의 연구 분야를 개척한 학자는 프리드리히 하이에크와 그리고 제임스 뷰캐넌이다. 전자는 진화론을, 후자는 사회계약론을 통해서 헌법문제를 다루고 있다. 여기에서는 우선 사회계약론이 헌법을 통해서 국가권력의 비대화를 어떻게 억제하는가를 설명할 것이다.

1) 사회계약이란 무엇인가?

경제학을 "선택의 과학"이라기보다는 "계약의 과학"으로 생각하는 뷰캐넌은[611] 물건을 사고파는 시장의 계약현상을 사회계약론적으로 재해석하여 정치적 현상에 적용하고 있다. 시장에서 이루어지는 계약의 본질은 당사자들 간의 합의다. 그는 합의라는 개념을 이용하여 헌법 현상을 분석하고 있다. 헌법의 생성을 개인들의 자발적 합의의 산물이라고 말한다. 그 구조는 두 가지다. 첫째는 계약의 핵심인 합의에 참여하는 인간들은 어떤 사람들인가에 관한 가정이다. 두 번째는 합의라는 가치의 의미다.

인간이란 무엇인가?

합의에 참여하는 사람들은 합리적이라고 전제한다. 경제원칙이라고 부르는 합리성 공준이다. 첫째로 인간은 자신의 것을 챙기는 이기적 인간이다. 둘째로 목적 합리적 인간이다. 셋째 비용을 최소화하거나 효용을 극대화한다. 주어진 헌법규칙들이 개별 경제주체들에게 미치는 영향을 비용과 효용으로 파악한다. 뷰캐넌에 의하면 모든 인간들은 시장에서는 물론이고 정치 관료 및 헌법계약과 같은 정치적 맥락에서도 이기적으로 행동한다는 것이다.

인간행동은 추구하는 목적에 의해서 좌우된다는 생각은 신고전

611) Buchanan (1975; .229), 뷰캐넌의 헌법경제론에 관해서는 민경국(1993). 이 책에서 하이에크의 진화사항의 관점에서 뷰캐넌의 사회계약론을 비판적으로 분석했다. 합의의 의미에 관해서는 김행범(2018) 참조.

파 경제학의 공통된 전제다. 이런 행동을 위해서는 행동대안들에 대한 확실한 지식은 물론이거니와 그들이 미치는 영향에 관한 지식까지도 필요하다. 그러나 이는 과학주의적 또는 구성주의적 오류라는 것은 이미 앞에서 보았듯이(223쪽, 359쪽) 하이에크가 상세히 설명하고 있다. 인간이 구조적 무지 때문에 인간행동은 목적에 의해서만 결정되는 것이 아니라 그가 추구하는 목적을 고려하지 않고 특정의 행동방식을 금지하는 내용의 규칙에 의해서도 결정된다. 이를 고려한다면 인간행동의 합리성은 목적 합리성뿐만 아니라 규칙합리성도 포함된다.

만장일치 합의가 중요한 이유

뷰캐넌은 헌법이 생성되기 위해서는 집단적 의사결정이 필요하다고 인식했다.[612] 이런 인식은 토마스 홉스, 장 자크 루소, 심지어 존 롤스에 이르기까지, 국가의 생성을 설명하는 사회계약론의 공통된 특징이다. 그러나 헌법 그 자체가 생성되려면 규칙이 필요하다. 예를 들면 다수결로 할 것인가 아니면 만장일치로 할 것인가의 문제다. 이를 해결하기 위해서도 또 다시 다수결로 할 것인가 또는 만장일치로 할 것인가의 문제를 해결해야 한다. 여기에서 무한 회귀문제가 발생한다. 무한회귀를 중간에 끝내기 위해서 외부로부터 규범적 기준을 도입할 수 있다. 외적 기준이란 사회제도를 판단할 기준이 그 제도에

612) Buchanan/Tullock(1962: 13~15)

서 살고 있는 사람들의 선호와 관계없이 외부의 관찰자 자신의 선호에 맞는 기준을 말한다. 예를 들면, 어떤 독재자나 어떤 정당, 또는 플라톤과 같은 어떤 철학자나 경제학자가 헌법규칙을 결정하는 기준을 정하는 경우다. 뷰캐넌은 개인주의와 맞지 않는다는 이유로 그와 같이 정한 외적 기준을 강력히 반대한다.

또 다른 예를 들면 헌법은 사회주의의 이상을 실현하거나, 국가에게 복지를 요구하는 청구권으로서 사회적 기본권을 확대하는 헌법이어야 한다고 말할 수 있다. 또는 루소의 초개인적인 일반이익(일반의지), 계급이익, 공리주의, 효율성 등이 외생적 기준에 속한다. 이런 외적 기준도 같은 이유로 반대한다.[613]

뷰캐넌은 무한회귀를 피하기 위해서 다른 해결책을 제안한다. 그는 헌법을 결정하기 위한 기준을 연구대상 자체에서 끌어내고 있다. 스스로에게 헌법을 부여하는 개인들이 자신들의 독자적인 가치관에 따라 헌법을 결정해야 한다는 것이다. 헌법의 적절성 여부는 외적 기준이 아니라 내적 기준이다. 그런 기준이 바로 합의 또는 만장일치 기준이다. 어떻게 합의기준을 도출하는가? 뷰캐넌은 경제이론에서 얻은 자발적 교환에 대한 인식을 정치적 과정에 적용할 수 있다고 믿는다. 잘 알려져 있듯이, 시장의 특징은 자유로운 교환이다. 물건을 사고 팔 때 사는 사람과 파는 사람이 서로 만난다. 그들은 교환을 어떤 강제도 없이 자발적으로 합의한다. 합의의 결과는 각자 주관적인 평가에 따라서 양측에 모두 이익이다. 그런 교환으로부터 양측 모

613) Buchanan(1977: 142)

두의 삶이 개선된다. 다시 말하면 주관적 평가를 기초로 해서 이익이 되기 때문에 자발적으로 계약적 합의를 본 것이다.

뷰캐넌은 이런 생각을 적용하여 헌법규칙의 생성을 설명한다.[614] 합의가 적합한 헌법규칙의 판단 기준이다. 시장에서 재화와 용역의 개별교환이 자발적인 합의를 기초로 하고 그런 교환은 모든 참여자들에게 유익한 것처럼 헌법규칙도 모든 참여자의 자발적인 동의를 통해서 다시 말하면 합의를 통한 교환을 기초로 하여 생성된다면 그런 규칙들도 모든 사람들에게 유익하다. 합의는 모든 사람들이 헌법이 없는 경우보다 유익하다는 것을 입증하는 기준이다.

합의기준을 통해서 한편으로는 무한회귀를 피할 수 있고 다른 한편으로는 외부로부터 가치기준의 도입이 불필요하다. 헌법적 제도적 틀의 판단은 오로지 그런 헌법아래에서 살게 될 사람들의 선호 및 가치에서 유래해야 한다는 것이 뷰캐넌의 탁월한 생각이다. 개인들의 합의를 통해서 형성된 헌법은 개인의 자유를 보장하는 그래서 자유의 헌법이고 자발적 합의라는 의미에서 효율적인 헌법이라고 뷰캐넌은 주장한다. 그러나 시장의 계약과 헌법계약을 동일시할 수 없다. 시장계약은 약속 준수, 재산권 존중 등 이미 행동규칙의 준수를 전제로 하고 있다. 그러나 헌법계약은 어떤 규칙도 존재하지 않는 상태다.

---

614) Buchanan(1975: 17쪽 이하)

2) 사회질서의 생성과 국가의 역할

뷰캐넌에게 사회계약은 두 가지 단계로 구성되어 있다. 첫 번째 단계는 비정치적 헌법의 형성이다. 이 단계에서 결정되는 것은 (1)타인에 대한 개인들의 행동을 제한하는 행동규칙, (2)소유권 재분배 규칙, (3)보호국가의 집행을 위한 규칙이다. 두 번째 단계는 정치적 헌법이 결정되는 단계다. 공공선택의 기초가 되는 헌법의 생성단계다. 이는 흔히 법학에서 말하는 국가헌법이다.

법과 권리는 사회계약을 통해서 정해진다

뷰캐넌은 어떻게 시민사회의 기초가 되는 법질서가 형성되고 생성되는가를 "개념적으로"[615] 설명하기 위해 어떠한 행동규칙도 존재하지 않는 "자연상태"를 가상하고 있다. 국가가 없는 상태다. 이러한 상태에서도 인간들은 목적 합리적으로 행동한다고 한다고 전제한다. 간단한 예를 들면 갑과 을, 두 사람이 생존을 위해서 감자를 재배하는 사회를 보자. 그들은 서로 타인이 재배한 감자를 강탈할 수 있다. 빼앗는 행동을 막을 도덕 규칙, 법 규칙도 없기 때문이다. 그런 투쟁 상태에서는 사람들은 스스로 재배한 감자와 자신이 약탈한 감자를 타인들이 약탈하지 못하게 방어해야 한다. 뷰캐넌은 만인에 대한 만인의 투쟁 상태를 종식할 수 있는 행동규칙과 행동규칙을 집행할 국

615) Buchanan(1975: 74; 1977: 3, 4, 6, 81)

가기관이 어떻게 합의를 통해서 생성되는가를 설명한다.

인간들은 약탈과 방어를 하는 대신, 각자가 생산에만 종사한다면, 자연적 균형상태보다는 모두에게 유익한 결과를 가져오리라는 것을 인식할 것이다. 약탈과 방어를 위한 자원을 생산에만 투입할 것이기 때문이다. 따라서 그들은 서로 절도나 약탈을 하지 않기로 협약을 맺을 것이다. '내가 너의 재산을 약탈하지 않을 테니, 너도 내가 생산한 것을 빼앗아 가지 말자'는 식으로 행동방식을 교환하는 것이다. 이로써 법과 같은 행동규칙이 공식적 합의를 통해서 생겨난다.[616] 협약에 의해 그들의 행동자유의 한계가 설정된다. 행동반경이 개인들의 자유영역이고 권리영역이다.

무장해제 협정에서 생성되는 "약탈금지"의무만으로는 복잡한 사회의 형성을 가능하게 하기에는 부족하다는 사실을 뷰캐넌은 잘 알고 있다. 법규칙의 구체적 내용과 규모는 잠재적인 갈등가능성과 개개인들의 자유에 대한 선호에 의해서 결정된다. 갈등가능성을 결정하는 요인들로서 그는 인구수, 기존의 기술발전 수준 및 자원의 부존량 그리고 선호시스템을 들고 있다.[617]

보호국가는 법과 권리를 집행하는 과제만 수행한다

616) 사법사회에서 생산과 교환을 통해서 사는 것보다 도둑질을 통해서 사는 것이 유리한 사람이 있을 수 있다. 합의를 통해서 사회가 형성되려면 그런 사람들에 대한 보상 없이는 합의를 얻어 낼 수 없을 것이다. 따라서 무장해제 협정에서 그런 사람들에게는 보상을 해야 한다.

617) Buchanan(1975: 72)

무장해제 협정만으로는 사회질서의 형성을 위해 충분하지 않다. 소규모 사회와는 달리 대규모 사회에서는 개개인들한테는 합의한 행동규칙들을 위반하려는 유인이 존재하기 때문이다.[618] 거대사회에서는 상호의존성이 약하고 그래서 상호간의 통제가 미약하다. 이것이 자발적 준수를 기대할 수 없는 이유다. 이는 "대규모 수의 딜레마"[619]로 알려진 것인데, 이미 300년 전에 데이비드 흄이 다음과 같은 말로 표현했다. 즉 "사회의 규모가 크면 클수록 그리고 사회가 부족이나 민족으로 성장하면 인간들 끼리의 거래와 교제를 안정시키고 마음을 편하게 만드는 행동규칙을 지키려는 관심이 약화된다."[620]

사회계약론을 반대하고 자생적 질서로서 진화사상을 대변하는 하이에크는 사회의 규모와 행동규칙의 성격 또는 윤리적 성격의 관계에 초점을 맞춘다. 그는 사회의 규모가 클수록 행동규칙은 특정의 목표와 독립적이고 탈 목적적 성격의 행동규칙으로 변동된다는 것이다. 행동규칙이 보편적이고 추상적 성격을 가질 경우에만 불특정의 다수의 사례와 불특정 다수의 사람들에게 차별없이 적용할 수 있다. (361~366쪽 참조)

어쨌든 사람들은 사회의 규모가 크면 클수록 법위반의 빈도수가 커지기 때문에 헌법계약의 위반을 예방할 어떤 장차가 필요하다는

---

618) Buchanan(1975: .66)

619) Buchanan(1975: 66; 1977: 151)이런 상황과 상호간 신뢰의 부족으로 야기되는 죄수의 딜레마와는 다르다.

620) Tietzel(1986: 113)에서 재인용

것이 뷰캐넌의 생각이다. 그 장치가 보호국가다. 보호국가의 생성은 제1단계 계약이다. 사회계약은 이것으로 끝나지 않는다. 집단적 의사결정을 위한 규칙의 제정이 필요하다 .이는 헌법제정 이후에 정치적 과정을 안내하는 헌법이다. 이것이 공공재화를 공급하기 위해서 필요한 제2단계 헌법제정 단계다.

공공재화를 공급하기 위해서 생산국가가 필요하다

개인들의 권리가 일단 규정되고 모든 사회구성원들이 이 권리구조를 존중한다면 개개인들은 편익을 얻을 수 있는 한도 내에서 사적재화와 용역을 상호 교환함으로써 그들은 자연상태보다 훨씬 높은 삶을 향유할 것이다. 그러나 사법을 기초로 하는 시장에서는 공공재화의 교환이 이루어 질 수 없다. 무임승차 행동이 유발될 것이기 때문이다. 이미 잘 알려져 있듯이 공공재화는 이를 생산하는 데 필요한 비용을 부담하지 않은 사람들에 의해서도 이용될 수 있다.

따라서 계약참여자들은 공공재의 교환을 위한 정치적 과정을 도입하는데 만장일치의 합의를 볼 것이라는 것이 뷰캐넌의 인식이다. 무임승차적인 행동을 억제하기 위한 강제행사 및 이 강제행사를 위한 권력기관의 도입이 필요하다. 계약참여자들이 동의할 것이 생산국가다.

(1)생산국가의 구조는 대의제 민주주의다. 도덕적인 이유에서가 아니라 합의비용이 너무 크기 때문에 직접민주 대신에 대의제 도입에

합의를 한다. 개개인들은 유권자로서 대표자들을 선출하고 선출된 대표자들이 의회를 구성한다. 여기에서 이들은 유권자들을 대신하여 공공재화의 종류, 수량, 비용부담에 관한 의사결정을 내려야 한다.

(2)입법부에서 필요한 것이 표결원칙이다. 이를 기초로 해서 공공선택이 이루어진다. 표결원칙은 만장일치일 필요는 없다. 다루어질 사안의 중요도에 따라서 표결원칙이 달라진다.[621]

생산국가의 과제는 헌법규칙이 허용하는 범위 내에서 조세활동, 지출활동 등, 기타활동으로서 공공재화의 생산 및 이에 따른 재정지원 활동으로 요약할 수 있다. 공공선택을 통해서 공동체 구성원들은 생산국가와 공공재화를 교환하여 보다 높은 삶을 영위할 수 있다.

보호·생산·분배국가의 성격을 구분하는 것이 중요하다

보호국가는 법률을 제정하거나 소유권을 규정할 수도 없고, 또한 이들을 변경시킬 수도 없다. 법과 권리는 국가이전에 사회계약을 통해서 형성된 것이기 때문이다. 그의 과제는 계약을 통해서 형성된 법을 집행하여 개인의 자유와 재산을 보호하는 일이다. 이는 "이것이 좋으냐, 아니면 저것이 좋으냐" 하는 방식으로 가치판단을 필요로 하는 과제가 아니다. "예 아니면 아니요"의 답만을 필요로 하는 과제다. 보호국가는 공동체구성원들과는 독립적이고 동시에 중립적이다. 그

621) 표결원칙이 어떻게 생성되는가를 뷰캐넌은 외부비용과 의사결정비용으로 구성된 상호의존 비용에 의해 설명하고 있다. 이에 관해서는 민경국(1993: 80~83)

것은 반드시 민주주의적으로 구성될 필요도 없다.

생산국가는 사회구성원들의 이해관계의 상호작용 결과다. 따라서 생산국가는 이들에 의해 좌우되는 내생적인 기관이다. 보호국가와 마찬가지로 생산국가도 법과 재산권을 변동시킬 과제가 없다. 그러나 서구사회에서 볼 수 있는 입법부는 법과 재산권을 제정·개폐할 수 있는 권리뿐만 아니라 공공재화의 생산을 결정할 수 있는 권리까지도 가지고 있다. 뷰캐넌은 이와 같은 서구사회의 입법부의 과제를 강력히 반대하고 있다. 법제정 권력을 입법부의 과제에서 분리시키고 있다.

분배국가도 보호국가와 유사하다. 분배국가는 누가 누구에게 무엇을 얼마나 재분배시켜야할 것인가를 결정할 권한을 갖고 있지 않다. 이것은 모든 사회 구성원들의 참여에 의해 계약적으로 결정된다. 분배국가는 이 결정을 수행하는 과제만을 가지고 있을 뿐이다. 이 결정은 생산국가와는 달리 정당들의 집권을 위한 경쟁과정에 의해 이루어지는 것이 아니다. 정당들의 정치적 경쟁은 오로지 공공재화의 산출에 국한된다. 법제정과 분배정책은 정치적 경쟁의 대상이 될 수 없다.

3) 자유와 법

자유와 법은 자유주의의 기본 개념이다. 그 개념을 어떻게 규정하는가에 따라서 정치적 의미가 상이하다. 뷰캐넌은 개념들을 분명하게 정의하지 않고 있다. 따라서 사용맥락에서 그 의미를 찾을 수밖에 없다. 그는 자유세(liberty tax)를 말한다.[622] 이를 추적하면 그가 자유를 어떻게 이해하고 있고 그것은 법과 어떤 관련이 있는가를 알 수 있다.

자유와 충돌하는 법은 법이 아니다

자유세는 하고 싶은 행동을 제약하기 때문에 법을 지키는 것은 비용이라는 뜻이다. 자유라는 것은 어떤 제약이 없이도 하고 싶은 일을 할 수 있는 상태다. 그 비용을 지불한 반대급부는 공동체의 다른 사람도 법을 지킴으로써 생겨나는 질서다. 다른 사람들이 법을 지키는 행동은 예측가능성 때문에 그에게 편익이 생겨난다. 이로써 개개인들은 예측가능한 안정적인 사회적 환경에서 자신의 사적인 의사결정을 내리고 이를 수행할 수 있다. 안정과 질서는 자유세를 지불한 대가다.

따라서 뷰캐넌에게 자유와 질서는 서로 배치되는 가치다.[623] 자유는 만인의 만인에 대한 투쟁 상태다. 그래서 자유 대신에 '질서'가 중요하다. 그 질서를 창출하는 것이 법이다. 법에 대한 이런 인식과 관련하여 제기될 문제는 모든 법이 자유를 제한하는가의 문제다. 어느 한 인간의 자유는 타인들은 물론이요 국가로부터 침해받지 않는 영

622) Buchanan (1975: 112)

623) 이를 적절이 표현한 것이 그의 저서 『자유의 제한: 아나키와 리바이어던의 사이에서』이다. 아나키 상태가 자유의 상태이고 행동을 제약하는 법을 통해서 안정된 사회질서가 가능하다는 믿음이다. (민경국, 1993: 267)

역을 전제로 한다. 사적 영역은 애덤 스미스 등이 보여주는 것처럼(흄에 대해서는 292쪽 이하, 스미스에 관해서는 330쪽 이하) 불의을 막는 '보편·추상적인' 성격의 정의로운 행동규칙을 통해서 확립될 수 있다. 이것이 자유의 영역이다. 그런 성격의 행동규칙만이 법으로 인정된다. 이런 영역이 확립될 때 사람들은 마음 놓고 자신의 지식을 동원하여 타인들과 협력관계를 통해서 자신의 목적을 달성할 수 있다.

인간들은 보편·추상적 법을 지키는 한 어느 누구로부터도 강제 받지 않고 자유롭다. 그 같은 자유는 결코 무질서가 아니다. 자유로움 속에서 자생적 질서가 형성된다. 자생적 질서, 법 그리고 자유는 그래서 서로 양립한다.

윤리, 법 그리고 법실증주의

인간들이 따르는 행동규칙들은 성문화된 법과 그리고 비공식적 행동규칙들로 나눌 수 있다. 후자는 위반한다고 해도 국가의 제재가 따르지 않는다. 그 대신에 불특정 다수의 사람들로부터 비난을 받거나 따돌림을 받거나 사업파트너로 선택하지 않는 등 처벌도 비공식적이다. 이런 비공식 규칙은 공식적 행동규칙의 원천이 될 수 있다. 비공식 규칙을 뷰캐넌은 어떻게 취급하는가? 그는 다음과 같이 말하고 있다:

"…질서는 사회계약, 즉 공식적인 법 시스템이나 혹은 일반적으로 수락된 일단의 윤리·도덕적인 계율을 암시 한다. 특히 이들이 질서를 유지하기 위한 대안적 수단이라는 사실을 인정하는 것이 중요하다."[624]

뷰캐넌이 자생적으로 형성된 행동규칙을 고려의 대상에서 제외한 이유는 그들이 불합리하고 비효율적이고 자유를 제한하기 때문이라는 이유다.[625] 더구나 공식적 규칙에 따른 사회질서가 우월하다고, 자생적 산물은 인위적 법으로 대체시켜야 할 대상이라고 여기고 있다. 다시 말하면 합리적으로 정당화될 수 없는 윤리는 교체의 대상이다. 그런 믿음은 유감스럽게도 전통적인 도덕의 파괴자였던 케인스와 다른 점이 없다. 케인스가 독립심, 절약정신 등, 빅토리아 시대의 도덕을 전적으로 부정하고 그 대신에 쾌락적이고 현재를 중시하는 성향을 갈파했던 것이다. 그는 그런 도덕은 낡은 세대의 것이라고 비웃으면서 그것을 멀리하려고 애썼다.[626]

윤리에 대한 뷰캐넌의 비관적 입장은 1965년 노벨의학상을 받은 프랑스 생화학자 자크 모노(J. Monod)와도 동일하다. 그는 『기회와 필연성』에서 과학을 진리의 유일한 원천으로 인정하고 이에 따라 윤리의 기초도 갱신해야 한다고 주장했던 인물이다.[627] 본질적으로 객관

624) Buchanan(1975: 117)

625) Buchanan(1975: 117~118) 민경국(1993: 270~272)

626) 민경국(2014: 185)

627) 우리가 받아들여야만 하고 새로운 것으로 대체할 수 없는 전통모럴을 가지고 있다는 생각은 낡은 생각이고 무시되어야 한다는 모노의 믿음에 대한 비판은 Hayek(1988: 56)을 참조.

적이지 못한 윤리는 지식의 영역에서 제외되어야 한다고 한다. 이는 윤리의 새로운 지식은 합리·의식적으로 따지는 그래서 사회주의의 기초가 되는 태도다. 윤리에 관한 뷰캐넌의 입장도 전형적인 구성주의적 합리주의의 편견이다. 이는 전통규칙의 사회적 역할을 무시한다. 하이에크가 주장하는 것처럼 전통적인 행동규칙들의 존재로 인하여 인간들은 비로소 합리적으로 행동할 수 있고 동시에 그런 행동규칙들은 자유주의 질서를 위해서 포기할 수 없는 소중한 가치들을 내포하고 있다는 것을 직시할 필요가 있다.

사회계약론의 기본적 출발점은 사회의 기초가 되는 모든 법은 구성원들 전체의 의지의 산물이어야 하고 합의를 통해서 생겨난 것은 무엇이든 법이라는 것이다. 이런 입장은 주권재민 사상을 반영한 것이다. 이 사상은 최고의 권력은 국민의 다수의 의지라는 것이다. 이런 사상은 문제가 없는 것이 아니다.

첫째로 주권재민은 다수의 의지는 사회를 만들 수 있을 만큼 전지한 능력이 있다는 전제를 깔고 있다. 그러나 이는 구성주의의 미신이다. 인간정신은 스스로를 설명하는 것도 불가능한데 하물며 수많은 인간정신의 상호작용을 예측 설명하여 그 과정을 목적의식적으로 통제하는 것은 원천적으로 불가능하다. 둘째로 공식적인 합의에 의한 법만을 법으로 규정함으로써 그는 보통법(Common Law)와 같이 진화적으로 전수된 행동규율들을 배제하고 있다. 입법자가 반드시 존재할 경우, 그의 "명령"이 비로소 법으로서의 자격을 갖는다.

합의가 반드시 자유의 헌법을 보장하지 못한다

사회계약론은 자유사회를 실현하는 것이 목적이다. 합의를 통해서 자유를 보장하는 법을 산출할 수 있다고 한다. 따라서 그 합의가 진정으로 자유주의적 내용을 가진 헌법의 생성을 가능하게 하는가의 문제가 제기된다.

(1)시장은 카탈락시로서 자유로운 합의가 핵심이다. 참여한 사람들이 유익하다고 여기기 때문에 합의를 할 수 있다. 이런 논리를 헌법의 생성에 적용하는 것이 사회계약이다. 그러나 시장에서의 합의와 사회계약에서의 그것은 전적으로 다르다. 시장에서의 합의는 강제, 사기, 기만, 약속불이행 등을 금지하는 행동규칙을 전제로 한다. 반면에 사회계약에서 합의에는 그런 전제가 없다. 오히려 그런 전제가 계약의 대상이다. 계약의 전제를 계약으로 설명하는 것은 논리적으로 가능하지 않다. 그러니까 데이비드 흄은 사회계약은 계약을 통해서 정할 약속이행과 같은 행동규칙을 이미 전제하고 있기 때문에 법적 제도적 생성에 대한 사회계약에 따른 설명을 반대했다.

(2)자연적 균형에서 사람들은 휴전협정을 맺는 것이 뷰캐넌의 계약모델이다. 자연적 균형에서 생기는 분배는 반드시 평등한 분배가 아니다. 그 균형은 어느 한 사람이 다른 사람을 노예로 만든 상황일 수 있다. 자연상태에는 폭력, 기만, 노예를 막을 어떤 도덕적 제한도 없기 때문이다. 이런 상황에서는 합의를 통해서 노예헌법이 생성할

가능성을 배제할 수 없다.[628] 노예는 자신의 재주, 노동, 신체에 대한 소유권이 없다.

합의를 통해서 어느 누구도 차별하지 않고 모든 사람들에게 보편적 이익을 보장해야 한다는 것을 의미하는 법의 일반성 원칙, 법치원칙이 생성할 것이라고 뷰캐넌은 주장한다.[629] 그러나 이 주장도 전적으로 옳은 것은 아니다. 약자를 보호하는 것이 중요하다고 여기는 사람들은 특정 그룹을 보호하는 분배원칙에 합의할 것이다. 따라서 합의를 통해서 정해지는 법규칙은 시장의 기반이 되는 정의로운 행동규칙에 적합한 행동규칙이 될 수 없다. 합의를 통해서 반드시 자유의 헌법이 도입된다는 보장도 없다. 이를 입증하는 수많은 역사적 사례들이 있다. 예를 들면 만장일치 원칙이었다고 해도 히틀러나 베네수엘라의 독재정부가 탄생되지 않았으리라는 보장이 없다.

4) 헌법을 통한 국가권력의 제한

뷰캐넌은 사회계약론을 기반으로 하여 현실을 진단한다. 그의 중심된 현실진단은 민주주의에 관한 것이다. 기존의 민주주의 질서를 비판하면서 그 해결책을 제시한다. 그는 현대 서구사회를 공룡과 같은 거대국가 또는 헌법적 혼란으로 규정하고 있다. 그에 의하면 이러

628) 민경국(1993: 172, 276)

629) Buchanan/Congleton(1998: 3~8)

한 사회에 대해 어느 누구도 동의하지 않고, 따라서 비효율적인 사회이고, 동시에 자유가 상실되었다고 한다. 헌법적 제한이 없기 때문에 공공부분이 확대되었다는 것이다. 헌법이 실패했다고 목소리를 높였다. 예를 들면 1900년에서 1970년 사이에 정부지출이 40배나 증가했고 이는 국민소득의 3분의 1이나 된다. 몽테스키외의 전통에 따른 삼권분립의 견제와 균형은 그의 목표들 가운데 하나인 국가권력의 증가를 억제하지 못했다고 말할 수 있다.

개인의 자유와 재산을 지키기 위해서 법을 적용하고 집행하는 일에만 몰두해야 할 보호국가에서 법원이 법을 만들고 법을 정치적으로 해석하는 등 보호국가가 개인의 권리를 효과적으로 보호하지 못하고 오히려 침해했다는 것이다. 공공재화의 공급 과제를 가진 생산국가로서 의회의 권한이 확대되어 법을 제정하는 과제를 갖게 되었다는 것이다. 법이 다수의 지지를 얻어서 집권 재집권을 위한 정치적 수단으로 전락되었다고 주장한다.

그런 상황에 처하게 된 이유는 한편으로는 미국 헌법구조의 결함 때문이다. 미국 헌법제정자들이 조세와 정부지출 등에서 국가권력의 확대를 통제하는 것이 필요하다는 것을 예견하지 못했다. 다른 한편으로는 전통적인 정치적 분석에서도 이런 국면을 각별히 주목하지 못했다. 과거에는 시민들을 희생하면서 권력을 확대하려는 성향 때문에 지배자를 법에 예속시켰다. 그러나 민주적 과정에서는 그런 제한이 불필요하다는 생각이 지배했다.

예산부문의 헌법실패를 치유하기 위한 균형예산원칙

예산결정이 공공이익을 위해 행동하는 독립적인 엘리트나 선의의 독재자에 의해 이루어지는 것이 아니라, 유권자들의 지지표를 얻기 위해 경쟁하는 이기적이고 목적합리적인 정치가들에 의해 이루어진다. 정치적 과정을 적절히 제한하는 헌법이 없을 때 생겨나는 현상을 뷰캐넌은 상세히 분석하고 있다. 그런 분석과 함께 적합한 헌법을 제안하고 있다.[630]

(1)다수의 지배와 정부지출증대: 뷰캐넌은 다양한 모델을 이용하여 다수의 지배가 정부지출에 어떤 영향을 미치는가를 설명하고 있다. 한편으로는 다수를 위해서 집단적 재화를 생산하고 비용은 다수와 똑같거나 더 많이 소수에게 비용을 부담을 전가한다. 다른 한편 헌법적 구속이 없으면 장기선호를 경시하여 의사결정이 단기적이다. 편의는 당장 나타나고 피해는 나중에 등장하는 정치적 결정을 선호한다.[631]

그래서 첫째로, 정치적 부분에서 점진적으로 조세가 인상되는 경향이 있다. 조세수입은 즉시 증가하지만 사적 영역에 미치는 피해는 비로소 나중에 눈에 뜨게 등장하기 때문이다. 둘째로 지출을 늘려 적자예산이 일상적이다. 정부지출 효과는 당장 등장하고 부채의 증가

630) 나의 저서에서 이를 상세히 분석했다. 민경국(1993, 119~136)

631) 보다 자세한 것은 민경국(1993a: 140~176) 이 책은 신정치경제학: 정치·관료시스템의 기능원리, 석정 1993에 출판되었다 그리고 민경국(1993: 119~123; 130~135) 재정헌법적 차원에서 총량적 재정규칙의 논의에 대해서는 최광(2018: 513 이하)

로 야기되는 부채부담은 다음 세대로 전가되기 때문이다. 민주국가는 늘 적자를 야기한다는 의미에서 "적자 속의 민주주의"가 현대사회의 특징이다.

⑵정치가의 유형과 예산증대: 뷰캐넌은 정치가의 유형을 세 가지로 구분하고 이 유형이 예산형성에 미치는 영향을 설명하고 있다. 첫째는 이념 추구형 정치가다. 이런 정치가는 정치적 수단에 의해 자신이 선호하는 이념을 실현시키려고 노력하는 정치가다. 뷰캐넌에 의하면 대부분의 정치가들이 가지고 있는 이념은 기본적으로 예산규모의 증가 및 정부의 활동영역의 확장과 밀접한 관련성을 가지고 있다는 것이다. 둘째로 권력 추구형 정치가는 뚜렷한 이념이 없는 정치가 타입이다. 그는 타인들을 지배한다는 사실 자체에서 쾌락을 얻는다. 이러한 정치가 유형은 사실상 어중이떠중이들로부터 지지를 받는 선동가들이다. 일반적인 조세감축 보다는 공공지출의 증대와 결부된 특정 그룹에게 특혜를 부여할 수 있는 재정지출 전략은 권력 추구형 정치가의 기호품이다.

물질 추구형 정치가는 뇌물이나 부수입을 추구하는 부패된 정치가다. 뇌물과 같은 부수입은 정부예산의 복잡성 및 그 규모와 직결되어 있다. 정부의 규모 및 경제에 대한 정부의 개입이 적을수록 뇌물을 받을 기회가 그만큼 적다. 공공부문이 복잡해지고 또한 공공지출계획이 확장되면 정치가들이 이러한 계획에 의해서 이익을 얻는 기업들로부터 직·간접적인 뇌물을 받을 수 있는 기회가 증대된다. 반면에 이러한 부패된 정치가들은 일반적인 예산감축에는 관심이 거의 없다. 선별적으로 투입될 수 있는 예산지출 측면에 초점을 맞추어 금전적 이득을 획득할 수 있는 재정 지출계획을 수립한다.

이상과 같이 "정치적 소득"으로 표현되는 이념·권력· 물질을 추구하는 정치가들의 효용함수와 예산규모의 증대 및 공공영역의 확장 사이에는 밀접한 관련성이 있다. 이념·권력·물질 추구형 정치가들은 모두 경제에 대한 간섭 규모를 증대시키는 동기를 가지고 있다.

(3)균형예산제도: 적자예산을 막으면서 동시에 지출을 억제하기 위해서 균형예산제를 제안하고 있다. 공공지출은 국채판매나 통화창출에 의해서도 충당되어서는 안 되고 오직 조세수입에 의해서만 조달되어야한다는 것이 불문법적인 재정헌법이다. 그러나 이런 불문율을 파괴한 것이 케인스였다고 뷰캐넌은 목소리를 높였다. 그는 오랫동안 공공부문을 지배해온 절약윤리와 책임윤리를 파괴한 인물이었다는 것이다.

물론 균형예산이란 사전적 균형예산을 의미한다. 사후적인 것은 짜 맞추기에 명수인 관료나 정치가들을 통제할 수 없다는 것이다. 헌법에 명문화하여 도입될 조문은 다음과 같다: "국가예산은 균형적이어야 한다. 유권자가 총지출의 증가를 원한다면 그는 조세를 더 많이 지불해야 한다." 균형예산제도에 의해서 공공지출을 합리적으로 수행할 수 있고 조세수입도 합리적으로 거둘 수 있다고 뷰캐넌은 강조한다. 균형예산은 유권자들에게 실제비용을 알리는 데에도 도움이 되어 그들이 공공재화공급 증대 요구와 추가적인 조세부담 증가를 연계시킬 수 있는 장점도 있다. 게다가 케인스주의의 장막 속에서 활동하는 정치가들이 부추기는 유권자들의 공짜심리를 제거할 수 있는 것도 균형예산이라고 뷰캐넌은 강조한다.

차별입법을 금지하는 법의 지배

모든 사람들에게 조금씩 편익을 주는 정책 보다는 특별한 이익집단이나 지역, 특정한 계층을 특별히 우대하는 차별입법·정책을 제공하는 정당이나 정치가가 유권자 다수의 지지를 확보하기 위한 정치적 경쟁에서 승리하기 마련이다. 최근 한국경제의 예를 들면, 대기업의 진입으로부터 중소기업 보호를 위한 명분으로 도입되는 중소기업적합업종제도, 동네 상권보호를 위한 대형마트 영업시간 규제, 협력업체의 이익을 보호하기 위한 하도급법, 특정한 기업의 계열사일감몰아주기 금지, 노동자 경영참여제도 등, 경제민주화법을 들 수 있다. 소득주도성장을 위한 최저임금 강제인상, 노동시간 강제단축, 비정규직의 강제적 정규직화 등도 겉으로는 특정한 계층을 위한 정책처럼 보이기 때문에 쉽게 정책적 유혹에 유권자들이 넘어간다.

이 맥락에서 지적할 것은 또 있다. 단기는 어렵지만 장기간이 지나서야 지속적인 편익을 주는 정책은 정치적 경쟁에서 승리할 전략적 수단이 될 수 없다. 예를 들면, 규제철폐정책, 통화억제정책 등이다. 장기에는 해롭다고 해도 단기에 편익을 주는 정책을 제공하는 정치가나 정당이 승리할 수 있다. 분배정책은 가난한 사람의 소득이 단기적으로 증가하지만 그러나 장기에서는 피해를 준다. 재분배 수혜자는 일할 필요도 없이 국가로부터 보조금을 받기 때문에 일할 의욕이 상실된다. 재분배의 재정부담자, 즉 납세자로서 부유층도 세금을 더 많이 내야 하기 때문에 투자할 의욕 또는 일할 의욕이 상실된다. 그럼에도 재분배정책이 인기가 대단히 크다.

현대 민주주의에서 강력한 정치적 영향을 행사하는 것은 농민단체, 상공인단체, 의사단체, 약사단체, 노동단체 등, 다양하다. 뷰캐넌은 이익단체의 존재 및 활동과 국가의 예산규모 및 구조의 관계에 관한 핵심적인 가설을 제공하고 있다.; 이해관계를 조직하기 위한 투자에서 얻는 이익은 국가영역의 규모와 그 구조의 정함수다. 국가가 차별적으로 경제 및 사회에 개입하면 개입할수록 이해관계를 조직하려는 동기가 커지고 따라서 이를 위한 투자가 증대할 뿐만 아니라, 동시에 새로운 이익단체가 발생한다. 이해관계를 조직하려는 동기와 비용투입의 증가는 국가규모를 증대시킨다. 이익단체는 글자 그대로 압력단체로서 정치적 의사결정에 영향을 미쳐 유리한 경제적 입장을 국가로 부터 획득하려는 희망을 가지고 있기 때문이다.[632]

이와 같이 이익단체의 생성과 활동은 국가의 예산규모 및 예산구조와 상호관계를 가지고 있고 따라서 이 두 가지 변수들의 상호작용에 의해 나선형처럼 국가의 예산규모와 이익단체의 활동이 동시에 점증되어 간다. 이러한 나선형적 효과의 실례로서 뷰캐넌은 소득세구조, 자원개발계획 및 기타 경제법 분야를 들고 있다. 특히 법을 지대추구를 위한 수단으로 여긴다는 점이다. 그 결과, 특정 계층이나

632) 민경국(1993: 128~129)

산업부문 또는 특정한 노동계층에 유리한 입법과 정책들이 쏟아진다. 뷰캐넌은 이들을 "이해관계의 정치"라고 말한다.[633)]

이런 입법을 막기 위해서 뷰캐넌은 차별입법의 금지를 핵심으로 하는 법의 지배원칙을 제안하고 있다. 이것이 그가 말하는 원칙에 따른 정치다. 환경오염과 같이 외부비용을 야기하는 행동에 대한 보편적 금지,[634)] 소득수준과 독립적인 단일세율에 따른 과세[635)] 등이다. 뒤에 가서 자세한 설명을 하겠지만 이익집단에 대한 하이에크의 인식도 주목할 필요가 있다.[636)]

"보편적으로 적용할 수 있는 정의로운 행동규칙에 국한된 입법부는 이익집단의 압력을 받지도 않을 것이다.(따라서 로비 등은 정부간섭의 산물이고, 입법부가 특수한 그룹을 위해서 간섭할 권력을 갖게 되면 그런 압력단체의 활동차원은 증가한다.)"

통화량 팽창을 막기 위한 통화헌법은 준칙주의 통화공급

국가가 시민들의 삶을 형성하고 경제를 조종하는 방법은 조세수입과 그 지출만으로 구성된 것이 아니다. 금융에 의해서도 국가는 경

633) Buchanan/Congleton(1998) 그 책의 제목 "이해관계의 정치가 아니라 원칙의 정치"를 상기할 필요가 있다.

634) 위의 책, 61~75

635) 위의 책 85~96

636) Hayek(1978: 100)

제적 삶에 막대한 영향을 행사하고 있다. 따라서 레닌이 시민사회를 파괴하기위해서는 금융제도를 파괴해야 한다고 주장한 것은 결코 우연이 아니다. 이러한 의미에서 볼 때 금융질서 및 이에 따른 물가안정화 정책은 질서정책의 위치에 있는 중요한 정책분야이다. 뷰캐넌은 이러한 인식에서 통화정책을 개발했다.

케인즈의 장막에서 활동하는 정치가들은 적자예산 성향을 가지고 있다. 이러한 적자를 충당하기 위한 방법으로서 자본시장에서 채무자로 등장하는 방법과 화폐창출 방법이 있다. 뷰캐넌에 의하면 전자의 방법에 의해 충당할 예산적자가 증가하면 자본시장의 이자율이 상승하고 이는 기업들의 투자를 위축시킨다. 이는 자본시장에서 정치와 경제의 갈등 및 고용에 부정적인 효과를 부른다.

고용에의 부정적인 효과 때문에 정치가들의 재선가능성이 약화된다. 따라서 자본시장을 통한 적자예산은 정치가들의 선거 전략으로서는 부적합하다는 것이 뷰캐넌의 인식이다. 그래서 정치가들은 적자예산을 통화량의 확대로 채운다는 것이다. 그러나 그런 확대는 일시적인 고용효과만을 가져올 뿐, 장기적으로는 오직 물가인상만을 유발시키고 시장의 균형 형성과정을 왜곡시켜 자원의 효율적인 배분을 억제시킨다는 것이다. 그러면 유권자들이 인플레를 유발하는 통화창출에 의한 적자재정을 실시하는 정부를 선택할 것인가?

뷰캐넌은 이러한 질문에 대해 유권자들의 정보의 비대칭성을 기초로 하여 답한다. 그에 의하면 조세증가에 의한 부담감, 혹은 정부지출 삭감에 의해 발생하는 편익상실(예를 들면 실업)을 유권자들은 인플레이션에 의한 효용상실보다 더 심각하게 평가한다는 것이다. 유권자들은 실업의 증가를 물가인상보다 더 심각하게 느낀다는 것이다. 따라서 장차 인플레이션을 불러올 통화팽창의 케인스주의정책은 정치가들에게 순 득표이득을 가져다 줄 것이라고 한다.

뷰캐넌은 하이에크가 제안하고 있는 화폐발행의 탈국유화를 제안하는 것도 아니고, 미제스의 금본위제도를 제안하지도 않는다. 그는 화폐공급 규칙을 제안하고 있다. “발권은행은 본원적 통화량의 증가율을 실질성장율과 일치시켜야 한다”는 규칙이다. 이러한 규칙을 헌법에 명문화하여 통화공급을 정치가들 및 입법부의 정치적 흥정의 대상에서 제외시켜야 한다는 것이다. 이러한 통화공급 규칙은 어떠한 기능을 행사하는가? 뷰캐넌은 이에 대해 여러 가지 논의를 하고 있다.

(1)통화공급 규칙은 무질서를 질서로 전환시켜 준다. 이것은 합리적인 시민들의 화폐적 기대를 안정시켜 준다. 만약 정부가 통화공급을 결정하는 재량권을 가지고 있을 경우 시민의 기대는 불안정하다. 이러한 불안정 때문에 시민들이 합리적으로 삶을 유지할 수 없다. 구속력을 가진 통화헌법이 존재하지 않을 경우에는 화폐적 균형은 구조적으로 불안정하다.

(2)구속력을 가진 통화공급 규칙은 시장신호를 교란시키지 않고 따라서 기존의 불확실성을 감소시켜 준다; 기대된 인플레이션은 기대되지 못한 인플레이션보다 시민들을 덜 짜증나게 만든다.

(3)통화공급 규칙은 인플레이션 상승에 관한 규칙과 다르다. 흔히 실제 경제정책에서 관찰할 수 있듯이 연 간 물가인상률을 책정하여

이를 정책 목표로 설정한다. 통화공급 규칙은 규칙 지향적 정책이다. 법치국가의 통화정책이라고 볼 수 있다.

복지국가의 분배정책을 제한하는 분배헌법

뷰캐넌은 정치적 그리고 비정치적 헌법규칙과 분배헌법규칙의 제정은 의회 또는 입법부에 맡기는 것을 강력히 반대 한다. 그 이유는 첫째로 헌법규칙은 사회의 기본규칙이기 때문에 장기적으로 통용되어진다. 장기적으로 통용될 헌법규칙의 제정을 근시안적인 단기적인 생각에 사로잡힌 의회 또는 입법부에 맡길 수 없다.

둘째로 정치적 경쟁은 정치적인 적에게는 처참한 처벌을, 정치적인 친구들에게는 후한 대접을 야기한다. 정치가들은 자신들의 정치적 목적을 위해서는 언제나 법을 변동시키거나 법을 제정한다. 이와 같이 법을 정치적 목적을 위해 이용하려고 한다. 셋째로 헌법규칙은 정치가 자신들의 행동을 억제하기 위한 제도적 장치이다. 자신들의 행동을 억제하는 행동규칙을 자신들이 제정하는 것은 논리적으로 모순이다. 따라서 뷰캐넌에 의하면 헌법규칙은 정치적 경쟁의 대상에서 제외시킴과 동시에 이들은 공동체내의 모든 구성원들의 합의에 의해 결정해야 한다는 것이다. 이 모든 구성원들은 헌법제정자가 되어야 한다는 것이다.

(1)분배의 결정요인과 윤리적 평가: 뷰캐넌은 분배정의에 관한 논

의를 순수 시장게임 상황에서 출발하고 있다. 이런 상황에는 생산국가가 존재하지 않는다. 어떠한 정치적 영향도 받지 않고 오직 시장의 계약집행과 개인의 소유권 및 생명의 보호에만 국한된 법적인 틀 내에서 사람들이 생산하고 교환한다.

이 같은 순수한 시장구조에서 분배패턴을 결정하는 요인으로서 뷰캐넌은 프랭크 나이트에 의존하여 네 가지를 들고 있다: 선택, 우연, 노력, 출생이다 이들 가운데 능력과 가정은 출생 요인 속에 전부 포함되어 있다. 이 요인들은 개개인들에게 서로 다르게 작용하고 따라서 그들에 의해 결정되는 소득과 재산수준은 개개인들마다 서로 다르다.

뷰캐넌에 의하면 사회계약의 참여자들은 선택, 노력 및 우연에 기인한 소득과 재산의 형성을 부정적으로 평가하지 않으리라고 한다. 특히 노력은 어느 누구에게도 기회비용을 야기하지 않고 오히려 타인들에게도 유익한 영향을 미친다. 그 요인들에 의해 형성된 분배결과는 모두 "공정성"이라는 기준과 양립한다고 한다. 그가 비판하고 있는 분배결정 요인은 출생이다. 출생과 함께 타고난 비물질적 자원인 선천적 재능과 그리고 물질적인 자원의 유산 및 가정 내에서 전수되는 지식에 의한 소득·재산의 불평등을 그는 집요하게 비판하면서 출생과 결부된 불평등을 중화시켜야 한다고 목소리를 높인다. 개개인들이 직접 시장과정에 의해 획득하는 것이 아닌 물질적인 유산이 출발점의 불평등을 초래하기 때문이 이를 시정하기 위한 분배적 헌법규칙을 제정해야 한다는 것이다.

⑵분배적 헌법의 내용: 출발점의 불평등 요인들을 중화시키기 위한 헌법규칙으로서 첫째로 상속세 제도다. 기회의 평등을 위해서 상속세의 누진도가 높아야 할 것이지만 경제의 효율성이 저해된다는 이유에서 완화된 누진도의 상속세 제도를 도입할 것을 강조한다. 그러나 그런 제도는 재산권 침해라는 이유에서 자유주의자들 대부분은 반대한다.

둘째로 과세할 수 없는 유전적인 재능에서 개인들은 불평등하고 이로 인하여 생겨난 소득·재산의 불평등을 완화하기 위한 제도로서 공공재정에 의한 교육을 들고 있다. 상속세 제도 및 교육제도가 적용될 경우 이제 소득분배는 개개인들의 선택, 행운 및 노력에 의해 결정될 것이다. 셋째로 뷰캐넌은 불행을 만난 사람들에게 생활 보장책을 마련할 제도가 계약에 의해 생성될 것이라고 주장하고 있다. (예컨대 노동능력을 상실한 자, 신체적, 정신적 장애자들에 대한 국가의 보호역할)

좋은 사회를 창출할 역할을 정부에게 할당하는 자유주의 전통이 확산되지 않는 한, 정부의 무제한적 상황을 종결할 기회는 있을 수 없다고 뷰캐넌은 보고 있다.

5) 계약론적 헌법주의와 국가

홉스는 정부가 없어서 만인에 대한 만인의 투쟁만이 벌어지는 상태를 가난하고 불결하고 폭력적이라고 묘사했다. 그 대신에 국가는 인간의 탐욕에서 나오는 그런 투쟁을 종식시켜 무질서를 질서로 만드는 신적인 힘이 있는 것이라고 여겼다. 이런 전통에서 시장경제와 국가를 대비하는 것이 간섭주의다. 시장은 실패를 거듭하고 탐욕적이라는 등 아주 지저분하게 취급하는데 반하여 정치는 공공심에서 국민행복을 위해 행동한다는 등, 아주 깨끗하게 그린다. 그러니까 정부역할을 더욱 더 강화해야 인류가 '시장실패'를 극복하고 번영을 누릴 수 있다는 것이 간섭주의자들의 망상이다.

그러나 뷰캐넌은 '시장실패'보다 훨씬 더 무서운 것이 '정치실패'라고 주장하여 간섭주의 경제학을 흔들어 댔다. 그는 예산을 짜고, 나라 돈을 쓰고, 법을 만드는 정부사람들이 공공심이 아니라 소득과 권력, 명예 등, 이기심에서 행동한다는 점에서 그들은 시장참여자와 결코 다를 바가 없다고 한다. 정치권의 탐욕으로 국가지출의 증가, 통화팽창, 차별 입법 등으로 개인의 자유가 위축되고 그 결과가 실업, 빈곤, 인플레이션, 경제 침체 등 장기불황이라고 한다. 이는 정치실패다.

뷰캐넌은 근본원인을 국가권력을 효과적으로 제한하는 데 실패했기 때문이라는 것이다. 법과 권리의 집행과제를 가진 보호국가는 자의적으로 법을 만들었고, 분배국가는 퍼주기식 복지확대의 길을 갔다. 공공재화의 공급 과제를 가진 생산국가는 그 권한을 확대하여 개인의 사적 영역을 침해했다. 정부는 공룡같이 커졌다. 이는 '헌법적 혼란'이었다. 그는 국가권력을 제한하기 위한 다양한 헌법규칙을 제안했다. 방만한 통화정책을 억제하기 위해 통화준칙주의를, 적자예산과 방만한 재정지출을 막기 위해서 균형예산제도를, 국가의 조세 권력을 제한하기 위해서 단일세율제도를, 차별적인 입법을 금지하기 위해서 법치주의를 헌법에 도입할 것을 강력히 요구했다. 뷰캐넌은 인간이성의 무한한 신뢰와 합의라는 두 가지 기본개념으로 구성된 계약론을 기초로 하여 헌법주의를 개발했다. 국가권력의 제한을 위한 헌법규칙들에 대하여 매우 훌륭한 것들이 많다. 그러나 프랑스계몽주의 전통의 계약론적 기본 개념에서는 문제가 많다. 그럼에도 불구하고 뷰캐넌의 사상을 다룬 이유는 전화사상과 헌법의 이해에 도움이 되기 때문이다.

13. 프리드리히 하이에크: 진화론적 헌법경제학
- 자유, 제한적 민주주의와 자유의 헌법

국가헌법은 한 사회의 상부구조다. 이는 정치질서의 기초가 되는 행동규칙이다. 정치질서란 누가 법을 정하고 누가 집행하고 분쟁은 어떻게 누가 담당하는가를 정한다. 그리고 그런 권력을 어떻게 구성하는가의 문제를 다룬다. 헌법은 각종 법률과 정부규제 등과 같은 공식적 제도의 형성을 위한 집단적인 의사결정의 기초이다. 예를 들면 입법부에게 경제에 대한 계획과 규제를 위한 "입법권력(power to legislate)"을 광범위하게 허용하는 헌법아래에서는 시민들의 자유와 재산을 침해하는 법률의 생산이 빈번할 것이다. 이 같은 헌법은 번영을 위한 헌법이라고 볼 수 없다. 국가헌법은 정치와 경제, 사회, 문화의 진화에 중요한 영향을 미친다.

국가헌법이 잘못되어 있으면 법질서가 왜곡되고, 이것이 왜곡되면 시장질서가 왜곡된다. 그리고 번영도 기대할 수 없다. 헌법이 잘못되어 있으면, 정치질서도 왜곡되고 문화질서도 왜곡된다. 첫 단추를 잘못 잠그면 모든 단추 잠그기가 뒤틀리듯이, 국가헌법이 잘못되면 모두가 뒤틀린다.

정치질서 가운데 가장 중요한 요소 하나가 삼권분립이다. 이는 개인의 자유를 보호할 목적으로 고안된 유서 깊은 자유주의의 헌정제도다. 그런데 삼권분립은 실패했다고 선언하면서 이 제도를 개선할 새로운 헌법 모델을 제안한 인물이 이미 앞에서(제3부 제3장) 논의한 하이에크다. 그는 제임스 뷰캐넌과 함께 20세기 위대한 헌법경제학의 개척자지만 후자와는 전혀 다른 입장에서 국가권력을 제한하는 이상적인 헌법모델을 제안하고 있다. 그는 사회계약론이 아니라 진화론을 기초로 하여 헌정주의를 개발했다.

1) 진화론적 헌정론: 자유의 원칙

하이에크의 자유주의 사상의 핵심은 자생적 질서다. 주지하다시피, 개인들은 혼자 살 수 없다. 그들은 서로 상이한 목적을 추구하는 다른 사람들과 협력을 통해서 살 수 밖에 없다. 개인들의 그런 협력이 가능하기 위해서는 그들의 상이한 목적들 또는 이해관계들이 서로 조화가 이루어져야 한다. 그러나 인간들은 첫째로, 수많은 타인들의 계획, 목적 그리고 그들의 행동을 전부 알 수 없다. 둘째로, 그들 각자의 행동이 제3자들에게 미치는 모든 영향과 이들의 반응을 알 수 없다. 모든 인간에게는 구조적인 무지가 존재한다. 인간은 "구조적인 무지"의 늪에서 살고 있다. 인간의 인지능력은 생물학적으로 규정되어 있다.

사람들이 아는 것이 별로 없다고 해도 삶을 성공적으로 영위할 수 있는 이유는 정의의 규칙을 함께 지키기 때문이다

그러면 구조적인 무지에도 불구하고 인간들이 타인과의 관계 속에서 어떻게 삶을 성공적으로 영위할 수 있는가? 그들이 추구하는 목적을 고려하지 않고, 특정의 행동방식을 금지하는 내용의 보편적 행동규칙들의 존재 때문이다. 그 같은 행동규칙에 따라 어떤 행동들은 거부되고, 어떤 행동들은 선호된다. 투입될 수단들(행동방식들)과 추구하고자 하는 목적들도 평가된다. 어떤 목적들은 선호되고 어떤 목적들은 거부된다. 사람들이 그 같은 행동규칙들이 허용된 범위 내에서 자신의 목적을 추구한다면 그들은 타인들의 욕구충족에 기여할 수 있다. 규칙에 따르는 행동과 관련하여 우리는 다른 사람들이 어떤 행동을 할 것인가를 예측할 수 있기 때문이다. 구조적 무지를 완화하는 것이 보편적 행동규칙의 역할이다. 이 역할로 사람들이 각자 자신의 목적을 추구하는 과정에서 그들 상호간에 행동이 조정되는 자생적 질서가 형성된다.

어떤 행동규칙들이 그런 역할에 적합한가? 우리가 사는 세상에는 수많은 행동규칙들이 있다. 개중에는 타고난 행동규칙도 있고 일부는 후천적 학습을 통해서 습득한다. 또 개중에는 정부가 의도적으로 정한 것들도 있다. 이런 행동규칙들을 지키면서 타인들과 경제적 사회적 관계를 갖는다. 우선 주목할 것은 행동규칙들은 개별적으로 고립되어 기능하는 것이 아니라 전체로서 하나의 체계를 형성한다는 점이다. 서로 모순된 행동규칙들은 인간관계를 비생산적으로 만들고 갈등을 야기한다. 이때 모순과 갈등이란 행동규칙들이 서로 경쟁한다는 뜻이다. 어떤 규칙들이 승리 또는 패배하는가? 다시 말하면 어떤 것들이 선별·도태되는가? 경쟁은 행동규칙들의 여과과정이다.

오늘날 우리가 목격하는 복잡한 자생적 질서의 형성을 가능하게 하는 행동규칙들은 그 형성을 방해하는 것들을 밀어내고 보유하게 된 것이다. 그런 행동규칙들은 수십 수백 년 또는 그 이상의 장구한 역사적 과정에서 시행과 착오과정을 거쳐 개발된 것이다.

정의의 규칙은 진화적 여과과정을 통해서 생겨난 것이다

정의로운 행동규칙(정의의 규칙)이라고도 부르는 행동규칙은 구체적 상황과 시점, 장소를 고려하지 않고 적용된다는 의미에서 추상적이다. 행동 동기나 목적을 내포하지 않는다. 대부분 특정한 행동방식을 금지하는 형태다. 행동규칙이 특수한 목적을 위한 것이 아니라 불특정한 다수의 목적에도 열려있다.[637)]

끼리끼리 모여 살던 폐쇄된 원시·농경사회를 넘어서 오늘날과 같이 수백만 명 또는 수천만 명을 포괄하는, 심지어 국제적으로까지 분

---

637) Hayek(1969: 1968)

업적 관계가 확산된 포괄적이고 복잡한 모든 사회는 그 같은 행동규칙들을 기반으로 하고 있다는 것을 직시할 필요가 있다.

"인간의 삶이 소규모의 군집생활에서 정착생활로 그리고 마침내 문명을 갖춘 개방사회로 옮겨갈 수 있었던 것은 공동목표를 위해 본능에 따르지 않고 추상적 규칙에 복종하는 것을 배우는 것이 가능했기 때문이었다."[638]

예를 들면 계약규칙, 소유권 규칙, 약속이행과 관련된 복잡한 그런 종류의 행동규칙들은 국가는 물론 어느 누구도 침범할 수 없는 자유로운 행동영역을 모든 사람들에게 똑 같이 규정함으로써 개인의 자유를 보호하는 역할을 한다.

자유를 보장하는 행동규칙을 지킬 경우 자신의 개인적 목적을 추구한다고 해도 모든 사람의 이익에 기여한다. 주지하듯이 이런 사실을 애덤 스미스는 시장과정을 조종하는 '보이지 않는 손'이라고 표현했다. 이런 행동규칙들은 진화과정에서 인간행동을 통해서 생성되기는 했지만, 인간의 합리적 계산을 기초로 하여 계획한 것도 아니고 자율적인 개인들의 합목적적인 합의를 통해서 만든 것도 아니다. 인간이성은 그럴 능력이 없다. 오히려 인간이성은 문화적 진화 과정에서 비로소 형성되기 때문에 문화적 진화를 인간이성이 조종할 수 있다고 말하는 것은 논리의 모순이다.

---

638) Hayek(1979/258)

왜 국가가 필요한가?

정의의 규칙은 열린사회, 즉 자생적 시장경제의 기초가 되는 원칙이다. 이 원칙을 암묵적으로 받아들이고 어느 정도 자발적으로 지킨다면 국가는 물론 국가의 기초가 되는 헌법도 불필요하다. 무정부가 이상이다. 그 원칙이 인정되지 않는 곳에는 강제로 집행할 국가가 필요하다고, 그리고 그런 집행을 위해서는 그 원칙을 구현하는 성문헌법을 만들어야 한다고 하이에크는 주장한다. 그러나 그는 진화 낙관주의자는 결코 아니었다. 보편적으로 수용된 행동규칙들을 찾아내어 특수사례에 적용하는 법관의 역할에 한계가 있음을 인정한다.[639] 하이에크는 다음과 같이 말하고 있다.

"가장 흔한 이유는 정의의 일반적인 요구조건을 충족하지 못하는 것을 정의롭다고 간주하는 전통적인 관점을 믿고 있는 어느 한 특정

---

639) Hayek(1973: 88). 민경국(2007: 306): "컴먼 로가 특정의 사회계층의 이익의 보호와 촉진에 기여하는 방향으로 성장되어 왔던 점을 하이에크는 결코 무시하지 않는다. 여기에서 우리는 문화적 진화에 대한 그의 신뢰가 무제한적이 아님을 알 수 있다. 그는 문화적 진화의 실패를 다음과 같이 세 가지로 설명하고 있다. (1)재판관의 법형성은 매우 완만하여 완전히 새로운 환경변화에 대한 사회질서의 법적 적응이 신속하지 못하다. (2)재판관의 판결은 일단 내려지게 되면, 그것이 잘못 되어 소망스럽지 못한 결과가 생겨난다고 해도 이를 바꾸어 놓기가 어렵다. (3)재판관의 법형성은 특정한 그룹의 이해관계에 유리한 방향으로 이루어질 수 있다.성장된 법을 왜곡시켜 주는 세 가지 이유들 중에서 특히 세 번째 이유와 관련하여 그는 다음과 같이 말하고 있다."

계급의 손아귀에 법의 진화가 좌우되는 데에 있는 것 같다."[640]

이와 같이 하이에크는 입법과 성문헌법이 필요함을 역설하고 있다. 미국이 자유주의에 기여한 것도 자유주의 기본원칙을 성문화하여 국가권력을 효과적으로 제한하는 헌법주의라는 점이다.[641] 그러나 그런 헌법주의가 지켜지지 못했다. 하이에크에 따르면 원래 자유를 보호하기 위해서 도입된 삼권분립은 실패했다고 선언했다. 그 이유는 법에 대한 잘못된 인식 때문이라는 것이 하이에크의 날카로운 통찰이다. 법의 지배(법치국가), 법 아래의 정부 등은 자유를 보호기 위한 유서 깊은 중요한 가치가 법에 대한 인식의 잘못으로 자유를 파괴하는 개념이 되었다.

2) 현대사회에 대한 진단: 실패한 권력분립

하이에크에 따르면 오늘날 법을 정의의 규칙의 의미로 사용하는 것이 아니다. 첫째로 다수가 정한 것은 그것이 무엇이든 법이라는 형식논리로 전환되었다고 목소리를 높인다. 그의 생각을 정리하면, 입법부가 정한 것이면 그 내용이 무엇이든 법이고 이런 법을 집행하는 데 이용되는 국가의 공권력도 정당하다. 법의 지배원칙도 형식적 의

640) Hayek(1973: 89)

641) Hayek(1960/1996: I: 307 이하)

미로 변질되어 의회에서 정한 것이면 무엇이든 그런 법을 집행하는 데 강제를 동원해도 정당하다는 믿음이다.

둘째로 타인의 자유와 재산을 침해하는 것을 막는 법과 똑같이 가격을 규제하는 것도 법이라고 부른다고 하이에크는 비판한다. 그의 비판적 핵심은 이렇다. 즉 공원이나 공공시설의 이용과 관리를 위한 규칙도 법이라는 이름을 달고 있다. 사법과 공법의 구분도 없고 오히려 공법이 사법을 밀어내고 공법이 지배하게 되었다. 법의 타락과 함께 법의 지배 개념도 타락했다. 그 결과는 자유의 유린이다.

왜 이런 현상이 생겨났는가? 하이에크는 그 탓을 교조적 민주주의에서 찾고 있다. 19세기 절대군주가 종식되고 민주정부로 교체되었다. 자유주의자들은 민주적이든 독재든 과두정부든 모든 통치에 수반되는 강제적 권력은 제한해야 한다고 강력히 주장했다. 그러나 일인독재 또는 과두 정부에서와는 달리 법 앞에 평등을 위해서 모든 국민이 똑 같이 입법에 참여해야 한다는 목소리가 점차 높아졌다. 주권이 국민에게 있다는 주장이 강력한 힘을 받고 있었다. 절대국가나 과두체제가 가지고 있었던 무제한의 권력을 고스란히 국민이 갖는 민주화시대가 도래한 것이다. 민주절차에 따라 결정되는 사안들의 범위가 제한이 없다. 그래서 민주주의는 큰 정부를 부르고 이는 자유의 제약이다. 법 앞의 평등이라고 해서 될 수 있는 대로 많은 사람들이 정치에 참여하는 것이 늘 좋은 것도 아니다.[642)]

642) 연령제한, 범죄자, 체류외국인, 재외국민 등은 투표권을 배제하는 것이 일반적이다. (Hayek, 1961/1996 I: 181)

교조적 민주주의가 법을 타락시켰다

민주주의에서 다수의 지지를 받은 것이면 그것이 무엇이든 법으로 인정된다. 다수가 원한다는 사실이 좋은 법이 될 유일하고 충분한 근거로 인정한다. 다수의 의지는 심지어 진리로, 정의로까지 인정한다. 그래서 교조적 민주주의에서 민주는 수단이 아니라 목적이다. 다수의 권력은 절대적이고 제한이 없다. 제한받는 주권은 사실상 주권이라고 볼 수 없다는 이유에서다.

교조적 민주주의가 전제하는 인식론도 흥미롭다. 첫째로, 주권재민의 민주사상은 다수는 사회를 합의를 통해서, 사회를 목적에 합당하게 조종·통제할 수 있는 의지와 능력이 있다는 전제가 깔려있다. 그러나 여러 사람의 집단적 의사결정의 지혜가 한 사람의 지혜보다 더 훌륭하다는 보장이 없다. 집단이든 개인이든 특정한 집단목표를 위해서 사회전체를 계획하는 데는 동일한 지식의 문제가 있다. 즉, 각처에 분산된 지식을 전부 가공하여 적절한 가격 또는 적절한 규제를 만드는 것은 불가능하다. 그러나 여러 사람의 개별적인 행동과 상호작용을 통해 형성되는 자생적 질서는 그 어떤 것보다 지혜롭다. 그 질서는 각처에 분산된, 또는 각처에서 새로이 생겨날, 그래서 어느 누구도 전부 알 수 없는 지식사용을 개개인들에게 가능하게 한다. 그 역할을 하는 것이 가격과 행동규칙이라는 것은 이미 앞에서 설명했다.(제3부 제9장, 356~359쪽)

자생적 질서를 무시하는 교조적 민주주의

그러나 이런 자생적 질서의 존재를 무시하는 것이 교조적 민주주의의 두 번째 결함이다. 더구나 그런 민주사상은 인간들에게 유익한 법과 제도는 인간이성의 산물이거나 그것의 산물이어야 한다고 주장한다. 국민 또는 그 대표자들이 직접 만들지 않은 법은 그 내용이 무엇이든 법이 아니다. 이 같은 주장은 자생적으로 형성되는 사법질서의 기초가 되는 정의의 규칙의 존재, 의도적 입법과 독립적으로 형성되는 보통법 체계를 경시한다. 법에 대한 이런 인식은 법실증주의다. 이는 의회와 같은 입법자가 정한 것이면, 그 내용이 무엇이든 법이라고 보는 시각이다. 조직의 기초가 되는 공법과 자생적 질서의 기초가 되는 정의의 규칙으로 구성된 사법의 구분을 흐리게 만든 것도 법실증주의다. 이 법사상이 민주적 권력의 제한 없는 행사를 정당화했다.

민주주의에게 무제한 권력을 허용한 장본인, 사법과 공법을 흐리게 만든 장본인은 공법학자들이다. 그들 대부분은 법체계의 자생적 성장에 관하여 관심도 없고 또한 이에 관한 경험도 없고 오로지 입법에 관한 지식만을 가지고 있다. 법은 자원배분 또는 소득분배의 목적을 위한 수단이라고 믿고 있다. 공법사상은 사법을 철저히 유린해 왔다. 그것은 법을 완벽하게 타락시킨 장본인이다.

공법학에 의한 법의 타락을 뒷받침하고 촉진시킨 것은 흥미롭게도 경제학이다. 케인스 경제학, 후생경제학이 그렇다. 오늘날 한국의 경제학계를 지배하고 있는 경제학 교과서로서 널리 이용되고 있는

『맨큐의 경제학』도 법의 타락을 불러왔다.

권력분립은 실패했다

법을 제정하는 입법, 법에 따라 판결하는 사법 그리고 법을 집행하는 행정으로 권력을 나누는 권력분립은 자유를 보장하기 위한 것이었다. 대부분의 나라가 그런 권력분립을 도입했다. 우리나라도 예외가 아니다. 그러나 오늘날 삼권분립은 자유를 보장하지 못하고 있다. 그 증거로 우리나라는 캐나다의 유명한 싱크탱크 프레이저 연구소가 최근 발표한 2018년 세계 경제자유지수가 170개국 중 27위로, 그리고 세계혁신 지수 순위에서 2017년 한국의 고용규제 효율성은 127국 중 107위로 평가했다.[643] 상품·노동·금융시장 등에 대한 규제, 방만한 정부지출, 복지확대 등 경제적 자유를 억압하는 입법과 정책을 쏟아내는 것이 삼권분립을 헌법적으로 보장된 나라의 일상적 현상이다.

삼권분립 아래에서 경제적 자유가 낮은 이유는 법에 대한 인식이 잘못되었기 때문이다. 원래 삼권분립의 핵심은 법 개념이었다. 권력분립논자들에게 중요했던 것은 입법의 보편· 추상성 원칙이었다. 특정한 기업들의 권익을 보호하기 위해서 타 기업들을 규제하거나, 인허가, 금융·재정특혜 등 그런 원칙을 훼손하는 입법은 법이 아니다. 그러나 의회에서 정한 것은 그 내용이 무엇이든 법이라는 인식이 지배하게 되었다. 그런 인식을 가져온 것은 국민다수가 정한 것은 법

643) 조선일보 2018년 6월 11일자 사설 세네갈 말리만도 못한 세계최악의 고용규제.

이고 진리라는 장 자크 루소의 국민주권, '만들면 법이 된다'는 법실증주의, '그랬으면 좋겠다'는 식의 희망사항을 법으로 제정하는 입법만능주의 때문이다.[644] 법의 정치화, 정치의 법제화를 초래한 것이다.

교조적 민주주의가 확산됨에 따라서 흥미롭게도 동일한 의회가 두 가지 상이한 성격의 과제를 장악하는 사태도 벌어졌다. 국민의 대표가 모든 개인들과 국가기관들을 동등하게 구속하는 "정의로운 행동규칙을 제정하는 일을 넘어서 정부에게 할당할 재정적 물적 인적 수단과 서비스 공급에 대한 결정까지" 장악하게 되었다. 법을 정하는 의회가 동시에 행정부에게 명령을 발하는 권한까지도 갖게 되었다. 예를 들면 세법을 정하는 의회가 동시에 정부에게 어떤 공공재를 산출할 것인가를 명령하는 권한까지도 갖게 된 것이었다. 그 결과는 치명적이다. 입법기관이 현재 당면한 목적을 달성하는 데 가장 적합하게 보이는 법, 즉 처분적 법을 제정하게 되었다. 이는 유서 깊은 법의 지배의 종말을 초래하게 되었다. 권력분립이 실패했다. "자유의 보호벽"이 허물어지게 되었다.[645] 왜냐하면 진정한 의미의 입법보다 정치적 목적을 위해서 임의로 처분적 법을 만들 관심과 의욕이 급증하기 때문이다. 예를 들면 대기업의 활동을 억제하여 중소상공인을 보호할 목적으로 제정된 경제민주화법, 소득재분배를 위한 입법, 최소임금 인상을 위한 입법 등이 처분적 법에 해당된다. 이런 내용의 입법은 보편적 법을

644) 한국경제신문 2018년 2월 5일자 사설: "법의 보편성, 추상성을 흔들어서는 않된다."
645) Hayek(1969: 200)

제정하는 입법부가 지닌 "최고 권력의 정당성"을 상실한다.[646]

제한 없는 민주주의의 위험성

모든 입법은 다수의 의지에 기초를 두어야 한다는 교조적 민주주의는 수백만 수천만 명이 제각기 추구하는 다양한 목적들에서 공동으로 추구할 하나의 의지 또는 목표순위체계로 총합할 수 있다는 전제를 깔고 있다.[647] 그러나 이는 불가능하다. 다원적인 사회에서는 안정적 다수가 존재할 수 없다. 제한 없는 민주주의는 정치적으로 늘 불안정한 이유다. 민주정치를 흔히 다수의 지배라고 말한다. 그러나 그 다수는 내용적 다수가 아니라 머릿수의 다수일 뿐이다. 이는 유권자들의 지지를 얻기 위한 정치적 경쟁에서 제공되는 어느 한 정당의 선거프로그램의 내용을 보면 알 수 있다. 그 속에는 서로 충돌하는 수많은 정책들로 구성되어 있다. 예를 들면 분배를 개선하기 위해 도입된 최저임금 인상 정책은 고용확대정책과 충돌한다. 분배를 중시하는 유권자, 고용을 중시하는 유권자는 그 정당을 선출한다. 따라서 어느 한 정당이 다수의 지지를 얻었다고 해도 그 다수는 일관된 의지의 표현이 아니라 단지 머릿수의 다수일 뿐이다. 이는 다수의 의지는

646) 위의 책, 201

647) "애로우 불가능 정리"가 말해준다. 다수의 투표자의 상이한 선호순위에서 일관된 총합을 도출할 수 없다는 것이다. (민경국,2003: 78)

허구라는 뜻이다.[648] 민주주의에서 다수의 지배는 무수히 많은 목적들의 단순한 합일 뿐 그 내용에 대해서는 아무것도 말해주지 않는다. 다수의 의지는 그 어떤 도덕적 가치도 없다.

민주주의에서 다수의 의지란 사실상 투표교환, 정치적 결탁의 산물일 뿐이다. 그것은 부패와 압력의 합법화된 절차의 결과일 뿐이다. 그래서 무제한적 민주주의를 부패민주주의라고 말한다. 이런 부패는 이익집단의 정치적 영향에 의해서 더욱 더 심화되고 있다는 것이 하이에크의 인식이다. 국가가 경제에 개입할수록 기존의 이익집단의 힘은 강화되고 동시에 새로운 이익단체가 빈번히 등장한다. 그 결과는 국가권력의 증대와 간섭주의의 확대·심화다.

이 같이 국가권력의 증대와 이익집단의 영향력 증대가 상호작용하는 과정에서 민주주의는 압력단체의 시녀로 전락하게 된다. 이런 현상을 시카고학파의 조지 스티글러는 정치가와 관료가 이익집단에 의해서 "포획되어 있다"고 표현한다.[649] 이제 민주주의가 압력집단 민주주의가 되어 국가는 이익집단의 노리개가 된다는 것이 하이에크의 통찰이었다.

"보편적으로 적용할 수 있는 정의로운 행동규칙에 국한된 입법부는 이익집단의 압력을 받지도 않을 것이다. 따라서 로비 등은 정부간섭의 산물이고 입법부가 특수한 그룹을 위해서 간섭할 권력을 갖게

---

648) Hayek(1979/1997: 33)

649) 민경국(2014: 263)

되면 그런 압력단체의 활동차원은 증가한다."[650]

왜 정의의 행동규칙이 정치적으로 소중한가를 말해준다. 다원적 사회라고 해도 탈 목적적인 보편적 행동규칙에 대한 합의는 용이하게 달성할 수 있다. 왜냐하면 다원적 사회에서는 안정적인 다수의 '의지'가 존재할 수는 없지만 정의의 규칙이 전제하는 안정적인 다수의 '의견'은 존재할 수 있기 때문이다. 의견은 옳고 그름을 판단하는, 그래서 구체적인 목표나 구체적 상황과 독립적인 믿음이기 때문이다.[651]

자유주의와 민주주의는 전혀 다른 차원의 문제와 관련되어 있다

이쯤에서 우리는 민주주의는 자유주의와 완전히 다르다는 것을 확인할 수 있다. 19세기 전체주의에 맞선 싸움에서 자유주의와 민주주의는 공동전선을 폈다. 그 이유는 자유주의가 중시하는 법 앞의 평등이 모든 사람은 입법에서 동등하게 참여해야 한다는 요구로 연결되었기 때문이다. 그러나 두 이념이 다루는 문제는 전여 다르다. 자유주의는 민주적이든 독재든 과두정부든 모든 통치에 수반되는 강제적 권력을 어떻게 제한할 것인가의 문제 해결에 주력한다. 민주주의자는 통치자에 대한 유일한 견제는 다수의 의지라고 여긴다.

민주주의의 적(敵)은 권위주의이고 자유주의의 그것은 전체주의라

650) Hayek(1978: 100)

651) Hayek(1969: 68~69)

는, 따라서 민주정부는 전체주의와, 그리고 자유주의는 권위주의 정부와 친화적이라는 점에서 자유와 민주라는 두 이념 간의 차이가 확연히 드러난다. 민주주의는 누가 지배하는가, 즉 지배의 원천, 권력의 원천에 대한 문제와 관련이 있다. 그 답은 다수의 뜻이다. 다수가 정한 것이 법이고 정의다, 다수가 원하는 경제정책이 바람직한 정책이다. 민주는 다수의 지배다. 그래서 좌파에게는 민주주의가 목적이다.

〈표-4〉: 자유주의와 민주주의 비교

	자유주의	민주주의
추구하는 가치	개인의 자유	주권재민
국가권력	국가권력의 제한 (어떻게 권력행사를 제한해야 하는가?)	국가권력의 구조(원천) 누가 권력을 행사해야 하는가?
지배의 방법	법의 지배	다수의 지배
국가과제	작은 정부(정부역할의 엄격한 제한)	큰 정부(정부역할에 한계가 없음)
법	법의 내용(보편적 추상적)	다수의 입법자가 정한 것

그러나 자유주의는 어떻게 권력을 행사해야 하는가의 문제를 다룬다. 자유주의는 정치의 지침으로서 기능한다. 그것은 특히 국가의 과제와 목표 그리고 그 달성을 위한 방법을 기술한다. 자유주의는 국가권력이 행사될 범위를 제한해야 한다는 것이다. 그 범위는 될 수 있는 대로 줄이고 그 대신 사적 영역을 확대할 경우에 개인의 자유가 확보될 수 있다. 자유주의에서는 법의 원천이 아니라 법의 내용이 중요하다. 법은 다수의 지지를 받아야 마땅하지만 그런 법이 반드시 바람직한 법이라고 여기지 않는다. 법은 보편적 추상적이어야 한다는

원칙, 즉 법의 지배(Rule of Law)원칙을 충족하는 법이어야 한다.

민주주의는 누가 통치해야 하는가의 문제를 다룬다.[652] 왕이 가지고 있었던 절대 권력을 고스란히 국민이라는 총체적 집단에게 이전한 것이 국민주권사상이다. 국민주권은 절대적이다. 법의 원천이 다수의 주권자의 의지다.

자유주의에게 민주주의는 목표가 아니라 슘페터가 말한 대로 정치적, 즉 입법과 행정 사항에 대한 결정에 도달하기 위한 일종의 방법 또는 절차일 뿐이다. 민주주의가 주어진 상황에서 어떤 결정을 내리든가와 관계가 없이 그것은 목적이 될 수 없다.

자유와 양립하려면 민주주의는 제한되어야 한다

민주주의는 자체 목적이 아니라 수단이라고 한다면 진화적인 자유주의를 통해서 민주주의의 효율성을 평가할 수 있다. 하이에크는 민주적 선택의 정당성을 말해주는 세 가지 근거를 제시한다.[653]

(1)논쟁적인 의견들 가운데 결국에 가서 하나만을 관철해야 한다면 끝까지 싸우기 보다는 찬성수를 계산하여 결정하는 것이 비용이 덜 든다.

(2)민주주의는 사람들이 노력하여 자신의 복지를 늘릴 수 있는 자유로운 영역을 다른 정부 형태보다 더 잘 확립할 수 있다. 권력이 상

652) Hayek(1961/1996 I: 178쪽 이하)

653) 위의 책 185~188

대적으로 덜 남용된다. 남용되면 이에 피해를 당한 사람들이 그런 권력을 철회할 수 있기 때문이다.

⑶민주주의에서 정치적 문제에 대한 사회구성원들의 정치적 입장, 선호, 시각은 주어진 것이 아니라 변동한다. 민주주의는 여론을 형성하는 과정이다. 시간적 간격을 두고 구성원들은 의견형성에는 물론 선거에도 적극적으로 참여하기 때문에 소수의 새로운 의견이 설득노력을 통해서 다수의 견해가 될 수 있다는 점에서 민주주의는 발전적이다.

하이에크는 민주주의의 중요성에 대한 세 번째 논거를 가장 강한 것으로 여기고 있다. 그 논거는 누가 최선으로 이해할 수 있는가를 말할 수 없는 문제에 대한 의사결정은 사회의 "발견과정"에 맡겨야 한다는 진화론적 인식을 전제하고 있기 때문이다. 이런 의미에서 민주주의에서 정치가의 과제는 다수의 견해가 무엇인가를 찾는 일이지 먼 장래의, 언젠가는 다수의 의견이 될 새로운 아이디어를 유포시키는 것이 아니다.

"그 시대 당장의 문제에 몰두하는 실무자는 사회의 복잡한 질서의 다양한 부분들내에서 모든 관계를 연구할 관심도 그리고 시간도 없다. 그는… 다른 사람들이 연구해서 작성해서 그에게 제시한 정치이론이나 원칙들을 선택할 뿐이다."[654]

---

654) 위의 책 196

이에 반해서 철학자나 과학자의 과제는 아직 다수의 눈에 들어오지 않은 새로운 목표, 문제, 세상을 보는 새로운 관점들을 보여주는 것이다.[655] 그런 과제는 다수가 지지하든 반대하든 인기와는 관련이 없다. 정치가는 다수라는 의미에서 선택을 한다. "정치는 가능성의 기술이라면 정치철학은 불가능하게 보이는 것을 정치적으로 가능하게 하는 기술이다"라고 하이에크는 목소리를 높인다.[656]

하이에크는 정치철학자가 자신의 과제를 수행하기 위해서 우선 실증주의에 갇혀서는 안 된다고 경고한다. 정치철학자가 사실의 문제에만 한정하고 상충하는 가치들 사이에서 결단을 내리는 것을 두려워한다면 그의 사명을 다할 수 없다고 하이에크는 충고한다.[657] 정치철학자는 자신에게 옳다고 보이는 가치를 옹호할 태세가 되어 있어야 한다.

이런 민주적 과정의 근본 조건은 첫째로 언론과 토론의 자유다. 새로운 의견이 형성될 수 있고 이것이 다수가 될 수 있으려면 다수가 지배하는 의견과 경쟁할 수 있어야 한다. 이것이 이념경쟁이다. 그렇지 않고 다수의 의견이 규범적인 잣대가 된다면 민주주의는 정체상

655) 위의 책 197. 국가철학이나 경제학이 정치적 의사결정에 미치는 영향이 결코 작지 않다는 케인스의 주장을 하이에크는 전적으로 인정한다. (위의 책 194 각주 14) "자신이 어떤 지적인 영향으로부터 완전히 벗어나 있다고 믿는 실무자도 대개 어느 경제학자의 노예다. 경제 및 정치철학분야에서 25세나 30세가 넘어서 새로운 이론에 영향을 받는 사람은 소수다. 그래서 공무원이나 정치가 또는 선동가가 이용하는 이념들은 일반적으로 전적으로 새로운 것은 아니다."

656) 위의 책 197

657) 위의 책 198

태에 빠진다. 민주질서가 작동하기 위한 두 번째 조건은 구성원들 대부분이 일치된 기본원칙을 의미하는 바람직한 공동의 사회질서관이 있어야 한다는 점이다.[658]

자유주의 시각에서 볼 때 기본원칙은 시장시스템의 우월성에 대한 통찰, 따라서 번영을 위한 시장의 기능역량을 보장하기 위해서는 보편·추상적인 정의로운 행동규칙이 중요하다는 인식이다. 법철학적으로 표현한다면 법의 지배가 제일의 원칙이다. 이 원칙을 지킬 때만이 자유가 보존될 수 있고 그것을 버리고 편의를 중시하면 파괴되는 것은 자유다. 이런 원칙을 통해서 다수의 권력을 제한해야 한다는 뜻이다.

3) 헌법모델: 헌법을 통한 자유의 보호

하이에크에게 무서운 것은 사적 권력이 아니라 국가권력이라고 보고 있다. 민주정부라고 해도 그것이 무제한적 권력을 갖고 있으면 부패하고 정의롭지 못하고 부도덕하다. 정치와 경제의 유착, 언론과 정치의 유착 등 모든 병리적 현상은 무제한적 민주주의에서 비롯된 것이다.

정부가 부패하고 자의적일 경우, 하이에크는 그 책임을 정치가들에게 돌리지 않는다. 이런 부정적인 면을 민주주의의 필연적인 결과

658) 위의 책 197

로 간주하지도 않는다. 정부의 권력을 제한하는 정치가 없기 때문에 생겨나는 것이라고 본다. 그래서 그는 국가권력을 제한할 장치의 중요성을 강조하고 있다. 그는 이 장치를 국가헌법으로 간주하고, 헌법의 본래의 취지는 권력구조를 다루는 역할 보다 국가권력을 제한하고 지배자들도 피지배자들과 똑같이 법에 따르도록 하는데 있다.[659] 헌법이란 정부의 공권력을 효과적으로 제한하는 과정이다. 따라서 "헌법국가"란 권력이 제한된 국가를 의미한다. 헌정주의란 자의적인 지배의 반대 명제이고 자의적 지배는 독재정부다. 법의 지배 원칙, 공법과 사법의 구분, 그리고 권력분립은 자유주의의 핵심원리이다. 이런 원리를 헌법적으로 구현하여 민주주의를 제한하고, 개인의 자유와 재산을 보호하는 것이 하이에크의 이상적인 헌법 모형이다. 그는 자유주의 핵심원리를 헌법에 어떻게 구현하려고 하는가?

헌법의 핵심 요소는 기본조항, 기본권, 양원제, 사법부의 독립 그리고 헌법재판소다. 어떻게 헌법이 생겨나는가? 열린 자유사회의 기초가 되는 원칙을 암묵적으로 인정하고 지킨다면 하이에크에게 성문화된 헌법은 반드시 필요한 것이 아니다. 그런 원칙들이 지켜지지 않는 곳에서는 이들을 성문헌법의 대상으로 만드는 것이 유익하다고 한다. 이런 경우 이상적인 헌법모델은 가치가 있다고 목소리를 높인다. 특히 헌법모델에서 그 원칙들을 분명히 밝혀줄 수 있다는 이유에서다. 이제 그의 이상적 모델을 설명하자.

659) Hayek(1960/1996 I: 312)

헌법제정회의

헌법에게 법적 효력을 부여하기 위해서 필요한 것은 헌법제정회의다. 그러나 하이에크에게 이에 대한 설명이 없다. 따라서 그 기관은 국민들로 구성된다는 말 뿐이다. 헌법은 모든 권력은 국민에게서 나온다는 정치적 이념의 표현이다. 하이에크에게 중요한 것은 어떻게 헌법이 국민주권으로부터 생겨나는가의 문제가 아니라 헌법의 내용이다.

헌법을 구성하는 정부권력의 배분규칙과 제한규칙은 정의로운 행동규칙의 성격을 가진 실체적 법을 내포하고 있지 않다.[660] 기존의 헌법과는 달리 특정한 자유권을 열거하지도 않는다. 법다운 법이 될 수 있으려면 갖추어야 할 특성만을 기술한다. 무엇이 실체적 법이 될 수 있느냐를, 간단히 말해서 법 개념을 정의한다. 그래야만 헌법이 도입한 국가조직에게 공권력을 할당할 수 있다. 헌법은 권력을 나누고 이를 제한한다. 헌법은 모든 법의 근원이 될 수 없고 본래의 의미의 법을 유지하기 위한 상부구조다. 헌법은 어떻게 국가권력을 이용할 것인가를 적극적으로 규정해서는 안 된다.

국가권력의 제한을 위한 헌법의 기본조항

헌법에 규정할 첫 번째는 "기본조항(basic clause)"이다. 이 조항에

660) Hayek(1973: 134)

명문화할 내용은 (1)무엇이 법이 될 수 있는가에 관한 것이다. 이는 자유를 보장하는 정의로운 행동규칙을 의미하는 법이다. (2)행동규칙들은 개개인들의 사적 영역을 정의하고 보호하기 위한 것이라는 점을 기본조항에 표현해야 한다. (3)헌법은 시민들은 정의로운 행동규칙으로서의 법(자유의 법)에 따르지 않는 경우를 제외하고는 어느 누구도 국가로부터 강제를 당해서는 안 된다는 것을 표현해야 한다.

요컨대, 하이에크가 제안하는 헌법의 기본조항 내용은 자생적 질서의 기초가 되는 법의 성격, 법의 지배 원칙을 명문화한 것이다. 이 기본조항은 흔히 말하는 기본권 조항이라고 불러도 무방하다. (4)기본권이란 다음과 같이 표현될 수 있다. 즉, 누구나 일반적, 추상적인 정의의 법을 위반하지 않는 한, 어떤 강제도 받지 않을 권리가 있다. 이런 기본권은 일반적으로 현대사회의 헌법에서 정하는 기본권 목록과 전적으로 다르다. 존 롤즈처럼 출판의 자유, 신체의 자유 등, 자유권을 기본권으로 열거하는 경우가 있다. 하이에크는 기본권을 열거하는 것을 다음과 같은 두 가지 이유에서 적절하지 않다고 주장하고 있다: 첫째로 열거는 변동하는 사회에서는 오로지 불완전할 뿐이라는 것, 둘째로 열거되지 않은 권리들은 보호할 가치가 없는 것으로 해석할 우려가 있다는 이유에서다.[661]

661) Hayek(1960/1997 II: 38~39), (1969) 5253쪽. 라디오 및 TV 등과 같은 전자매체시대에서는 정보자유의 문제는 더 이상 출판의 자유의 문제가 아니다. 인간행동을 조작하기 위해 약품이나 심리적 기술이 이용되는 시대에서는 어느 한 개인의 신체에 대한 지배는 더 이상 물리적인 제한으로부터의 보호문제가 아니다. 두 번째와 관련하여 하이에크는 헌법에 기본권을 열거하여 이를 법적으로 보장하려는

권력분립에 관한 헌법조항

하이에크는 삼권분립이 실패했다고 말한다. 왜냐하면 동일한 의회에게 성격이 완전히 상이한 과제를 부여했기 때문이다. 그는 국가의 역할을 두 가지로 구분한다. 정의로운 행동규칙을 제정·집행하는 강제기능과 공공재 산출과 관련된 서비스 기능이 그것이다. 두 기능을 엄격히 분리하여 입법의회와 정부의회의 양원제도입을 제안했다.

(1)입법의회의 과제: 정의로운 행동규칙을 의미하는 법을 제정하는 역할을 한다. 그러나 이 역할은 현대의회가 법을 제정하는 것과는 전혀 다르다. 입법의회의 입법은 법관들이 법을 발견하는 과정과 동일한 사유를 통하여 법을 찾아낸다. 법은 발견되는 것이지 만들어 내는 것이 아니다. 재판관들의 법의 발견에서 그들의 판결이 다른 판결들과 양립하느냐의 여부를 검증하듯이, 다시 말하면 재판관들은 어느 한 특정의 행동규칙이 다른 것들과 서로 양립하도록 표현하는 것처럼, 입법의회에서 법을 정하는 경우에도 도입하고자 하는 법이 기존의 법과 양립하는가를 테스트하여 정한다.

하이에크가 제안하는 입법의회의 입법이 컴먼 로 전통과 다른 점은 입법의회가 정한 법은 법으로서 법전에 기록된다는 점이다. 그리고 입법의회의 입법은 공공선택론에서 다루고 있는 입법과정과 전적

노력은 원래 헌법주의가 제시하는 개인적 자유에 대한 보장의 일부에 지나지 않고, 따라서 자유에 대한 입법적인 침해를 막을 수 없다고 말하고 있다.

으로 다르다. 입법과정에서 정당, 이익단체, 관료 등의 정치적 영향력이 전적으로 배제되기 때문이다. 입법의회의 구성도 그래서 독특하다. 정당, 이익단체, 행정관료 출신이나 또는 정부의회 출신은 입법의회의 구성원이 될 수 없다. 구성원자격의 나이와 그리고 구성원 선출을 위한 투표권의 연령제한도 뒤따른다.[662]

(2)정부의회: 정부의회는 정부에게 국가의 서비스 과제와 관련된 업무를 정하고 정부의 이런 과제수행을 감시 감독한다. 예를 들면 의회는 세율을 정하는 과제를 가지고 있다. 과세는 강제에 해당되기 때문이다. 세율은 단일 세율제다. 정부의회는 세율에 따른 조세수입을 어떻게 어디에 사용할 것인가를 정하는 과제가 있다. 행정부는 정부의회에서 정한 것을 집행하는 과제를 수행한다. 정부의회의 구성은 현대사회의 의회구성원 선거와 동일하다. 정당간의 경쟁을 통해서 정부의회를 구성한다. 그 구성원을 선거할 유권자에서 정부공무원과 노후연금수혜자 실업수당 수급자는 배제된다. 정부의회의 결정사항은 정의와 관련된 일반적 여론이 아니라 어떤 특정이익을 충족할 것인가에 관한 것인데, 그들이 어떻게 하면 타인들의 부담으로 자신들의 수입을 늘릴 것인가의 문제에 투표하는 것은 불합리하다.

(3)행정부: 정부의회를 통해서 행정부가 구성된다. 정부의회가 정

662) 이 흥미로운 문제에 대해서는 Hayek(1969; 1978) 민경국(2004).

한 정책과제와 지시를 수행한다.[663] 정부정책을 수립하여 정부의회의 승인을 받는다. 행정부가 서비스를 제공하면서 시민들을 차별해서도(예, 공립 공원 요금차별), 강제력을 함부로 사용해서도 안 된다. 정부공무원들은 정부의회를 구성할 대표자를 선출할 권한이 없다. 정부정책을 수립할 공무원들이 그 정책의 집행 여부를 결정할 또는 정부의회의 지시에 따라야할 그들이 그 지시를 내리는 일을 담당할 사람들을 선출하는 것은 부당하다.

언뜻 보기에는, 행정부는 할 일이 거의 없는 것처럼 보인다, 그러나 그렇지 않다. 서비스의 목적 ·조직·생산과 관련된 선택에서 큰 영향력을 발휘할 수 있다. 정부재정을 확보하는 방법에서는 의회를 통해서 한계가 명확히 설정되지만 사용목적, 액수 등은 행정부의 재량에 맡겨있다.

(4)사법부: 개인들 간의 분쟁, 개인과 국가기관 사이의 분쟁, 그리고 국가기관들 사이의 분쟁을 판결한다. 최고재판관은 입법의회가 임명한다. 특히 입법의회와 사법기관의 분리는 중요하다. 입법기능과 사법기능이 분리됨으로써 의회는 법을 제정할 때, 법이 적용되는 당사자들을 알지 못하기 때문에 법이 특정의 인간들이나 그룹들을 편애하거나 또는 그들에게 불리한 차별을 할 수 없게 된다.

입법의회는 헌법에 의해 구속되지만 사법기관은 헌법과 입법의회에서 제정된 법에 의해 구속된다. 사법기관은 법의 진화에도 기여

663) 이하에 관해서는 Hayek(1979/1997: 194)

한다. 이로써 이들 모두는 자유로운 인간들의 열린사회의 유지에 기여한다.

(5)헌법재판소: 입법의회가 정한 법이 기본조항에 명시된 정의로운 행동규칙의 성격을 가진 것인가의 판단이 헌법재판소의 소관이다.[664] 헌법재판소는 서비스과제와 강제과제와 관련하여 정부의회와 입법의회 사이의 권한 분쟁을 판결한다. 입법회의와 정부의회 간의 권한 분쟁이 헌재의 가장 첨예한 문제이다.

서비스 기능과 강제기능을 어떻게 구분할 수 있는가의 문제는 남는다. 구분의 기준이 기본조항에 명시된 정의로운 행동규칙 또는 법의 지배 원칙이다. 그 구분의 어려움이 하이에크에 대한 권리 이론적 자유주의자들의 비판대상이다.

몽테스키외와 하이에크: 헌법모델

하이에크는 양원제를 핵심으로 하는 권력분립의 헌법모델을 제안하고 있다. 이 헌법모델을 좀 더 자세히 알기 위해서는 다른 헌법 모델과 비교하는 것이 중요하다. 우리는 앞 장에서 몽테스키외의 권력분립적인 혼합헌법을 설명했다(제10장). 두 사람 사이 시간적으로 본다면 250년이나 된다. 그 사이에 몽테스키외의 혼합헌법은 수많은 나라의 헌법형성에 영향을 미쳤고, 또 그 동안 사회적 변화에 맞추어

664) 위의 책 194~196

권력분립 이론도 거듭 발전했다. 따라서 과거의 모델에 비추어 하이에크 모델을 논의하는 것, 그리고 한국사회의 장래 헌법과 정치질서를 위해서 권력분립의 새로운 형태를 분석하는 것은 의미가 있다.

몽테스키외의 모델이 주는 의미는 사회세력 사이에 힘의 균형과 조화로운 정치시스템이다. 이 모델에서 사회적 안정과 사회질서를 세습군주, 귀족, 그리고 평민 등 특정한 사회그룹을 배제하는 것이 아니라 다양한 사회세력을 포용하여 달성하려고 한다.

하이에크와 몽테스키외의 중요한 차이점은 우선 자유의 개념이다. 몽테스크외의 자유개념도 공포로부터의 자유다. 그러나 하이에크의 자유개념은 강제가 없는 상태다. 두번째 차이는 법의 개념이다. 하이에크의 법 개념은 앞에서 설명한 바와 같이(336~372쪽) 보편성, 추상성, 평등성을 갖춘 정의로운 행동규칙이다. 법은 타인들에 대한 개인의 행동을 안내하는 역할을 한다. 이런 법을 통해서 국가권력을 제한함으로써 개인의 자유가 보호될 수 있다. 그의 법개념은 모든 공동체에 적용가능한 보편적 행동규칙을 말한다. 이것이 자유주의 헌법의 기본 원칙이요, 법의 정신이다.

법의 개념으로서 하이에크의 정의로운 행동규칙에 대비되는 것은 몽테스키외의 "법의 정신"이다. 법의 정신은 주민종교, 주민의 성향, 부, 상업, 풍습 기후 지리 등 한 나라의 특성을 규정하는, 그래서 그 나라의 고유한 법의 형성에 영향을 미치는 요인들이다. 지역적 특수성에 따라 법도 다르게 정했다.

셋째로, 몽테스키외는 자유는 어느 한 세력이나 또는 하나의 국가기관이, 예를 들면 입법권을 독점하는 것을 막음으로써 실현된다고 믿었다. 국민의회와 귀족의회가 서로 견제하면 자유를 실현할 법을 만들어 낼 수 있다고 몽테스키외는 생각했다. 그는 사회세력 간 또는 권력들 간에 상호 유착·견제의 원칙이 자유사회의 불가분의 조건으로 여겼다. 예를 들면 국민의회는 귀족의회의 동의를 얻어서 법을 제안하고 법을 작성하고 개정·폐기할 권한을 행사한다. 이런 믿음에서 도출한 것이 권력분립의 혼합헌법이다. (424~425쪽)

이에 반하여 하이에크의 헌법모델에서는 자유주의 헌법의 기본원칙을 거쳐 법 개념을 헌법에 규정함으로써 자유가 확립되는 것으로 여기고 있다. 법 개념으로부터 권력분립의 기본원칙이 도출되고 있다. 즉 양원제다. 이는 법을 정하는 입법의회와 정부업무를 결정하고 감시하는 정부의회로 구성되어 있다. 모든 법은 자유주의 헌법의 기본원칙에 합당해야 한다, 그 원칙은 다시 한번 강조한다면 보편성, 추상성, 평등성을 갖춘 정의로운 행동규칙이다. 이는 불의를 막는 역할을 한다. 두 학자는 자유를 질서원칙으로 여긴다. 그러나 그 자유는 몽테스키외는 혼합적 권력분립에서, 하이에크는 법 개념에서 도출된 권력분립에서 자유의 실현을 보고 있다. 이런 점에서 그들은 헌정론적 자유주의자다.

4) 진화론적 헌정주의와 국가

뷰캐넌의 헌법은 목적합리성의 원칙에서 도출된다. 목적합리성이란 인간행동은 오로지 추구하는 목적에 의해서 인도된다는 뜻이다. 그러나 이는 불완전하다. 왜냐하면 목적합리성은 규칙합리성을 전제하기 때문이다. 규칙합리성은 추구하는 목적을 고려하지 않고 특정의 행동방식을 금지하는 내용의 규칙에 의해서도 결정된다. 사람들이 대부분 금지적 행동을 하지 않는다면 그들은 타인들의 행동을 잘 예측할 수 있다. 약속을 어겨서는 안 된다는 규칙을 지킨다면 용이하게 거래목적을 달성할 수 있다.

그런데 흥미롭게도 규칙합리성은 진화논리로만 이해될 수 있다. 왜냐하면 행동규칙 체계의 생성과 발전은 문화적 진화의 여과과정의 결과이기 때문이다. 편익을 주는 행동규칙이 선택되는 과정은 장구한 역사 속에서 이루어지는 시행과 착오과정이다. 선택되는 행동규칙은 자유를 보장하는 보편·추상적 성격의 정의의 규칙이다. 이런 행동규칙에 비추어 하이에크는 사회에서 권력분립을 실패했다고 선언했다. 법을 정하는 의회가 동시에 행정부에게 명령을 발하는 권한까지도 갖게 되었다. 예를 들면 세법을 정하는 의회가 동시에 정부에게 어떤 공공재를 산출할 것인가를 명령하는 권한까지도 갖게 된 것이었다. 그 결과는 치명적다. 입법기관이 현재 당면한 목적을 달성하는데 가장 적합하게 보이는 법, 즉 처분적 법을 제정하게 되었다. 이는 유서 깊은 법의 지배의 종말을 초래하게 되었다. 권력분립이 실패했다. 이런 실패를 조장한 것이 교조적 민주주의라고 보았다.

입법의회와 정부의회의 양원제를 중심으로 한 하이에크의 헌정사상은, 사람들이 자신의 관심을 추구한다고 해도 정치에서도 보이지 않는 손이 작동하여 개인의 자유를 확립하고 국가실패를 막아주는데 적합하다. 20세기 내내 각별히 무시당한 경제자유를 시민적 자유와 똑같이 보호하려는 하이에크의 헌법의 목적은 매우 중요한 의미가 있다. 개인의 자유와 재산을 보호하는 법의 지배원칙을 엄격히 적용해야 한다는 것이다.

맺는 말 : 나라다운 나라는 자유국가

"배를 저어가자
험한 바닷물결
건너 저편 언덕에

산천 경계 좋고
바람 시원한곳
희망의 나라로

돛을 달아라
부는 바람 맞아
물결 넘어
앞에 나가자 아아

자유 평등 평화 행복
가득 찬 곳
희망의 나라로"

-**희망의 나라로**, 작사/작곡 현제명

고전적 자유주의자들에게 나라다운 나라는 어떤 나라인가의 문제를 다룬 책이다. 이 문제는 국가론의 핵심 주제다. 이는 왜 통치 권력으로서 국가가 필요한가, 어떻게 통치해야 하는가, 그리고 누가 통치해야 하는가의 문제로 나눌 수 있다. 이 문제가 중요한 이유가 있다. 국가는 시민들에 대해서 강제력을 행사할 독점적 권력을 가진 특권적 조직이기 때문이다.

국가 활동의 도덕적 정당성은 그 어떤 다른 패러다임보다도 자유주의가 가장 오랫동안 그리고 가장 심대한 관심을 보였던 근본적 문제다. 역사적으로 거슬러 올라가면 그 이유를 뚜렷하게 알 수 있다. 19세기 중반 그리고 20세기 후반을 제외하고 대부분의 시대를 지배한 것이 반(反) 자유주의 이념들이다. 자유주의는 이들과 늘 싸워야 했다. 인류는 자유 대신에 노예, 지혜 대신에 야만, 번영 대신에 빈곤의 길을 걸어 왔다.

그래서 국가와 관련된 고전적 자유주의의 첫 번째 특징은 누가 지배해야 하는가의 문제보다도 어떻게 지배해야 하는가의 문제를 중시했다는 점이다. 국가권력의 제한에 초점을 맞춘다. 군주가 지배하든 민주적 지배든 이에는 큰 관심이 없었다. 어떤 국가권력이 도덕적으로 정당한가에 대한 문제에서도 지배자의 정당성 문제보다는 지배의 내용을 중요하게 여겼다. 그래서 자유주의에서 법철학과 정치철학은 서로 긴밀하다. 지배방법이 법과 돈(세금과 통화)이기 때문이다. 역사적으로 보면, 누가 지배해야 하는가의 문제에 지나치게 집중한 나머지 법다운 법에 관한 문제, 법이 갖추어야 할 조건에 대한 문제를 소홀히 했다. 그러나 자유주의는 정의론의 테두리 내에서 그런 문제를 심도 있게 다루었다. 이것이 자유주의의 두 번째 특징이다.

마지막 세 번째 특징은 국가권력의 한계가 무엇인가를 찾으려고 했다. 고전적 자유주의가 이 문제에 집착한 이유는 사적 자율과 자유를 최고의 가치로 여겼기 때문이었다. 국가의 과제를 중시했던 것, 그리고 이를 최소로 줄이려는 것도 그 때문이었다. 이 특징의 관점에서 자유주의의 국가론을 설명했다.

1) 왜 국가가 필요한가?

국가(구체적으로 말해서 정부)는 필요 없다는 주장이 있다. 국가의 존재를 부정하는 것이 무정부주의다. 정부가 할 수 있는 모든 것은 시장이 더 잘 할 수 있다거나 정부가 없는 상태가 개인의 자유가 최대로 실현된다는 이유에서다.[665] 그러나 무정부가 현실적인 대안이 될 수 있는가의 문제가 제기된다. 오늘날 지배자가 없는 사회는 없다. 정부가 없으면 누군가가 정부를 세웠을 것이다. 로버트 노직이 보여주고 있듯이(제1부 제3장) 국가가 없다면 어느 한 지역에 사는 모든 주

665) 대표자는 로스바드(Rothbard, 1973; 1982), 호페(Hoppe, 2001/2004), 바네트(Barnett, 1998) 등이다. 로스바드는 1973(한글판 2015)년 저서 『새로운 자유를 위해서』에서 국가의 모든 과제를 민간회사로 이양할 경우에 어떻게 효과적으로 민간 회사가 수행할 것인가를 설명하고 있다. 아나키즘의 자유와 법에 대한 비판적 분석에 대해서는 민경국(2016: 353~382).

민들의 자유, 생명, 재산을 보호하는 서비스공급을 독점하는 회사가 필연적으로 등장하는데 이것이 국가다.(100쪽 이하 참조)[666] 또는 특정의 집단(예: 강도 집단)이 세력을 확장하여 사회를 강제로 지배하면 이것이 국가다. 아마도 대부분의 국가형성은 강력한 힘을 가진 집단의 폭력을 통해서 국가가 형성되었을 것이다.[667]

이런 사실이 말해주는 것은 국가에 관한 두 가지 논리다. 첫째로 로크, 롤스, 뷰캐넌 등은 시민들에게 득이 되기 때문에 재산권을 보호하고 계약을 집행하는 정부를 구성한다고 주장한다. 사회계약을 통해서 정부를 만든 이유가 살기 좋은 사회를 위해서라는 것이다. 그러나 국가의 존재이유가 시민들의 삶을 개선하기 위해서가 아니라는 것이 나의 입장이다. 어느 특정한 집단이 자신과 자신의 추종자들의 이익을 위해서 강제로 세운 것이 국가다.[668] 애초부터 폭력에 의해서 만들어졌고 힘의 논리에 의해서 유지되고 있는 것이 국가의 본질이다. 국가는 성립 때부터 시민들의 복지 증진과는 관련이 없다. 시민들로부터 자원을 빼앗아서 정부사람들 그리고 이들을 지지하는 사람들에게 배분할 목적으로 만든 것이 국가다. 따라서 홉스 전통의 사회계약론, 플라톤과 루소 전통의 국가론은 국가에 대해서 순진하게도 낭만적이다.

---

666) Nozick(1974/1999), Cowan(1992)

667) 사회계약을 통한 국가형성은 신화거나 선험적이다.

668) 예외는 있다. 미국은 식민지에서 영국의 지배를 제거하고 시민의 자유를 보호하기 위해서 새로운 국가로 교체했다. 한국사회도 일본식민통치에서 벗어나 독립국가를 세웠다.

둘째로 우리가 세상을 둘러보면 모든 사회에는 국가가 있다. 국가 없는 사회는 없다. 그래서 아나키는 현실적인 대안이 될 수 없다.[669] 존재하는 국가를 철폐할 수도 없다. 국가는 총과 칼과 형무소를 가지고 있는 특혜 받은 유일한 집단이기 때문이다.[670] 정부를 철폐하고 아나키를 만들 힘 있는 자가 아무도 없다. 그래서 랜덜 홀컴이 주장하듯이, 국가의 존재는 피할 수 없는 현상이다.[671] 그렇다면 싫든 좋든 우리는 숙명적으로 국가의 존재를 받아 들여야 한단 말인가? 그렇지 않다. 국가의 존재에 대하여 『도덕원리탐구』 제4편에서 서두에서 데이비드 흄은 이렇게 말했다.

“자연적 정의가 충분히 인간행동을 억제한다면 실정법이 무슨 필요가 있겠는가? 혼란이 없었다면 왜 행정관을 창출했겠는가? 자유의 행사가 무고하고 유익하다면 왜 우리의 자유를 억제해야 한단 말인가? 만약 정부가 전혀 쓸모가 없었더라면 그것이 결코 존재할 수 없었을 것이고 신하로서 정부에 충성해야 할 의무의 유일한 정당성은 인간들 간에 평화와 질서를 유지함으로써 정부가 사회에 주는 편익이라는 것이 분명하다.”

하이에크도 다음과 같이 말하고 있다. 즉 “정부가 개인의 소유가

669) De Jasay(1989)

670) 시민들이 누리지 못하는 매우 불평등한 권력을 향유하고 있다.(Narveson, 2002)

671) Holcombe(2004)

어떻게 사용되어야 하는가를 지시하지 않고 그것을 보호했을 때 서비스 교환의 조밀한 망이 성장하여 확장된 질서를 형성할 수 있었다"[672]고 그는 강조한다. 따라서 국가가 특정한 집단의 이익을 위해서 피지배자들을 강제하는 조직이지만 흄과 하이에크의 역사적 사실인식에서 볼 때 국가가 형성되어 지배자와 피지배자에게 상대적으로 더 큰 이익을 얻게 되었다. 이런 사실인식에서 우리는 '실천이성'을 이용하여 규범적 인식을 개발할 수 있다.[673] 규범적 인식이 국가다운 국가다. 나라다운 나라, 이는 어떤 모습인가? 고전적 자유주의가 염원하던 청사진을 들여다본다.

2) 자유국가의 청사진

자유주의 사상가들의 연구결과를 비춰본다면 참된 국가는 다음과 같다고 나는 믿는다. (1)개인의 자유를 존중하고 이를 보호하는 나라, (2)법치를 실현하는 국가, (3)정의를 구현하는 나라, (4)문명화된 정신을 구현하는 국가, (5)헌법을 통해서 국가권력을 제한하는 나라. 이런 나라가 진정한 나라요 품격이 높은 나라라고 믿는다.

그런 자유주의 원리만이 위에서 현제명이 작사·작곡한 가곡 "희망

---

672) Hayek(1988/1996: 33)

673) 인과관계에 관한 사실인식을 목표와 수단의 관계로 전환한다. 원인이 수단이고 결과가 목적이 된다.

의 나라로"의 가사가 말하는 자유, 평등, 평화, 행복 등 상이한 가치들을 마찰 없이 동시에 달성할 수 있다.[674] 자유사회야말로 우리가 진정으로 희망하는 나라라고 믿는 이유다. 사회주의나 간섭주의 등, 자유의 이념 이외의 어떤 이념도 고귀한 네 가지 가치들을 동시에 달성할 수 없다. 그래서 자유를 강조하여 미국 헌법의 선택에 강력한 영향을 미친 것이 메디슨, 해밀턴, 그리고 제이의 『페더럴리스트 페이퍼』(1788)가 아니던가![675]

개인의 자유를 존중하는 나라

나라다운 나라는 개인의 자유를 존중하고 보호하는 나라다. 자유주의만이 자유를 최고의 가치로 여긴다. 이것이 왜 소중한가? 그 이유는 우선 자유만이 자유, 평등, 정의의 세 가치를 조화롭게 통합 할 수 있기 때문이다. 평등을 신분적 평등으로 이해한다면 말이다. 또 이유를 한국헌법 제10조가 잘 말해주고 있다. 즉 한 사람 한 사람 모두가 "존엄과 가치"를 가지고 있기 때문이다.

---

674) 여기에서 평등은 평등주의가 아니다. 그것은 자유의 평등, 또는 신분의 평등을 의미한다. 즉, 법치주의의 핵심인 차별금지라는 의미의 평등이다. 평등주의는 불평등을 초래한다. 자유의 평등은 자생적으로 분배가 평등지향적이다.

675) Hamilton/Madison/Jay(1788/1995) 약탈적 식민지 정부를 권리를 보호해줄 정부로 건국의 아버지들이 교체하고 싶었다. 미국헌법에 대한 이런 해석과는 달리 베어드는 미국헌법의 경제학적 해석에서 미국헌법 구조는 미국헌법 제정자들의 재정적 이해관계를 증진하기 위해서 세워졌다고 주장한다. 연방주의 페이퍼의 저자들은 스스로가 이익집단을 대변했다는 것이다. (Beard, 2013/2009)

자유의 철학은 개인의 행동에서 출발한다. 자유가 없이 타인의 명령이나 강제에 의한 행동은 행동이 아니다. 그래서 칸트와 미제스 그리고 훔볼트가 행동의 자율성과 독립성을 중시하고 그 자율성의 전제조건을 자유라고 보았던 것이다. 국가나 시청 사람들에게 의지하지 않고 독립적으로 스스로 행동하고 스스로 책임지는 인간! 얼마나 아름다운 인간인가! 대한민국헌법 전문에 자유와 책임을 명시한 것도 그런 연유다.

자유주의는 인권도 매우 중시한다. 자유주의에게 인권은 자유권이다. 이는 재산을 습득·이용할 자유뿐만 아니라 이용에서 생겨난 결실을 가질 자유도 포함한다. 그래서 재산권을 인권이라고 말하기도 한다.[676] 자유권 또는 재산권을 무시하는 국가는 인권을 무시하는 국가다. 북한의 무자비한 인권탄압을 외면하고 오히려 북한 주민을 억압하는 반 인권적인 북한 지도층과 손을 잡는 정권이 어찌 문명화된 나라의 정권인가! 자유와 생명 그리고 인권을 보호하지 못하는 나라, '이게 나라냐!'

자유의 도덕적 차원은 자유는 최고의 가치일 뿐만 아니라 평화, 번영과 같은 다른 가치들의 조건이라는 점이다. 흥미로운 것은 번영이다. 부의 증대의 결과로서 불러오는 문명이 좋든 나쁘든 관계없이 오늘날 물질적인 번영에 대한 요구가 압도적이다. 일자리 창출, 경제성장, 양극화 해소 등, 경제적 번영은 자유가 없이는 불가능하다. 번영

676) 보아즈는 재산권을 인권으로 해석하고 있다. "재산권은 정당하게 획득한 재산을 사용하거나 처분하는 개인의 권리다." (Boaz, 1997/2009: 124)

을 위해서는 개인들이 자신의 목적을 위해서 자신의 지식을 이용할 수 있어야 한다. 개인의 목표추구에 영향을 미치는 수많은 요인을 알 수 없다. 자유는 예측할 수 없는 상황의 대비를 위해서 중요하다.

그러니까 모든 것을 완전히 아는 사람들이 사는 세계에는 자유란 의미 없다. 자유를 기초로 하는 시장경제의 존재이유도 없다. '발견의 절차'로서의 경쟁도 불필요하다. 경쟁이 없으면 알 수 없는 것, 이용하지 못했을 것을 발견하는 것이 경쟁이기 때문이다. 완전히 아는 사람들이 사는 세상에는 화폐도 불필요하다. 완전히 알고 있는 세상에서는 물물교환으로 충분하기 때문이다. 불완전한 지식을 가질 수 밖에 없는 평범한 우리가 제대로 자기 삶을 살 수 있게 하는 것이 오로지 자유사회 밖에는 없다.

그럼에도 자유와 이를 토대로 하는 자본주의는 실업, 저성장, 빈곤, 양극화 등 심각한 경제문제를 야기하기 때문에 국가가 개입할 것을 홉스, 루소, 마르크스, 케인스 전통의 시장경제비판자들은 요구한다.[677] 그러나 그들은 국가의 개입이 없다고 해도 자유시장은 다양한 서로 충돌하는 이해관계들을 스스로 화합시켜 조정하는 질서라는 것을 망각한다. 스미스의 보이지 않는 손, 칸트의 자연의 감춰진 기획,

677) 이 대목에서 맨슈어 올슨도 한마디 한다. 그는 2000년 저서 『지배권력과 경제적 번영』에서 독재정치든 과두지배든 어떤 형태의 정부라고 해도 정부가 없는 아나키보다는 좋다고 한다.Olson(2000/2010: 126~127) 그는 아나키 상태에서는 홉스가 말한 대로 고독하고 가난하고 불결하고 야만적이라는 말하고 있다. (위의 책: 126) 그러나 국가가 있는 베네수엘라, 북한, 옛 소련 등이 진정으로 국가가 없는 경우 보다 더 좋다고 말할 수 있는가!

바스티아의 경제적 조화 그리고 하이에크의 자생적 질서 등의 개념은 국가가 직접적인 개입이 없어도 사회는 결코 홉스 전통이 말하는 만인에 대한 만인의 투쟁으로 전락하는 것이 아니라 오히려 눈부신 발전을 불러온다는 것을 말해준다.

이 같은 사실은 역사가 입증해준다. 조셉 니덤(J. Needham)의 유명한 『중국의 과학과 문명』이 보여주고 있듯이, 중국에서 발생한 문명과 세련된 산업기술의 위대한 진보는 정부의 통제가 약화되었던 이른바 '혼란의 시대'에 일어났다는 사실에 주목할 필요가 있다.[678] 자본주의 등장, 유럽문명의 부흥의 기원은 정치적 무정부로부터 나왔다는 것은 확증된 사실이다.[679] 근대 산업자본주의가 성장한 곳은 강력한 정부 밑에서가 아니라 정부의 지배가 약했던 영국이었다.[680] 따라서 국가의 존재에 대하여 무제한으로 신뢰하고 시장보다 국가를 중시하는 사회주의와 같은 국가주의는 틀렸다. 오히려 경제침체, 실업, 양극화 등 오늘날 우리가 목격하는 경제문제는 자유의 억압이 불러온 결과라는 것을 주지할 필요가 있다.

---

678) Needham(1954/1988)Hayek(1988/1996: 73)에서 인용

679) Hayek(1988/1996: 74)

680) 흥미로운 것은 오늘날의 국제질서이다. 세계의 수백 개 나라는 서로 평화적으로 공존하고 있다. 대부분의 나라들의 시민들은 다른 나라의 시민들과 대출과 투자자금을 주고받으면서 또 재화와 서비스를 교환하면서 평화롭게 공존하고 있다. 이 거대한 교류에 참여하는 나라와 시민들은 강제력을 가진 제3자의 도움이 없이도 가능하다. 이런 질서가 때로는 전쟁과 간섭으로 국제질서가 흔들렸지만 역사의 대부분은 성공적으로 작동했다. 이에 관해서는 민경국(2016: 374)을 참조.

법치를 실현하는 나라

시장을 비판적으로 보는 사람들은 시장은 과잉생산, 위기, 권력집중, 대량실업. 빈곤, 양극화를 야기하고 그래서 경제에 개입해야 한다고 한다. 그런 비판자들이 경제문제를 해결하기 위한 법을 만든다면 그 법은 어떤 성격의 법인가? 시장이 스스로 해결할 수 있는 문제를 법으로 해결할 경우 그 법의 속성은 소득분배, 자원배분, 고용 등과 같은 목적을 내포하게 된다. 시장이 해결해야 할 문제를 법으로 해결하려는 의도다. 그런 법은 시민들을 집단목적을 위한 수단으로 만든다. 이는 심각한 도덕적 문제가 아닐 수 없다. 시민을 자신의 노예로 만드는 국가야말로 얼빠진 국가가 아니고 무엇인가! 정부가 생사여탈을 쥐고 있기에 기업인이 정치인들에게 굽신거려야 생존할 수 있다. 이런 나라는 건전한 나라가 결코 아니다.

예를 들어 한국정부는 최저임금 인상, 근로시간 단축 등을 강제로 밀어붙였다. 그로 인해 자영업자들이 큰 타격을 받자 이들을 보호한다는 명목으로 임대료 통제, 신용카드 수수료 인하 등을 강제한다. 왜 근로자의 임금인상을 위해서 자영업자 또는 임대업자 카드회사가 희생해야 하는가! 정부가 돈을 풀어 노임 인상분을 지원하겠다고 나선다. 그 부담은 납세자들이 짊어져야 한다. 세금을 거두어 사기업 임금을 지불하는 것은 전형적인 사회주의 수법이 아닐 수 없다.

노임인상이 상품가격에 전가된다면 이는 일반 소비자들을 희생시킨다. 이런 국가가 어찌 정의로운 국가란 말인가! 특정 계층을 위해서 희생을 강요하는 법은 경제주체들을 빈부에 따라 또는 기업규모에 구분하여 이들을 차별적으로 대하거나 정부가 선호하는 계층 또는 기업군에게 특혜를 부여하는 법이다.

그러나 자유사회의 법은 그런 성격의 법이 아니다. 법다운 법은 개인은 물론 국가까지 포함한 누구에게라도 동일하게 적용할 수 있는 성격의 법이다. 이런 법은 개인들, 기업들을 출신이나 빈부 또는 규모를 고려하지 않고 평등하게 대우해야 한다는 것, 간단히 말해서 신분의 평등을 구현한 것이다. 또한 사람들의 특수한 이해관계나 선호, 삶의 방식 등에 관해 중립적이어야 할 뿐만 아니라 국가의 집단목표와도 독립적인 성격의 법이 진짜 법이다. 이런 법에 따라 통치하는 원칙이 자유주의의 정치적 이상으로서 유서 깊은 법치다.[681] 법 아래에서는 대통령, 국무총리 등 그 어느 누구에게도 우리는 허리를 낮출 필요가 없다. 법치가 구현하는 것은 법 앞의 평등 즉 신분평등이다. 능력, 재주, 용모, 성격이 모두 다르고 가정환경, 출생지 등 모두 다르다. 좌파의 법사상이 그렇듯이, 다름을 똑같이 만드는 것, 즉 실질적 평등은 불평등하게 사람들을 대우하는 것이다. 그것이 기회균등이든 소득분배평등이든 좌파의 그런 평등은 인간의 존엄성과도 충돌한다. 서로 다름을 인정하는 것은 신분상 사람들을 차별하지 않는 것이다. 자유주의만이 타인들을 추구하는 상이한 가치들을 국가가 똑 같이 인정하는 사회다. 이런 사회에서만이 인간은 자긍심을 갖고 삶을 추구할 수 있다. 자유의 나라가 그 어찌 훌륭한 나라가 아니란 말인가!

681) 법치는 법에 따라 통치하는 것, 법과 질서를 세우는 것, 또는 준법정신 등이 아니다.

자유사회에서만이 한 사람 한 사람을, 그리고 국민이기 전에 인간으로서 한사람 한 사람을 수단만이 아니라 목적으로 대하는 국가다. 국가가 차별적 규제를 풀고 누구나 동등한 자유를 허용하는 국가, 그 어찌 훌륭한 국가가 아니고 무엇인가! 어느 한 개인이 경제적 성공을 위해서는 타인들에게 유익한 가치를 제공하는 교환 메커니즘이야말로 타인을 수단만이 아니라 목적 자체로 취급한다. 자유사회의 기초가 되는 법과 제도가 탈 목적적인 이유가 인간을 국가목적의 수단으로부터 해방시키기 위해서다. 분배목적, 복지정책, 공정경제, 소득주도성장 등 사회주의 정책은 사람들을 국가 정책의 목표를 위한 수단으로 취급하는 정책이다. 인간을 수단으로 취급하는 국가는 노예국가다. 그래서 자유주의만이 인간을 목적으로 취급하기 때문에 사람 하나하나의 존엄을 똑같이 중시하는 국가다. 자유사회에는 한사람만이 '최고 존엄'일 수 없다. 모두가 최고 존엄이다.

정의를 실현하는 나라

좌파는 시민들의 삶을 책임지는 국가를, 골고루 잘살게 만드는 국가를 정의로운 국가라고 한다. 사람들이 자기 삶을 스스로 결정하고 스스로 책임지는 대신에 국가가 시민들의 삶을 주도한다면 그들은 상호간의 관계를 맺으면서 삶의 지식을 학습할 이유도 앞날을 내다볼 이유도 사라진다. 국가가 자의적으로 만든 법이 모든 것을 다 해주기 때문이다. 지성은 쓸모없는 부속품으로 전락한다. 국가의 지시와 명령에 따라 행동하기 때문에 사람은 더 이상 사람이기를 멈춘다.

복지국가가 그런 인간을 만들어 낸다. 시민들을 먹여 살리는 국가에서는 사람들이 어려운 것을 회피하고 남에게서 보호를 찾는 것을 삶의 목표로 여긴다. 정부가 시민들의 복지를 위해서 행동하면 자립·책임정신이 소멸된다. 국가가 대신 염려해주기 때문에 스스로는 모든 걱정에서 면제되어 있다고 믿고 국가의 지도를 따르는 것에 만족한다. 자립·책임정신·자발성이야말로 인간들이 인격을 수양하고 학식과 덕목을 습득하는 정신적 수단이라는 것을 직시할 필요가 있다.

선(善)을 행하는 국가가 정의로운 국가라고 한다. 정말로 그런가? 일반적으로 선행이란 자기 돈을 필요한 사람에게 자발적으로 주는 행동이다. 그러나 정부는 자기 돈이 없다. 모두 납세자의 돈이다. 남의 돈을 강제로 빼앗아서 생색내는 일이 어찌 선행이란 말인가! 오히려 이것은 순수한 불의(不義)다. 자영업자의 돈을 빼앗아서 임금을 높여주는 것이 어떻게 선행일 수 있나! 그것은 불의일 뿐이다. 그리고 그런 정부는 법적으로 승인된 약탈자일 뿐이다. 선을 행하겠다는 정부는 겉과 속이 판이하게 다른 야누스의 얼굴을 가진 이중인격자와 다름이 없다. 정부는 선을 행할 수 없다.

그러나 정부는 다른 의미에서 정의로운 행동을 할 수가 있다. 즉 정부가 개인들의 사적 영역, 특히 재산과 생명과 자유를 침해하는 행동을 금지하는 정의의 규칙을 정하고 이를 집행하는 일에만 종사한다면, 다시 말하면 법치주의 원칙을 엄격히 집행한다면, 그런 정부는 정의로운 정부다. 스스로 반칙을 범하지 않고 거짓 선동과 선전을 엄격히 삼가하는 정부야말로 정의로운 정부가 아닌가!

정부사람들은 시민에게 선을 행하려면 무엇이 국리민복이고 어떻게 하는 것이 국민의 행복을 증진할 수 있는가에 대해서 완전한 지식이 있어야 한다. 그러나 개개인들의 상이한 그리고 주관적인 행복 개념과 같은 사실에 관한 지식은 시민 각자의 머릿속에만 들어 있을 뿐이다. 정부사람이 전부 수집하여 사회적 후생함수를 만드는 것은 불가능하다. 이런 불가능한 짓거리를 하기 위해 세금을 물 쓰듯 하는 정부가 진정으로 정의로운 정부인가!

시민들이 국가에 의존하지 않고 스스로 행동하고 스스로 책임지는 사회, 이런 사회를 위해서 정부는 자신은 물론이요 어느 누구도 침범할 수 없도록 개인들의 사적 영역을 보호하는 일에만 종사하는 국가가 정의로운 국가라고 나는 믿는다. 개인들이 불의를 막는 정의로운 행동규칙을 지키는 한 그들은 자신의 행복을 자유로이 추구할 수 있게 하는 국가가 나라다운 나라라고 확신한다. 그렇지 않고 위선과 거짓 선동을 통해서 타인들에 대한 시민들의 증오심을 불러서 집권 재집권을 노리는 정권은 불의의 정권이다.

좌파의 정의 개념은 또 있다. 공정하고 일한 만큼 받는 사회를 만드는 국가가 정의롭다고 한다. 정말로 이런 사회가 정의로운가? 우선 일한 만큼 받는 사회를 보자. 언뜻 들으면 가슴이 뭉클하다. 그러나 엄밀히 따져보면 그런 사회만큼 불의의 사회는 없다. 일한 결과와 관계없이 일만 많이 했다는 이유로 보수를 많이 준다는 논리는 5시간 일하여 맛있는 빵을 만든 사람보다 10시간 일했지만 맛없는 빵을 만든 사람에게 더 많은 보수를 줘야 한다는 비상식적 논리가 숨어있다. 자유시장에서는 정의로운 행동규칙을 지키는 한, 무슨 일을 얼마나 하든, 그것이 상대방에게 준 가치에 따라 소득이 결정된다. 남을 위해서 일해야 비로소 소득이 생겨나는 사회, 이런 사회가 어떻게 정의로운 사회가 아니란 말인가! 그러나 성공과 실패는 늘 운이 따르기 마련이다. 그렇기 때문에 성공한 사람은 늘 겸손해야 할 필요는 있다.

좌파는 공정성의 문제를 제기한다. 타고난 능력, 재주, 출신가정 등은 서로 다르다. 그래서 사람들은 장래의 경제적 성공을 위한 기회도 다르다. 이것이 공정하지 못하다고 비판하는 이유다. 하버드 대학의 철학자였던 존 롤스가 그런 주장을 했던 대표자다. 그러니까 이런 기회를 똑 같게 만드는 국가가 정의롭고 공정한 국가라고 한다. 정말로 그런가? 개인들의 기회를 결정하는 요인들은 수없이 많기 때문에 이들을 전부 고려하는 것은 지적으로 불가능하다. 가능하다고 해도 결과는 치명적이다. 기회를 균등하게 만든다는 명분으로 사람들을 똑같게 만드는 국가는 바보천치가 아닌가! 사람들이 다르기 때문에 분업이 형성되고 또 사람들이 다르기 때문에 서로 배울 수 있는 기회도 크다. 다름이 모든 한 사람 한사람 모두에게 번영을 가져다 준 것이다. 기회의 평등이 아니라, 더 많은 기회, 더 다양한 기회의 확립, 이것은 더 많은 자유를 통해서만 가능하다.

인간의 다름을 인정하고 그 다름이 모든 사람들에게 유익한 방향으로 이용되어 그 유익성에 따라 보상받게 하는 체제를 생각하는 정부야 말로 현명한 정부다. 자유를 애호하는 정부에게 정의는 기회균등이나 소득분배와 같은 분배결과와 관련이 없다. 재산과 생명과 자유를 침해하는 행동을 금지하는 정의의 규칙을 지키면서 자신의 재주, 노력, 선호, 선택 행·불행 등을 통해서 벌어들이는 소득과 재산은 내 것이다. 그 소득은 타인들에게 유익한 가치를 창출한 대가다. 그래서 그런 소득은 정의롭다.

사회주의의 정의는 분배평등과 같은 사회정의를 말한다. 평등주의자들은 시장경제는 불평등을 야기하고 그래서 이를 정치적으로 시정해야 한다고 주장한다. 그러나 그런 주장은 틀렸다. 그들이 인식하지 못하는 것은 시장은 강력한 자생적인 힘이 작동하여 불평등을 완화시키는데 우호적이라는 점이다. 그 힘은 추격 메커니즘이다. 자유경쟁이 존재하는 한, 어느 한 집단이나 기업이 자신의 혁신에 따른 높은 이윤을 지속적으로 유지하기가 매우 어렵다. 이스라엘 커츠너가 발견한 이윤의 "사회화 과정" 때문이다.

높은 이윤을 가져다주는 혁신이 생기면 이를 모방하거나 대체 상품의 개발로 추격하려는 사람들의 등장이 필연적이다. 추격과정에서 그 높은 이윤은 추격자들에게로 이전된다. 이들의 이윤도 뒤에 오는 또 다른 추격자에게로 이전된다. 이 같은 이윤의 사회화 과정은 또 다른 혁신의 촉매가 된다. 이와 같이 시장과정은 혁신경쟁과 추격경쟁의 복잡한 상호작용이다. 시장경제는 혁신에 의해 야기된 불평등을 줄이는 추격과정이 끊임없이 작동한다. 독점의 등장도 기존의 불평등을 완화하는 방향으로 작동한다. 더구나 이윤의 존재는 평등화를 부르는 요인으로 작동한다.

그러나 평등주의자들은 정치적 방법이 시장보다 평등 산출에 더 효과적이라고 믿는다. 이런 믿음 대신에 우리가 불평등은 시장을 방해하는 조건에서 번창한다는 사실을 주목할 필요가 있다. 주로 정부의 간섭 때문에 야기된다. 이는 최근 문재인 정권이 추진한 최소임금제 인상으로 신규채용 억제, 기존노동자 해고 등이 야기됨을 보면 알 수 있다. 실업자의 증가는 불평등 심화요인으로 작용한다. 흥미로운 것은 통화정책이다 통화량 증대로 물가가 상승하는데, 같은 시간동안 모든 사회계층에 똑같이 영향을 받는 것이 아니다. 증대된 통화를 먼저 받는 계층에게 그 돈은 인플레이션 영향을 받지 않는다, 풀린 돈을 맨 마지막에 받는 사람들은 인플레이선으로 가치가 하락된 돈을 받는다. 맨 처음 사람이 받는 100원과 맨 마지막에 받은 100원의 가치는 상이하다. 그런데 맨 처음 받는 계층은 금융권에 가까이 있는 상류층이다. 하류층은 통화증가로 인플레이션에 직접 영향을 받는 계층이다. 따라서 소득평등을 원한다면 역설적으로 국가의 간섭과 규제를 없애야 한다. 평등주의는 불평등을 야기한다. 자유는 평등과 양립한다.

문명화된 정신을 구현하는 나라

흥미로운 것은 사회주의가 최고의 가치라고 여기는 분배정의 또는 사회정의의 원천이다. 이는 석기시대의 정신이다. 사회정의는 나눔의 도덕, 연대감, 애착심과 애정과 같은 도덕을 전제한다. 이런 도덕의 근원은 인류학자들이 보여주고 있듯이 원시부족사회의 삶의 방식에서 진화된 것이다. 원시인들의 사회적 관계는 수령과 지도자의 명령에 따라 무리를 지어 수렵과 채취를 하면서 나누어먹는 관계였다. 그들은 부족과 혈연으로 소규모 집단(15~30명)을 이루어 서로 도우면서 그리고 나누어 먹으면서 애정과 연대로 뭉쳤다. 이것이 부족사회의 정신구조다.[682)]

이런 정신구조는 호모 사피엔스의 신경구조와 본능이 형성되면서 점진적으로 생성된 태도이다. 이런 태도를 구현한 분배제도 속에서 인류는 수백만 년 동안 살았다.[683)] 다시 말하면 인류는 대부분의 기간을 연대감을 가지고 지도자를 추종하면서 그리고 집단생활 속에서 나누어먹으면서 살아왔다. 따라서 원시인들의 부족사회의 정신태도가 우리의 본능에 정착되었다. 그래서 우리 모두는 본능적으로 사회주의자다. 그 같은 석기시대 정신을 구현한 것이 사회주의 복지국가, 민족주의다. 인간들이 집단적으로 몰려다니면서 행동하는 것, 이것도 본능의 소산이다. 좌파가 어떤 수사(修辭)를 동원하여 촛불을 미화한다고 해도, 대통령 탄핵으로 이어졌던 촛불의 바탕에는 거짓 선동과 분노, 저주, 욕설, 증오 등, 개화되지 못한 석기시대의 정신이 깔려

682) Hayek(1976/1996: 284~286)

683) 인류가 다른 영성동물과 분리되어 살기 시작한 때부터 현재까지 전체 기간을 24시간으로 본다면 그 중 23시간 56~7분 동안 인류는 무리를 지어 수렵, 채취 생활을 했다. 그러나 사유재산권의 발달과 자유의 도덕 속에서 살기 시작한지는 3~4분 정도 밖에 되지 못했다. (North, 1992)

있다는 사실을 직시할 필요가 있다.[684)]

연대감, 유대감 같은 이런 본능적 도덕을 억압하고 새로운 도덕이 생겨났다. 이 새로운 도덕이 개인존중(집단주의 배격), 돈놀이, 이윤의 인정, 낯모르는 사람들의 인격·재산존중, 낯모르는 사람들과의 교환, 공식적 또는 비공식적으로 맺은 계약에 대한 충실성, 스스로 결정하고 그 결정의 결과에 대해 스스로 책임지는 도덕 등, 정의를 구성하는 규칙이다. 이들은 "자유의 도덕"이다. 자유의 도덕은 인류가 원시적 삶을 접고 문명의 길로 가는 데 결정적인 역할을 했다. 문화적 진화의 결과는 질서의 확장이었다. 폐쇄되었던 부족사회가 열리고 점차 이방인으로 취급되었던 사람들과도 분업이 이루어졌다.

이런 분업은 한 지역을 넘어서 방대한 지역으로까지 확장되었다. 그 확장의 최고 절정은 광대한 국제 분업이다. 수백만 수천만 명 또는 수억의 인구를 포괄하는 열린사회는 원시적인 석기시대의 정신을 구현한 폐쇄적인 도덕과 열린사회의 도덕이 서로 경쟁하는 과정에서 폐쇄된 도덕을 밀어내고 열린사회의 도덕이 그 자리를 차지한 결과다. 정의의 규칙은 본능의 소산도 아니요 이성의 소산도 아니다. 그것은 무의도적인 자생적 결과, 다시 말하면 문화적 진화의 결과다. 자유의 도덕이야말로 문명화된 정신이다. 좌파정권은 소규모 사회의 도덕을 대규모 사회에 적용하는 것은 열린 현대사회를 원시사회로 되돌리는

684) 탄핵과 관련하여 다양한 문제를 제기할 수 있다. 박근혜정부가 정말로 무능하고 부패한 정부였는가, 대통령에 대한 탄핵이 국회의 탄핵소추 결정 및 헌법재판소의 탄핵결정과 관련하여 법 논리나 사실판단에서 볼 때 정말로 정당했느냐의 논쟁이 충분이 가능하다.

것, 문명화된 정신을 야만적인 정신으로 교체하는 것과 같다.

그런 노력의 결과는 치명적이다. 수백만 명의 주민을 죽인 독재자를 예찬하는 나라, 자기편이라는 이유로 묻지 마 투표 등에서 볼 수 있듯이 옳고 그름을 판단할 도덕적 잣대가 무너지고 있다. 거짓이 진실을 억누르는 시대다. 거짓과 선동에 의해 형성된 다수의 뜻이 법이고 진리이고 재판의 기준이 되는 시대다. 자유라는 언어가 소멸되었다. 그 대신에 민주, 평등, 공정성, 분배, 노동, 사람이라는 말이 지배하고 있다. 이런 개념들을 정치화하는 세상은 나라다운 나라 일 수 없다.

헌법을 통해서 권력이 제한된 국가

자유주의 버전을 마지막으로 장식하는 것이 헌법을 통한 국가권력의 제한이다. 국가다운 국가가 될 수 있으려면 국가권력을 제한해야 한다. 말로만 해서는 안 된다. 실제로 제한할 장치를 마련하는 것이 중요하다. 그것이 헌법이다. 전통적으로 헌법은 두 가지 기능이 있다. 누가 권력을 행사해야 하는가의 문제다. 권력의 원천, 법의 원천이 국민에게 있다는 주권재민도 권력구조와 관련된 문제다. 대표적인 예가 입법, 사법, 행정, 등 삼권분립이다. 대통령 중심제 또는 내각제 등도 권력구조와 관련된 문제다.

현대 민주주의에서 헌법은 정치의 중심을 대통령에 두느냐 또는 의회에 두느냐에 따라 다를 뿐이지, 권력구조에 초점을 맞추면서 국가권력을 제한하는 헌법적 장치를 마련하는 데 소홀히 했다. 그 근본적 이유는 사람들은 지도자를 스스로 선택한다는 생각에서 그들은 보호받고 있다고 자위했기 때문이다. 예를들면 대통령을 우리 손으로 뽑기만 하면 만사 해결된다고 믿었다. 교조적 민주주의에서 다수의 의지는 절대적이다. 그것은 진리요 법이요 정의라고 여긴다. 주권자인 국민의 뜻은 그 어떤 것으로도 제한할 수 없다고 믿었다. 이런 믿음이 의회주권론으로 해석되어 의회의 입법권을 제한하는 장치를 마련할 필요성을 느끼지 못했다.

그러나 자유주의자들은 국가권력을 제한해야 할 필요성을 역설했다. 몽테스키외는 권력을 소유한 사람의 도덕적 고결성을 믿지 않았다. 권력을 가진 모든 사람은 그것을 남용하기 마련이라는 것은 영원한 진리라고 말했다. 그것이 민주정체든, 귀족정체든, 군주정체에서든 권세가는 모두 그렇다. 존 애덤스는 무제한적이고 균형 잡히지 않은 권력은 항상 남용되기 마련이라고 경고했다. 흥미로운 것은 공공선택의 입장에서 본 뷰캐넌의 주장이다. 정치가는 국리민복에 헌신하는 인간이라는 플라톤-헤겔 같은 낭만적인 생각을 버리라고 충고한다. 도덕주의를 강조하는 정치가를 믿지 말라는 것이다. 낭만적인 국가관을 믿다가 헌법실패라는 치명적인 결과를 자아낸 대표적인 사례가 "적자 속의 민주주의"라고 한다. 민주적 정치과정은 적자예산이 필연적이라는 뜻이다.

그러나 정치권력을 제한해야 할 이유로서 공공선택론이 간과한 것은 하이에크가 중시하는 '지식의 문제'다. 정신은 자신을 완전히 알 수 없는데 하물며 수백만 명의 정신들이 상호작용하는 시장경제를 알아서 의식적으로 통제하기가 불가하다. 지식의 한계 때문에 자원을 의도적으로 통제할 수도, 법을 원하는 바대로 만들 수도 없다. 그럼에도 정치권은 지적 자만 속에서 시장경제를 개입한다. 알지도 못하면서 안다고 자만하여 경제를 통제하면 통제의 결과는 치명적이다. 고용 성장 분배를 개선하기는 고사하고 실업 경제침체 분배악화를 심화한다는 의미에서 치명적 자만이다. 지적 자만을 막기 위해서 국가권력을 제한해야 한다. 제아무리 좋은 의도로 경제계획을 세운다고 해도 인간정신의 구조적 무지 때문에 그것은 실패의 운명에 처해있고 우리를 노예의 길로 안내할 뿐이다. 진정한 정치질서는 국가의 행동을 제한하는 헌법을 필요로 한다.

3) 자유국가의 과제와 한국헌법

로크에서 하이에크에 이르기까지 자유주의자들은 국가권력을 제한하기 위해서 국가의 과제를 열거하고 있다. 그들의 주장을 통합하여 한국헌법과 비교하면서 자유주의국가의 과제를 재구성해 본다. 자유를 최고의 가치로 여기는 자유인의 정치질서에서 국가의 제일 과제는 자유의 법을 확립하는 것이다. 이런 과제는 권리와 의무를 문서로 확정하는 헌법과 그리고 시민들의 평화로운 합법적 공존을 표현하는 일반법을 통해서 수행된다.

그밖에도 국방에서부터 공공재화의 산출에 이르기까지 다양하다. 고전적 자유주의자들은 로버트 노직, 루트비히 미제스를 제외하고 국방과 국내 치안만을 요구하는 경우는 드물다. 최소국가는 국가활동의 규모와 관련이 있다. 그러나 규모 대신에 중요한 것은 국가활동의 질이 중요하다. 여기에서 설명하는 것도 질적 차원에서 설명한 것이다.

자유와 재산의 보호

한국헌법은 제12조에서 제23조까지 매우 소중한 기본적 자유를 열거하여 국가에게 보호할 의무를 부여하고 있다. 재산권의 행사는 공공복리에 적합해야 한다는 제23조 제2항은 공공복리라는 막연한 개념 때문에 남용될 위험성이 있다. 헌법 제119조 제1항의 경제적 자유의 보장은 인허가제를 없애고 모든 시장의 자유로운 진출입을 포함한다. 헌법 제15조에 규정된 직업선택의 자유도 주목할 가치가 있다. 자유와 재산권을 보호하는 일반법은 성문화된 민법과 형법이다.

법의 존재이유는 국가에 봉사하기 위한 것이 아니라 시민들의 자유, 재산, 생명을 보호하기 위한 것이라는 점을 유의해야 한다. 국가는 유기체론 또는 사회주의, 보수주의 등 다양한 유형의 국가주의가 주장하는 것처럼 그렇게 시민들의 위에 존재하는 것이 결코 아니다. 국가의 바탕은 자율적이고 독립적인 시민들이다. 국가는 시민들이 자신들의 자유와 재산권의 보호를 위해서 필요하다고 인정한 제도다.

주목할 것은 자유의 관점에서나 효율성 관점에서 볼 때 한국헌법 제119조 제2항에서부터 127조까지의 '경제편'은 없애는 것이 옳다. 반시장적 국가간섭을 광범위하게 허용하기 때문이다. 이런 조항은 경제적 번영과 경제적 평등, 그리고 더 많은 기회의 실현에 방해가 될 뿐이라는 것을 직시해야 한다. 일반적으로 말해서 모든 국가 활동은 시장에 맡기는 것이 더 좋다. 정치적 규제는 경제발전을 촉진하는 것이 아니라 오히려 방해할 뿐이다. 그 근본 원인은 정부는 성공적인 규제에 필요한 지식이 없기 때문이다. 따라서 국가의 경제활동을 금지하는 것이 필요하다.

입법과제

흥미로운 것은 법을 제정하는 문제다. 소수의 전문가나 의회의 대표자가 정한 것이라고 해서 무엇이든 법이 될 수 없다. 진화적인 여과과정을 거쳐 자생적으로 형성되는 행동규칙에 의존하는 것이 옳다. 시장과정은 적합한 규칙을 "발견하는 절차"로서 작동하기 때문이다. 실제로 시장에서 시장참여자들의 상호작용을 거쳐 내부적으로 관습, 관행 또는 거래약관과 같은 행동규칙이 형성되고 이들을 성문화하면 법이 된다. 대표적인 예를 들면 회사법 계약법 등이다. 발견의 절차를 통해서 형성되는 법질서의 대표적 예가 법관의 법 또는 보통법 체계다. 법은 독립된 재판관들이 판결하는 과정에서 자생적으로 일치되어 결정된 여러 사례들의 패턴이다. '분권적 법 생산 체제'

가 보통법 체제다.[685] 분권적 법 생성이 의회의 입법보다 우수한 이유는 그것이 각처에 분산된 지식의 이용을 통해서 생성된 것이기 때문이다.

주목할 가치가 있는 것은 앞에서 설명한(제4부 제13장) 하이에크의 이상적 헌법모델에 제시된 입법의회다. 정의의 법을 만드는 것이 아니라 실제로 현행 사회질서에서 보편적 추상적 성격을 가진 행동규칙을 발견하는 역할을 한다. 입법의회의 입법과 사적 시장에서의 자생적 법 형성, 이 두 가지 과정의 상호작용을 통해서 법이 발견된다. 이로써 법의 생산체제가 독점이 아니라 분권적이다. 이 분권시스템은 흄, 스미스, 하이에크 등, 스코틀랜드 계몽주의가 주목했던 것이다. 그것이야말로 입법의 대량생산체제를 중단시키고, 대신에 양질의 법을 생산하기 위한 해법이다.

특히 오늘날 화급한 것은 의회의 입법권의 제한이다. 무엇이 법이 될 수 있는가에 관한 조항이 있어야 한다. 한국헌법에는 이런 기본조항이 없다. 이것이 없이는 첫째로 입법자들의 입법행위를 안내할 수 없다. 둘째로 그런 안내가 없이는 집단적 의사결정에 일관성이 없다. 왜냐하면 집단은 결코 규칙을 따르는 행동이 없기 때문이다. 이들을 고려한다면 기본조항은 하이에크가 말한 대로 법은 자유를 보장하는 정의로운 행동규칙이어야 한다는 원칙, 즉 법의 지배원칙을 헌법에 고정시켜야 한다. 이런 법치야말로 자유를 보장하는 권력분립이 가능하다.

685) 컴먼로의 분권적 법 형성과정에 관해서는 민경국(2007: 286이하) 민경국(2003: 159 이하).

필히 언급할 것은 세법이다. 특별소비세, 소득수준이 높음에 따라 세율이 높은 누진세, 각종 면세 등 세법은 편파적이고 차별적이다. 높은 소득에 대한 차별 과세는 법치에 정면으로 배반하는 조세시스템이다. 다수가 원하고 관철시키지만 그 다수 스스로는 예외로 만든 규정이 누진세와 같은 조세시스템이다. 칸트의 정언명령을 정면으로 대치된다. 다수가 자신의 목적을 위해서 소수를 이용하기 때문이다. 복지국가의 필요한 재정을 마련하기 위해서 그 같은 조세시스템이 만들어진 것인데 그런 시스템은 완전히 철폐하는 것이 좋다. 이는 불의의 과세다. 단일 세율제도로 바꾸는 것이 필요하다. 이런 제도아래에서만이 생산력 증진을 통한 소득 성장과 복지증진을 기대할 수 있다.

경제와 사회를 정치가의 선호에 따라서 혹은 이익단체의 압력에 의해서 경제와 사회를 형성할 과제를 수행하는 것이 법질서의 과제가 아니라는 것은 존 로크, 데이비드 흄, 이마누엘 칸트 그리고 하이에크 등 고전적 자유주의가 항상 강조했던 것이다. 법질서는 개인들이 자유를 마음껏 그리고 마음 놓고 안심하게 행사할 제도적 인프라로서 인간에게 봉사하는 것이다.

국방

국방은 국가의 중요한 과제다. 그 과제의 수행에는 징병제와 모병제, 두 가지방법이 있다. 징병제는 분명히 개인의 자유를 침해하는 것, 그래서 자유주의 관점에서 볼 때 그것은 정당성이 없다. 그러나 국방을 위협하는 현존하는 적(북한)이 존재하고 그래서 한국적 현실에서 징병제를 모병제로 전환해야 한다고 주장하기가 쉽지 않다. 모병제는 불안정할 수도 있다. 직업선택의 자유에는 언제든지 직업을 포기할 자유까지도 포함되는데 전쟁위협이 있을 때 포기할 자유의 행사가 급증할 것이기 때문이다. 그렇다고 징병제에 전적으로 의존할 필요성은 없다. 구체적인 수행과제에 따라서 선별적으로 모병제를 택할 수 있다. 결론적으로 징병제냐 아니면 모병제냐의 문제는 원칙의 문제라기보다는 효율성 문제라고 본다. 오늘날 징병제는 보다 큰 자유를 위해서 자유를 희생하는 것이다.

국가안전보장을 위해서 필요한 경우 자유와 권리는 법률로써 제한할 수 있다는 헌법 제37조 제2항은 보안법의 근거조항이다. 남용의 여지는 있지만 북한과 대치하고 있는 상황에서 필요하다. 그러나 자유와 재산권에 대한 제한은 필요 최소한에 그쳐야 한다는 것은 당연하다.

통화문제

원래 화폐는 국유화가 아니었다. 그것은 관습 도덕과 똑 같이 민간에서 자생적으로 생성되었고 보편적으로 이용되었다. 그러나 국가가 이를 빼앗아 갔다. 오늘날 통화는 국가가 독점적으로 공급한다. 역사적 과정에서 독점권이 점차 남용되어 시장경제로 하여금 자생적으로 작동하게 하는 조종메커니즘, 즉 가격구조를 왜곡하고 방해했다. 인

플레이션으로 재산과 자유를 침해했다.[686]

이와 같이 화폐가 실패한 이유는 화폐당국이 화폐수요를 정확히 알아서 적합한 통화량을 마련할 수 없기 때문이다. 경제적 영역에서 항상 직면하기 마련인 지식의 결핍 때문이다. 각자 개인들이 얼마나 언제 화폐를 수요할 것인가에 관한 지식은 분산되어 그들 각자의 머릿속에 들어 있을 뿐이다. 바로 그 같은 지식을 통합하여 필요한 사람들에게 알려주는 것이 시장가격이다.

따라서 하이에크가 제안하듯이 화폐도 다른 재화와 마찬가지로 탈 국유화하여 통화의 경쟁체제를 확립하는 것이 인플레를 막고 자유와 재산을 보호하는 최선의 제도다. 흥미롭게도 최근 비트코인과 같은 새로운 민간화폐의 등장은 탈 국유화의 가능성과 화폐들 간의 경쟁 가능성을 보여주고 있다.

공공재의 산출

국가의 과제와 관련하여 주목할 것은 도로, 항만, 통신, 우편, 부문을 비롯하여 철도, 지하철 등 교통부문에서도 국가의 독점보다 사적 활동과 경쟁을 허용하는 것이 수요자들의 욕구를 더 잘 충족할 수 있다. 내적 안정을 위한 경찰도 완전히 민간에 의존할 수는 없지만 경찰업무의 일부는 시장공급이 더욱 효율적이다. 경찰업무의 국가독점

686) 화폐를 국유화함으로서 국가는 모든 사람들을 차별 없이 취급하는 것이 아니다. 국가화폐는 일반인들이 누릴 수 없는 특혜를 국가와 금융기관에게 허용하고 있다.

을 완화할 가능성은 많다.[687)]

헌법 제31조에서 허용하고 있는 교육의 국가간섭을 규정하고 있는데 역시 교육도 시장이 더 효율적으로 교육을 공급할 수 있다. 사립학교의 자율성이 보장되어야 한다. 교육에서도 완전한 시장자율화가 필요하다. 현행 국공립제도를 철폐하는 것이 마땅하다. 비록 국공립을 허용한다고 해도 학교선택권을 강화하여 국공립학교들의 경쟁체제를 확립하는 것이 중요하다.

헌법 제127조에서 규정한 과학기술에 대한 국가개입은 허용될 수 없다. 무기개발 또는 거대한 자금이 소요되는 우주개발과 같은 경우를 제외하고는 제2부 제2장에서 훔볼트와 관련해서 자세히 설명했듯이 과학기술개발은 시장에 가까이 있는 민간연구소에 맡기는 것이 더 효율적이다.

흔히 소비의 비배제성과 비경합성과 같은 기술적 기준[688)]을 국가가 강제로 공급할 대상을 정하는 기준으로 사용하고 있다. 그러나 이 기준은 국가의 역할을 제한하기에는 부적합하고 자의적일 수 있다.

---

687) 하이에크는 국가서비스 행사에서 두 가지 조건을 제안하고 있다. 첫째로 어떤 것도 국가 독점을 허용해서는 안 된다. 집단적으로 재정지원을 받아 생산하는 것이라고 해도 사적 활동과 그리고 경쟁을 허용하야 한다. 둘째로 국가활동을 될 수 있는 대로 낮은 수준으로 다시 말하면 중앙에서 지방으로 이전하는 것이 타당하다. 왜냐하면 지방관청이 주민들을 확보하기 위한 경쟁을 할 경우 국가의 서비스 기능은 더 잘 행사될 수 있고 통제될 수 있기 때문이다.(Hayek, 1979/1996: 83~110)

688) 소비의 비배제성은 사람들이 재화를 소비하는 것을 막을 수 없다는 것을, 소비의 비경합성은 한 사람이 재화를 소비하면 다른 사람이 소비에 제한받지 않는다는 것을 말한다.

왜냐 하면 그런 기준에 적합하다고 해서 반드시 국가가 공급할 이유가 없기 때문이다. 등대의 예를 들어 로널드 코스가 자세히 설명했듯이 민간인이 생산할 수 있기 때문이다. 그래서 사람들이 공공재화를 생산하려고 자발적으로 노력했지만 성공하지 못했다면 그 생산을 위해서 국가의 강제가 정당화될 수 있다는 앤토니 드 자세이의 제안이 주목을 끈다.[689] 국가의 역할을 제한하기에 적합하기 때문이다.

빈곤대책

마지막으로 국가의 중요한 과제가 있다. 이것이 빈곤대책이다. 최선의 빈곤대책은 경제적 자유다. 자유경제에서만이 다양한 기회의 창출, 일자리 창출, 소득성장의 원동력인 기업가정신과 투자활동이 활발해진다. 그러나 여러가지 이유로 빈곤자를 완전히 없앨 수는 없다. 의학이 발전한다고 해도 항상 질병이 존재하는 것처럼 말이다. 예를들면 무의탁 노인, 결손가정, 일할 능력이 없는 신체불구자, 그리고 일할 능력은 있지만 생활수단이 없는 빈곤자는 국가의 도움이 필요하다. 그 도움은 권리로서가 아니라 일종의 국가의 서비스다. 이런 서비스 공급도 국가독점일 필요는 없다. 교회나 민간단체 또는 개인들의 기부금에도 의존할 수 있다.

자유주의 전통에서 볼 때 시민들의 삶을 책임지거나 사람들 모두가 고르게 잘 살도록 만드는 것도, 시민들 모두에게 돈 걱정 없이 치

689) Prollius(2014: 196) Jasay(1991)

료받을 수 있도록 만드는 것도 국가의 과제가 아니다. 근로의 권리, 사회보장. 환경권 등 사회적 기본권을 정한 한국헌법 제31조에서부터 35조까지는 국가에게 지나친 과제를 부여하고 있다. 일자리를 만드는 것, 최소임금을 정하는 것도 국가가 할 일이 아니다. 그런 과제는 국가를 타락시킨다. 국가는 공동선을 위해 존재하는 것이 아니다. 그리고 보편적 추상적 성격의 법은 분배목적에 부적합하다. 그래서 자유와 복지는 국가를 통해서 동시에 실현될 수 없다. 국가의 존재이유는 도덕이 아니라 타인들의 침해로부터 자유와 재산, 생명 건강을 보호하기 위한 법을 발견하고 집행하는 것이다. 이런 과제에는 적법한 계약을 집행하는 과제도 포함되어 있다. 계약준수의 불확실성은 분업을 위축시키고 그래서 경제적 번영을 침체시킨다.

헌법 34조에 규정하고 있는 국가의 사회보장제도를 민영화하는 것이 옳다. TV·라디오방송은 민영화가 전적으로 옳은 방향이다. 방송통신의 국·공영화 또는 방송통신에 대한 국가규제는 정부에 유리한 여론 조성을 초래한다. 예를 들면, 정부의 실책은 감추고 성공은 지나칠 정도로 과대 포장한다. 또는 복지국가는 문명의 상징이라는 식으로 정부의 이념노선을 선전·선동하는데 동원된다. 국가권력의 증가와 큰 정부를 정당화하는 방향으로 여론을 조작하여 결국 국가가 법·경제·교육을 점령하기에 이른다. 사적 영역에서 중요한 역할을 하는 이타심과 유대감의 도덕까지도 국가가 점령하여 분배정의를 선전·선동한다. 여론조작, 선전, 선동은 국가주의의 본질이다. 그래서 사회주의는 격조 높은 나라가 될 수 없다.

참고문헌

김광수(1999) 「데이비드 흄: 방법론 경제분석 및 현대경제학에 대한 공헌」 『경제학의 역사와 사상』 제2호
김수배(2013) 「로크와 칸트의 소유이론-자연의 법으로부터 자유의 법으로」 한국칸트학회논문집 『칸트연구』 제32집
김이석((2013) 『번영은 자유주의로부터』 나남
김정호(2003) 「헌법 경제조항의 사회적 기본권에 관한 법경제학적 분석」 한국헌법학회 제29회 학술대회 『헌법개정의 과제와 정책방향』 2003년 12월
—— (2018) 『사유재산권과 토지공개념』 자유기업원
김재호(2018) 「한국사의 대전환: 시장, 국가, 그리고 공업화」 자유주의 연구회 월례포럼 발제문 2018.05.03
김행범(2012) 「법의 지배가 경제적 성과에 주는 영향」 『제도와 경제』 vol. 6. no.22
—— (2018) 「뷰캐넌의 헌정이론과 정치철학」 『제도와 경제』 vol.12. no.3
문종욱(2006) 「로크의 법사상의 법사학적 고찰」 충남대학교 『법학연구』 제17권 1호
민경국(2016) 『자유주의의 도덕관과 법사상』 북코리아
—— (2014) 『경제사상사여행』 21세기 북스
—— (2014a) 『자유민주주의란 무엇인가?』 백년동안
—— (2013) 「자유주의 사회통합과 간섭주의 사회통합」 한국경제연구원 교보 E-book
—— (2011) 「신자유주의 이념의 역사적 기원과 공공정책 어젠다」 『제도와 경제』 vol. 5. no.2
—— (2007) 『자유의 길: 하이에크의 자유주의 사상연구』 한울
—— (2007a) 『자유주의의 지혜』 아카넷
—— (2007a)『자유주의에서 돌파구를 찾아라』 FKI 미디어
—— (2006) 「왜 재산권이 소중한가?」 『철학연구』 제 72집, 2006 봄
—— (2003) 『자유주의와 시장경제』 위즈비즈
—— (1993) 『헌법경제론』 강원대출판부
—— (1993a) 『신정치경제학: 정치·관료시스템의 기능원리』 석정 1993
서병훈(2011) 「토크빌의 새로운 자유주의」 『한국정치학회보』 재45집 제4호
서지문(2018) 「국민 유전자를 변형시키는 개헌」 조선일보 2018.03.27

심재우(2005)「칸트의 법철학」『법철학 연구』제8권 제2호
안재욱(2018)「역자후기」애덤 스미스 저 안재욱 역『한권으로 읽는 국부론』박영사
양대종(2012)「해제-활동적 삶과 관조적 삶의 건강한 조화」훔볼트/양대종 역『인간교육론』책세상
양선숙(2010)「흄의 정의론 연구 재산권 규칙의 정립과 관련된 묵계(Convention을 중심으로」법학연구 부산대학교『법학연구』제51권 제4호 통권 66
유시민(2018)『국가란 무엇인가』돌베개
윤평중(2018)『국가의 철학』세창출판사
이영석(2014)『지식인과 사회』아카넷
이용재(2012)「토크빌의 민주주의론」『한국사학사학보』26
이충진(2015)「칸트의 복지국가 이론 - 예비적 연구」『칸트연구』제36집
자유와창의경제원(2016)『Smart 시장경제』박영사
정규재(2018)『국가의 자격-이래야 나라다』(주) 제이컴뮤니케이션
최 광(2017)「헌법의 재정관련 조항의 문제점과 개정방향」최광 (외) 공저『오래된 새로운 비전』기파랑
최유신(2000)「존 로크의 종교적 관용론」『대동철학』제8집
퍼스펠트(1990) 장상환 역『경제학사 입문』비봉출판사
하이에크(1989) 민경국 편역『자유주의냐 사회주의냐』문예출판사
홍훈(2016)『행동경제학강의』서해문집

Barry, N.P(1986) *On Classical Liberalism and Libertarianism,* London
—— (1996) *Introduction to Mordern Political Theory,* London
Bastiat, F(1848/2014) *Selected Essays on Political Economy.* 이 중에서 발췌 번역한 한글판 김정호 역『법』자유기업원
—— (1850/1964) *Economic Harmonies,* trans. W. Hayden Boyers, ed. N.Y.: Foundation for Economic Education.
Beard, Ch(1913/2009) *An Economic Interpretation of the Constitution of the United States* 한글판 양재열 정성일『미국헌법의 경제적 해석』지만지
Boaz, D (1997/2009) *Libertarianism A Primer,* 강위석 외 공역『자유주의로의 초대』북코리아
Braun, C.R./Blanco, M(2011) "Bastiat as an Economist" in *The Independent Review,*

vol.15 no, 3
Brennan,G/Buchanan, J.M (1980) *Power to Tax,* Cambridge
Buchanan, .M.(1976) "The Justice of Natural Liberty" in the *Journal of Legal Studies* Vol. 5. No 1 1976
—— (1977) *Freedom in Constitutional Contract* Texas
—— (1998) *Politics by Principle, not Interest,* Cambrdge
Callanan, K(2014) "Liberal Constitutionalism and Political Particularism in Montesquieu's The Spirit of the Law," *Political Research Quarterly* vol. 67 (3)
Campbell, D. J.(1974),"Evolutionary Epistemology" in P. A. Schlipp(ed) *The Philosophy of Karl Popper,* 2 vols La Salle
Childs, R(1977), "Invisible Hand Strikes Back," *Journal of libertarian Syudies* vo.1.no.1
Christman, J. *The Type Of Property : Toward An Egalitarian Theory Of Ownership,* Oxford, 1995
Coats A. W.(1960),"Economic Thought and Poor Law Policy in the Eighteenth Century" *The Economic History Review* New Series, Vol. 13, No. 1
Cockett, R.(1995). *Thinking the Unthlikable* London
Cohen, G.(1995) *Self-ownership, Freedom and Equality,* Cambridge
Cosmides, L. Tooby, J (1996) *The Adapted Mind* Oxford
De Jasay, A.(2002). *Justice and Its Surroundings,* Indianapolis
—— (1997). *Against Politics: On Government, Anarchy and Order,* London
Devine, D.J.(1977) "Adam Smith and the Problem of Justice in Capitalist Society" in the *Journal of Legal Studies* vol. 5 no 1 1977
DiLorenzo, Th. J.(2007). "Biography of Frederic Bastiat (1801-1850): Between the French and Marginalist Revolutions" Mises Institute
Dorn, J.A. (2001)"Frederic Bastiat: the Premacy of Property," Foundation for Economic Education
—— (1981) "Law and Liberty: A Comparison of Hayek and Bastiat" *Journal of Libertarian* Studies vol. 5.No 4
Ebeling, R. M.(2017) "How Marx Got on the Wrong Side of History," Foundation of Economic Education

Ekirch,A.(2009). *A Decline of American Liberalism,* Independant Institute
Eucken, W.(1952) *Grundsatze der Wirtschaftspolitik* Tubingen
Evans-Prichard, E. E(1954) *Social Anthropology,* London .
Evan,W./Freeman, R. E.(1993) “A Stakeholder Theory of the Modern Corporation: Kantian Capitalism” in Beauchamp T. L/N. Bowie(ed) *Ethical Theory of Buisness.* New Jersey
Feldmann, H.(2005) “Hayek's Theory of Cultural Evolution,” in Backhous,J.G(ed). *Entrepreneurship, Money and Coordination:* Cheltenham
Friedman B. (2006) *Moral Consequences of Economic Growth,* London
Friedman, M.(1962/1990) *Capitalism and Freedom* 한글판 최정표 역 『자본주의와 자유』 형설출판사
Fuller, L. (1969/2015) *The Morality of Law* 박은정 역 『법의 도덕성』 서울대학교출판부 출판부
Galles, G(2005) “Tocqueville on Liberty in America,” Mises Institute 03/24/2005
Giesinger, J.(?) “Bildung im liberalen Staat” in Koller,H. Reichenbach, R. Richen, R. (hrsg) Das *paedagogische und das Politische*
Greene, J.(2014/2017) *Moral Tribes* 최호영 옮김 『옳고 그름』 시조사
Gray, J(1984) *Hayek On Liberty,* Oxford
—— (1995) *Liberalism,* Buckingham
Haakonssen, K.(2002), “Introduction to The Theory of Moral Sentiment” in Adam Smith *The Theory of Moral Sentiment* Cambridge
Hamilton, A. Madison, J. Jay, J.(1788/1995) 김동영 역 『페더럴리스트 페이퍼』 한울
Hardach, K.(1976). *The Political Economy of Germany in the Twentieth Century* Berkeley
Hayek, F. A.(1973) *Law, Legislation, and Liberty,* Vol. 1.: *Rules and Order* London
—— (1976/1995) *Law, Legislation, and Liberty,* Vol. 2. *The Mirage of Social Justice* 민경국 역 『법, 입법, 그리고 자유』 II 〈사회정의의 환상〉 자유기업원
—— (1979/1996) *Law, Legislation, and Liberty,* Vol. 3: *The Political Order of a Free People,* London 서병훈 역 『법, 입법, 그리고 자유』 III: 〈자유인의 정치질서〉
—— (1952/2003) *The Sensory Order* 민경국 역 『감각적 질서』 자유기업원
—— (1978) *New Studies in Philosophy, Politics and Economics, and History of*

Ideas, London
—— (1967) *Studies in Philosophy, Politics, and Economics,* Chicago
—— (1960/1996) *Constitutional of Liberty* 김균 역 『자유헌정론』 I, II 자유기업원
—— (1946/1996) *Individualism and Economic Order*, 한글판 박상수 역 『개인주의와 경제질서』 자유기업원
—— (1988/1996) *The Fatal Conceit,* Oxford 신중섭 역 『치명적 자만』 자유기업원
—— (1971/1988) *Theorie der Komplexen Phenomene,* Tübingen 1971 「복잡한 현상의 이론」 하이에크 저 민경국 편역 『자본주의냐 사회주의냐』 문예출판사 1998
—— (1967) *Feiburger Studien,* Tübingen
—— (1963) "History and Politics," in Hayek(ed) *Capitalism and Historians,* Chicago
Higgs, R.(2004) *Against Leviathan: Government Power and a Free Society,* The Independent Institution
—— (1987) *Crisis and Leviathan,* New York
Hirshleifer J(1980)"Privacy Its Origin, Function, and Future" *The Journal of Legal Studies,* vol. 9
Hobbes, Th.(1651/2018) *Leviathan,* 전석용역 『리바이어던』 나남출판사
Holcombe, R.(2005) *From Liberty to Democracy, Michigan*
—— (2004) "Government: Unnecessary but Inevitable" in *Independent Review* vol.3
Hoppe, H-H.(2001/2004) *Democracy The God that failed,* 한글판 『민주주의는 실패한 신인가?』 나남출판사
Hörcher, F(2002) He Question of limitation of the State by The Law, *Rechtstheorie* 33
Hülsmann, J.G.(2001) Bastiat's Legacy in *Economics, Quarterly Journal of Austrian Economics* vo.4 no4
Humboldt, v. W.(1851/2012): *Ideen zu einem Versuch, die Grenzen der Wirsamkeit des staates zu bestimmen* 『인간교육론』 외 양종대 역 책세상
—— (1993) The Limits of State Action, Liberty Fund
Hume D.(1742/1985): *Essays Moral Political and Literary* Liberty Fund 1985
—— (1751/1957) Ch. W. Hendel (ed). *An Enquiry Concerning Principles of*

Morals New York

—— (1740/1993) *Treatise of Human Nature* 이준호 역(1993): 『인간 본성에 관한 논고』 제1권 "오성에 관하여" 서광사

—— (1740/1996) *Treatise of Human Nature* 이준호 역(1996) 『인간 본성에 관한 논고』 제2권 "정념에 관하여" 서광사

—— (1740/1998) *Treatise of Human Nature* 이준호 역(1998) 『인간 본성에 관한 논고』 제3권 "도덕에 관하여" 서광사

Hundert E, J. (1974) "The Achievement Motive in Hume's Political Economy" *Journal of the History of Ideas* Vol. 35, No. 1 , 1974), pp. 139-143

Jones, H. B.(2006) "The Kantian Ethic of Capitalism" *Journal of Private Enterprise,* Vol. XXII, Fall

Kant(1785/2013) *Grudlegung zur Metaphysik der Sitten* 이원봉 역 『도덕 형이상학을 위한 기초 놓기』 책세상

—— (1781/2014: I) *Kritik der reinen Vernunft* 백종현 역 『순수이성 비판』 아카넷

—— (1781/2014: II) *Kritik der reinen Vernunft* 백종현 역 『순수이성 비판』 아카넷

—— (1797 /2015) *Die Metaphysik der Sitten,* 백종현 역 『윤리형이상학』 아카넷

—— (2009) 이한구 편역 『칸트의 역사철학』 서광사

—— (1992/2011) *Über den Gemeinspruch* 오진석 역 『속설에 관하여』 도서출판

Kasper, W./ Streit, M(1998) *Institutional Economics,* New York 1998

Kelsen(1945) *General Theory of Law and State* Cambridge

Kessler, S.(1977) "Tocqueville in Civil Religion and Liberal Democracy" In: *Review of Politics* vol.39

Kirzner, I. M(1989) *Discovery, Capitalism, and Distributive Justice,* Oxford

—— (1995)"The Nature of Profits," in Robin Cowan (ed) *Profit and Morality,* Chicago

—— (1979) *Perception, Opportunity, and Profit,* Chicago

—— (1971), *Competition and Entrepreneurship,* Chicago

Koslowski, P(1985) *Staat und Gesellschaft bei Kant,* Tübingen

Krause, S. R.(2005) "Two Concept of Liberty in Montesquieu" *Journal Perspectives on Political Science* Vol. 34, No 2

Krebs, H.(2014). *Klassischer Liberalismus,* Fuerstenberg

Krugman, P(1998) "The Hangover Theory Are recessions the inevitable payback for good times?" http://cda.mrs.umn.edu

Locke, J.(1690/2012) *Essay Concerning the True Original Extent and End of Civil Government* 남경태 역『시민정부론』효형출판

—— (1689/2010) M. Goldie(ed) *A Letter concerning Toleration and Other Writings,* Liberty Fund

Leoni, B.(1960/2000) *Freedom and Law,* 한글판 정순훈 역『자유와 법』자유기업원

Maletz, D. J(1998) "The union as idea: Tocqueville on the American constitution" History of Political Thought 19 (4)

Marshall, M, G, (2000) "Luxury, Economic Development, and Work Motivation: David Hume, Adam Smith, and J. R. McCulloch" *Journal of Political Economy* 32

Meredith, Ch. T.(2009) "Taxation and Legal Plunder in the Thought of Frederic Bastiat" *Journal of market and Moral* vol,12 no 2

Mestmaecker, J.-E(1978): "Die Sichtbare Hand des Rechts." in ders. *Die Sichtbare Hand des Rechts,* Baden-Baden 1978

Michael, S.(2007) S. "Entrepenurship, Growth, and Adam Smith," in *Stragic Entreprenurship Journal* 1. 2007

Mill, J. S. 1859/2011) *On Liberty,* 최요한 역『자유론』홍신문화사

—— (1874/1998) *Autography of John Stuart* Mill 배영원 역『존 스튜어트 밀 자서전』범우사

Miniter, R(1991) "Wilhelm von Humboldt: German Classical Liberal" Foundation for Economic Education

Mises, L. v.(1940) Nationalökonomie: *Theorie des Handelns und Wirtschaftens,* Genf

—— (1966/2011) *Human Action* 민경국 박종운 역『인간행동』제I권 제II권 제III권 지만지

—— (1957/2011) *Theory and History Auburn* 박종운(역) 미발간『이론과 역사』

—— (1932). *Die Gemeinwirtschaft: Untersuchung über Sozialismus,* München

—— (1927/1995) *Liberalism,* 한글판 이지순 역『자유주의』한국경제연구원

Montesquieu(1748/2016) *L'Esprit des Lois*『법의 정신』한글판 하재홍 옮김 동서문화사

Nagel, Th(2002). *The Myth Of Ownership: Taxes and Justice,* New York
Narveson, J.(2002) *Respecting Persons in Theory and Practice,* Lanham
Needham(1954/1988) *Science and Civilization in China* 한글판 『중국의 과학과 문명』 을류문화사
Nielsen, K(1985). *Equality and Liberty, A Defence of Radical Egalitarianism,* Toronto
Nozick, R.(1974/1991) *Anarchy State and Utopia,* 한글판 강성학 역 『자유주의의 정의론』 대광문화사
Olson, M. (2000/2010) *Power and Prosperity* 최광 (역) 『지배권력과 경제적 번영』 나남출판사
Otteson, J .R.(2000) "Recurring Adam-Smith- Problem, *History of Philosophy" Quarterly* vol. 17 No.1
Ottmann, H.(2002) *Geschichte des politischen Denkens.* Band II. Stuttgart,
Peters, R. S.(1959) *The Concept of Motivation* London
Pipes, R.(1999/2008) *Property and Freedom* 서은경 역 『소유와 자유』 나남
Plickert, Ph. (2007) *Wandlungen des Neoliberalismus,* Stuttgart
Polanyi, M.(1951) *The Logic of Liberty,* London
Polleit,Th(2013) "Mises' Wissenschaftliche Methode in Ludwig Mises," in Polleit, P. (Herg)*Ludwig Mises* FBV.
Popper,(1973) *Objective Knowledge An Evolutionary Approach* Oxford
Powell, J.(1996) "Thomas Paine, Passionate Pamphleteer for Liberty," Foundation for Economic Education
—— (1996) "John Locke: Natural Rights to Life, Liberty and Property" Foundation for Economic Education
Prollius, H.(2014). "Legitime Staatsausgaben" In Krebs(2014). *Klassischer Liberalismus,* Fuerstenberg
Radnitzky,R.(1987)."Erkenntnistheoretische Probleme im Licht von Evolutionstheorie und Ökonomie." in: (Riedl, R. Wuketits, F.M.(Hrsg) *Die Evolutionäre Erkenntistheorie* Hamburg.
Raico, R.(1961) "Wilhelm von Humboldt." *New Individualist Review,* Online Library of Liberty

Rand, A(1967) *Capitalism,: Unknown Ideal* New York

Ratnapala, S(2012) "From Sensory Order to Legal Order: Property and Freedom of Contract in the Jurisprudence of David Hume" *ICER Working Paper* No. 15/2012

Radnitzky, G.,(1987) "An Economic Theory of the Civilization and Its Policy Implications: Hayek's Account Generalized,"in Ordo vol. 38,

Thaler R/Sunstein, C.(2008/2009) Nudge, 안진환 역 『넛지』 리더스북

Riedl, R.(1987) Leben als kenntnisgewinnender Prozeß fei Konrad Lorenz, in: Riedl, R(Hrsg.) *Entwicklung Evolutionären Erkenntnistheorie,* Wiener

—— (1975), *Die Ordnung des Lebendigen: Systembedingungen der Evolution,* Hamburg

Ripstein, A.(2009) *Force and Freedom Kant's Legal and Political Philosophy* Cambridge

Roche, G. (1971) *Frederic Bastiat A Man Alone* 1971 New York

Roemer, J.(1988) *Free to Lose,* Cambridge

Röpke, J.(1977) *Strategie der Innovationen,* Tuebingen

Rostovtzeff, M(2001) *Social and Economic Hustory of Roman Empire*

Rothbard, M.N.(1995) *An Austrian Perspective on the History of Econonmic Thought* vol.1 Vermont

—— (1999/2016) Ethics of liberty 전용덕 김이석 이승모 공역 『자유의 윤리』 피엔씨 미디어

Ruggiero, G(1927) *History of European Liberalism,* Oxford University Press

Russel, D(1969) "Frederic Bastiat: Ideas and Influence." Foundation for Economic Education

Salerno,J.(1990) "Ludwig von Mises and Social Rationalist," *Review of Austrian Economics* vol. 5. no 2

Schlatter R(1951). *Private Property: The History of an Idea,* New Brunswick

Smith, A.(1776/2015) 『국부론』 김수행 역 비봉출판사

—— (1976/2009) 『도덕감정론』 박세일 민경국 역 비봉출판사

—— (1896/1982)*R. L. Meek, D. D. Raphael, and P. G. Stein(ed) Lecture on Jurisprudence*

Smith, G. H.(2013) *The Culture of Liberty: Wilhelm von Humboldt* (libertarianism.org)

Smith, V.(1999) "Reflections on Human Action After 50 Years," *Cato Journal* Vol. 19, No. 2.

Sorens, J.(2017) "Immanuel Kant and the Philosophy of Freedom" Foundation of Economic Education

Stiglitz, G.(2013) "Inequality Is Holding Back the Recovery," Opinionator Blog

Tesón, F. R ".The Kantian Case for Classical Liberalism." 연대미상의 논문

Tocqueville, A.(1840/1995) *Democracy in America* 한글판 임효선 박지동 역 『미국 민주주의』 제1권, 제2권 한길사

Tully, J.(1980) *A Discourse on Property: John Locke and His Adversaries* Cambridge

Vanberg, V.(2002) "Rational Choice vs. program-based Behavior." *Rationality and Society* vol. 14 no.1

Vorländer, H.(1997) *Hegemonialer Liberalismus: Politisches Denken und Politische Kultur in den USA 1776-1920,* Frankfurt am Main

Vollmer, G.(1983) *Evolutionäre Erkenntnistheorie,* Stuttgart

Waldron, J.(1988) *The Right to Private Property,* Oxford

Wennerlind, C.(2011) "Role of Political Economy in Hume's Moral Philosophy" in *Mises Studies* vol. 37 No 2 2011

White, M. D(2016) "Defending Kant's Classical Liberalism" Cato Unbound

Wilke, N(2010) *Alexis de Tocqueville als Anlytiker der amerkanischen Demokratie,* Norderstedt

Williams, R. J.(1953) *Free and Unequal The Biological Basia of Individual Liberty,* Texas

Wilson, O .E(1975) Sociobiology - *The New Synthesis,* Cambridge,

Yeager, L. B.(1994) "Mises and Hayek on Calculation and Knowledge" Review of Austrian Economics Vol.7 no.2

Zunz, O.(2002) "Tocqueville Between Two Worlds" *Reviews in American History* 30 (4)

Zwolinski, M.(2011) "A Bleeding Heart of Libertarian Thought: John Locke," http://bleedingheartlibertarians.com/

찾아보기

인명